완판본 한글고전소설의 서지書誌와 언어

| **이태영** 약력 | 전라북도 전주에서 태어남
전북대학교 인문대학 국어국문학과 졸업
전북대학교 인문대학 국어국문학과 교수 역임
전북대학교 명예교수
전북대학교 박물관장 역임
전라북도 문화재 위원 역임
전주완판본문화관 운영위원
문화체육관광부 국어심의위원 역임
한국어지식대사전 편찬위원 역임
국어문학회·한국언어문학회·국어사학회장 역임

완판본 한글고전소설의 서지書誌와 언어

초판 1쇄 인쇄 2022년 4월 22일
초판 1쇄 발행 2022년 5월 13일

지은이   이태영
펴낸이   이대현
편 집   이태곤 권분옥 문선희 임애정 강윤경
디자인   안혜진 최선주 이경진
마케팅   박태훈 안현진

펴낸곳   도서출판 역락
출판등록   1999년 4월 19일 제303-2002-000014호
주소   서울시 서초구 동광로 46길 6-6 문창빌딩 2층 (우06589)
전화   02-3409-2060(편집), 2058(마케팅)
팩스   02-3409-2059
홈페이지   www.youkrackbooks.com
이메일   youkrack@hanmail.net

ISBN 979-11-6742-340-5 93710

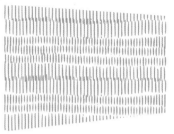

완판본
한글고전소설의
서지書誌와 언어

이태영

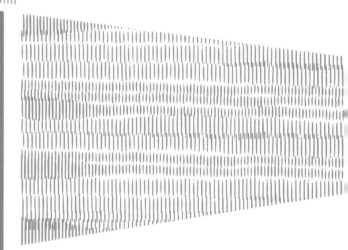

역락

조선후기 우리나라를 대표하는 한글고전소설에는 완판본과 경판본이 있다. 완판본은 전라북도 전주에서 발간된 고전소설이고 경판본은 서울과 안성에서 발간된 고전소설이다. 완판본과 경판본은 서로 특징을 갖고 쌍벽을 이루면서 발달하여 왔다. 완판본과 경판본 고전소설은 한국의 근대소설에 큰 영향을 끼쳐서 한국 소설사에서 고전소설이란 이름으로 불려졌다.

이 '완판본 한글고전소설의 서지(書誌)와 언어'는 조선후기 전라북도 전주에서 발간한 완판본 한글고전소설의 종류를 제시하고, 소설의 종류에 대한 이본(異本)과 서지사항, 완판본과 경판본 소설의 차이점과 특징, 완판본과 경판본의 목판에 대해 살피며, 특히 완판본 한글고전소설에 나타나는 19세기 전라 방언의 시대적, 역사적, 문화적 특징을 다룬 책이다.

완판본 한글고전소설은 조선 후기 전라도의 중심지인 전라북도 전주에서 발행한 고전소설이다. 판소리를 바탕으로 한 '열여춘향수절가, 심청가, 토별가, 화룡도(적벽가)'와 같은 판소리계 소설을 시작으로 발달하여, '홍길동전, 소대성전, 조웅전, 유충열전'과 같은 여러 영웅소설을 발간하였다. 완판본 한글고전소설은 내용이 풍부하고 서사가 다양하여 큰 인기를 끌었던 소설로, 1823년 『별월봉기』를 시작으로 1932년까지 무려 110여 년 동안 24종이 발간되었다.

한글고전소설 연구는 주로 문학적인 내용 위주로 연구되고 있지만, 새롭게 발굴되는 이본 소설이 많기 때문에 서지학적인 연구도 오늘날까지 매우 다양하게 연구되고 있다. 특히 완판본과 경판본 한글고전소설의 비교연구가 많은 이유는 그 두 종류의 소설이 내용과 서사적인 면에서 매우 독특한 여러 특징을 보유하고 있기 때문이다.

특히 완판본 한글고전소설에는 전라 방언이 아주 많이 들어있다. 조선 후기의 전라 방언을 이처럼 110년간 동일한 소설에서 보여주는 예는 거의 없다. 특히 이 소설에서는 대화체에 나오는 방언이 많아서 방언의 담화적 기능을 잘 보여주고 있다. 따라서 이 소설에 나타나는 방언을 통하여 시대적, 역사적, 문화적 특징을 살펴보려고 하였다.

1부, '전라북도와 완판본'에서는 전라북도 여러 시와 군이 보유한 문학적 특징을 제시하여 전라북도가 문학과 소설의 고장임을 살펴보았다, 우리나라를 대표하는 한글고전소설『춘향전』이 얼마나 다양한 분야에서 활용되고 있는지를 제시하여『춘향전』의 문화적 가치를 살펴보았다.

2부, '완판본 한글고전소설의 종류'에서는 완판본 한글고전소설에 대해 그 이본을 자세히 검토하여, 그간 50여 종류로 해석해 온 이본을 90여 종류가 넘는 것으로 해석하였다. 최초의 완판본 한글고전소설인『별월봉기』의 출판지와, 초기 완판본 한글고전소설의 출판지인 '龜洞'(구동)의 지리와 역사에 대해 자세히 소개하였다.

3부. '완판본과 경판본의 특징'에서는 완판본 한글고전소설과 경판본 한글고전소설에서 '장수, 글꼴, 제목, 간기, 등장인물, 문체, 유통' 등이 가지는 차이점과 특징을 구체적으로 제시하여 완판본과 경판본 소설의 위치를 확인하였다. 완판방각본과 경판방각본 중에서 현재까지 남아 있는 책판의 특징을 제시하고, 서로 비교하여 그 책판이 가지는 특징을 제시하였다.

4부, '완판본에 나타난 전라 방언'에서는 『열여춘향수절가』에 나타나는 익숙한 전라 방언 '자빠지다'의 역사적 변천과정을 살펴보고, 완판본 한글고전소설에 나타나는 전라 방언의 시대적, 지역적 특징을 제시하였다. 비슷한 시기에 출판된 완판본 『천자문』에 나타난 전라 방언을 통하여 방언의 시대적 특징을 보완하였다.

5부, '『열여춘향수절가』의 어휘와 문화'에서는 『열여춘향수절가』에 나타난 전라 방언의 어휘를 역사적으로 살펴보고, 이 소설에 나타난 등장인물인 '상단이'가 보여주는 여러 기능을 문화사적으로 살펴보았다. 끝으로 정보화시대에 완판본 한글고전소설을 정보화하여 다양하게 활용하는 방안을 제시하였다.

필자는 완판본의 서지학적인 매력에 빠져서 완판본 한글고전소설을 찾아서 시내 골동품 가게를 제집처럼 드나들었다. 완판방각본의 여러 책들의 표지의 이면에 있는 단 한 쪽의 한글고전소설의 인쇄물을 통해, 『별월봉기』의 이본을 비롯한 여러 이본을 새롭게 찾을 수 있었다. 그래서 완판본 한글고전소설의 이본이 약 90여 종류가 넘는다는 사실도 확인할 수 있었다.

완판본 한글고전소설을 살피는 과정에서 완판본 『심청전』 중 최고본인 소설 『심청가』를 찾을 수 있었으며, 『정수경전』, 『현수문전』, 『세민황제전』도 확인할 수 있었다. 완판본 한글고전소설 목판이 일본에서 분합이나 보석함 등으로 훼손된 채 역수입되어 판매되는 걸 보고 완판본 문화재에 대한 보존의 문제를 심각히 깨달을 수 있었다.

완판본의 고장, 전주에서는 완판본 한글고전소설을 이용하여 '전주완판본각체'와 '전주완판본순체'의 한글 글꼴을 새롭게 만들어 '흔글'에서 활용하고 있다. 전라북도 인쇄·출판을 담당한 선조들이 만든 글꼴을 활용하여 완판본체를 사용하는 유일한 지역이며, 현재에도 아주 폭넓게 사용하고 있다. 이처럼 완판본을 활용하는 작업이 계속되기를 바란다.

은사이신 홍윤표 교수님은 일찍이 필자에게 완판본에 관심을 갖도록 권유하셨다. 대학원에서 공부를 하고 있을 때는 정신적으로 관심을 가질 여유가 없었으나, 직장을 갖고 용돈으로 책을 사서 모으기 시작하면서 더욱 관심을 갖게 되었다.

류탁일(1985) 교수의 저서와, 조희웅(1999) 교수의 저서에는 완판본 한글고전소설의 서지적 특징이 아주 자세히 언급되어 있다. 최전승 교수님의 박사학위논문과 이후 여러 논문과 저서에는 완판본 한글고전소설의 방언이 학문적으로 잘 연구되어 있다. 이외에도 많은 완판본 관련 저서와 논문을 참고하였다. 좋은 저서와 논문을 써주신 여러 선생님께 감사드린다.

이 책을 잘 만들어 출판해 주신 이대현 역락 사장님께 감사드린다. 자주 채근해 주신 이태곤 편집이사님과 여러모로 도와주신 박태훈 영업이사님, 1권에 이어 2권도 깔끔하게 진행해 주신 문선희 편집장님, 편집을 맡아주신 최선주 디자인팀 과장님을 비롯한 직원 여러분께 감사드린다.

완판본 연구 1권인 '완판본 인쇄·출판의 문화사적 연구'로 2021년 한국출판학회상(저술·연구부문)을 수상하게 되었다. 선정해 주신 한국출판학회와 좋은 책을 내주신 역락출판사에 진심으로 고맙게 생각한다.

그간 함께 해준 동료들, 친구들, 선후배님께 감사드린다. 공부를 같이 시작한 유종국 교수, 소강춘 교수, 서정섭 교수께 고마움을 전한다. 함께 방각본 답사를 다니던 유춘동 교수를 비롯한 회원 여러분께 감사드린다.

학계와 직장에서 열심히 활동하고 있는 이래호 교수, 서형국 교수, 황용주 학예관, 신은수 선생과, 세미나를 같이 해온 이진병 교수, 장승익, 이은선 선생을 비롯한 여러 선생들에게 고마운 마음을 전한다.

내년에는 완판본 연구의 마무리를 위해 '완판본의 유통과 활용'이란 제목으로 제3권을 준비하려고 한다. 3권에서는 완판본 출판소(서점)의 발달과 유통, 완판본 인쇄·출판 유적지의 소개, 완판본의 활용 방안 등을 담으려 한다.

이제 정년을 하고 편안한 마음으로 개인 연구실에서 집필 활동을 하고 있다. 연구에 집중하도록 배려해 준 아내 박명숙(보나) 씨에게 감사한 마음을 전한다. 각자 열심히 살고 있는 이현경(실비아), 이주한(요한), 이주찬(요셉)에게 사랑하는 마음을 전한다. 그간 도와준 많은 분들에게 감사한 마음을 드린다.

2022. 3.

전북 전주시 완산구 효자동 신봉 연구실에서

이태영 씀

1부

전라북도와 완판본

1부에서는 전라북도 여러 시와 군이 보유한 문학적 특징을 제시하여 전라북도가 문학과 소설의 고장임을 살펴보았다, 우리나라를 대표하는 한글고전소설 『춘향전』이 얼마나 다양한 분야에서 활용되고 있는지를 제시하여 『춘향전』의 문화적 가치를 살펴보았다.

| 제1장 | # 문학의 고장, 전라북도 |

1. 전북의 특징

지역에서 생활하는 사람들은 고대로부터 현대에 이르기까지 개인과 집단 생활 속에서 일하며 행동하고, 보고 듣고, 느끼면서 지역의 독특한 자세나 태도, 기질과 성향, 이념이나 사상이 형성된다. 따라서 지역민들은 지역이 가지는 경제, 사회, 문화적인 특징을 통하여 지역 공동체의 정체성을 얻으면서 살아간다. 지역의 정체성은 오랜 세월을 거치면서 역사적 경험을 공유한 공동체의 구성원들로부터 형성된다.

전북의 경우, 농업이 주가 된 농업 사회를 기반으로 하는 사회 경제적인 특징이 있다. 전라북도는 동쪽으로는 산악 지역이 발달하여 목재와 각종 나물이 생산되었고, 서쪽으로는 평야지대와 바다가 인접해 있어 쌀과 곡식, 소금과 생선과 젓갈이 생산되었으며, 북쪽으로는 들판이 있어서 채소와 곡식을 재배할 수 있는 지역이다. 특히 전라북도 전주는 백제문화, 후백제문화, 조선왕조로 이어지는 문화적인 특징과 전라감영이 있던 호남의 중심지로서 상업 도시로 발달했던 경제적인 특징을 가지고 있다. 이러한 특징 때문에 한정식, 비빔밥, 콩나물 국밥과 같은 음식이 발달하였고, 판소리가 발달하여 한글고전소설로 이어지면서 소설 문학사에서 서민문학이 발흥한 지역이 될 수 있었다.

전라북도가 가지는 몇 가지 특징을 제시해 보기로 한다.

첫째, 자연의 특징이다. 전라북도는 동쪽으로는 지리산과 같은 많은 산이 둘러쌓여 있어서 산에서 나는 식물이 풍성한 고장이다. 서쪽으로는 바다와 인접하여 사시사철 각종 수산물을 생산해 내는 고장이다. 남쪽과 서쪽과 북쪽은 넓은 평야가 있어서 전국 최고의 쌀 생산지이며, 밭이 많아서 각종 식물이 생산되고 있다. 지리적인 여건으로 자연 재해가 많지 않아서 천혜의 고장으로 알려져 있다. 만경강, 동진강으로 이어지는 바다 물길에서 바다와 강이 주는 혜택을 누리고 있는 고장이다.

이처럼 천혜의 자연이 주는 선물을 받고 있기 때문에 전라북도 사람들은 식량 걱정을 하지 않을 만큼 풍요로운 삶을 살았다. 물론 풍요의 뒤에 수탈이 있어서 근심거리가 끊이지 않은 고장이기도 하다.

둘째, 음식의 특징이다. 전라북도는 음식의 고장이다.

다양하고, 다채롭고, 화려한 전라북도의 음식은 아침과 점심과 저녁 반찬이 다를 정도로 격식이 있는 음식문화를 보유하고 있다. 이러한 풍성한 음식으로 말미암아 전라북도 사람들은 여유롭고, 풍요롭고, 다양한 문화적 기질을 갖게 된 것이다.

그 저변에는 밑반찬이 존재한다. 바로 젓갈, 김치, 장아찌와 같은 밑반찬이다. 각종 산물이 풍성한 이 고장 사람들은 예로부터 밑반찬을 준비해 두고 일년 내내 먹고, 또 젓갈을 이용하여 김치를 담기 때문에 이곳 음식 이 널리 알려진 것이다.

셋째, 종교적 특징이다. 전라북도는 조선시대 초·중기는 불교와 유교 가, 후기에는 천주교와 도교가 그리고 개화기에는 개신교가 발전한 도시 이다. 전라북도는 세계 3대 신앙은 물론, 이 땅을 배경으로 탄생한 종교가 있고, 여러 신흥종교가 발달한 지역이다. 이 땅에서 '내세의 구원에 대한 확실한 믿음'을 가지고 많은 결실을 맺은 곳이다.

넷째, 언어적 특징이다. 전라도 방언은 말씨가 부드럽고 입을 적게 벌 리고 발음하는 특징이 있다.

전라도 방언이 10개(또는 9개)의 모음을 가지고 있고, 또 거세거나 된 발음이 많지 않고 부드러운 특징이 있다. 이 부드러움은 여유와 해학과 관 련되어서, 이러한 특징이 판소리에서도 조화롭게 발현된다.

이 글에서는 전라북도 출신이거나 전라북도에서 거주한 사람들이 문 학적인 측면에서 아주 뛰어난 기량을 발휘한 분야를 중심으로, 그들의 문 학세계를 통하여 그 의식 세계를 살펴보고, 이를 지역과 유형별로 체계화 해 보고자 한다.

2. 지역별 문학적 특징

전라북도는 문학의 고장이다. 전라북도가 문학의 고장으로 우뚝 선 이 유는 무엇일까? 풍요로운 자연 조건 속에서는 인간의 풍류와 정신문화를 강조하는 문학이 발달할 수밖에 없었던 것이다. 그리하여 백제가요 〈정읍사〉와 한국최초의 가사인 〈상춘곡〉이 나왔으며, 우리 민족의 영원한 고전인 『열여춘향수절가』[1]와 『흥부전』이 탄생하였다. 세계문화유산 걸작으로 일컫는 판소리가 전라도를 중심으로 탄생하였다. 이러한 영향으로 근·현대에서 뛰어난 작가를 많이 배출하였다. 전라북도 각 지역별로 대표할 만한 문학적 업적을 예로 들면 다음과 같다.

2.1. 고대 소설의 성지, 남원

전북 남원은 국악이 발달한 곳이며, 고전소설과 현대소설의 배경지이다. 또한 동편제 판소리의 고장이다.

『최척전』(崔陟傳)은 조선 인조 때에 조위한(趙緯韓)이 지은 소설이다. 정유재란을 배경으로, 남원의 가난한 선비인 '최척'과 서울 양반댁의 규수인 '옥영'의 애절한 사랑 이야기이다.

『홍도전』(紅桃傳)은 조선 중기에 유몽인이 채록하여 『어우야담』(於于野談)에 수록한 짧은 이야기이다. 유몽인은 53세 때 남원부사가 되었는데, 그 해에 벼슬을 사직하고 고흥에 은거하였다. 당시 남원에서는 '홍도 이야기'가 실화로서 널리 유포되어 있었는데, 이때 유몽인에 의해 수합되어 『홍도전』(紅桃傳)이란 이름으로 『어우야담』에 실리게 되었다. 『홍도전』은 홍도라는 주인공과 그 가족이 전쟁으로 인해 헤어지고 만나게 되는 과정

---

1   『열여춘향수절가』는 표준어로는 『열녀춘향수절가』로 써야 하지만, 완판본 한글고전소설의 이름이 『열여춘향수절가』가 대표적이므로 이러한 표기를 사용하기로 한다.

을 그린 이야기이다. 임진왜란을 시대적 배경으로, 남원을 주된 공간적 배경으로 하여 남녀간의 애정 문제를 다루었다. 『홍도전』은 소설 『최척전』(崔陟傳)에 큰 영향을 준 이야기로 알려져 있다.

『만복사저포기』(萬福寺樗蒲記)는 조선 세조 때 매월당 김시습이 지은 한문 소설이다. 남원의 만복사(萬福寺)라는 절은 소설 『만복사저포기』의 고향이다. 이 한문소설은 매월당 김시습이 지은 한국 최초의 한문소설집인 『금오신화』(金鰲新話)에 수록된 5편 중 하나이다. 이 작품에 이르러 한국의 소설문학이 비로소 그 형태를 온전히 갖추게 되었다.

『춘향전』(春香傳)은 조선 시대의 판소리계 소설이다. 남원은 동편제로 알려진 판소리의 고장이다. 판소리가 소설로 정착하면서 우리나라 최고의 한글고전소설인 『열여춘향수절가』의 배경이 된 곳이다. 『춘향전』이라 일컬어지는 이 소설은 한국문학사에서 가장 아름답고 재미있는 소설로 알려져 있고, 이미 1850년 무렵 한글소설로 만들어져 읽히고 있는 불후의 명작이다. 이 소설이 남원을 배경으로 하고 있다. 『흥부전』(興夫傳)은 조선 시대의 판소리계 소설이다. 남원에 흥부마을이 조성되어 있다.

우리 민족의 대하 민속 소설이라 일컬어지는 『혼불』은 소설가 최명희가 남원을 배경으로 쓴 소설이다. 아름다운 문체와 언어와 민속이 살아 숨쉬는 이 소설은 남원 사매면 서도마을을 배경으로 하고 있다.

2.2. 고대 시가의 성지, 정읍

전북 정읍은 고대 시가의 발상지이다. 정읍은 백제가요 〈정읍사〉(井邑詞), 우리나라 최초의 한글 가사인 정극인(丁克仁)의 〈상춘곡〉(賞春曲) 등 한

국의 음악사에서 불후의 명작을 탄생시킨 고장이다.[2]

〈정읍사〉는 『樂學軌範』에 실려 있다. 행상을 하는 남편을 염려하는 아내의 간절한 마음을 노래하였는데, 작자를 알 수 없는 국문으로 된 가요이다. 한글로 기록되어 전하는 시가 중 가장 오래된 것으로, 현존하는 백제의 유일한 시가로 추정된다.

조선 단종 때 문신 정극인(丁克仁, 1401-1481)의 시문집인 『불우헌집』(不憂軒集)에 실려 있는 〈상춘곡〉(賞春曲)은 한국문학사상 최초의 한글 가사(歌辭) 작품이다.

또한 정읍은 현대 소설가 윤흥길을 낳은 고장이기도 하다.

2.3. 동리 신재효, 미당 서정주와 고창

신재효(1812-1884)는 조선 후기의 판소리 이론가로, 판소리 열두 마당 가운데 〈춘향가〉, 〈심청가〉, 〈박타령〉, 〈토별가〉, 〈적벽가〉, 〈변강쇠가〉 등 판소리 여섯 마당의 사설을 개작하였다.

언어의 연금술사라 불리는 미당(未堂) 서정주(徐廷柱, 1915 - 2000)는 전라북도 고창이 낳은 대표적인 시인이자, 한국의 현대시를 대표하는 시인이다. 고유어를 많이 구사하고, 특히 전라북도의 방언을 맛깔스럽게 구사하는 향토적 작가이다.

토속적이고, 불교적인 내용을 주제로 한 서정시를 많이 썼다. 시집으로 『화사집』(花蛇集), 『귀촉도』(歸蜀道), 『국화 옆에서』, 『동천』(冬天), 『질마

---

2   동학과 관련된 가사가 상당수가 존재하는데 이도 검토해 볼 사항이다.

재 신화』 등이 있고, 1, 000여 편이 넘는 시를 발표하였다.

한편 1787년 고창 선운사에서 간행된 『염불보권문』(念佛普勸文) 뒤에는
염불 공덕을 주제로 한, 한글 불교소설 『왕랑반혼전』이 수록되어 있다. 이
소설은 18세기 국어 연구에 도움이 되고 있다.(『디지털고창문화대전』 참조)

2.4. 예인 이매창, 시인 신석정과 부안

이매창(1573~1610)은 조선 중기 부안(扶安)의 기생이자 여류시인이다.
시문과 거문고에 뛰어나 개성의 황진이(黃眞伊)와 더불어 조선 명기를 대
표하였다. 조선 중기의 문사인 유희경(劉希慶), 허균(許筠), 이귀(李貴) 등과
교유하였다.

한국을 대표하는 서정시인 신석정(辛夕汀, 1907~1974)은 전라북도 부안
출신으로, 1930년대 〈시문학〉 동인으로 활동했고, 주로 목가적이고 낭만
적인 시를 썼다. 광복 이후에는 현실 참여 정신과 역사의식이 강한 작품도
썼다. 시집으로 『촛불』(1939), 『슬픈 목가』(1947), 『대바람 소리』(1974) 등이
있다.

2.5. 백릉 채만식과 군산

풍자의 대가로 알려진, 군산 옥구 출신인 소설가, 백릉(白菱) 채만식(蔡
萬植, 1902-1950)은 소설을 통하여 일제강점기 지식인의 고통과 나약한 모
습을 풍자하고, 모순된 사회를 매우 사실적으로 묘사하였다. 주요 작품으
로 『레디메이드 인생』, 『태평천하』, 『탁류』 등이 있다. 300편에 가까운 소

설과 희곡, 수필 등을 썼다.

2.6. 애국지사 건재 정인승과 장수

전라북도 장수는 애국지사이며 국어학자인 정인승과 현대 소설가 박상륭을 낳은 고장이다.

건재(健齋) 정인승(鄭寅承, 1897~1986)은 전라북도 장수 출신으로, 국어학자이며 애국지사이다. 1936년 9월부터 1957년 10월까지 한글학회『큰사전』(전 6권) 편찬을 주관하였다. 1942년 조선어학회사건으로 붙잡혀 2년의 실형선고를 받고 함흥형무소에서 복역하였다. 건국공로훈장(1962)·국민훈장 모란장(1970) 등을 받았다. 저서로는『표준중등말본』(1949),『표준중등말본』(1956),『표준고등말본』(1956) 등 10여 권이 있다.

박상륭(朴常隆, 1940~2017)은 전북 장수 출신의 소설가로 〈아겔다마〉, 〈죽음의 한 연구〉와 같은 관념적이고 철학적인 소설을 발표하였다.

2.7.『설공찬전』과 순창

『설공찬전』(薛公瓚傳)은 조선 중기 1511년 채수(蔡壽)가 지은 고전소설이다. 전라북도 순창을 배경으로 삼아 설씨 집안의 실화로 꾸미고, 실존인물과 허구적 인물을 함께 설정하였다. 이 소설은 조선 시대 현실 정치를 비판하였다.

현재 전하는 필사본『설공찬전』은 그 언어적 특징을 볼 때, 근대국어 시기인 17세기에서부터 18세기에 걸치는 언어 현상을 보여주고 있다.

완판본 한글고전소설의 서지書誌와 언어

2.8. 설화 〈서동요〉, 가람 이병기와 익산

〈서동요〉(薯童謠)는 신라 진평왕 때 백제 무왕이 지었다는 향가이자, 서동들의 노래로 전승된 민요이다. 현전하는 향가 중 가장 오래된 작품으로, 민요가 4구체 향가로 정착한 작품이다. 이 노래는 『삼국유사』 기이(紀異) 제2 무왕(武王)조에 수록된 서동설화(薯童說話) 속에 전하고 있다. 〈서동요〉는 사랑 이야기로 문학성과 주술성을 함께 조화시키고 있다.

국문학자이자 시조시인인 가람(嘉藍) 이병기(李秉岐, 1891-1968)는 전라북도 익산 출신이다. 1910년 전주공립보통학교를 거쳐, 1913년 관립한성사범학교를 졸업하였다. 현대 시조의 창시자이다. 가람 이병기는 일제강점기 민족 말살 정책에 저항하여 현대 시조의 부흥에 힘쓴 대표적인 인물이다. 건재 정인승과 함께 조선어학회 사건의 핵심 인물이었다.

2.9. 김삼의당과 진안

김삼의당(金三宜堂, 1769~1823)은 남원에서 태어나, 32세 때 진안군 마령면 방화리로 이주하여 살았던, 조선 후기의 몰락한 양반 집안의 여성 문인이다. 가난한 살림을 하면서도 남편과 일상생활과 전원을 노래한 260여 편의 한시와 문장을 남겼다.

문집으로는 1930년에 간행된 『삼의당고』(三宜堂稿)가 있는데, 조선조 여성으로서는 가장 많은 작품을 남긴 것으로 추정하고 있다. 김삼의당과 관련된 책으로는 『조선 역대 여류 문집』(1950), 『김삼의당 시문집』(1982), 『삼의당 김부인 유고』(2004)가 있다.(『디지털진안문화대전』 참조)

2.10. 소설 『아리랑』의 무대, 김제

조정래의 『아리랑』은 전라북도 김제를 소설의 배경으로 하고 있다. 구한말에서 일제 강점기를 배경으로, 당시 우리 민족이 겪었던 수난을 묘사한 소설이다. 일제의 강압과 수탈을 묘사하고, 애국지사들의 활동을 그린 소설이다. 일제 강점기에 타협하지 않는 강인한 저항과 투쟁, 민족정신을 보여주는 작품이다. 전라북도가 매우 풍요로웠지만, 그만큼 수탈을 당한 생생한 장면을 보여준다.

2.11. 임실과 『양금신보』(梁琴新譜)

『양금신보』(梁琴新譜)는 1610년(광해군 2) 양덕수(梁德壽)가 지은 거문고 악보이다. 임진왜란 때 남원으로 피난 온 양덕수가 임실현감 김두남(金斗南)의 도움으로 악보를 만들어 출간하였는데, 임실에서 처음으로 간행하였다. 목판본 1책으로 '任實縣開刊'의 간기를 갖고 있다.

조선시대 문인들에게 음악은 인격과 덕성을 함양하기 위하여 교양으로 익혀야 하는 학습 내용이었다. 따라서 선비들은 거문고와 가야금을 주로 즐겼다.

2.12. 완판본 한글고전소설의 고장, 전주

조선시대 3대 도시였던 전주에서 발행한 완판본 책은 서울의 경판본과 비교된다. 특히 조선시대 후기 완판방각본은 한글고전소설을 비롯하여 실용서적, 교육용책, 사서삼경 등 다양하다. 이 중에서 한글고전소설은 서울의 경판본과 더불어 우리나라 고전소설의 쌍벽을 이루고 있다. 따라서 완판본 한글고전소설은 우리나라 소설의 발달에 큰 공헌을 하였다.

3. 문학에 나타난 전북정신

문학에 나타난 전라북도 사람들의 정신세계는 무엇일까? 문학으로 한정해서 이야기할 수밖에 없지만, 이미 위에서 여러 지역의 문학 세계를 언급한 바와 같이, 매우 특징적인 모습을 보여주고 있다.

이 장에서는 그간의 문학적인 성과를 바탕으로, 전라북도 사람들의 문학적 특성을 살펴보고자 한다.

3.1. 선비의 풍류적 풍모와 태도

전라북도의 정신으로 첫 번째를 꼽는다면 이 지역 선비들의 풍류적 태도를 이야기할 수 있다. 그러한 문학적인 예로 정극인의 〈상춘곡〉, 거문고 악보인 『양금신보』, 가람 이병기 선생과 미당 서정주 시인의 풍류적 풍모를 들 수 있을 것이다.

첫째, 정극인의 〈상춘곡〉(賞春曲)은 선비들의 풍류적 자세를 보여준다.

백제가요 〈정읍사〉(井邑詞)는 시장으로 행상을 하러 간 남편의 밤길을 염려하여 노래한 아내의 애절한 마음을 나타낸 국문 가요이다. 한글로 전하는 시가 중 가장 오래된 백제 가요이다. 『악학궤범』(樂學軌範)에 실려 있다.

한국 궁중음악의 대표라 불리는 〈수제천〉이라 부르는 음악은 원래 이름이 〈정읍〉(井邑)이다. 고려 시대에는 궁중에서 추는 무고춤을 추면서 중간에 무녀들이 불렀다. 이 전통은 조선시대에도 계속되었다. 조선 중기 이후에는 가사가 탈락되어 관악 합주의 기악곡으로 전하고 있다. 이처럼 전라북도 정읍에 전하고 있는 〈정읍사〉는 궁중음악의 가사로서 당시 선비들의 풍류의식을 엿볼 수 있는 음악으로 자리하고 있다.

전라북도 정읍 태인은 통일신라시대에 고운 최치원 선생이 태수로 부임하여 유상대(流觴臺)를 만들어 유상곡수(流觴曲水)를 즐기며 풍류를 즐긴 곳이며, 조선시대에 이르기까지 선비문화를 꽃피운 고장이다.

정극인(丁克仁, 1401-1481) 선생이 태인에 머물면서 조선시대 최초의 한글 가사(歌辭)인 〈상춘곡〉(賞春曲)을 지은 고장이기도 하다. 〈상춘곡〉 구절에 선생 자신의 자연과 벗하는 풍류를 해동의 최고의 문장가 최치원 선생의 풍류에 비겨서 "홍진에 무친 분네 이 내 생애 어떠한고/ 옛 사람 풍류에 미칠까 못 미칠까"라고 말하고 있다.

유종국(2016;161)에서는 정극인의 풍류를 '세속을 벗어나 자연친화적인 삶, 무릉도원에서 노는 즐거움, 물아일체의 관조의 경지, 여유와 유머러스함, 안빈낙도 이것이 풍류다.'라고 보고 있다.

『태인 고현동 향약』(보물 제1181호)은 약 400여 년 동안 조선시대 유교를 토착시키려 시행한 향약이다.[3] 향약은 착한 것을 권장하고 악한 것을 경계하며 어렵고 구차한 때에 서로 돕고 구하기를 목적으로 하여 마련된

---

3   고현동은 지금의 정읍시 칠보면 시산리, 무성리 일대이다.

향촌의 자치규약이다. 정극인 선생이 초기에 향약을 주도하였고, 무성서원을 중심으로 향약이 유지되어 왔다.

1475년 정극인은 고현동 양반 간의 화목과 질서 유지를 위해 향약과 향음주례를 시행하였다. 그는 동회 활동을 규정하는 규약과 동원의 명단을 만들고 동회를 조직하였다. 그는 학당을 세워 마을 자제들을 교육하는 등 마을의 풍속을 바꾸어 유교적인 사회를 만들려고 하였다.

정극인은 고운 최치원의 풍류 정신을 좇아서, 자연과 하나되는 풍류를 통하여 개인의 수양을 하고, 나아가서 유교적인 이념을 실천하면서 지역사회와 일치를 이루는 선비다운 모습을 보이고 있다. 이러한 풍류적 특징은 선비들이 추구한 일상이라 할 수 있다.[4]

둘째, 임실에서 발간한 거문고 악보인 『양금신보』(梁琴新譜)는 우리나라의 대표적인 거문고 관련 문헌이다.

6줄로 된 거문고는 가야금과 더불어 우리나라의 대표적인 현악기의 하나로 현금이라고도 한다. 우리나라 악기 중 음넓이가 가장 넓다. 고구려 때(552년경) 왕산악이 중국 진나라의 칠현금을 고쳐 만든 것이라고 한다.

가야금의 음색은 여성적이고, 거문고는 남성적이다. 조선시대 거문고는 민간에서 더욱 발전되었다. 거문고는 공자의 예악관의 영향으로 선비들이 반드시 배워야 하는 악기였다. 거문고를 연주함으로써 인격과 덕성

---

4   조선 후기, 전주 교동 출신의 사람으로는 성리학자 木山 李基慶(1713-1789), 서예가 蒼巖 李三晚(1770-1847)과 曉山 李光烈 등을 들 수 있다. 전주에서 三齋라 불리는 선비는 欽齋 崔秉心(1874-1957), 顧齋 李炳殷(1877-1960), 裕齋 宋基冕(1882-1956)이다. 三齋는 간재 전우의 제자로 조선시대 후기 전주를 대표하는 유학자들이다.

을 함양하고 속된 세상을 벗어나서 정신을 수양하는 데 사용하였다.

『양금신보』(梁琴新譜)는 1610년(광해군 2) 악사 양덕수(梁德壽)가 지은 거문고 악보이다. 임진왜란 때 남원으로 피난 온 양덕수가 임실현감 김두남(金斗南)의 도움을 받아 악보를 만들어 출간하였다. 전라북도 임실에서 간행한 목판본 1책으로 '任實縣開刊'의 간기를 갖고 있다.

이처럼 전라북도는 일찍이 선비들의 풍류적인 태도를 엿볼 수 있는 거문고 악보가 출판된 곳이기도 하다.

셋째, 가람 이병기의 풍류적 풍모를 들 수 있다.

가람 이병기는 현대 시조의 창시자이다. 국문학자이자 시조시인인 가람(嘉藍) 이병기(李秉岐, 1891-1968)는 전라북도 익산 출신이다. 1910년 전주공립보통학교를 거쳐, 1913년 관립한성사범학교를 졸업하였다.

가람 선생은 국어국문학 및 국사에 관한 문헌을 수집하고, 시조를 창작하고, 시가문학을 연구하여 집대성하였다. 당시 수집한 서책을 서울대학교에 기증하여 중앙도서관에 '가람문고'가 설치되었다.

1926년 '시조회(時調會)'를 발기하였고, 1928년 이를 '가요연구회(歌謠研究會)'로 개칭하여 시조 혁신을 주장하는 논문을 발표하였다. 1942년 조선어학회사건으로 옥고를 치렀다. 1946년부터 서울대학교 교수, 1951년부터 전라북도 전시연합대학 교수, 전북대학교 문리대학장을 지내다 1956년 정년퇴임하였다.

가람 선생은 시조와 현대시를 동질로 보고 시조창(時調唱)으로부터의 분리, 시어의 조탁과 관념의 형상화, 연작(連作) 등을 주장하여 그 이론을 실천하여 1939년 『가람시조집』(嘉藍時調集)을 출간하였다.

완판본 한글고전소설의 서지書誌와 언어

가람 이병기는 서지학(書誌學), 국문학 분야에서 많은 업적을 남겼다. 「한중록」, 「인현왕후전」, 「요로원야화기」(要路院夜話記), 「춘향가」를 비롯한 신재효(申在孝)의 판소리 등을 발굴하였다. 주요 저서로는 『가람시조집』, 『국문학개론』, 『국문학전사』, 『가람문선』 등이 있다. 가람이 직접 쓴 일기를 바탕으로 사후에 『가람일기』가 출판되었다.(『한국민족문화대백과사전』 참조)

현재 전라북도 전주시 다가공원에 시비가 세워졌다. 가람 이병기는 일제 시대 민족 말살 정책에 저항하여 현대 시조의 부흥에 힘쓴 대표적인 인물이다. 건재 정인승과 함께 조선어학회 사건의 핵심 인물이었다.

가람 이병기 선생은 전북대학교에 발령을 받고 1951년 6월 전주 교동에 있는 양사재(養士齋)로 이사하여 1956년까지 기거하였다. 이 시기에 가람 선생은 전주를 중심으로 문예활동을 활발하게 하게 되며, 양사재를 중심으로 많은 문인들과 교분을 나누게 된다.

가람 선생님은 호탕하셨고 올곧은 선비의 자세를 지녔다. 난을 좋아하여 선생이 학장 관사로 쓰던 '양사재' 방안에는 항상 난향과 수선화 향기가 가득하였고 울안에는 매화, 연꽃을 심었다.

이처럼 가람 선생이 난을 좋아하는 이유는 조선시대 선비들이 난을 감상하면서 선비들의 고결하고 청정한 기품을 갖고자 함에 있었다. 가람 선생은 조선조 선비들이 지향했던, 난 감상, 고서 수집, 시조 창작을 매우 좋아하고 즐겼던 분이다.

이처럼 가람 선생은 전라북도가 낳은 풍류문학의 대표적인 근대 인물이라고 해도 과언이 아닐 것이다. 이병기의 시조를 '조선조 마지막 풍류인의 노래'(황종연, 1984;275)라고 보는 게 타당할 것이다. 김승종(2015;106)에서는 가람 이병기 선생의 풍류를 '자연친화적인 풍류 정신'이라고 표현하였다.

넷째, 언어의 연금술사, 미당 서정주 시인이 있다.

토속적이며 불교적인 주제로 서정시를 쓴, 미당(未堂) 서정주(徐廷柱, 1915-2000)는 전라북도 고창 출신이다. 1936년 동아일보 신춘문예에 「벽」(壁)이 당선되었다. 같은 해에 김광균, 오장환과 함께 동인지 『시인부락』(詩人部落)을 창간하고 주간을 지냈다.

서정주는 1941년 첫 시집 『花蛇集』을 낸 이래, 『歸蜀道』, 『국화 옆에서』, 『冬天』, 『질마재 신화』를 비롯하여 1997년 열다섯 번째 시집 『80소년 떠돌이의 시』에 이르기까지 1,000여 편이 넘는 시를 창작 발표하였다.

장창영(2002;199)에서는 미당 서정주 시가 지향하는 한 축을 '현세적 삶의 초월과 영원성 추구'로 보고 다음과 같이 언급하고 있다.

"영원성에 기반을 둔 서정주 시의 시간의식은 과거, 현재, 미래와 같은 선조적인 시간 관념에서 현저하게 벗어나 있다.(중략) 그렇기 때문에 시인의 시선은 현재에 고정되기보다는 끊임없이 과거나 미래로 이동하면서 영원의 세계를 지향하는 것이다."

최승범(2001)에서는 세속을 초월한 풍류정신이야말로 절의정신과 더불어 아주 중요한 선비정신으로 보고 있다. 유종국(2016;153)에 따르면, 풍류정신이란 유불도 삼교를 혼합한 현묘지도(玄妙之道)이며 엑스타시의 정신으로 보고 있다. 김동욱 교수의 풍류정신을 인용하여, '엑스타시 정신,

관조의 정신, 세속을 벗어난 초월의 정신이 풍류정신이다.'라고 정의하고
있다.

3.2. 시대를 바르게 읽는 풍자와 해학

전라북도 문학에서 풍자를 이야기할 때, 가장 대표적인 것은 바로 판
소리 사설이다. 판소리 사설은 풍자문학의 백미라 할 수 있다. 〈춘향가〉
에서 춘향이가 변학도를 희롱하는 태도, 〈적벽가〉의 '군사설움타령'에서
부하들이 조조를 희롱하는 태도 등은 어떤 소설보다 뛰어난 풍자의 백미
라 할 수 있을 것이다.

이렇듯 전라북도 사람들은 예로부터 시대를 바르게 이끌어 나가기 위
해 직설보다는 우회적인 풍자적 방법을 사용하였던 것이다. 이러한 심성
은 예술로 승화되어 판소리와 소설에서 풍자와 해학이 문학성으로 자리
잡게 된 것이다.

첫째, 풍자문학의 대표는 판소리 사설이다.[5]

판소리는 전라도를 중심으로 발달하였다. 동편제는 전라도 동부지역
섬진강을 중심으로 동편지역인 운봉, 순창, 구례, 흥덕 지방에서 발달하였
으며, 호탕하고 호령조가 많은 분위기의 판소리이다. 서편제는 섬진강을
중심으로 서편지역, 즉, 광주·보성·나주·고창 등에서 발달하였다. 슬픈
계면조의 노래가 대부분이다.

---

5   물론 풍자와 해학을 나타내는 문학적인 장르로 전승되는 민요와 구비설화 등도 있다.

신재효(1812-1884)는 조선 후기의 판소리 이론가이다. 판소리 열두 마당 가운데 〈춘향가〉, 〈심청가〉, 〈박타령〉, 〈토별가〉, 〈적벽가〉, 〈변강쇠가〉 등 판소리 여섯 마당의 사설을 개작하였다. 비록 유교적인 이상을 실현하기 위한 작업이긴 했지만, 판소리 사설이 후대에까지 완전하게 전해질 수 있도록 노력한 대표적인 인물이다. 우리나라 최고의 소리꾼인 진채선의 교육과 사랑, 진채선의 서울에서의 활약, 전라북도 판소리의 진수를 한양에 알린 대표적인 인물이기도 하다.

판소리에서는 뛰어난 영웅이라 하더라도 흔히 풍자와 희롱, 또는 해학의 대상이 되기도 한다. 부정적인 인물의 경우에도 악인으로만 그리지 않고 해학적인 인간으로 묘사하기도 한다.

예를 들어 〈춘향가〉의 방자(房子)의 경우, 상전의 위선을 이야기하면서 희롱하는 자세를 보인다. 이러한 조선 후기의 시대적 변화를 가득 담은 판소리 사설은 전라도를 중심으로 전개된다.

〈토별가〉에서 지방 수령을 호랑이에, 아전을 사냥개에, 멧돼지와 다람쥐를 백성에게 비유하고 있는데 이는 착취 관계에 비유하여 풍자하면서 현실의 모순을 비판하는 기능을 하고 있다.

〈홍보가〉는 사설이 우화적이기 때문에 우스운 대목이 많아 소리 또한 가벼운 재담소리가 많다. '놀보 박타는 대목'에는 잡가(雜歌)가 나오기 때문에 해학적인 마당으로 꼽힌다.

〈적벽가〉에서는 적벽대전에서 크게 패하여 화룡도로 도주하는 조조(曹操)를 심복인 정욱(程昱)이 풍자하고 비판하는 내용을 보여준다.

판소리는 그 자체가 음악, 문학, 연극적 요소가 다 들어있는 고도의 복합성을 지닌 예술이다. 소설로 발전한 것으로 보면 분명히 문학이요, 여전히 노래로 불리는 걸 보면 음악이며, 창자가 청자와 더불어 공연하는 걸 보면 연극이다. 세계문화유산 걸작으로 등록된 이 판소리는 당시 이 지역 주민들에게 무한한 문학적 상상력을 제공해 주었다.

판소리는 해학과 풍자정신이 매우 강한 음악과 사설이다. 완판본 판소리계열 한글고전소설은 '열여춘향수절가, 심청전, 토별가, 화룡도(赤壁歌)' 등이다. 판소리를 향유하던 전라북도 도민들이 청각적 일회성을 넘어서 시각적이며 환상적이고 영원성을 추구하는 판소리계 소설을 원하게 되었던 것이다.(류탁일, 1981:37)

둘째, 한국 근대 소설에서 풍자의 대가는 백릉(白菱) 채만식(蔡萬植)이다.

1930년대에는 일제강점기에서 체제의 모순, 사회의 부조리를 간접적으로 비판하는 풍자문학이 등장했다. 그 대표적인 작가는 채만식이다. 백릉(白菱) 채만식(蔡萬植, 1902-1950)은 1930년대와 40년대를 대표하는 한국의 소설가이다. 소설에서 그 시대 지식인의 고민과 약점을 풍자하고, 사회의 모순을 사실적으로 묘사하였다. 주요 작품으로 〈레디메이드 인생〉, 〈태평천하〉, 〈미스터 방(方)〉 등이 있다.

〈태평천하〉는 구한말(舊韓末)에서 개화기, 일제 강점기를 배경으로 하여 대지주이며 고리대금업을 하는 윤직원을 중심으로 등장인물의 부정적인 면모를 잘 묘사하여 사회의 모순을 지적하고, 중산층의 부정적 인물을 풍자적으로 그리고 있다.

작가는 윤직원이란 인물을 반어적이고 풍자적인 수법으로 묘사함으로써 식민 치하의 바람직한 가치관을 암시하고 있다.

이 작품에서는 작중인물의 대화에서 속어와 비어를 주로 쓰게 하여,

추악하고 기괴한 것이나 교양 없고 볼품 없는 평민의 이미지를 그려서, 부정적이고 비합리적인 인간관과 기존질서와 보수적 세계관을 조롱하고자 하였다.(김흥수, 2001:296 참조) 이는 바로 풍자의 의도라 할 수 있다.

채만식의 풍자에 대해 권영민 교수는 『한국현대문학사』(2002:504)에서, 채만식 소설은 일제강점기의 현실에 대한 부정과 비판 정신이 대부분이며, 그 현실과 현실에 기생하는 인간을 부정하고, 왜곡된 삶의 가치를 부정하고 있다고 보고 있다. 판소리에서 이어받은 풍자의 방법으로 그 부정과 비판을 하고 있다고 말하고 있다.

셋째, 한국 현대소설에서 풍자와 해학의 소설가는 바로 윤흥길(尹興吉)이다.

소설가 윤흥길은 1970년대 후반 산업화 과정에서 노동계급의 소외와 갈등의 문제를 그린 〈아홉 켤레의 구두로 남은 사내〉를 발표하였다. 1980년대 발표한 〈완장〉에서는 권력의 모습을 풍자와 해학의 기법으로 비판하고 있다. 대체로 그의 작품은 산업화와 소외의 문제에 대한 비판적 시각을 보여주었다.

〈빛 가운데로 걸어가면〉은 저자의 대표작 가운데 하나인 〈완장〉의 두 주인공, 임종술과 김부월을 다시 내세워 세기말의 우리 사회의 세태를 묘사한 다소 해학적인 소설이다. 사이비 종교의 종말론이 소설의 주된 내용이지만, 두 주인공의 대화를 중심으로 종교, 학벌, 재물과 같은 사회 문제를 다루면서 해학적으로 풍자하고 있다. 그의 작품에서는 현실체제에 대한 불만, 인간의 구원, 존재 가치의 문제를 우화적으로 이야기하는 풍자적 요소가 나타난다.

3.3. 불의에 저항하는 기질

전북 문학에 나타난 정신 중에는 불의에 저항하는 기질을 많이 보인다. 조선 중기에 나온 『설공찬전』, 시인 신석정의 후기 시, 국어학자 건재 정인승의 꼿꼿한 선비 자세는 전북인의 정신을 잘 보여주고 있다.

첫째, 정권을 비판한 소설은 『설공찬전』이다.

『설공찬전』은 조선중기 1511년에 채수(蔡壽)가 지은 고전소설이다. 이 소설은 최초의 국문 번역 소설로서 소설의 대중화를 이룬 첫 번째 작품으로 평가되고 있다.

전북 순창이라는 실제 지역을 배경으로 설씨 집안의 이야기인 양, 실존하는 인물과 허구적인 인물을 등장시키고 있다. 소설의 내용 중 반역으로 정권을 잡은 사람은 지옥에 떨어진다고 하는 대목이 나온다. 이는 연산군을 축출하고 집권한 중종정권을 비판한 것으로 이해된다. 이 작품에서는 영혼과 사후세계의 문제를 가지고 당시의 정치와 사회, 그리고 유교를 비판하였다.(『한국민족문화대백과사전』 참조)

둘째, 목가적 저항시인, 신석정에서 저항 의식을 볼 수 있다.

석정(夕汀) 신석정(辛錫正, 1907-1974)은 전라북도 부안 출신이다. 부안보통학교를 졸업한 뒤 한문을 수학하였다. 1954년 전주고등학교 교사로 근무, 1955년부터는 전북대학교에서 시론을 강의하였다. 1924년 『조선일보』에 소적(蘇笛)이라는 필명으로 〈기우는 해〉를 발표하였다. 그 뒤 1931년 『시문학』지에 시 〈선물〉을 발표하여 그 잡지의 동인이 되어 작품 활동을 하였다. 그로부터 〈임께서 부르시면〉·〈나의 꿈을 엿보시겠습니까〉·〈아직 촛불을 켤 때가 아닙니다〉 등 초기 대표작들이 발표되었다. 초기에는 목가적인 전원생활에서 오는 기쁨과 순수함을 노래하였다. 광복 이후에는 현실 참여 정신과 역사의식이 강한 작품도 썼다.

시 〈꽃덤불〉은 일제 강점기의 고통에서 벗어나 광복을 맞이했으나 아직 완전한 독립을 이루지 못한 당시의 혼란스러운 상황을 걱정하는 시인의 고뇌와 민족 화합에 대한 간절한 소망을 형상화하고 있다. 시 〈들길에 서서〉는 일제 강점기의 어려운 현실에 굴복하지 않고, 미래에 대한 희망을 간직하면서 살아가고자 하는 화자의 현실 극복 의지를 노래하고 있다. 김승종(2015;108)에서는 신석정의 시세계를 '목가적 저항정신'으로 보고 있다.

셋째, 꼿꼿한 선비, 국어학자 건재 정인승은 일제에 굴하지 않고 저항하였다.

건재(健齋) 정인승(鄭寅承, 1897-1986)은 전라북도 장수 출신으로 우리나라 국어학의 1기를 대표하는 국어학자이다. 건재 정인승 선생은 『조선말큰사전』의 편찬을 주관하고, 조선어학회 사건으로 함흥형무소에서 온갖 고초를 다 겪은 애국지사이다. 전북이 낳은 한국을 대표하는 근대인물 가운데 한 분이다.

1925년 4월 1일, 건재는 전북 고창에 있는 고창고보의 영어 교원으로 가게 된다. 일본 경찰의 감시가 심해지자, 더 이상 뜻을 펼 수 없다고 판단하여 건재는 1935년 8월 학교를 그만 두게 되었다.

1936년 조선어학회에서는 사전의 주필을 건재가 맡기로 하고, 상임집필진으로 건재 정인승, 이극로, 한징, 이중화, 이윤재 등 다섯 사람으로 구성하였다.

1942년 10월 1일 새벽, 건재의 혜화동 셋집에 종로경찰서에서 왔다는 일본 형사들이 들이닥쳐 건재를 연행하였다. 그날로 사전편찬에 관여하던 11명의 회원이 모두 연행되었고, 조선어학회 회원 중 33명이 연행되어 함흥 감옥에 갇히게 되었다.

1957년 그동안 절판되었던 1, 2, 3권들을 다시 펴내고, 이어서 4, 5권을 펴낸 뒤, 그해 한글날 마지막 부록까지 합하여 6권을 성공적으로 펴내어 『큰사전』완질을 펴내었다. 건재가 당시의 조선어학회에 몸담고 사전편찬의 일을 시작한 지 1936년 이래 21년간의 각고의 노력의 결정이었다.

1952년 4월 명륜대의 법과, 문과, 이리농림학교를 농과대학, 군산상업을 상과대학, 이리공업학교를 공과대학으로 하여 전북대학교는 종합대학교가 되었다. 초대총장은 김두헌 박사가 맡고, 초대교학처장을 건재 정인승 선생이 맡게 되었다. 1954년 9월 28일까지 전북대학교에서 봉직하였다. 1954년 10월부터 건재는 서울 중앙대학교의 교수로 재직하게 되었다. 홍익대, 연세대, 서울여자대, 한국외대, 건국대 등에 강사로 출강하여 후학을 가르쳤다. 1961년에서 1962년 9월까지 전북대학교 제2대 총장을 지냈다.

건재 정인승 선생은 일제의 간교한 방해 공작에도 굴하지 않고 국어를 가르쳤으며, 『큰사전』을 편찬하는 일에 심혈을 기울였다. 일제에 끝까지 저항한 대표적인 국어학자이며 애국지사이다.

3.4. 여성의 진취적 정신과 역할

문학에서 여성과 관련된 사람들은 호남의 신사임당이라 일컬어지는 '김삼의당', 조선 최고의 기생이자 예인인 '이매창', 신앙적 신념을 굽히지 않고 순교한 '이순이 루갈다', 조선 최고의 여류 명창 '진채선', 『혼불』의 소설가 '최명희'를 들 수 있고, 여성 관련 소설로는 그 유명한 『열여춘향수절가』와 『심청전』을 들 수 있다.

첫째, 호남의 신사임당이라 일컬어지는 여류 문인 '김삼의당(金三宜堂)' 이다.

김삼의당은 조선 후기 진안에서 활동한 여류 문인이다. 아버지는 연산군 때의 학자 탁영(濯纓) 김일손(金馹孫)의 후손인 김인혁(金仁赫)이고 남편은 진양인(晉陽人) 담락당(湛樂堂) 하립이다. 남원에서 태어나 32세 때 진안군 마령면 방화리로 이주하여 살았던 조선 후기의 몰락한 양반 여성 문인이다. 일찍이 한글로 된 『소학』을 읽고 문자를 배워 제자백가(諸子百家)를 섭렵했다.

가난한 살림을 꾸리면서 남편에 대한 애정과 기대, 일상생활 속의 일과 전원의 풍치 등을 260여 편의 한시와 문장으로 남겼다. 유교 가문의 생활 규범 속에서도 삼의당은 시작(詩作)을 하였고 시를 인정받았다. 삼의당은 시부모를 봉양하고 형제, 친척들에게 지극한 정성을 다하여 주위에서 그 부도(婦道)를 칭송하였다.

1930년에 장사(長沙) 김기현(金箕現)과 승평(昇平) 정형택(鄭逈澤)이 원고를 모아 『三宜堂稿』를 간행하였다. 2권 1책으로 되어 있는데 그 중 1권은 시이고, 2권은 산문이다. 1권에 실린 시는 총 111편 253수이고, 2권에는 편지글 6편, 서(序) 7편, 제문 3편, 잡지(雜識) 6편 등 총 26편의 산문이 실려 있어 조선조 여성으로서는 가장 많은 작품을 남긴 것으로 추정된다.

문집은 1950년 『조선 역대 여류 문집』에 수록되었고, 1982년에 출판된 『김삼의당 시문집』이 있으며, 2004년에 『삼의당 김부인 유고』가 출간되었다.(『디지털진안문화대전』참조)

둘째, 조선 최고의 예인인 이매창이다.

이매창(1573-1610)은 조선 중기의 기생이자 대표적 여류시인이다. 부안(扶安)의 기생으로 개성의 황진이(黃眞伊)와 더불어 조선 명기의 쌍벽을 이루었다. 가사, 한시와 같은 시문과 가무, 거문고에 뛰어난 예술인으로 문사인 유희경(劉希慶), 허균(許筠) 등과 교유하였다.[6]

작품으로는 〈秋思〉, 〈贈醉客〉, 〈春怨〉, 〈無題〉, 〈自恨〉, 〈遺懷〉, 〈이화우(梨花雨) 흩날릴 제〉 등 가사와 한시 70여 수가 있다.

대표적인 이별가로 꼽히는 〈이화우 흩날릴 제〉는 情人인 유희경을 그리며 지은 시로 알려져 있다.

> 이화우(梨花雨) 흩날릴 제 울며잡고 이별한 님
> 추풍낙엽에 저도 날 생각는가
> 천리길 외로운 꿈만 오락가락 하노라

---

6   조선후기 정사신(鄭士信)이 매창의 한시 58수를 모아 1668년에 목판본 2권 1책으로 간행한 시집으로 전북 변산 개암사(開巖寺)에서 간행한 『梅窓集』(매창집)이 있다.

〈이화우(梨花雨) 흩날릴 제〉

셋째, 종교적 신념으로 순교한, 이순이 루갈다가 있다.

조선시대 전주군 초남리에 살다가 순교한 복자 유항검(아우구스티노)의 아들 유중철과 혼인한 이순이(루갈다)는 전주옥에 갇혀서 갖은 고난을 겪으면서 쓴 옥중편지가 있다.[7]

천주교 신자로 2014년 복자품에 오른 복자 이순이 루갈다는 1801년 신유박해 때, 10월 22일(음력 9월 보름)경 체포되어 전주옥에 갇혔고, 이듬해 1월 31일(음력 1801년 12월 28일) 전주 숲정이에서 참수당해 순교하였다.

순교하기 전에, 어머니 권씨, 친언니와 올케 등에게 보낸 2편의 옥중편지를 남겼다. 한 편은 이순이가 어머니에게 보낸 편지이고, 다른 한 편은 이순이가 큰언니와 올케에게 보낸 편지이다.[8] 이순이(루갈다)는 양반의 가문에서 배운 부모에게 효도하는 孝의 개념을 신앙을 갖게 되면서 하느님께 효도하는 개념으로 승화시킨 순교자라 할 수 있다. 신유박해 때, 이순이 루갈다는 내세의 영원한 구원을 위해 현세의 목숨을 기꺼이 내놓았다. 비록 일기 형식의 기록물이지만 문학 작품으로 보면 한 여인의 절대자를 향한 구도의 길을 극명하게 보여준 작품이라 할 수 있다.(이태영·유종국, 2011)

---

7 2021년 3월 11일 전북 완주군 초남이성지 바우배기에서, 1791년(신해박해) 전주 남문밖에서 순교한 한국 최초의 순교자 윤지충 바오로·권상연 야고보와, 1801년(신유박해) 남문밖에서 순교한 윤지헌 프란치스코의 묘소가 발견되어 유해와 백자사발지석이 발굴되었다.(천주교 전주교구, 2021 참조)

8 『이순이 루갈다 옥중 편지』는 모두 4편으로 (1) 이경도(李景陶) 가롤로가 옥중에서 어머니에게 보낸 편지, (2) 이순이 루갈다가 어머니에게 보낸 편지, (3) 이순이 루갈다가 친언니와 올케에게 보낸 편지, (4) 이경언(李景彦) 바오로가 쓴 옥중 기록 등이다.

넷째, 종교적 탄압으로 9살에 유배를 가서 거룩한 삶을 살다간 전주군 초남이[9] 출신 유섬이가 있다.

1801년 천주교 신유박해 때, 호남의 사도인 유항검(아우구스티노)의 딸로 거제도 관비로 유배를 간 9살 소녀인 유섬이가 있다. 유섬이는 거제도에서 71세까지 살다가 죽었다.

당시 거제도호부사를 지낸 하겸락(河兼洛, 1828 -1904) 선생은 후손이 만든 『思軒遺集』 '부거제(附巨濟)' 편에 유섬이의 삶에 대해 기록해 놓았다. 또 이 문집에 '제거제유처자문'(祭巨濟柳處子文)의 제문을 지어 유섬이의 생애를 추모하는 감회를 지은 추도문 형식의 제문도 함께 실려 있다.

이 제문에서 거제부사 하겸락은 유섬이의 삶에 대해 '정결한 옥 같은 자태'(貞玉之姿), '스스로 정결하게 하여 선조에게 의로운 뜻 바치다.', '외롭고 곧은 특별한 정절'(孤貞特節), '청사에 보기 드물다.'는 표현을 쓰고 있다.

우리는 이 제문을 통하여 우리 지역의 어린 소녀가 성장하는 과정 속에서 지역민들에게 새로운 삶의 모습을 보여주고 있음을 알 수 있다.

다섯째, 조선 최고의 여류명창 진채선(陳彩仙)이 있다.

전라북도 고창 출신인 진채선(1847-?)은 우리나라 최초의 여류 판소리 명창으로 신재효(申在孝)에게서 판소리를 배웠다. 관기였던 진채선은 신재효에게 판소리 이론을 배우고, 동편제 명창 김세종의 소리를 전수받았다. 1867년, 신재효는 21세인 진채선을 경복궁 경회루 낙성연에 출연시켜서 판소리에서 여성이 진출하게 하였으며 그녀는 최고 명창의 반열에 올랐

---

9   현재는 완주군 이서면 초남리이다.

다. 이후 흥선대원군의 총애를 받아 진채선은 운현궁의 여악을 담당하는 궁녀가 되었다. 이후 여류 명창들이 배출되었고, 많은 여성 예술인들이 판소리에 진출하게 되었다.(『디지털고창문화대전』 참조)

59세이던 신재효는 진채선을 잊지 못하여 연정을 듬뿍 담은 〈도리화가〉를 지어 보냈다.

> 스물네 번 바람 불어 만화방창 돌아오니
> 귀경 가세 귀경 가세 도리화 귀경 가세.
> 도화는 곱게 붉고 흼도흼사 오얏꽃이
> 꽃 가운데 꽃이 피니 그 꽃이 무슨 꽃고.
> 웃음 웃고 말을 하니 수렴궁의 해어환가.
> 해어화 거동 보소 아릿답고 고을시고.
> 현란하고 황홀하니 채색채자 분명하다.
> 도세장연 기이한 일 신선선자 그 아닌가.

『조선창극사』(1940)에는 '철종, 고종 연간에 전라북도 고창 출신 신재효(1812-1884)의 문인이었던 진채선(1842-?)과 허금파(1866-1949)는 경성에서 판소리를 불러 명창이 되었다'라고 말하고 있다.

남자가 판소리를 하는 시대에 뛰어난 가창력으로 서울 무대에서 최초의 여류명창의 반열에 오른 진채선은 전북인의 진취적 기상을 보여주었다.

여섯째, 소설가 최명희는 『혼불』을 통해 전북인의 강인함을 보여주고 있다.

『혼불』의 작가 최명희(1947-1998)는 전북대학교 국어국문학과를 졸업하고 1980년『중앙일보』신춘문예에 단편 〈쓰러지는 빛〉이 당선되어 등 단하였다. 이듬 해인 1981년『동아일보』창간 60주년 기념 장편소설 공모 전에서 〈혼불〉로 당선하였다. 1988~95년까지 월간『신동아』에 〈혼불〉 제2~5부를 연재했으며, 1996년 12월 제1~5부를 전10권으로 묶어 완간 했다. 최명희는 무려 17년 동안 오롯이 이 한 작품을 집필하였다.

소설『혼불』은 일제 강점기인 1930년대 전라북도 남원의 몰락해가는 종가(宗家)의 종부(宗婦) 3대가 겪는 삶의 과정을 그려낸 소설이다. 이 소설 은 한국인의 세시풍속·무속신앙·관혼상제·관제·직제·신분제도·의상· 가구·침선·음식·풍수 등을 정밀하게 그려낸 작품이다. 평론가들은 '방대 한 고증과 치밀하고 섬세한 언어 구성, 생기 넘치는 인물 묘사로 우리 민 족혼의 원형을 빚어냈다'고 극찬했다.

일곱째, 여성 또는 사랑과 관련된 설화로 〈서동요〉(薯童謠)가 있고, 소 설로『최척전』,『열여춘향수절가』,『심청전』등이 있다.

〈서동요〉(薯童謠)는 신라 진평왕 때 백제 무왕이 지었다는 향가이다. 이 노래는『삼국유사』기이(紀異) 제2 무왕(武王)조에 수록되어 있는 서동 설화(薯童說話)에 포함되어 있다. 〈서동요〉는 서동들의 노래로 전승된 민 요적 성격을 띠고 있다.

『최척전』(崔陟傳)은 조선 인조 때에 조위한(趙緯韓)이 지은 소설이다. 남원의 가난한 선비인 '최척'과 서울 양반댁의 규수인 '옥영'의 정유재란 에서 피어난 애절한 사랑이야기이다.

『열여춘향수절가』는 제목에서부터 '열녀'와 '수절'이란 단어를 쓰고 있다. 이는 조선시대 유학자들이 추구한 '忠, 孝, 烈'과 관련된 단어이며,

유교사회에서 미덕으로 여겨지던 한 남자를 섬기는 '守節'의 개념이 들어 있는 것이다. 이 소설은 기생의 딸인 춘향이 사대부 집안의 아들인 이몽룡과 결혼하는 이야기이다. 양반과 평민의 신분을 뛰어 넘는 내용은 유교적이고 봉건적인 당시의 상황에서는 일반 시민들에게 큰 위안을 주었음에 틀림없다.

『정수경전』은 여주인공인 정수정의 매우 획기적인 여성의 활약 모습을 작품화한 것이다. 『이대봉전』은 위기에 처한 명나라를 구하는 여성 영웅이 등장하는 점이 특이하다. 한편 『심청전』은 봉건적이고 유교적이며 가부장적인 소설이라고 비판을 하고 있지만, 죽음으로써 '孝'를 실천하다가 왕비가 되는, 신분 상승을 꿈꾸는 소설이라고 할 수 있을 것이다.

이러한 소설에서 볼 수 있는 당시의 전북 시민들의 의식에는 여성 해방, 신분 차별 철폐에 대한 강한 민주적인 의식이 있었음을 알 수 있다.

〈서동요〉와 『최척전』, 『열여춘향수절가』 등에서는 신분을 뛰어넘는 지고지순한 사랑을 주제로 삼고 있다. 『열여춘향수절가』와 『심청전』과 같은 고전소설에서처럼 전라북도 여성들은 봉건적인 유교 사회에서도 굴하지 않고 나름대로 자기 세계를 유지하면서 노력하여 남성들의 전유물로 여겼던 분야에서 독보적인 존재감을 드러내고 있다.

여류 문인 김삼의당의 문학적 노력, 기생이자 예인이었던 이매창의 교유, 남성 중심 판소리 사회에서 명창 진채선의 노력과 명성 획득, 소설가 최명희의 꽃심 같은 단단함, 이순이 루갈다의 종교적 신념을 향한 순교, 새로운 삶의 모습을 보인 유섬이의 유배생활 등은 현대적인 표현으로 하자면 평등한 사회를 지향하는 민주적인 의식의 발로로 생각된다.

3.5. 전국 최고의 지식산업의 중심, 완판본

지방감영에서는 왕이 국정 운영에 필요한 책의 출판 지시에 따라, 또는 관찰사의 통치를 위해서 필요한 책을 출판하였다. 또한 지역의 지식인들이 요구하는 많은 책을 출판할 필요가 있었다. 서적은 학문의 진흥, 정치와 문화의 이상을 실현하는 수단으로 사용되면서 왕조마다 서적 간행에 힘을 쏟았다.(신양선, 1997:11)

전라감영에서는 중앙정부의 요청과 관찰사의 지시로 士大夫 취향의 도서인 완영본 책이 만들어진다. 전라감영에서 발행한 책으로는 정치, 역사, 제도, 사회, 어학, 문학, 유학에 관한 90여 종류의 책이 간행되었다.

전라감영은 전주부에 500여 년간 소재하고 있어서 전주부에서 출판한 책들이 전라감영이나 관찰사와 결코 무관하지 않다. 특히 조선 초기부터 후기에 이르기까지 관찰사가 감영이 소재한 지역의 부윤을 겸직하고 있었기 때문에 책의 출판에 있어서 감영과 감영이 소재한 도시가 더욱 관련되고 있음을 알 수 있다.

조선시대의 '책판 목록'에 의거할 때, 전라감영이 소재한 전주에서 발행한 책은 사서삼경, 예서, 역사서, 오가서, 동몽서, 정교서, 병서, 농서, 의서, 문학서, 문집 등 237종으로 전국에서 가장 많은 책의 종류를 보여주고 있다.

이후 완판본은 조선 후기 한글고전소설을 중심으로 교육용 도서, 실용서, 사서삼경 등 판매용 책(방각본)으로 크게 발전하였다.

3.6. 서민 대중을 위한 출판, 완판본 한글고전소설

완판본(完板本) 한글고전소설은 서울에서 발간된 경판본(京板本) 한글
고전소설에 대비된 말로, 전주(全州)를 중심으로 전라도에서 판매하기 위
하여 목판으로 발간한 고전소설을 일컫는 말이었다. 한글고전소설도 판
매용 책이었기 때문에 '판매용 책'이란 뜻을 가진 '방각본'이란 어휘를 쓰
면서 '완판 방각본'이란 용어가 사용되었다.

이후 '완판본'의 개념은 고전소설에만 한정하는 범위에서 벗어나, 전
주에서 발간된 방각본 전부를 가리키는 뜻으로 확대되어 쓰이게 되었다.

사전에 나오는 완판본의 개념은 다음과 같다.

> 완판본(完板本)「명사」『문학』: 조선 후기에, 전라북도 전주에서
> 간행된 목판본의 고대 소설을 통틀어 이르는 말. 전라도 사투리가
> 많이 들어 있어 향토색이 짙다. (표준국어대사전)

> 완판본(完板本) : 조선시대 전주 지방에서 출판된 방각본(坊刻本).
> (중략) 서민의 취향에 영합해 나타난 출판물이 완판방각본(完板坊刻
> 本)이다. 그것은 사대부층을 위한 교양서나 문집류를 간행했던, 앞
> 선 비방각본류(非坊刻本類)와는 달리 서민의 요구에 적절히 부응하
> 면서, 영리를 추구하는 상업적인 출간물이었다.(『한국민족문화대백
> 과사전』 참조)

조선 후기에 발간된 한글고전소설은, 서울에서 목판으로 찍은 경판본
(京板本), 경기 안성에서 목판으로 찍은 안성판본(安城板本), 그리고 전북 전

주에서 목판으로 찍은 완판본(完板本)이 전부이다.

서울에서 찍은 경판본은 약 70여 종, 경기도에서 찍은 안성판본은 약 10여 종, 전주에서 발행한 완판본 한글고전소설은 1823년 발간한 『별월봉긔하』를 시작으로 24종이 현재까지 알려진 제목이다. 완판본 한글고전소설의 원래 제목을 제시하면 다음과 같다.

> 『별춘향전이라』, 『열여춘향슈절가라』, 『심쳥전권지상이라』,
> 『심쳥가라』, 『홍길동전』, 『삼국지라』, 『언삼국지목녹이라(공명선
> 셩실긔권지하라)』, 『소디셩전권지상이라(용문전이라)』, 『니디봉젼상
> 이라』, 『쟝경전이라』, 『장풍운젼』, 『뎍셩의젼상(젹셩의젼하)』, 『됴
> 웅젼상이라』, 『초한젼권지상이라(셔한연의권지하라)』, 『퇴별가라』,
> 『화룡도권지상이라』, 『임진녹권지삼이라』, 『별월봉긔하』, 『졍슈
> 경젼』, 『현슈문젼권지단』, 『구운몽샹(구운몽하)』, 『유충열젼권지
> 상』, 『셔민황졔젼이라』

전북의 완판본과 서울의 경판본 한글고전소설이 보여주는 특징의 차이를 제시하면 다음과 같다.

첫째, 서울에서 출판한 경판본은 '궁체'의 하나인 반흘림체(半草書体), 또는 행서체를 쓴 반면, [10] 완판본은 민체로서 초기본은 행서체로, 후기본은 모두 정자체(楷書体)로 쓰였다. 경판본은 식자층들이 읽을 수 있도록 반초서체와 행서체를 썼고, 완판본은 일반 서민들이 읽을 수 있도록 주로 정

---

10 류탁일(1985)에서는 경판본의 서체를 '반초서체'로, 이창헌(2005)에서는 경판본의 서체를 주로 행서체로 보고 있다.

자체를 썼다.

둘째, 경판본은 장수가 16장에서 64장본까지 있다. 대체로 20장본과 30장본이 대부분이다. 그러나 완판본은 초기에 21장본, 30장본, 41장본 등이 있으나, 후기에는 73장본, 84장본이 대부분이다. 예를 들면 경판본 『춘향전』은 20장본인데 비하여 완판본 『열여춘향수절가』는 84장본이다.[11] 이러한 사실이 보여주는 점은 소설이 갖는 서사가 매우 다양하였다는 점이다. 이것은 이 지역 사람들이 이야기(소설)에 대한 감각이 매우 풍요로웠음을 보여준다.

셋째, 경판본은 이야기 서술 방식이 한문투의 문어체 방식이었지만, 완판본은 우리말투의 구어체 이야기 방식으로 서술되어 있다. 완판본 한글고전소설은 낭송되었는데, 그 증거는 '화룡도 권지하라, 됴웅젼상이라, 됴웅젼권지이라' 등과 같은 고전소설의 제목에서 발견된다. 제목 뒤에 '-이라'를 붙인 것은 고전소설을 낭송했음을 보여주는 것이다.(홍윤표, 2007:9) 현대소설을 읽을 때 주로 묵독으로 소설을 읽지만, 조선시대 소설은 음율적인 가락을 섞어서 읽는 낭송법이 대부분이었다. 따라서 완판본이 제목에서 보여주는 낭송체는 경판본과 매우 차이를 보이는 읽는 방법이라 할 수 있다.

완판 고전소설의 특징은 일상언어인 구어체가 주로 사용되고 있고, 방언이 많이 사용되어 있다. 완판본이 구어체 이야기 방식으로 서술되고, 방언이 많이 사용되는 점으로 보면 사실주의적인 문학 세계를 이루고 있음

---

11   완판본 『열여춘향수절가』(84장본)은 해방 이후 70년 동안 각종 국어교과서에 가장 많이 실린 대표적인 고전소설 작품이다.

을 알 수 있다.

왜 이렇게 완판본 한글고전소설에서는 방언을 많이 사용했을까? 당시 사대부들은 식자층이어서 한양말에 가까운 점잖은 말을 사용하려고 노력했을 것이다. 그러나 서민층들은 배우지 않은 계층이 대부분이어서 당시에 구어체로 사용되던 방언이 많이 들어가야만 쉽게 이해할 수 있었을 것이다. 완판본 한글고전소설은 전라도 독자를 대상으로 만든 소설이기 때문에 당연히 전라도 방언이 많이 들어가는 구어체 어휘와 문장을 사용한 것이다.

넷째, 엄태웅(2016:257)의 견해에 따르면, 완판본 영웅소설은 소설의 향유층이 중인 계층의 남성이 많기 때문에, 영웅소설의 남성 인물의 국가에 대한 충절과 '대명의리론'에 의한 절의를 부각하고 남성 영웅의 영웅적 모습을 강조하는 경향을 띠고 있는 것으로 해석하고 있다. 반면에 경판본 영웅소설은 결연 및 가정과 가문의 문제에 관심이 많은 것으로 해석하고 있다.

바로 이러한 점들이 완판본 한글고전소설을 경판본과 차별화하는 매우 중요한 한 요인이 된 것이다. 따라서 완판본은 서민층을 위한 한글고전소설이란 점에서 독자적인 위치를 갖는다고 말할 수 있다.

일찍이 상업이 발달하여 온갖 물건이 거래되었던 전주에서는 호남평야를 배경으로 중산농민층이 형성되어 대량의 쌀과 닥나무를 재배하였고, 상업으로 여유가 생긴 서민 인구가 확대되어 갔다. 이처럼 여유를 가진 서민들은 개인의 취향에 따라 다양한 독서 욕구를 갖게 되었다.

그러나 기존의 사대부들의 취향에 맞는 도서로서는 도저히 지적욕구를 충족시킬 수가 없었고 이러한 서민의 요구에 부응하여 완판방각본이 출현한 것이다. 한글고전소설이 서울, 안성과 전주에서만 발간되었다는 점은, 당시 전주가 서울과 마찬가지로 상업도시였고, 따라서 개화 의식이 매우 빠르게 진전된 도시였음을 말하여 준다.

완판본 한글고전소설이 많이 출판된 것은 이 지역민들의 흥미와 지적인 욕구에 말미암는다. 이 지역민들은 영웅소설을 통해 새로운 세상의 희구, 신분 상승 욕구를 드러내고, 여성소설을 통한 여성 해방, 신분 차별 철폐 등을 주장하였다. 결과적으로 지역민들이 '근대적 시민의식과 민주 의식'이 고취되고 있었음을 볼 수 있다.

4. 결론

이제까지 문학과 관련된 전라북도의 인물과 내용을 중심으로 전북의 정신적 측면을 살펴보았다. 이를 간략히 요약하고자 한다.

첫째, '선비의 풍류적 풍모와 태도'를 들 수 있다.

정극인은 〈상춘곡〉을 통하여 자연친화적인 풍류 정신을 직접 언급하고 있다. 이를 바탕으로 지역민들을 위한 향약을 제정하여 함께 실천하는 선비의 모습을 보여주었다. 조선시대 문인들에게 음악은 인격과 덕성을 함양하기 위하여 교양으로 익혀야 하는 학습 내용이었다. 따라서 선비들은 거문고와 가야금을 주로 즐겼다. 전북 임실에서 거문고 악보인 『양금신보』가 발간된 것도 전북인의 풍류 정신에 기인하는 것이다.

가람 이병기 시인이 난을 좋아하는 이유는 조선시대 선비들이 난을 감상하면서 선비들의 고결하고 청정한 기품을 갖고자 함에 있었다. 가람 선생은 조선조 선비들이 지향했던, 난 감상, 고서 수집, 시조 창작을 매우 좋아하고 즐겼던 분이다. 이처럼 가람 선생은 전라북도가 낳은 풍류문학의 대표적인 근대 인물이라고 해도 과언이 아닐 것이다.

서정주의 시세계는 자연, 농경 문화와의 친화력에 기반을 두고, 불교 사상을 접맥시켰다. 서정주는 모든 시집에서 정신적인 측면을 강조하고 있다. 불교 사상, 고전을 통해 신라정신의 문학적 성취와 영원성의 추구가 주를 이룬다. 미당 서정주 시가 지향하는 한 축을 '현세적 삶의 초월과 영원성 추구'로 보면서 풍류적 풍모로 해석할 수 있을 것이다.

둘째, '시대를 바르게 읽는 풍자와 해학'을 추구한 점을 들 수 있다.

전라북도 사람들은 예로부터 시대를 바르게 이끌어 나가기 위해 직설보다는 우회적인 풍자적 방법을 사용하였던 것이다. 이러한 심성은 예술로 승화되어 판소리와 소설에서 풍자와 해학이 문학성으로 자리잡게 한 것이다. 판소리는 풍자의 백미라 할 수 있을 것이다.

소설가 채만식은 1930년대 일제강점기에서 체제의 모순, 사회의 부조리를 간접적으로 비판하는 풍자문학을 추구하였다. 소설가 윤흥길은 1970년대 후반 산업화 과정에서 노동계급의 소외, 갈등의 문제, 산업화와 소외의 문제, 권력의 모습을 풍자와 해학의 기법으로 비판하고 있다.

셋째, '불의에 저항하는 기질'을 들 수 있다.

조선 중기에 나온 『설공찬전』에서는 연산군을 축출하고 집권한 중종 정권을 비판하였다. 시인 신석정의 후기 시에서는 저항 의식을 볼 수 있는데 그래서 '목가적 저항시인'이라 할 수 있다. 일제에 굴하지 않고 저항하면서 『우리말 큰사전』을 편찬한 국어학자 건재 정인승의 꼿꼿한 선비 자세는 전북인의 정신을 잘 보여주고 있다.

넷째, 여성의 진취적 정신과 역할을 들 수 있다.

문학에서 여성과 관련된 사람들은 호남의 신사임당이라 일컬어지는 '김삼의당', 조선 최고의 기생이자 예인인 '이매창', 신앙적 신념을 굽히지 않고 순교한 '이순이 루갈다', 9살에 거제로 유배를 가서 거룩한 삶을 살다간 '유섬이', 조선 최고의 여류 명창 '진채선', 『혼불』의 소설가 '최명희'를 들 수 있고, 여성 관련 소설로는 그 유명한 『열여춘향수절가』와 『심청전』을 들 수 있다.

여류 문인 김삼의당의 문학적 노력, 기생이자 예인이었던 이매창의 교유, 남성 중심 판소리 사회에서 명창 진채선의 노력과 명성 획득, 소설가 최명희의 꽃심 같은 단단함, 이순이 루갈다의 종교적 신념을 향한 순교, 새로운 삶의 모습을 보인 유섬이의 유배생활 등은 평등한 사회를 지향하는 민주적인 의식의 발로로 생각된다.

다섯째, 완판본 영웅소설과 그 향유층의 의식에서 볼 때, 이 지역사람들은 국가에 대한 충절과 절의 정신을 강하게 가지고 있음을 알 수 있다. 따라서 대의명분에 충실하는 기질을 가지고 있었다.

여섯째, 전국 최고의 지식산업의 중심, 완판본을 들 수 있다.

전라감영에서는 중앙정부의 요청과 관찰사의 지시로 士大夫 취향의 도서인 완영본 책이 만들어진다. 전라감영에서 발행한 책으로는 정치, 역사, 제도, 사회, 어학, 문학, 유학에 관한 90여 종류의 책이 간행되었다.

조선시대의 '책판 목록'에 의거할 때, 전라감영이 소재한 전주에서 발행한 책은 사서삼경, 예서, 역사서, 오가서, 동몽서, 정교서, 병서, 농서, 의서, 문학서, 문집 등 237종으로 전국에서 가장 많은 책의 종류를 보여주고 있다.

일곱째, 서민 대중을 위한 출판, 완판본 한글고전소설을 들 수 있다.

기존의 사대부들의 취향에 맞는 도서로서는 도저히 지적욕구를 충족시킬 수가 없었고 이러한 서민의 요구에 부응하여 완판방각본이 출현한 것이다. 한글고전소설이 서울, 안성과 전주에서만 발간되었다는 점은, 당시 전주가 서울과 마찬가지로 상업도시이었고, 따라서 개화 의식이 매우 빠르게 진전된 도시였음을 말하여 준다.

완판본 한글고전소설이 많이 출판된 것은 이 지역민들의 흥미와 지적인 욕구에 말미암는다. 영웅소설을 통한 새로운 세상의 희구, 신분 상승 욕구, 여성소설을 통한 여성 해방, 신분 차별 철폐를 주장하고, 필사본 소설을 통해서는 문화적 욕구를 드러낸다. 결과적으로 지역민들이 '근대적 시민의식과 민주 의식'이 고취되고 있었음을 볼 수 있다.

==========| 참고문헌 |==========

곽병창(2015), 「'저항'보다 '풍류', '직설'보다 '풍자' - 예술에 드러난 전주의 정신」,
『전주학연구』 제9집, 248-285.

권영민(2002), 『한국현대문학사 1』, 민음사.

김기현(2015), 「전주정신의 사상적 배경에 대한 검토」, 『전주학연구』 제9집, 71-94.

김승종(2015), 「문학작품을 통해 바라본 전주정신」, 『전주학연구』 제9집, 95-127.

김흥수(2001), 「소설의 방언에 대하여」, 『문학과 방언』 소재, 역락.

엄태웅(2016), 『방각본 영웅소설의 지역적 특성과 이념적 지향』, 『민족문화연구총서』
151, 고려대학교 민족문화연구원.

유종국(2016), 「태산 선비의 풍류 전통 - 고전문학 작품을 중심으로 -」, 『태인방각본』
소재 특별 논고, 정읍시립박물관.

이병기(1975), 『가람 일기(1)』, 정병욱·최승범 편, 신구문화사.

이천승(2013), 「완판본의 철학적 기반과 배경」, 2013년도 완판본 학술발표대회 발표
초록. 전주 완판본문화관.

이태영(1990), 「〈큰사전〉 편찬을 주관한 국어학자 정인승」, 『나라를 위하여 전북을
위하여』, 전북애향운동본부.

이태영(2002), 『전라도 방언과 문화 이야기』, 신아출판사.

이태영·유종국 역주(2011), 『동정부부 순교자 이순이 루갈다 옥중편지』, 천주교 전주
교구.

이태영(2015), 「완판본 출판과 지역민의 의식세계」, 『전주학연구』 제9집, 129-171.

이태영(2021), 『완판본 인쇄·출판의 문화사적 연구』, 역락.

장창영(2002), 「서정주 시 연구」, 전북대 대학원 박사학위논문.

鄭魯湜(1940), 『朝鮮唱劇史』, 조선일보사.

천주교 전주교구(2021), 『한국 최초의 순교자 복자 윤지충 바오로와 권상연 야고보,
신유박해 순교자 복자 윤지헌 프란치스코 유해의 진정성에 관한 기

록』, 흐름출판사.

최승범(2001), 「21세기와 선비정신」, 21세기 선비정신 학술대회, KBS 전주방송총국 & (사)우리문화진흥회.

하성래(2014), 「거제로 유배된 유항검의 딸 섬이의 삶」, 『교회와 역사』 467.

황종연(1984), 「이병기와 풍류의 시학」, 『한국문학연구』 8집, 동국대 한문학연구소.

『디지털진안문화대전』

『디지털고창문화대전』

『한국민족문화대백과사전』

제2장 | 한글고전소설『춘향전』의 문화적 가치

1. 판소리와『춘향전』

『춘향전』이라 일컬어지는 소설은 전라북도 남원 지역의 설화를 배경으로 만들어져 한국문학사에서 가장 아름답고 재미있는 소설로 알려져 있다. 이미 1754년 무렵 책으로 만들어져 약 270여 년간 읽혀지고 있는 불후의 명작이다.

판소리는 피지배층의 삶을 사실적으로 그려내면서, 풍자의 기능으로 서민들의 마음을 대변하였다. 판소리는 차츰 지배층과 피지배층이 골고루 즐기게 되었다. 판소리는 민족문화의 계승과 발전에 기여하면서 인류의 보편적 정서를 표현하는 예술로 승화되었다.

조선시대의 가치관을 담은 「춘향가」, 「심청가」, 「수궁가」, 「홍보가」, 「적벽가」 등이 보다 예술적인 음악으로 가다듬어져 판소리 다섯마당으로 정착되었다. 판소리는 우리나라 시대적 정서를 나타내는 전통예술로 판소리 다섯마당이 모두 중요무형문화재로 지정되어 보호되고 있다. 1964년 국가가 판소리를 중요무형문화재 제5호로 지정하였다. 판소리는 2003년 유네스코에서 '인류무형문화유산'으로 선정되었다.[1]

전북 전주에서 발간한 소설은 완판본 한글고전소설이라 말하고, 서울에서 발간한 소설은 경판본 한글고전소설이라 말한다. 경판본은 배운 사람들에게 흥미를 위해 판매를 목적으로 발행한 책이었고, 완판본은 당시 전주 지역에서 유행한 판소리의 사설이 당시 민중들에게 너무나 인기가 있어서 서민을 위해 출판한 책이었다.

현존하는 완판본 한글고전소설의 종류는 24 가지이다. 이 가운데 판소리계 소설이 『열여춘향수절가』, 『심청가』, 『심청전』, 『화룡도』(적벽가), 『퇴별가』 등 5종이고, 나머지 대부분은 영웅소설이다. 판본이 다른 이본(異本)의 종류를 합치면 약 90여 종류가 된다.

열여춘향수절가(춘향전), 별춘향전, 심청전, 심청가, 홍길동전, 삼국지, 언삼국지, 소대성전, 용문전, 유충열전, 이대봉전, 장경전, 장풍운전, 적성의전, 조웅전, 초한전, 퇴별가, 화룡도, 임진록, 별월봉긔, 정수경전, 현수문견, 구운몽, 세민황제전

---

1   유네스코에서 우리나라 '인류무형문화유산'으로 선정된 유산은 다음과 같다.
      종묘제례 및 종묘제례악(2001), 강릉단오제(2005), 영산재(2009), 남사당놀이(2009), 제주 칠머리당 영등굿(2009), 강강술래(2009), 처용무(2009), 가곡(2010), 매사냥(2010), 대목장(2010), 택견(2011), 한산 모시짜기(2011), 택견(2011), 줄타기(2011), 아리랑(2012), 김장(2013), 농악(2014), 줄다리기(2015), 제주해녀문화(2016), 씨름(2018).

완판본 『심청가』 41장본은 '戊戌(1898년)仲秋完西新刊'의 간기(刊記)가 붙어 있다. 1898년 가을에 전주 서계서포에서 발간한 것으로 추정된다. 이 『심청가』가 『심청전』으로 간행된다. '노래(歌)'가 나중에 '소설(傳)'이 된 것이다. 41장본의 말미에는 '일등명창 권삼득 송흥녹 모흥갑 쥬덕기 박만슌 이날치 다 각기 장기디로 흥을 다하여 논일 격긔'라는 구절이 보이는데 당대의 판소리 명창들의 이름을 기록하고 있어 이 책이 판소리 사설과 관련되어 있음을 보여주고 있다. 이 책을 저본으로 다시 소설로서 재미를 덧붙이면서 완판 『심청전』 71장본을 만든 것이다.

완판본 한글고전소설 『퇴별가』(兎鼈歌)도 역시 제목에 '노래(歌)'라는 의미를 가지고 있다. '토끼타령'이라고도 불리는데 소설에서는 '토끼전'으로 불린다. 『퇴별가』에도 '戊戌(1898년)仲秋完西新刊'의 간기(刊記)가 붙어있다. 완판본 『심청가』와 『퇴별가』는 같은 시기에 간행된 책임을 알 수 있다.

전주에서 발간한 완판본 한글고전소설 가운데 『열여춘향수절가』라는 소설이 있다. 이를 한자로 쓰면 '烈女春香守節歌'인데 만고열녀인 성춘향이가 수절을 한 내용의 노래라는 뜻이다. 이는 경판본에서는 『춘향전』(春香傳)으로 쓰고 있다. 완판본의 '노래(歌)'가 경판본에서는 '소설(傳)'이 된 것이다.

완판본 한글고전소설 중에 『화룡도』(華容道)라는 소설이 있는데 이는 중국의 『삼국지연의』에 나오는 내용으로 관우가 화룡도에서 포위된 조조를 죽이지 않고 너그러이 길을 터주어 달아나게 한 적벽대전(赤壁大戰)을 소재로 만든 것이다.

동리 신재효(1812-1884)는 '춘향가, 심청가, 토별가, 박타령, 적벽가, 변강쇠가' 등 판소리 여섯 마당을 새롭게 정리하였다. 신재효가 정리한 '춘향가, 심청가, 토별가, 적벽가' 등이 사설로 존재하면서 이를 바탕으로 완판본 한글고전소설인 '춘향전, 심청가, 심청전, 토별가, 화룡도'가 탄생하게 되었다.

판소리 사설이 소설로 된 것은 전주에서 발간한 완판본 '열여춘향수절가, 심청가, 토별가, 화룡도'가 최초일 것이다. 서해안에서 불리던 무가(巫歌)가 판소리가 되고 이것이 다시 한글고전소설로 바뀌었으니 소설의 기원이 대체로 설화나 신화라고 본다면 이는 매우 독특한 발달과정을 거친 것이다.

「춘향가」는 판소리 창자에 따라서 여러 대목으로 나뉜다. 정정렬 바디 「춘향가」는 76 대목이고, 김연수 바디 「춘향가」는 118 대목, 김세종 바디 「춘향가」는 74 대목, 김소연 바디 「춘향가」는 77 대목이다. 창자에 따라서 또는 청자가 요구하는 대목이 있기는 하지만 「춘향가」가 이처럼 많은 대목으로 나뉘어 불린다는 사실은 그만큼 모든 대목이 재미가 있다는 점이다. 정정렬 바디 「춘향가」 76 대목을 예로 들면 다음과 같다.

나귀 안장, 남원 승지, 이도령 취흥, 춘향 추천, 춘향의 내력과 자태, 춘향 집, 이도령 상사, 서책풀이, 천자뒤풀이, 해소식, 춘향 집 당도, 사벽도, 춘향과 이도령 문답, 춘향모 야단, 첫날밤, 춘향모 향단 닦달, 춘향모 탄식, 음식상 차림, 긴 사랑가, 업고 노는 사랑가, 춘향이 이도령을 업고 노래함, 이별차 나감, 춘향의 걱정, 춘향이 무색하여 토라짐, 춘향 희색, 춘향의 사생결단, 춘향모 책망, 이별 작정, 오리정 탄식, 춘향의 울음소리, 신표 교환, 이별, 춘향 귀가, 춘향 탄식, 상사가, 신연맞이, 기생 점고, 넉 자 화두 기생 점고, 춘향모 회유, 군로사령, 갈까보다, 군로사령 맞이, 행수기생이 춘향을 데려옴, 수청 거절, 춘향의 항변, 사또 포악, 사또의 집장 명령, 십장가, 구경꾼들 분노, 춘향모 통곡, 여러 기생 등장, 옥중 탄식, 황릉묘 꿈, 난향의 춘향 회유, 장원급제, 어사또 노정기, 어사 행장, 방자 한양길, 어사와 방자 수작, 춘향 편지, 방자 문안, 농부가, 춘향모 치성, 춘향모 어사 상봉, 춘향모 통곡, 파루, 춘향 옥중 꿈, 옥중 상봉, 각읍 수령, 본관사또 생일잔치, 어사또 소란, 운봉영장 어사또 대접, 어사또 작시, 어사 출두, 재회, 춘향모 춤.

이 글에서는 『춘향전』의 문화적 가치를 조명하고, 이 『춘향전』을 세계화하는 작업에 대해 살펴보고자 한다. 그리하여 『춘향전』의 가치, 『춘향전』의 활용, 『춘향전』의 역사, 『춘향전』의 세계화 등에 대해 종합적으로 이야기하고자 한다.

2. 소설 『춘향전』의 여러 특징

2.1. 『춘향전』의 몇 가지 종류

1) 홍종우(洪鍾宇)와 『향기로운 봄』

조선의 문신이며, 대한제국의 수구파 정치인이던 홍종우(洪鍾宇, 1850 ~ 1913)는 1890년 조선 최초의 프랑스 유학생이었다. 홍종우와 프랑스 작가 J H 로니가 협력해 『춘향전』을 『향기로운 봄』이란 제목으로 번역하여 1892년에 출간하였다.

러시아 안무가 미하일 포킨(1880~1942)은 1936년 몬테카를로 발레단에서 이 책을 대본으로 삼아 발레 '사랑의 시련'을 초연한 후, 그 후 러시아, 프랑스, 영국, 독일 등에서 활발히 공연되었다. '사랑의 시련'은 2006년 국립발레단 제120회 정기공연으로 70년 만에 복원돼 발레 '춘향'으로 재공연되었다.

2) 『계림정화 춘향전』(鷄林情話 春香傳)

이 소설은 1882년 신문에 연재된 소설이다. '계림'은 신라를 상징하고, '정화'는 '연애'를 말하기 때문에 '계림정화'는 '조선의 연애소설'이란 의미를 갖는다. 오사카아사히 신문(大阪朝日新聞)의 기자로 부산에 살던 나카라이 도스이(半井桃水)가 일본어로 처음 번역하였다. 주인공을 일본인인 감정으로 묘사하고 있다. 현재까지 일본에서는 소설로는 약 28회, 그리고 희극, 오페라 등의 장르로는 약 23회 발표되었다. (이응수·김효숙, 2014:770)

3) 『만화본 춘향가』

유진한(柳振漢, 1711-1791)의 『晩華集』에 수록된 한시「春香歌」는 二百句 2800字로 현재까지 알려진 『춘향전』 이본 중에서 最古本이다. 이 이본은 충청도 木川에 살던 유진한이 42세 때인 1753년 고향 호남의 산천 문물을 두루 살펴보고 돌아와 그 이듬해인 1754년(영조 30)에 지은 것이다.

4) 필사본 『남원고사』(南原古詞)

5권 5책의 한글 필사본으로, 1864년에서 1869년 사이에 기록된 것으로 추정된다. 파리의 동양어학교(東洋語學校)에 있으며, 이 계통에 속하는 이본이 일본 동경대학 도서관에 있다. 이 작품은『춘향전』을 대표하는 필사본이다.

5) 경판본『춘향전』

서울에서 발간한 경판목판본『춘향전』은 35장본, 30장본, 23장본, 17장본, 16장본 등이고 경기도 안성에서 발간한『춘향전』은 20장본인데, 이는 대체로 19세기 후반에서 20세기 초에 발간되었다.

6) 완판본『열여춘향수절가』

완판본은 26장본, 29장본의『별춘향전』계열과 33장본, 84장본의『열여춘향수절가』계열의 두 종류가 있는데,『별춘향전』의 발행 시기는 1850년대이고,『열여춘향수절가』의 발행 시기는 20세기 초이다.

7) 활자본『옥중화』

『춘향전』은 1911년부터 서울에서 활자본이 대량 생산된다. 무려 1950년대까지 50여 년 동안 여러 서점에서 발간되어 판매되었다.

8) 세책본과 필사본『춘향전』

책을 베껴서 빌려주고 돈을 받는 세책본이 성행하였고, 목판본과 활자본이 발행되고 있는 도중에 일반 서민들은 책을 보고 직접 필사하였다. 그리하여 수많은 필사본『춘향전』이 생산되었다.

2.2. 『춘향전』의 이본(異本)들

소설 속의 '춘향'은 소설의 제목에서 다양한 이름으로 불렸다. '춘향'은 단순히 소설의 제목이 아니라, 시대가 보여주는 이미지로서 다양한 이름을 갖게 되었다.

> 춘향, 성춘향, 옥중화(獄中花), 옥중향(獄中香), 여중화(女中花), 열녀 춘향, 만고열녀 춘향, 절대가인, 절세가인

소설『춘향전』도 다양한 제목을 가지고 다양한 방법으로 출판되었다. 그 제목을 제시하면 다음과 같다.

> 『廣寒樓記』(한문등사본, 한문활자본), 『廣寒樓樂府』(한문필사본), 『南原古詞』(필사본, 동양어학교(파리) 소장), 『帶方花史』(국문등사본), 『별춘향가』/『별춘향전』, 『성렬전』(필사본), 『성춘향가』/『성춘향전』, 『藥山東臺』(번안작), 『열여춘향수절가』, 『오작교』(국문활자본), 『獄中佳人』(활자본), 『獄中花』(신문연재본, 활자본), 『益夫傳』(한문필사본), 『絶代佳人』(활자본), 『추월가』(국문필사본), 『春夢緣』(한문활자본), 『춘향가』, 『춘향신설』, 『香娘新說』(한문필사본)

『춘향전』의 이본은 매우 다양하다. 이 이본에 대한 자세한 사항은 조희웅(1999)의『古典小說 異本目錄』을 참고하여 기술한다. 『춘향전』의 계통은 설성경(1986)을 참고하여 서술한다.

『춘향전』 가운데 제일 오래된 것은 유진한(1711-1791)의 문집『晩華集』

에 실린 '歌詞春香歌二百句' 칠언장시 2, 800자의 한시 「春香歌」를 들 수 있다. 그 기록에 따르면 영조 30년(1754년)에 지어졌음을 알 수 있다.

1850년경에 나타난 『남원고사』 계통인 경판본 계열이 있는데, 경판 31장본, 경판 30장본, 경판 17장본, 경판 16장본, 안성동문이신판 20장본 『춘향전』 등이 있다. 20세기의 작품으로는 1913년 신문관에서 나온 『고본 춘향전』, 1936년 신명균의 『춘향전』, 1943년 신태정의 『신역 춘향전』, 1953년 신태화의 『춘향전』들이 이 계통이다.

판소리 사설 계통으로 1840년경에 형성된 것으로, 『별춘향전』 계통의 『춘향전』은 완판 26장본, 29장본 『별춘향전』, 완판 33장본 『열녀춘향수절가』, 완판 84장본 『열여춘향수절가』가 있다.

이해조가 명창 박기홍의 『춘향전』을 저본으로 개작, 『매일신보』에 연재한 소설이 『옥중화』이다. 獄中花系 『춘향전』은 개화기의 활자본 『춘향전』으로서 1910년대 이후의 『춘향전』에 새로운 방향을 제시하였다.

1) 완판 목판본

현존하는 완판본 한글고전소설의 종류는 24 가지이다. 이 가운데 판소리계 소설이 『열여춘향수절가』, 『심청가』, 『심청전』, 『화룡도』, 『퇴별가』 등 5종이고, 나머지 대부분은 영웅소설이다. 판본이 다른 종류를 합치면 약 90여 종류가 된다.

(1) 『별춘향전』

『별춘향젼이라』 29장본 (完山新刊) – "『별춘향젼이라』(完山新刊) 의 간행연대도 넉넉잡아 1850년대를 前後한 시기로부터 1890년

대 사이라고 할 수 있다."(류탁일, 1985:175)

『별춘향젼이라』 26장본 (戊申(1908)季秋完西新刊)

『별춘향젼이라극상』 29장본 『다가서포본』

『볼 별춘향젼이라』 29장본(배연형, 2006:201)

(2) 『열여춘향수절가』 (춘향전)

『열녀춘향슈졀가』 33장본, 丙午(1906)孟夏完山開刊,

『열여춘향슈절가』 84장본, 戊申(1908)中夏龜洞新刊

『열여춘향슈졀가』 完西溪書鋪(1911)[2]

『열여춘향슈졀가』 완흥사서포본(1912년),

『열여춘향슈절가』 다가서포본(1916)(완흥사서포 판본)

2) 경판 목판본

『츈향젼』 35장본, 구주대학교 소장본

『츈향젼』 30장본, 동양어학교 소장본, 옌칭도서관 소장본(孝橋)

『춘향젼』 23장본, 한국교회사연구소, 기메박물관 소장본

『춘향젼』 17장본, 연세대 중앙도서관 소장본

『춘향젼』 16장본, 翰南書林(1920, 1921년)

3) 안성 목판본

『츈향젼』 20장본, 안성동문이신판

『츈향젼』 20장본, 北村書鋪(1912)

『츈향젼』 20장본, 朴星七書店(1917)

---

2   서계서포의 목판을 가지고 서울 朝鮮珍書刊行會에서 1949년에 발간한 『열여춘향슈졀가』가 있다.

            완판본 한글고전소설의 서지書誌와 언어

4) 국문 필사본

『남원방춘』, 『별춘향가/별춘향전』, 『성렬전』, 『성춘향가/성춘
향전』, 『열녀춘향수절가』, 『옥중가인』, 『옥중화』, 『추월가』, 『춘
향가』, 『춘향전』, 『형산옥』

5) 국문 등사본

『대방화사(帶方花史)』

6) 국문 활자본

『춘향전』이 일제강점기에 서울에서 활자본으로 출판되면서 매우 다
양하게 발전되었다. 단순히 소설로서만 출판된 것이 아니라, 일제강점기
우리 민족에게 희망을 주는 상징으로 이 소설은 다양하게 출판된 것이다.
그 출판을 연도별로 다시 정리하면 다음과 같다.(조희웅, 1999 참조)

> 1911년 『옥중화 春香歌演訂』(博文書館, 1911),
> 1912년 『獄中花』(每日申報, 1912), 『옥중화 獄中花 春香歌演訂』(普
> 及書館, 1912, 1913, 1914), 『춘향가 獄中花』(普及書館, 1912),
> 1913년 『션한문춘향전 鮮漢文春香傳』(東美書市, 1913), 『신역 별
> 춘향가 新譯別春香歌』(唯一書館, 1913), 『신역별신춘향가』(唯一書館,
> 1913), 『증상연예 옥중가인 增像演藝獄中佳人』(新舊書林, 1913, 1914,
> 1915, 1916, 1917, 1918, 1919, 1920, 1922, 1923), 『증슈 춘향전 增修 春
> 香傳』(匯東書館, 1913, 1923, 1924), 『증정특별춘향전 倫理小說 廣寒
> 樓』(東洋書院 1913, 博文書館 1917, 1928), 『춘향전 古本春香傳』(新文館,
> 1913), 『춘향전 增修春香傳』(東美書市, 1913, 1915, 1916), 『춘향전 增
> 修春香傳』(新舊書林·匯東書館, 1913, 1923),

1914년『육전소설 춘향전』(新文館, 1914),『춘향전 增修春香傳』
(永豊書館, 1914),

1915년『成春香傳』(韓興書林, 1915),『특별무쌍 춘향전 特別無雙
春香傳』(朝鮮書館, 1915, 1917, 唯一書館),

1916년『옥중가화 特正新刊獄中佳花』(世昌書館, 1916),

1917년『南原 獄中花 춘향젼』(한성서관, 1917),『언문 춘향전 諺文
春香傳』(博文書館, 1917, 1921, 1939, 1942),『춘향전 萬古烈女 日鮮文
春香傳』(漢城書館·唯一書館, 1917),『춘향전』(東昌書局, 1917),

1918년『신옥중가인 新獄中佳人』(大昌書院, 1918),『獄中佳人 춘
향젼』(大昌書院·普及書院, 1918),『옥중가인, 獄中佳花春香傳』(大昌書
院·普及書院, 1918),『絶代佳人 춘향젼』(大昌書院·普及書館, 1918, 1921,
1922),『絶代佳人 춘향젼』(大昌書院·普及書館, 1918, 1921, 1922),

1920년『無雙春香傳』(漢城書館, 1920),『獄中花 춘향전』(大昌書院·
普及書館, 1920),『옥중화』(大昌書院, 1920),

1921년『옥중화 春香歌演訂』(大昌書院, 1921),

1922년『특별옥중가화 特別獄中佳花』(大昌書院·普及書院, 1922,
1925),『옥즁가인 古代小說 獄中佳人』(大昌書院, 1922, 1925),

1923년『신옥중화 春香傳』(大昌書院·普及書館, 1923),『옥중가화
獄中佳花春香歌』(大昌書院, 1923),

1924년『우리들전 一名 別春香傳』(1924),『우리들전』(新明書林,
1924),『춘향전』(和光書林, 1924),

1925년『만고렬녀 옥중화 萬古烈女獄中花』(광동서국·한성도서
주식회사, 1925),『獄中絶代佳人 鮮漢文春香傳』(永昌書館·韓興書林,
1925),『獄中絶代佳人 鮮漢文春香傳』(永昌書館·韓興書林, 1925),『옥
중절대가인 諺文獄中絶代佳人』(大昌書院·普及書院, 1925),『絶代佳人
成春香傳』(永昌書館, 1925),『춘향전 古代小說 諺文春香傳』(匯東書館,

1925), 『춘향전 萬古烈女春香傳/諺文春香傳』(德興書林, 1925), 『춘향
전』(永昌書館·韓興書林, 1925),

1926년 『萬古烈女圖像獄中花 萬古貞烈女中花』(唱本, 世昌書館·
三千里書館, 1926), 『옥중가인 增像演藝獄中佳人/鮮漢文春香傳』(京
城書籍業組合, 1926), 『옥중가인 增像演藝獄中佳人』(博文書館, 1926),
『춘향전 懷中春香傳/小春香歌/(권말)獄中花』(廣韓書林, 1926),

1927년 『오작교 奇緣小說烏鵲橋』(회동서관, 1927), 『옥중화』(하권,
昌文社, 1927),

1928년 『언문 춘향전 諺文春香傳』(大成書林, 1928), 『獄中花』(匯東
書館, 1928), 『절세가인』(京城書館, 1928), 『絶世佳人』(新明書林, 1928),
『춘향전 諺文春香傳』(三文社, 1928),

1929년 『춘향전 萬古烈女 日鮮文春香傳』(朝鮮圖書株式會社, 1929),
『춘향전 一說春香傳』(漢城圖書株式會社, 1929),

1932년 『춘향전 諺文春香傳』(三文社, 1932, 1934),

1935년 『萬古烈女 特別無雙新春香傳 一名 鮮漢文春香傳』(永昌書
館·韓興書林, 1935),

1937년 『圖像獄中花 萬古貞烈女中花』(唱本, 世昌書館, 1937),

1942년 『國語對譯 春香歌』(永昌書館, 1942),

1952년 『도상옥중화 圖像獄中花』(世昌書館, 1952), 『도상옥중화
圖像獄中花』(世昌書館·文昌書館·天一書館, 1952), 『萬古烈女 圖像獄中
花 도상옥중화』(唱本, 世昌書館, 1952), 『絶代佳人 烈女春香 萬古烈女
春香傳』(永和出版社, 1952), 『춘향전 春香傳』(世昌書館, 1952, 1961),

1959년 『춘향전』(大造社, 1959),

7) 한문 필사본

『광한루기 廣寒樓記』(1927), 『광한루악부 廣寒樓樂府』, 『익부전

益夫傳』,『춘향가 春香歌』,『춘향전 春香傳 帶方花史』,『春香傳』
(1899),『春香傳』(1915),『향낭신설 香娘新說』.

8) 한문 등사본

『廣寒樓記』(南原郡廳, 1923),『春香傳』

9) 한문 석판본

『春香傳』(석판본)

10) 한문 활자본

『廣寒樓記』,『春夢緣 漢詩春香歌』(文化書林, 1929)

11) 한문 현토본

『懸吐漢文 春香傳』(京城書籍業組合),『漢文原本春香傳』(普成社編輯
部編, 1918),『漢文原本 春香傳』(光東書局·漢城圖書株式會社, 1925),『鮮
漢文春香傳』(東美書市, 1913),『懸吐漢文春香傳』(東昌書屋, 1917, 1923)

12) 외국어 번역본

중어번역본 : 『春香傳』(北京作家出版社, 1956),『春香傳』(臺灣商務印
書館, 1967)

일어번역본 : 『廣寒樓記』(自由討究社, 1921),『日鮮文 春香傳』(京城
書籍業組合),『春香傳』(盛文堂書店, 1944),『國語對譯 演訂春香歌』(永
昌書館, 1942),『萬古烈女 日鮮文春香傳』(朝鮮圖書株式會社, 1929),『萬
古烈女 日鮮文春香傳』(漢城書館, 1917),『萬古烈女 日鮮文 春香傳』
(漢城書館·唯一書館, 1917),『춘향전(광한루기)』(東京 奉公會, 1924),『戲

완판본 한글고전소설의 서지書誌와 언어

曲春香傳』(新潮社, 1938),『春香傳』(岩波文庫, 1956),『春香傳』(日韓書房, 1910),『春香傳』(自由討究社, 1916)

13) 판소리 창본 『춘향가』

신재효 남창 춘향가(가람본), 신재효 동창 춘향가(가람본), 장자백 창본, 백성환 창본, 박기홍 창본, 박순호 소장 68장본·99장본, 이선유 창본, 성우향 창본, 조상현 창본, 김여란 창본, 김소희 창본, 박동진 창본, 정광수 창본, 김연수 창본, 박봉술 창본, 민속악보, 무형문화재 조사보고서, 박현봉 창악대강, 이창배 가창대계.(김진영, 1997 참조)

3. 『춘향전』의 세계문화유산의 가능성

『춘향전』이 세계문화유산의 가능성이 있을까? 현재 한국의 판소리는 2003년에 '인류무형문화유산'으로 등재되었다. 이미 한국의 판소리는 검증을 받은 것이다. 판소리 중 가장 잘 알려진 「춘향가」의 필사본과 「춘향가」가 소설로 발전한 『춘향전』은 세계기록문화유산으로 등재해야 할 필요가 있을 것이다.

'유네스코와 유산'이란 사이트에는 '세계기록유산' 항목에서 사업배경, 목적, 대상, 등재 기준, 등재 절차, 등재 효과 등을 제시하고 있다. 이를 참고하여 간략히 서술하고자 한다.

3.1. 유네스코 세계기록유산의 이해

유네스코는 1992년 '세계의 기억(Memory of the World: MOW)' 사업을 설립하였는데, 이는 기록유산 보존의 위협이 증대되고 있어서 기록유산의 접근을 용이하게 하기 위해 시작하였다. 이중에서 '세계기록유산사업'은 세계의 기록유산이 미래세대에 전수되도록 보존과 보호를 하고자 한다. 그리하여 문화적 관습과 실용성이 보존되고, 방해 없이 접근할 수 있어야 한다. 세계의 기록유산의 보존을 돕고 보편적 접근성을 높이며, 기록유산의 존재와 중요성에 대해 인식을 높인다. 세계기록유산은 한 나라의 경계를 넘어 세계사에 중요한 영향력을 끼친 경우에 선정된다.[3]

1) 주요기준

(1) 유산의 진정성(Authenticity) : 관련된 유산의 본질 및 기원(유래)을 증명할 수 있는 정품이어야 한다.

(2) 독창적(Unique)이고 비(非)대체적(Irreplaceable)인 유산 : 해당 유산이 소멸하거나 품질이 하락하는 경우, 심각한 해악을 끼친다고 판단하는 경우

---

3   세계기록유산에 대해 몇 가지 예를 제시하면 다음과 같다.('유네스코와 유산' 사이트 참조)
   • 네덜란드 (NETHERLANDS) : 안네 프랭크 일기 / Diaries of Anne Frank (안네 프랑크의 집, 2009)
   • 노르웨이 (NORWAY) : 입센의 『인형의 집』 원고 / Henrick Ibsen : A Doll's House (오슬로 노르웨이 국립도서관, 2001)
   • 덴마크 (DENMARK) : 안데르센 원고 및 서신 / Manuscripts and Correspondence of Hans Christian Anderson (덴마크 왕립도서관, 1997)

완판본 한글고전소설의 서지書誌와 언어

(3) 한 지역이 아닌 세계적으로 어떠한 영향을 끼쳤는지 여부.

2) 보조 요건

희귀성(Rarity), 원 상태로의 보존(Integrity), 위협(Threat), 관리 계획 (Management Plan)을 갖추어야 한다.

3.2. 한국의 세계기록유산 : 총 16건

1) 『조선왕조실록』/ Annals of the Choson Dynasty (서울대 규장각, 1997)

2) 『훈민정음 해례본』/ Hunmin Chongum Manuscript (간송 미술관 소장, 1997)

3) 『불조직지심체요절 하권』/ Baegun hwasang chorok buljo jikji simche yojeol (vol.II), the second volume of (프랑스국립도서관, 2001)

4) 『승정원일기』/ Seungjeongwon Ilgi, the Diaries of the Royal Secretariat (서울대 규장각, 2001)

5) 『조선왕조 의궤』/ Uigwe: The Royal Protocols of the Joseon Dynasty (서울대 규장각, 2007)

6) 해인사 팔만대장경판 및 제 경판 / Printing woodblocks of the Tripitaka Koreana and miscellaneous Buddhist scriptures (해인사 소장, 2007)

7) 『동의보감』/ Donguibogam: Principles and Practice of Eastern Medicine (국립중앙도서관 및 장서각 소장, 2009)

8) 5·18 민주화운동 기록물 / Human Rights Documentary Heritage

1980 Archives for the May 18th Democratic Uprising against Military Regime, in Gwangju, Republic of Korea (한국 국가기록원 외 여러 정부기관 부처 및 관련 단체, 2011)

9) 『일성록』/ Ilseongnok: Records of Daily Reflections (서울대 규장각, 2011)

10) 『난중일기』/ Nanjung Ilgi: War Diary of Admiral Yi Sun-sin (문화재청 현충사관리소, 2013)

11) 새마을운동 기록물 / Archives of Saemaul Undong (New Community Movement) (새마을운동 중앙회, 2013)

12) KBS특별생방송 '이산가족을 찾습니다' 기록물 / The Archives of KBS Special Live Broadcasting 'Finding Dispersed Families(2015)

13) 한국의 유교책판/ Confucian Printing Woodblocks in Korea(2015)

14) 국채보상운동 기록물/ Archives of the National Debt Redemption Movement(2017)

15) 조선통신사에 관한 기록 – 17세기~19세기 한일 간 평화구축과 문화교류의 역사/ Documents on Joseon Tongsinsa/Chosen Tsushinshi: The History of Peace Building and Cultural Exchanges between Korea and Japan from the 17th to 19th Century(2017)

16) 조선왕실 어보와 어책/ Royal Seal and Investiture Book Collection of the Joseon Dynas(2017)

3.3. 등재를 위한 조건

『춘향전』은 인류의 '탁월한 보편적 가치'인 남녀 간의 사랑을 주제로 하고 있다. 바로 이 점이 세계문화유산으로서의 가능성을 안고 있는 것이다.

1) 신분의 귀천을 뛰어넘은 남녀간의 사랑의 숭고함을 주제로 삼고 있다.
2) 무가에서 판소리 음악 「춘향가」로 탄생하였다.
3) 한국의 고전소설을 대표하는 한글고전소설로 발전하였다.
4) 전 세계 여러 나라의 언어로 번역된 소설이다.

세계기록문화유산으로 등재하기 위해서는 먼저 『춘향전』의 기록물을 확보하는 작업을 해야 한다. 따라서 다음 단계의 노력이 필요할 것이다.

1) 우리나라 각 도서관, 박물관에 소장하고 있는 『춘향전』을 파악하는 일이다.
2) 이를 문화재로 지정하는 일이 시급하다. 한국을 대표하는 문화이기 때문에 충분히 국가문화재로 지정이 가능하다고 생각한다.
3) 가능하면 다양한 『춘향전』 관련 자료를 수집하는 일이 필요하다.
4) 이를 영상이나 기록으로 만드는 일이 필요하다.
5) 전라북도가 중심이 되고, 『춘향전』의 배경이며 판소리 동편제의 고장인 남원과 신재효를 기리는 고창, 완판본의 고장인 전주 등이 협력해야 한다. 또한 경판본을 소장한 서울에 있는 여러 도서관, 박물관이 힘을 모아야 한다.

4. 소설『춘향전』의 장르별 활용

한국의 판소리가 2003년 11월 7일 유네스코 제2차 '인류구전 및 무형 유산 걸작'으로 선정되었다. 인류의 보편적 가치인 사랑을 노래한『춘향 전』을 중심으로 한 책과 지역이 세계문화유산으로의 가능성을 높이 가지 고 있다. 설성경(1986ㄴ)에 따르면『춘향전』이 다양한 장르로 공연되었다. 여기서 창극, 연극, 오페라, 드라마 등은 설성경(1986ㄴ)을 참조하였다.

4.1. 영화『춘향전』의 역사

『춘향전』은 일제강점기부터 영화로 만들어져 상영되었다. 영화로 만 든 춘향전의 역사에 대해서는 김종식(2000) 등을 참고하여 기술한다.

1) 한국 최초의 극영화,『춘향전』: 1923, 일본인 하야카와(早川增太郎, 예 명 早川孤舟) 각색·감독의 무성영화.

2) 한국 토키 영화(발성 영화)의 효시,『춘향전』: 1935, 경성촬영소의 와 께지마(分島周次郎)의 제작.

3)『노래조선』(음악영화) : 1936, 김상진 감독.

4)『그 후의 이도령』: 1936, 이규환 감독.

5) 흑백 35밀리 영화,『춘향전』: 1955, 東明映畵社 제작, 12월 國都劇場 개봉, 이규환 감독.

6) 창극,『대춘향전』: 1957, 김향 감독.

7) 최초의 천연색 16㎜ 영화,『춘향전』: 1958, 서울칼라라보 李萬秀 제

완판본 한글고전소설의 서지書誌와 언어

작, 10월 中央劇場 개봉, 丁楚全 각본, 安鐘和 감독.

8) 패러디영화, 『탈선 춘향전』: 1960, 이경춘 감독.

9) 『춘향전』: 1961, 홍성기 감독.

10) 『성춘향』: 1961, 임희재 각본, 신필림 제작, 신상옥 감독.

11) 천연색영화, 『성춘향』: 劉斗演 각본, 洪性麒 감독.

12) 『한양에서 온 성춘향』: 1963, 이동훈 감독.

13) 『춘향』: 1968, 김수용 감독.

14) 우리나라 최초의 70㎜ 대형영화, 『춘향전』: 1971, 泰昌興業 제작, 2
월 스카라극장 개봉, 李御寧 각본, 李星究 감독.

15) 코미디영화, 『방자와 향단이』: 1972, 이형표 감독.

16) 『성춘향전』: 1976, 우성사 제작, 이문운 각본, 박태원 감독.

17) 『성춘향』: 1987, 한상훈 감독.

18) 『춘향뎐』: 1999, 임권택 감독.

19) 애니메이션, 『성춘향뎐』: 1999, Andy Kim 감독.

4.2. 『춘향전』의 창극·마당극

창극은 창(唱)을 기본으로 하는 음악극으로 20세기초 판소리를 변용하
여 만든 형식이다.(설성경, 1986ㄴ 참조) 그 내용을 간략히 요약하면 다음과
같다.

1) 1903년 『춘향전』이 원각사에서 창극으로 공연되었다.

2) 1907년, 1908년에 김창환과 송만갑이 협률사를 조직, 지방을 순회

하며 공연하였다.

3) 1909년 이후에는 단성사, 협률사, 음악사 등에서 창극을 공연하였다.

4) 1935년에는 정정렬, 김용성 편극의 최초의 창극극본이 나오고, 동
양극장에서『춘향전』이 다시 공연되었다.

5) 1962년 2월 국립창극단이 창단되어, 창단 기념공연으로 창극『춘향
전』을 명동 국립극장에서 공연하였다.

6) 1970년 9월, 국립창극단 14회 공연으로『춘향전』이 공연되었다.

7) 1971년 9월, 창극단 16회 공연은 창극정립위원회의 편극으로 이진
순이 연출하였다.

8) 1976과 1978년 10월의 국립창극단 29회 공연에는 허규가 연출하였
다.

9) 1980년 4월, 국립창극단 32회 공연인『대춘향전』은 각색·연출 이
원경.

10) 1982년, 제2회 대한민국국악제의 작품으로 이진순 편극·연출로 2
부 11장의『춘향전』이 공연되었다.

11) 춘향전의 마당극화는 1984년 10월 극단 통인무대의『마당놀이 춘
향전』이 실험무대에서 공연되었다.

12) 1985년 11월,『마당놀이 방자전』이『춘향전』의 마당극 작품으로
공연되었다.

4.3.『춘향전』의 연극

1922년부터『춘향전』이 연극으로 공연되었다.(설성경, 1986ㄴ 참조) 그

내용을 간략히 제시하면 다음과 같다.

1) 『춘향전』이 최초로 극화된 것은 1922년 박승희가 16막 장편으로 각색, 토월회에서 공연한 것이다.

2) 유치진(柳致眞)이 각색한 희곡으로, 1936년 『조선일보』에 연재, 1938년 연극으로 공연, 1951년 『유치진희곡전집』을 통하여 출판되었다.

3) 이 희곡은 1965년에는 유치진 회갑기념공연으로 공연되었다.

4) 1984년 10월, 양정현 연출, 황호연 감독으로 서울예전 동문회 주최로 공연되었다.

5) 1981년 희곡『살풀이 춘향전』을 창작한 박우춘의 극본『방자전』을, 극단 '우리네 땅'이 1985년 공간사랑에서 시대 풍자극으로 공연하였다.

4.4. 『춘향전』의 오페라·뮤지컬

1950년에 『춘향전』의 오페라가 초연되었다.(설성경, 1986ㄴ 참조) 그 내용을 간략히 제시하면 다음과 같다.

1) 『춘향전』의 오페라는 1950년 5월 현제명 작곡, 이서구 대사, 이진순 연출로 5막 6장의 작품이 서울대 음악대학 주최로 국립극장에서 초연되었다. 우리나라에서 처음 시도한 오페라였다. 초연에서는 「대오페라 춘향전」으로 표기되었다.

2) 현제명의 『춘향전』은 1951년 피난지 대구에서 두 번째 연주된 이
래, 1970년대 말까지 우리나라에서 가장 많이 공연된 작품이다.

3) 1958년 7월, 춘향에 소프라노 장혜경, 도령에 테너 이우근, 사또에
바리톤 오현명 등이 출연, 서울대 음대합창단의 합창, 공군교향악단
의 관현악으로 시공관에서 공연되었다.

4) 1965년 11월, 고려 오페라단 주최로 서울 시민회관에서 공연되었다.

5) 1966년 10월, 장일남 작곡의 『춘향전』이 국립 오페라단 주최로 국
립극장에서 공연되었다.

6) 1970년 10월, 서울음대 동창회 주최로 현제명 작곡의 『춘향전』이
공연되었고, 1976년 12월에는 서울 오페라단 주최로 세종문화회관
에서 공연되었다.

7) 1981년 6월에 김자경 오페라단이 장일남 작곡의 『춘향전』을 공연
하였다.

4.5. 『춘향전』의 뮤지컬

『춘향전』의 뮤지컬의 내용을 요약하면 다음과 같다.(설성경, 1986ㄴ 참조)

1) 『춘향전』의 뮤지컬은 1968년 2월 예그린에서 박만규·황성일 극본,
김희조 작곡, 임영웅 연출, 김백봉 안무로 시민회관에서 『대춘향전』
이란 이름으로 공연한 것이 처음이다.

2) 1974년 5월에 국립가무단이 박만규 극본, 김희조 작곡, 이기하 연
출, 최현 안무로 국립극장에서 공연했다.

3) 1984년 11월에는 박만규 극본, 연출에 김희조 작곡·지휘로, 문일지, 정승희, 채상묵 안무의 「뮤지컬 성춘향」을 세종문화회관 대강당에서 공연하였다.

4.6. 『춘향전』의 드라마

『춘향전』의 드라마의 내용을 요약하면 다음과 같다.(설성경, 1986ㄴ 참조)

1) 1978년 TBC TV에서 장미희 주연의 단막극으로 『춘향전』을 방영했다.
2) 1983년 KBS 2TV에서 주간 드라마로 『춘향』이란 연속 드라마를 제작함으로써 대춘향전의 TV극 시대를 열었다.

4.7. 『춘향전』의 유성기 음반

일제강점기 유성기 음반 회사는 '빅타, 콜롬비아, 포리돌, 시에론, 태평, 오케' 등이었다. 유성기 음반에 실린 음악으로는 전통음악인 판소리와 신민요, 대중가요 등이었다. 이 유성기 음반의 등장 이후, 판소리 감상에 큰 변화가 일어났다.

성기련(2010)에 따르면 '원로명창의 바탕소리별 유성기음반 취입 현황'이 도표로 제시되고 있는데, 판소리 다섯 바탕 중에서 「춘향가」가 116회, 「심청가」가 88회, 「흥보가」가 38회, 「수궁가」가 34회, 「적벽가」가 33회 취입한 것으로 나타난다. 당대 명창으로 이름이 높았던 원로 세대의 김창환, 송만갑, 김창룡, 이동백, 정정렬과 신진 세대의 이화중선, 임방울 등 7인이 취입한 유성기음반의 대목별 취입 횟수를 살펴보면 「춘향가」의 경우 '이별가(21회), 사랑가(15회), 천자뒤풀이(10회), 십장가(9회), 농부가(9회), 어사와 춘향모(6회), 자진사랑가(6회), 쑥대머리(5회)' 등이다. 여기서는 일부 레코드판을 예로 제시한다.

〈대춘향전〉(1-5), 1950년대, 박초월 외, 지구레코드사.
〈대춘향전〉(1, 2), 1960년대, 이용배, 김진진, 신세계.
〈춘향전〉(1, 2), 김정희, 조대란, 미도.
〈한국고전음악〉(1, 2), 1979, 김소희, 박동진, 히트 레코드.
〈안숙선 민요〉 1집, 1978, 유니버샬.
〈빅터 춘향가〉(1-3), 1970년대, 정정렬, 임방울, 신나라.
〈춘향가〉(1-3), 1980년대, 성창순, 오아시스.
〈춘향전〉(1-3), 1980년대, 김창룡, 이화중선, 신나라.
〈브리태니커 판소리 춘향가〉, 1982, 조상현, 브리태니커.
〈판소리 다섯마당〉, 1982, 한국브리태니커.
〈춘향전〉(1-4), 1970, 박동진, 김소희.
〈대춘향전〉, 1959, 임방울, 박녹주.
〈대춘향전〉, 1975, 박초월, 남해성, 아시아레코드.

4.8. 시집, 소설집, 희곡 『춘향전』

『춘향전』과 관련된 시, 소설, 희곡 등을 소개하면 다음과 같다.

완판본 한글고전소설의 서지書誌와 언어

『춘향전』, 1921, 평산태정, 삼문사.(소설)

『신역 춘향전』, 1953, 신태화, 삼문사.(소설)

『나이론 춘향전』, 1955, 청사, 진문사.(소설)

『일설 춘향전』, 1958, 이광수, 광영사.(소설)

『춘향전』, 1959, 고대소설집 1집, 대조사.(소설)

『사진 춘향전』, 1961, 박계주, 삼중당.(소설)

『법률춘향전』, 1970, 장경학, 을유문화사.(소설)

『탈선 춘향전』, 1972, 이주홍, 삼성출판사.(소설)

『외설 춘향전』, 1994, 김주영.(소설)

〈춘향과 이도령〉, 1939, 김소월, 문예사상사.(시)

〈춘향〉, 1940, 김영랑, 문장2권7호.(시)

〈춘향각 앞에서〉, 1942, 김동환, 대동아사.(시)

〈한양 가는 방자〉, 1942, 김동환, 대동아사.(시)

『춘향이 마음』, 1962, 박재삼, 신구문화사.(시집)

『춘향연가』, 1967, 전봉건, 성문각.(시집)

〈춘향서시〉, 1970, 신석정, 문원사.(시)

〈남원에서〉, 1973, 김동리, 일지사.(시)

〈춘향유문〉, 1980, 서정주, 정음사.(시)

〈춘향〉, 1937, 장혁주, 삼천리(희곡)

4.9. 중고등학교 교재에 쓰인 『춘향전』

조희정(2015)에 의하면, 해방 이후 70년 동안, 중·고등학교 국어 교과 서에서 사용된 판소리계열 소설에서 가장 많이 사용된 자료는 『춘향전』 이다. '건국기부터 7차 교육과정기까지 국어 교과서 내 수록 빈도가 높은 고전 산문'의 통계를 보면 『춘향전』(춘향가)은 모든 시기 교육과정에 꼭 들어갔다. 특히 고등학교 교과서에서 빈도가 높게 나타난다.

4.10. 판소리 「춘향가」의 현대어역본

전북대학교 전라문화연구소에서는 판소리의 현대화를 위해서 「춘향가」의 원본 교주, 현대어 번역과 판소리 사설의 현대화, 영어 번역 등을 수행한 바 있다.

정석권 외(2005), 『Chunhyangga(영역본 춘향가)』, 민속원.
최동현 외(2005), 『교주본 춘향가 1』, 민속원.
최동현 외(2005), 『교주본 춘향가 2』, 민속원.
이태영 외(2005), 『현대어역본 춘향가』, 민속원.
이태영 외(2005), 『현대화사설본 춘향가』, 민속원.

4.11. 『춘향전』의 세계 여러 나라 번역본

『춘향전』 해외번역도서의 시초 작품으로는 1882년 일본판 『계림정화-춘향전』을 들 수 있고, 1892년 『춘향전』은 프랑스어로 『향기로운 봄』(Printemps parfume)이란 제목으로 소개됐다. 1892년 출판된 이 책은 당시 프랑스에 살았던 한국인 남성 홍종우와 프랑스인 로즈니에 의해 공동 번역되었다. 이후 '러시아, 프랑스, 이태리, 중국, 일본, 몽골, 힌두어, 말레이-인도네시아어, 미국, 베트남, 독일, 체코, 폴란드' 등의 나라에서 약 40여

종의 책이 출판되었다.

4.12. 『춘향전』의 연구 저서 목록

『춘향전』의 연구 저서의 목록을 제시하면 다음과 같다.

李家源(1957), 『改稿春香傳注釋』, 정음사.

趙潤濟(1957), 『校註春香傳』, 을유문화사.

具滋均 校注(1970)『春香傳』, 민중서관.

柳應九 譯(2000), 『春香傳』, 솔봉出版社.

李民樹 譯註(1974), 『春香傳』, 瑞文堂.

金鉉龍(2007), 『(새롭게 풀어 쓴) 열여춘향슈절가』, 아세아문화사.

김사엽(1962), 『(校註解題) 春香傳 ; 열녀춘향수절 편』, 학원사.

김진영 외 편저(1999), 『춘향전 전집』 1권 – 9권, 박이정.

윤주필(1999), 『(남호거사) 성춘향가(주해)』 / 南湖居士 [著], 태학사.

이가원 역주(1995), 『춘향전』, 태학사.

李金善(2007), 『열여춘향슈절가(역주)』, 푸른사상사.

이석래 역주(2009), 『경판 '춘향전' · 완판 '열녀춘향수절가'』, 범우사.

조윤제 교주, 『춘향전』, 서울, 을유문화사, 1959.

『춘향전 : 열녀춘향수절가』 / 金思燁 校註解說 ; 서울 : 大洋出版社, 檀紀4285[1952]

『춘향전 ; 심청전』 / 이상보 주해

『춘향전 ; 흥부전 ; 심청전』 / 정흥모 주해

『춘향전』 / 조령출 역 ; 영인본

『춘향전; 심청전』/ 정하영 교주; 서울 : 글방문고, 1986

설성경 편저(1998),『춘향예술사 자료 총서』1권 - 9권, 국학자료원.

성현경(2001),『옛 그림과 함께 읽는 李古本 춘향전(편역)』, 서울: 열림원.

이민수(2000),『춘향전(역)』, 서울: 서문당.

이문성(2008),『필사본 춘향전 연구』, 한국학술정보.

이창헌(2004),『경판방각소설『춘향전』과 필사본『남원고사』의 독자층에 대한 연구』, 서울:보고사.

이윤석(2016),『완판본 춘향전 연구』, 보고사.

4.13.『춘향전』의 연구 논문 목록

『춘향전』의 연구 논문의 목록을 제시하면 다음과 같다.

김동욱(1953),「경판본(京板本) 춘향전(春香傳) 문체고(文體考)」,『국어국문학』3, 2-5.

김오차(1997),「春香傳에 나타난 全羅道 方言 研究: 音韻論 中心으로」, 경희대학교 교육대학원.

남정식(1987),「春香傳에 나타난 全羅道 方言에 대하여」,『畿甸 語文學』2, 수원대 국어국문학회.

민제(1977),「完版春香傳의 校註上 問題點과 그 是非」,『人文學研究』4-5.

신창순(1966),「完板本 春香傳의 語法 研究」,『중앙대학교 논문집』21.

정준영(1995),「『春香傳』에 나타난 19세기의 청자존대법」,『韓

國學報』21-3.

정지운(1980),「春香傳의 人名·地名에 대한 考察 : 書誌面을 中心으로」, 건국대학교석사학위논문.

金奭培(1994),「完板坊刻本 春香傳의 異本 硏究」,『금오공과대학교 논문집』15.

김수연(1998),「完板本 春香傳의 인물연구」, 延世大學校 敎育大學院.

김윤식(1970),「完結의 形式과 出發의 形式 : 九雲夢과 春香傳言語와 現實에 대한 노우트」,『현대문학』.

민태형 (1988),「春香傳의 美學的 硏究」, 연세대 석사학위논문.

안기수(1990),「春香傳 辭說의 通時的 屈折樣相 硏究」, 중앙대 석사학위논문.

유혜경(2002),「春香傳에 수록된 春香의 外樣猫寫를 통해 본 朝鮮後期 理想的 女人 硏究 : 晩華本(만화본), 景板本(경판본), 南原古詞(남원고사), 完板本(완판본)의 比較(비교)」부산대 석사학위논문.

이문성(1999),「京板 春香傳 硏究」, 고려대 석사학위논문.

이지영(2011),「京板 春香傳의 改作方向에 대한 再論」,『어문연구』39-2.

金賢柱(2005),「문장체 고소설과 판소리 서사체의 언어조직방식 - 〈구운몽〉과 〈열녀춘향수절가〉를 중심으로 한 시론적 비교 연구 - 」,『고소설연구』19.

김기평(1965),「완판본·춘향전의 수사법 고찰」,「공주교육대학교 논문집」2.

김동욱(1953),「경판본(京板本) 춘향전(春香傳) 문체고(文體考)」,『국어국문학』3.

김욱동(2010),「『춘향전』의 수사학」,『수사학』12.

김지은(2006),「『춘향전』의 현대적 변용과 문학 교육적 가치 :

제7차 교육과정 국어(하)를 중심으로」, 아주대 석사학위논문.

문홍구(2002), 「춘향전의 언어 양상 연구 – 완판 33 장본 『열녀 춘향수절가』를 중심으로 –」, 『새국어교육』 63.

박갑수(2004), 「동양문고본(東洋文庫本) "춘향전"의 문학 문체 양상 –종결어미를 중심으로–」, 『선청어문』 32.

박갑수(1982), 「일본 소장 춘향전 의 문체고 ; 동음어의 어휘를 중심하여」, 『사대논총』 24, 서울대학교 사범대학.

박영자(1964), 「춘향전에 나타난 방언에 대하여」, 『청파문학』.

배영환(1997), 「판소리 辭說 「春香歌」의 音韻論的 연구 : 완판본 「열여춘향슈절가」를 중심으로」, 韓國精神文化研究院 韓國學大學院.

설성경(1990). 「[춘향가]에 나타난 우리말의 아름다움」, 『한글』 210.

설성경(1992), 「춘향전 문체의 변이양상 연구」, 『동방학지』 74.

설성경(1994), 「[춘향전]에서 캐 본 우리말의 아름다운 꾸밈새」, 『한글』 제226호.

성광수(1973), 「「춘향전」에 대한 문체론적 고찰 : 완판본을 중심으로 한 생성론적 분석」, 『어문논집』 14·15, 고려대학교.

신선희(2002), 「『춘향전』에 나타난 여성인물의 언술양상」, 『한국고전여성문학연구』 5.

유구상(1973), 「어휘면으로 본 「춘향전」」, 『어문논집』 14·15.

이경우(1998), 「19세기 후기 경어법 연구 – 춘향전을 중심으로」, 『국어교육』 96.

이인모(1962), 「춘향전의 문장성격학적 시고 : 남성과 여성과의 문장」, 『문리논집』 5, 고려대.

임성래(2003), 「방각본의 등장과 전통 이야기 방식의 변화 : 「남

완판본 한글고전소설의 서지書誌와 언어

원고사」와 경판 35장본「춘향전」을 중심으로」,『東方學志』122.

정성훈(2010),「『춘향전』에 나타난 19세기 청자높임법의 사회언어학적 연구」, 서울대 대학원 석사

정희영(2006),「판소리계 소설에 나타난 근대국어 시제 연구 : 춘향전을 중심으로」, 영남대 교육대학원 석사논문.

최경환(2003),「『열녀춘향수절가』연구 - 언어사용역과 인물영역」,『어문학』82.

최석환(2004),「춘향전에 나타난 속담의 구사양상과 효과 : 완판본 춘향전을 중심으로」, 영남대 석사학위논문.

곽도현(1989).「춘향전의 대화 성격 연구:「남원고사」와「렬녀춘향수절가」를 중심으로」, 인천대 교육대학원.

김문희(2000),「완판『춘향전』의 계열과 위상(『완판 26 장본』,『완판 29 장본』,『완판 33 장본』,『완판 84 장본』을 중심으로)」,『고소설 연구』10-1.

김석배(1992).「춘향전 이본의 생성과 변모양상 연구」, 경북대 박사학위 논문.

김석배(2000),「완판방각본『별춘향전』의 성격」,『한국문학논총』26.

김일근(1978),「성열전 : 사본「별춘향전」의 이본」,『인문과학논총』11, 건국대.

김종군(2005),「『열녀춘향수절가』의 구연적 과장 표현 양상과 그 의미」,『판소리학회지』19.

김종철(1996),「완서신간본(完西新刊本)『별춘향전』에 대하여」,『판소리학회지』7.

김종철(1995)「박순호,〔별춘향전〕의 복원, 한창기본을 중심으로」,『아주어문연구』2.

김종철(1997), 「완서신간본 「별춘향전」에 대하여」, 『국문학연구』 1.

김헌룡(1987), 「완판춘향전(84장본) 난해구 산고」, 『겨레어문학회』 11·12.

문연남(2005), 「완판본 『열여춘향슈절가』 서체 연구」, 학위논문(석사), 원광대 동양학대학원.

민미숙(2008). 「「춘향전」과 호남적 정서와의 연관성」, 『동양고전연구』 제30집.

박갑수(2007). 「두 고본춘향전의 표현과 위상 : 문장지 소재 "고본춘향전"의 새로운 조명」, 『선청어문』 제35집.

배연형 (2006), 「『별춘향전』(완판 29장본) 연구」, 『판소리학회지』 22.

송재욱(1973), 「춘향전 세 이본의 비교연구 : 문체론적 분석에 의하여」, 『선청어문』 4.

신주영(2008), 「춘향전의 문학적 변주 양상과 의미」, 부산대 대학원 석사학위논문.

심지영(2011), 「'읽기'를 바탕으로 한 『춘향전』 교육 연구 : 완판 84장본 『열녀춘향수절가』와 『남원고사』를 중심으로, 」 연세대학교 교육대학원.

윤경희(1988), 「춘향전에 나타난 민중 해학적 세계관: 리고본 춘향전을 중심으로」, 서강대 석사학위논문.

윤성근(1967), 「완판본 열여춘향슈절가 연구」, 『어문학』 16.

이가원(1981), 「『춘향전』 어휘고 - 완서계본간 (完西溪本刊), 필자 주석 본 -」, 『도남학보』 4.

유영대(2006), 「필사본 춘향전의 필사 의식과 문예사적 의미」, 학위논문(박사), 고려대학교 대학원.

이옥성(2009), 「『춘향전』 寫本과 刊行本의 系統 및 書誌的 特徵에 관한 研究」, 한성대 석사학위논문.

이윤석(1988), 「「춘향전」(완판 84장본) 주석의 몇 가지 문제에 대하여」, 『女性問題研究』 16, 대구효성카톨릭대학교.

이윤석(2009). 「문학연구자들의 『춘향전』 간행 : 1950년대까지」, 『열상고전연구』 30.

이윤석(2010), 「연민선생의 번역 및 주석본 소설에 대한 연구 ; 『춘향전』 주석서 고찰」, 『연민학지』 13.

이창헌(2003), 「경판방각소설 『춘향전』의 순차단락 고착화 양상 연구」, 『고소설연구』 15.

임성래 (2007), 「하버드대학 예칭도서관본 『별춘향전』에 대하여 -안성판 20장본과 완판 29장본의 비교를 중심으로-」, 『열상고전연구』 26.

임성래(2009), 「『발별춘향전』에 대하여」, 『동방학지』 148.

임성래(2011), 「완판 『춘향전』과 『춘향가』의 서두 비교」, 『열상고전연구』 34.

장병일(1966), 「춘향전의 성서적 해설」, 『基督敎 思想』 10-2.

장성원(1998), 「「춘향전」에 나타난 인물의 형상과 갈등양상 연구 : 완판 「열녀춘향수절가」를 중심으로」, 강릉대학교 교육대학원.

장영창(1991), 「춘향전의 서술 기법 연구」, 연세대학교 석사.

전상옥(2006), 「방각본 춘향전의 성립과 변모에 대한 연구」, 학위논문(박사), 연세대학교.

전상옥 (2008), 「완판 『춘향전』의 변모 양상과 의미 : 서지적인 특징을 중심으로」, 『판소리학회지』 제26집.

전혜숙·유혜경(2002), 「『춘향전』 각 이본에 표현된 춘향의 외양 묘사 비교연구」, 『생활과학연구논문집』 제10집, 동아대학교.

조윤제(1939, 1940), 「춘향전 이본고 (1), (2)」, 『진단학보』 제11집, 12집.

최경환(1993), 「完板 84장본 〈열여춘향슈절가〉의 多聲性 硏究」, 서강대 석사학위논문.

최선욱(1981), 「고대소설에 대한 서사구조 연구 : 홍길동전·박씨부인전·구운몽·춘향전을 중심으로」, 『원광논문집』 7.

최웅권(1999), 「남·북한의 춘향전 연구비교」, 『아세아문화연구』 3.

한내경(2009), 「이본 활용을 통한 『춘향전』 교육 연구 :『남원고사』와 완판 84장본 『열녀춘향수절가』를 중심으로」, 연세대학교 교육대학원.

홍순일(2003), 「『춘향가』의 후대적 변이와 의미 : 갈등구조를 중심으로」, 『어문연구』 제43권.

5. 결론

판소리는 이미 세계문화유산의 걸작으로 선정되었다. 앞으로 판소리 「춘향가」와 소설 『춘향전』을 세계문화유산으로 등재하려는 노력이 시도되어야 한다.

첫째, 앞에서 본 바와 같이 소설 『춘향전』은 270여 년 동안 한국을 대표하는 문학작품으로 국민들의 정서에 남아 있다. 이것은 남녀 간의 사랑이라는 지고지순한 인간의 보편적 정서를 바탕으로 하면서, 신분 차별의 철폐를 부르짖은 민주적인 과정을 보여준 소설이어서 더욱 그러할 것이다.

둘째, 사실상, 『춘향전』은 이미 19세기말에 유럽에 소개되어 오페라로 많이 공연된 작품이다. 따라서 전 세계인들의 심금을 울린 작품이란 점을 공인 받은 셈이다.

셋째, 이제 세계기록문화유산 등재를 시도해야 한다. 전라북도가 중심이 되고, 춘향전의 배경이 되는 남원과 신재효의 고장인 고창, 완판본 한글고전소설을 낳은 전주가 협력하여 '춘향' 또는 『춘향전』의 세계기록문화유산 등재에 노력해야 한다.

가능하다면 경판본 『춘향전』의 고장인 서울과 문화체육관광부와 협력하여 '춘향'의 이미지를 국내외에 알리는 작업을 해야 한다. 그러기 위해서는 먼저 관련된 판소리 사설과 소설 자료 등에 대해 국가 문화재의 등록을 시작해야 할 것이다.

넷째, 이러한 분위기를 확산시키기 위해서는 『춘향전』과 관련된 산업을 위한 엑스포 또는 세계 고전소설 도서전 등을 개최해야 한다.

『춘향전』은 국내는 물론 외국에도 잘 알려진 소설이다. 국제적으로 고전소설 도서전을 개최하거나 이를 산업으로 연결시키는 산업 엑스포를 구상하는 일이 필요하다. 독일 프랑크푸르트와 같이 여러 나라에서 세계 도서전이 열리고 있는데 이를 특화하면 도시를 발전시키는 데 크게 도움이 될 것이다. 충북 청주시가 세계 최초의 금속활자본인 『직지심경』으로 도시 이미지를 세계적으로 확대하는 과정을 살펴볼 필요가 있을 것이다.

다섯째, '디지털 춘향 정보 문학관'을 개설해야 한다.

현실적으로 남원시에서 박물관을 개설하는 데는 많은 비용이 든다. 따라서 기존의 박물관보다는 인터넷 상에서 '춘향'의 각종 정보를 제공하는 '디지털 춘향 정보 박물관'을 제작하여 수많은 자료를 수집하고, 춘향 관련 정보 아카이브를 구축하여 이를 제공하는 도서관, 박물관 역할이 꼭 필요할 것이다.

이를 바탕으로 하여 '춘향 웹툰' 개발과 4차원(4D) '춘향' 다큐 등을 제작해야 한다.

현대의 주된 소비층은 젊은이들이다. 젊은이의 취향에 맞게 웹툰을 개발하여 춘향의 이미지를 높이는 작업이 필요하다. 최근 인기가 있는 웹툰 작가를 섭외하여 '춘향'과 관련된 캐릭터와 스토리를 만들어 인터넷에서 활용하는 일이 꼭 필요하다.

전라북도 차원에서 관광객을 위해서 여러 기관에서 4차원의 관람용 다큐를 제작해야 한다. 10여 분짜리 다큐 한 편으로 춘향에 대한 새로운 시각을 제시할 수 있다.

여섯째, '세계 춘향 사전'을 개발할 필요가 있을 것이다.

'춘향'과 관련된 자료는 무궁무진하다. 이를 한 곳에 모으는 작업이 필요하다. 그러기 위해서는 우선 이를 해설하는 사전이 필요할 것이다. 이미 발표에서 드러난 것처럼 수많은 자료를 사진과 함께 하나하나 해설하여 종합화하는 사전이 필요할 것이다.

김석배(2010), 「〈춘향전〉의 형성배경과 남원」, 『국어교육연구』 47, 189-212.

김종식(2000), 「영화 및 TV드라마 〈춘향전〉 비교 연구」, 중앙대학교 예술대학원 석사
　　　　학위논문.

김진영·김현주·김희찬 편저(1997), 『춘향전 전집 1-9』, 고전명작이본총서, 박이정.

배연형(2006), 「『별춘향전』(완판 29장본) 연구」, 『판소리연구』 22, 195-227.

설성경(1986ㄱ), 『춘향전의 형성과 계통』, 정음사.

설성경(1986ㄴ), 「춘향전 72종을 대비 분석한다 - 춘향전은 왜 영원한 고전인가-」,
　　　　『문화예술』 2월호, 한국문화예술위원회.

성기련(2010), 「유성기음반을 통해서 본 당대 판소리 향유층의 미의식」, 『판소리연
　　　　구』 30, 163-194.

이문성(2011), 「판소리계 소설의 해외 영문번역 현황과 전망」, 『한국학연구』 38, 259-
　　　　285.

이옥성, 강순애(2012), 「『춘향전』 刊行本의 系統 및 書誌的 特徵에 관한 硏究」, 『서지학
　　　　연구』 52, 379-428.

이응수·김효숙(2014), 「『계림정화 춘향전(鷄林情話 春香傳)』의 번역 양상」, 『일본언어
　　　　문화』 27권, 769-790.

이창헌(1995), 「경판방각소설 판본 연구」, 서울대학교 박사학위논문.

이태영 편저(2012), 『전주의 책, 완판본 백선』, 전주시·전주문화재단.

이태영(2004), 「지역 전통 문화의 기반 구축과 그 활용 방안 - 완판본 한글 고전소설
　　　　의 데이터베이스 구축과 그 활용을 중심으로 -」, 『민족문화논총』 30집
　　　　(영남대), 273-304면.

이태영 공역(2005) 『현대어역본 춘향가』, 민속원.

이태영 공역(2005) 『현대어역본 심청가·흥보가』, 민속원.

이태영 공역(2005) 『현대어역본 수궁가·적벽가』, 민속원.

이태영 공역(2005) 『현대화사설본 춘향가』, 민속원.

이태영 공역(2005) 『현대화사설본 심청가·흥보가』, 민속원.

이태영 공역(2005) 『현대화사설본 수궁가·적벽가』, 민속원.

이태영(2013), 「완판본의 개념과 범위」, 『洌上古典研究』 38, 9-36면.

이태영(2021), 『완판본 인쇄·출판의 문화사적 연구』, 역락.

전상욱(2008), 「완판 『춘향전』의 변모 양상과 의미 - 서지적인 특징을 중심으로 -」, 『판소리연구』 26, 201-228.

전상욱(2014), 「〈춘향전〉 초기 번역본의 변모 양상과 의미 - 내부와 외부의 시각 차이」, 『고소설연구』 37, 119-147.

조희웅(1999), 『古典小說 異本目錄』, 집문당.

조희정(2015), 「교과서 안의 '바둑이와 철수'는 어디로 - 문학 제재를 통해 본 국어 교과서의 변화」, 광복 70주년 기념 학술 행사 '우리의 삶 우리말에 담다', 국립국어원.

완판본 한글고전소설의 종류

2부에서는 완판본 한글고전소설에 대해 그
이본을 자세히 검토하여, 그간 50여 종류로
해석해 온 이본을 90여 종류가 넘는 것으로
해석하였다. 최초의 완판본 한글고전소설인
『별월봉기』의 출판지와, 초기 완판본 한글고
전소설의 출판지인 '龜洞'(구동)의 지리와 역사
에 대해 자세히 소개하였다.

제3장 | 완판본 한글고전소설의 종류와 이본(異本)

1. 이본(異本)이란 무엇인가?

조선시대 후기와 개화기 시대에 완판본 한글고전소설은 경판본과 더불어 우리나라를 대표하는 소설이었다. 현재까지도 완판본과 경판본에 대해서는 많은 연구가 이루어지고 있다. 특히 완판본 한글고전소설은 판소리계 소설이 특징적이고 전라 방언이 많이 포함되어 있어서 완판본의 특징을 잘 보여주고 있다.

1823년부터 1932년 사이에 발간된 완판본 한글고전소설에 대한 이본들의 총수조차 제대로 밝혀지지 않고 있어서 완판본을 체계화하는 데 큰 어려움을 겪고 있다. 비록 완전하지는 않지만 현재까지의 연구를 바탕으로 완판본 한글고전소설의 이본의 총수를 가늠하는 일이 꼭 필요하다.

사전에서 이본(異本)의 개념은 대체로 기본적인 내

용은 같으면서 부분적으로 차이가 있는 책을 말한다. 구체적으로 기본적인 내용이 같은 책으로 이미 출판된 책 가운데, 일부 내용이 다르거나, 글꼴이 다르거나, 전체나 부분의 판각이 다르거나, 펴낸 시기가 다르거나, 펴낸 책방 또는 출판소가 다른 책을 말한다. 반대로 여러 이본 가운데 원본에 가장 가까운 책을 정본이라고 한다.

이본을 판단하는 방법은 여러 가지가 있다. 첫째, 간기로 확인하는 방법이 가장 확실하다. 대체로 연대와 발간지가 나와 있는 게 특징이다. 그러나 간기만 가지고는 발간처를 정확히 파악하기 어렵다. 둘째, 출판사의 판권지로 확인하는 방법이다. 일제강점기에 일제에 의해 1909년부터 조선총독부에서 검열을 강화하기 위해 판권지를 붙이도록 하였기 때문에 정확한 인쇄일과 책방 주인, 주소, 번지가 제시되어 있다. 셋째, 책의 제목으로 이본을 확인할 수 있다. 대체로 책은 상권과 하권, 또는 일권, 이권, 삼권으로 이루어질 때마다 각 권의 맨앞에 제목을 달아놓았는데 그 제목 위에 그림이 그려져 있어서 이본을 판단하는 데 매우 유용하다. 넷째, 같은 제목의 책일지라도 글꼴을 통하여 초간본, 중간본, 복각본, 보각본 등을 판별할 수 있어서 이본을 판단하는 데 글꼴이 매우 중요한 수단이 될 수 있다. 같은 책 안에서 여러 이본들이 뒤섞여 출판된 경우가 많기 때문에 이때 글꼴의 판단이 필요하다.

류탁일(1985)에서는 원본에서 이본으로 발전하는 과정을 자세히 논의하고 있다. 제목의 비교와 글꼴의 비교를 통하여 보각과 개각의 차이까지도 언급하고 있다. 류탁일(1985)에서는 이본의 개념을 책의 서지적 형태에 국한하여 이본으로 보고 있다. 한편 조희웅(1999)에서는 완판본 한글고전소설의 소재와 간기 등을 종합적으로 제시하고 있다.

본고에서는 류탁일(1985), 조희웅(1999) 등과 여러 선행업적을 바탕으로 새로 발굴된 자료들을 추가하면서 완판본 한글고전소설의 이본을 살펴보고자 한다. 본고에서는 출판사와 간기, 그리고 책의 서지적 형태가 다르면 모두 이본으로 처리하고자 한다.

2. 판소리계 완판본 한글고전소설의 이본[1]

완판본 한글고전소설은 소설의 성격과 내용에 따라 다음과 같이 분류할 수 있다.

> 판소리계 소설 : 『열여춘향수절가』, 『심청가』, 『심청전』, 『화룡도』(적벽가), 『토별가』
>
> 남성 영웅소설 : 『조웅전』, 『유충열전』, 『소대성전』, 『구운몽』, 『용문전』, 『장경전』, 『장풍운전』, 『적성의전』, 『현수문전』, 『홍길동전』, 『별월봉기』, 『삼국지』, 『초한전』, 『서한연의』, 『화룡도』, 『임진록』, 『세민황제전』

---

[1] 한글고전소설의 원래 제목은 책에 나오는 표기에 따라야 한다. 그러나 이 글에서는 독자들을 생각하여 현대국어의 표기법으로 제시하는 경우가 많음을 알려둔다. 완판본 한글고전소설의 목록을 원본 이름으로 제시하면 다음과 같다.

　　『별춘향젼이라』, 『열여춘향슈절가라』, 『심쳥젼권지상이라』, 『심쳥가라』, 『홍길동젼』, 『삼국지라』(3·4권), 『삼국지라』(3권), 『언삼국지라(공명션싱실긔권지하라)』, 『소디셩젼권지상이라(용문젼이라)』, 『니디봉젼상이라』, 『쟝경젼이라』, 『쟝풍운젼』, 『뎍셩의젼상(젹셩의젼하)』, 『됴웅젼상이라』, 『초한젼권지상이라(셔한연의권지하라)』, 『퇴별가라』, 『화룡도권지상이라』, 『임진녹권지삼이라』, 『별월봉긔하』, 『졍슈경젼』, 『현슈문젼권지단』, 『구운몽상(구운몽하)』, 『유충열젼권지상』, 『셰민황졔젼이라』(24종)

여성 영웅소설 : 『이대봉전』, 『정수경전』

호남에서 소설을 읽을 수 있는 독자층은 넓은 호남평야를 일구는 경제
적 안정을 얻은 농민들이나 상인들이었다. 판소리를 향유하던 전주 시민
들이 청각적 일회성을 넘어서 시각적이며 환상적이고 영원성을 추구하는
판소리계 소설을 원하게 되었던 것이다.(유탁일, 1985:37)

흥미로운 것은 현재처럼 출판사가 책을 만들어 대중의 흥미를 유발시
킨 것이 아니라, 대중들의 지식 욕구, 독서 욕구에 의하여 출판사에서 책
이 만들어져 판매되었다.

따라서 개화기 시대의 이 지역의 시민들은 재미있는 이야기를 책으로
보면서 자기의 지적인 욕구를 해소하려는 계층이 많았다. 소설 책이 서울,
안성과 전주에서만 발간되었다는 점은, 당시 전주가 서울과 마찬가지로
개화 의식이 매우 빠르게 진전된 도시였음을 말하여 준다.

판소리계 소설은 판소리 사설의 특징을 가지는 소설이다. 조선 중기,
송만재(宋晩載)의 『觀優戱』와 정노식(鄭魯湜)의 『朝鮮唱劇史』에 판소리 열
두마당이 보인다.(『한국민족문화대백과사전』 참조)

『관우희』에는 '춘향가, 심청가, 흥보가, 수궁가, 적벽가, 가루지기타령
(변강쇠타령), 배비장타령, 장끼타령, 옹고집타령, 강릉매화타령, 왈자타령,
가짜신선타령'이 언급되었다. 『조선창극사』에는 「왈자타령」을 「무숙(武
淑)이타령」이라 하였고 「가짜신선타령」 대신에 『숙영낭자전』을 들고
있다.

동리 신재효(1812-1884)는 '춘향가, 심청가, 토별가, 박타령, 적벽가, 변
강쇠가' 등 판소리 여섯 마당을 새롭게 정리하였다. 이후 사대부들에게 공

완판본 한글고전소설의 서지書誌와 언어

감할 수 있는 내용을 가진 것이 계속 발전하여, '춘향가, 심청가, 홍보가, 수궁가, 적벽가' 등 다섯 마당만 남게 되었다.

전주에서는 완판본 판소리계 소설이 출판되는데, 신재효가 새롭게 정리한 판소리 사설 '춘향가, 심청가, 토별가, 적벽가'가 바탕이 되었다. 「춘향가」는 『열여춘향수절가』란 이름으로, 「심청가」는 『심청가』와 『심청전』으로, 「토별가」는 『퇴별가』로, 「적벽가」는 『화룡도』란 이름으로 출판되었다.

이처럼 판소리는 시대에 따라 많은 변화를 겪어왔다. 전주의 대사습에서 배출된 판소리 명창이 많았는데, 이 대사습에서 배출한 명창으로는 장자백, 정창업, 김세종, 송만갑, 염덕준, 이날치, 박만순, 주덕기, 장수철 등이 있다.

판소리를 듣고 향유하던 계층은 18세기에는 하층민과 중인이었을 것이고, 일부 사대부들이 향유층에 포함되기 시작하였다. 판소리의 향유자들은 창자를 후원하는 역할을 하였다.

일제강점기에는 창극이 발전하여 판소리의 새로운 유형이 등장하게 되었다. 판소리와 연극이 어우러진 창극은 전주와 서울을 중심으로 크게 번창하였다. 또한 창극은 레코드로 취입되어 판소리와 함께 전국적으로 판매되었다. 전국적으로 활동한 기생들이 판소리와 창극을 보급하는 데 결정적인 역할을 하였다.

『조선창극사』에는 '철종, 고종 연간에 전라북도 고창 출신 신재효(1812-1884)의 문인이었던 진채선(1842-?)과 허금파(1866-1949)는 경성에서 판소리를 불러 명창이 되었다'고 말하고 있다.

'전주의 기생이었던 농월은 박효관, 안민영, 김윤석, 신응선, 신수창,

임백문, 천홍손, 정약대, 박용근, 윤희성 등과 같은 당대 최고의 음악가들'(권도희, 2003:20)과 함께 민간음악계에서 활동하기도 하였다. 기생들은 신분의 제약에도 불구하고 풍류방에서 최고의 가객이었던 인물들과 교류하며 예술적 역량을 인정받았다.

국립전주박물관 소장 전주지도에 장악청이 등장한다.(황미연, 2013:57) 전주부 장악청은 악공과 기생 등 전문음악인들이 거주하고 활동하고 있던 곳으로 음율을 전습하는 곳이다. 전주에서는 1915년 전주의 예기조합, 1917년 전주퇴기조합, 1923년 전주권번 등이 등장한다. 조선후기 전주부에 있었던 교방이 고스란히 기생조합, 예기조합, 권번으로 연결된다. 전주권번 예기들이 '승무, 검무, 풍류양금, 현금, 가야금, 만고영웅, 만고강산, 소상팔경' 등의 단가와 창가, 독창, 잡가 등을 공연하였다.

조희정(2015)에 따르면, 해방 이후 70년 동안, 고등학교 국어 교과서에서 가장 많이 사용된 고전소설은 판소리계 소설인 『춘향전』이다. 중학교 국어 교과서에서 가장 많이 사용된 고전소설은 판소리계 소설인 『심청전』이다. 또한 고등학교와 중학교에서 균등하게 사용된 소설은 판소리계 소설인 『퇴별가』이다.

2.1. 판소리계 소설 『춘향전』

『춘향전』은 기생의 딸인 춘향이 사대부 집안의 아들인 이몽룡과 결혼하는 이야기이다. 양반과 평민의 신분을 뛰어 넘는 내용은 유교적이고 봉건적인 당시의 상황에서 일반 시민들에게 큰 위안을 주었음에 틀림없다.

춘향이와 이도령이 처음 만나서 사랑을 하는 모습에서 우리는 어떻게 조선 후기에 이러한 파격적인 애정행각을 벌이는 소설을 쓸 수 있었을까 놀라지 않을 수 없다. 그러한 모습 역시 여성 해방과 만민 평등의 시대의식을 반영한 것이다.

『춘향전』은 한국 문학사에서 가장 아름답고 재미있는 소설로 알려져 있고, 이미 1700년대 한문 소설을 거쳐 1850년 무렵 한글 책으로 만들어져 읽혀지고 있는 불후의 명작이다. 남원은 동편제로 대표되는 판소리의 고장이다. 남원은 판소리가 소설로 정착하면서 만들어진 우리 나라 최고의 한글고전소설인 『열여춘향수절가』의 배경이 된 곳이다.[2]

『춘향전』은 숙종 말 또는 영조 초에 판소리에서 비롯되어 소설·희곡·오페라·영화 등 다양한 예술양식으로 변모를 계속하고 있는 고전이다.

1)『별춘향전』(別春香傳)

『별춘향전』은 19세기 중후반 『춘향전』 중에서 전주에서 가장 먼저 발간한 한글고전소설이다. 『별춘향전』은 완판 26장본, 29장본으로 전라북도 전주에서 1840-1890년 사이에 만들어진 국문 목판본으로 『춘향전』 계열의 최초의 소설이다. 다음 5 종류가 현존한다.(배연형, 2006:201)

『별춘향전이라』完山新刊
『별춘향전이라』戊申季秋完西新刊(1848년으로 추정)

---

2 "신분관계로 따지면 춘향의 신분이 기생으로 되어 있는 것이 고형이고, 신재효의 「춘향가」에서는 성천총(成千摠)의 서녀로 나와 중간형을 이루며, 『열여춘향수절가』의 성참판(成參判)의 서녀로 나와 있는 것은 갑오경장 이후의 신분상승과 관련이 있는 것으로 후기본적인 색채가 짙다."(『한국민족문화대백과사전』 참조)

『별츈향젼이랴극샹』

『볼별츈향젼이라』

『별츈향젼이랴극샹』(1916) 〈다가서포본〉(이태영, 2016:300)

2) 『열여춘향수절가』(烈女春香守節歌)

『열여춘향수절가』는 판소리 「춘향가」가 소설로 만들어진 한글고전소설이다. 완판 29장본 『별춘향전』이 33장본으로 확대되면서 『열녀춘향슈절가』라는 새 표제가 붙게 되었다. 이 책을 흔히 '丙午판(1906) 춘향전'이라 부른다.

이 대본이 독자의 호응을 받게 되자, 다시 84장본으로 재확대하면서도 『열여춘향슈절가』라는 표제는 그대로 유지하였다. 그래서 일반적으로는 상권 45장, 하권 39장으로 된 84장본을 『열여춘향수절가』로 부르고 있다. 『별춘향전』에 비하여 춘향 중심으로 줄거리가 이어지기 때문에, 춘향, 월매, 향단과 같은 인물들이 부각되고, 춘향의 신분 변화가 반영되었다.

완판본 『열여춘향수절가』는 간기와 서점에 따라서 다섯 종류가 있다.

『열녀춘향슈절가』丙午(1906)孟夏完山開刊

『열여춘향슈절가』戊申(1908)中夏龜洞新刊

『열여춘향슈절가』(1912) 〈완흥사서포본〉

『열여춘향슈절가』(1911) 〈完西溪書舖, 龜洞本과 동일본〉

『열여춘향슈절가』(1916) 〈다가서포본, 완흥사서포본과 동일본〉

1911년에 서계서포에서 발행된 『열여춘향슈절가』는 '戊申(1908)中夏龜洞新刊'의 간기를 갖는 당시 전주군(현재 완주군) 구이면 귀동마을에서 발간된 책을 저본을 하고 있다. 또한 1916년 다가서포에서 발행된『열여춘향슈졀가』는 1912년 전주 완흥사서포본을 저본으로 하고 있다.

2.2. 판소리계 소설『심청전』

완판본『심청전』계열 소설은『심청가』와『심청전』두 종류가 존재한다.

1)『심청가』(沈淸歌)

『심청가』는 판소리「심청가」가 소설로 만들어진 한글고전소설이다. 이 책은 1898년 전주에서 목판으로 간행되었다. 완판본『심청가』(41장본)는 목판본으로 완판본『심청전』보다 앞서 간행된 것이다. 판소리에서 소설로 변하는 중간단계를 보여주는 소설이다. 이 소설은 완판본『퇴별가』의 간기와 같은 '戊戌(1898)仲秋完西新刊'의 간기를 갖는다. 內題가 '심청가라' 이고, 表紙題(題簽)는 '沈淸傳', 板心題는 '심청가'로 되어 있다.

1권 1책으로 41장에는 '일등명창 권삼득 송흥녹 모흥갑 쥬덕기 박만순 이날치 다 각기 장기딕로 흥을 다하여 논일 젹긔'라는 구절이 보이는데 판소리 사설 대본에서 왔음을 보여준다.[3] 이 책을 저본으로 다시 소설로서 재미를 덧붙이면서 완판『심청전』(71장본)을 만든 것이다.(이태영, 2004ㄱ:351)

---

3   그간 발견된 필사본『심청가』는 대체로 50여 장으로 이루어진 것이다. '읍내본(申氏家藏本)'은 56장, '가람본'은 55장으로 되어 있다. 필자가 소장하고 있는 필사본들도 47장, 53장으로 되어 있다.

완판본『퇴별가』(戊戌(1898)仲秋完西新刊, 多佳書鋪(1916) 간행본)가 신재효본 「토별가」를 모본으로 하여 판각된 것이 분명하므로, 같은 시기에 출판된『심청가』(41장본)도 동일하게 해석될 것이다.

이『심청가』(41장본)이 판소리사설에서 발달한 단서를 제시하면 다음과 같다. 첫째, '심황후 덕화 - 심황후의 덕화, 역촌 여막질하눈 - 역촌의셔 여막질하눈'과 같은 예에서 보는 것처럼『심청가』에는 조사 생략이 빈번하고 그 이후『심청전』에서는 조사가 제시되어 있다. 둘째,『심청가』에는 명창 '권삼득, 송흥녹, 모흥갑, 쥬덕기, 박만순, 이날치' 등의 이름을 열거하고 있다. 셋째,『심청가』에 나오지 않는 심봉사와 심청이가 해후한 이후의 이야기가『심청전』에서는 나오는데 이는 소설화하면서 덧붙인 것으로 해석된다.(신은수, 2004:320)

『심청가』戊戌(1898)仲秋完西新刊〈서계서포로 추정〉

2)『심청전』(沈淸傳)

완판본『심청전』은 판소리「심청가」가 소설로 정착한 한글고전소설이다. 이 책은 한글 목판본으로, 판소리로 불리다가 소설로 정착한 작품이다. 대체로 다가서포 계열본과 서계서포 계열본으로 나뉜다. 유탁일(1985:123)에 의하면 완판본『심청전』은 다섯 종류가 있는 것으로 보고 있다. 그중 가장 오래된『심청전』은 위에서 언급한『심청가』를 말한다. 나머지 네 종류로는 '乙巳本(1905), 丙午本(1906), 補刻乙巳本, 改刻乙巳本'으로 보고 있다.

『심쳥젼』(상) 30장 乙巳(1905)未月完山開刊, 심쳥젼(하) 乙巳
(1905)仲秋完山開刊〈1911년, 서계서포본〉〈1916년, 다가서포본,
보각본〉

『심쳥젼』(상) 完西溪新板, (하)大韓 光武10年 丙午(1906) 孟春 完
西溪新刊〈1911, 서계서포본〉[4]

『심쳥젼』〈1916, 다가서포본〉

간기로 볼 때, 乙巳本(1905) 『심청전』은 1905년에 발행되었고, 이어서
이 판본이 서계서포본과 다가서포본으로 발행된다. 또한 1906년의 간기
를 갖는 책은 1906년 서계서포에서 발간하였는데, 판권지로 보면 1911년
서계서포에서 발간한 소설이다.

2.3. 판소리계 소설 『화룡도』(華容道)

완판본『화룡도』는 중국소설『三國志演義』중 '적벽대전' 부분을 이야
기한 한글고전소설이다. 판소리로 불리던 「적벽가」와 같은 내용이다.

「적벽가」는 신재효(申在孝)가 개작하여 정착시킨 판소리 작품의 하나
로, 소설로는『화룡도』(華容道)라고 한다. 이 작품은『三國志演義』의 일부
가 판소리화된 것으로, 적벽대전에서 크게 패하여 화룡도로 도주하는 조
조를 정욱이 풍자하고 비판하는 내용이다. 완판본『화룡도』여섯 종류를

---

4   이 『심청전』은 1906년의 간기를 갖는 책으로 상권 30장, 하권 41장으로 되어 있다. 간기
     로 보면 1906년 서계서포에서 발간하고, 판권지로 보면 1911년 서계서포에서 발간한 소
     설이다.

제시하면 다음과 같다.

『화룡도권지상이라』 34장본 화룡도권지하라 48장본 戊申(1908)
春完西溪新刊〈1911, 서계서포본〉
『화룡도권지상이라』 34장본 화룡도권지하라 48장본 丁未(1907)
孟秋龜洞新刊〈1916, 다가서포본〉
『화룡도권지상이라』 40장본 화룡도하권이라 44장본 양칙방 戊
申(1908)八月完山梁冊房開刊
『화룡도』 - 『少微家塾點校附音通鑑節要卷之二十五』의 뒷표지
의 배지에 『화룡도』 상권 8ㄴ과 9ㄱ이 인쇄되어 있다. 이 『화룡
도』는 이제까지 발견된 책의 글꼴과는 상당히 다르다. 다른 책보
다 그 이전에 발간되었을 가능성이 크다.

완판본 『화룡도』는 戊申本(1908)이 1911년 서계서포본으로 발행되었
고, 丁未本(1907)이 1916년 다가서포본으로 발행되었다. 또 다른 戊申本
(1908)이 양책방에서 발행되었다. 또한 『통감』의 배지에서 발견된 『화룡
도』는 가장 오래된 책으로 보인다. 따라서 간기와 판권지로 보면 총 6종
류이다.

2.4. 판소리계 소설 『퇴별가』

「토별가」는 동리 신재효가 개작하여 정착시킨 판소리 사설의 하나이
다. 이를 바탕으로 완판본 『퇴별가』가 출판되었다.
조선 후기, 전라북도 전주(完山)에서 발행된 완판본 한글고전소설 중에

서 판소리계 소설은 『별춘향전』, 『열여춘향수절가』, 『심청가』, 『심청전』, 『화룡도』, 『퇴별가』 등이다. 동리 신재효(1812-1884)는 '춘향가, 심청가, 토별가, 박타령, 적벽가, 변강쇠가' 등 판소리 여섯 마당을 새롭게 정리하였다. 1898년 서계서포에서 완판본 『심청가』(41장본)와 함께 출판한 완판본 『퇴별가』도 신재효본 「토별가」를 모본으로 하여 판각된 것이 분명하다.(류탁일, 1985:210) 신재효본 「토별가」는 가람본 「鼈兎歌」에 토대를 두고 이루어진 것으로 보고 있다.(인권환, 1968)

완판본 『퇴별가』(21장본)은 內題가 '퇴별가라'이고 表紙題(題簽)는 '兎鼈歌', 板心題는 '퇴별가, 퇴별ㄱ.'로 되어 있다. 1권1책으로 冊匡은 17.3×24.3이고, 板匡은 15.5×19.8이며 四周單邊이다. 상하내향이엽화문어미이고 行字數는 16행 26-27자이다.

'戊戌仲秋完西新刊'과 같이 『퇴별가』와 동일한 간기를 가진 완판본 『심청가』(41장본)는 內題가 '심청가라'이고 表紙題(題簽)는 '沈淸傳', 板心題는 '심청가'로 되어 있다. 1권1책으로 冊匡은 18×27.5이고, 板匡은 16.5×20.3이며 四周單邊이다. 상하내향이엽화문어미이고 行字數는 16행 23자이다.(이태영, 2004ㄱ) 둘 다 전주 서계서포에서 1898년에 발행되었다.

『심청가』41장의 말미에는 '일등명창 권삼득 송흥녹 모흥갑 쥬덕기 박만슌 이날치 다 각기 장기디로 흥을 다하여 논일 젹긔'라는 구절이 보이는데, 당대 판소리 명창들의 이름이 나오는 구절로 보아 판소리계 소설임을 분명하게 보여준다.[5]

---

5   완판본 『퇴별가』는 동편제 「수궁가」로 송우룡제 「수궁가」에서 이선유의 「수궁가」를 거쳐 가람본 「鼈兎歌」와 신재효 「퇴별가」의 계보를 잇고 있음을 알 수 있다. 따라서 신재효본 「퇴별가」는 송우룡제 「수궁가」와 가장 가깝다고 보고 있다.(이진호, 2014: 48-55, 81) 방

완판 『퇴별가』는 21장본으로, '戊戌仲秋完西新刊'와 같은 간기에 나타
난 것을 보면 1898년 '完西' 곧 '서계서포'에서 먼저 발행된 것으로 보이
고, 국립중앙도서관본을 참고할 때, 이후 1916년에 '다가서포'에서 발행
된 것으로 해석된다. 內題 위에 있는 이엽어미 그림은 1911년 이전 전주
다가동 '서계서포'에서 주로 찍은 책들이고, 연꽃 그림의 경우에는 1916
년 '다가서포'에서 주로 찍은 책들이다. 다가서포가 서계서포를 인수하였
기 때문에 서계서포에서 발행하던 책들을 다가서포에서 재발행하였다.[6]
완판 『퇴별가』는 다음과 같이 2종류이다.

> 『퇴별가』 戊戌(1898) 仲秋完西新刊 〈서계서포본으로 추정〉
> 『퇴별가』 戊戌(1898) 仲秋完西新刊 〈1916, 다가서포본〉

3. 완판본 영웅소설의 이본

소설은 재미가 있어야 한다. 소설을 발간한 이유는 다분히 상업적이
다. 그렇다면 왜 이렇게 영웅소설이 많은가? 조선시대의 사회적 분위기를
이해할 필요가 있을 것이다. 조선시대를 지배한 이념은 유교이다. 충효를
기본 바탕으로 하는 유교적 분위기가 깔려 있고, 거기에다가 시대적인 변
화를 갈망하는 소시민들의 의식이 깔려 있어서 영웅소설이 발달하게 되

언적인 특징에서도 동편제 사설의 특징을 파악할 수 있다.

6   국립중앙도서관 소장본 『퇴별가』에는 1916년에 발행한 다가서포 판권지가 붙어 있다.

었다.

고대소설의 영웅들은 실존인물이거나 허구화된 인물들이다. 대개는 장군들이 많아서 전쟁 영웅이라고 말할 수 있다. 태어날 때부터 길몽으로 태어나서, 갖은 어려움을 겪다가, 도사를 만나 힘을 기른 후, 하산하여 전쟁 영웅으로 탄생한다. 그 과정에서 여인을 만나게 된다. 나라를 구하고 임금께 충성하여 크게 되는 과정이다. 판소리에 나타나는 장군은 반드시 영웅의 모습만이 아니다. 풍자하는 대상으로서 영웅이 등장한다.[7]

대중들은 왜 영웅에 이토록 열광할까? 소설을 읽는 개인들에게, 영화를 보는 개인들에게 난세를 극복하게 하는 힘을 가진 영웅에 대한 상상력이 아주 큰 재미를 준다. 한 시대의 집단 무의식, 곧 영웅이 어려움을 이겨내고 고귀한 존재가 되길 바라는 집단 무의식이 극단적으로 발현되는 현상이 존재한다. 그래서 만화나 영화가 계속 만들어진다.

영웅 이야기의 원형은 신화라고 할 수 있다. 중세 로마의 신화, 단군 설화, 주몽 설화, 박혁거세 설화 등 모든 나라에 신화가 존재한다. 신화 속 영웅들은 모험을 통해 스스로 고난을 극복하고, 초자연적인 힘을 얻으며, 그 힘으로 세상을 평화롭게 다스리며, 나중에 행복하고 귀한 존재가 된다. 고전소설의 영웅들의 모습과 전혀 다를 바가 없다.

---

7   근세의 영웅들은 혼란한 세상을 구한 사람들이다. 대체로 전쟁의 승리자인 성웅 이순신 장군, 영웅 맥아더 장군 등을 말한다. 일지매와 같은 만화나 무협지 등에서는 싸움을 잘하는 무림의 고수가 영웅이다.
현대에서는 미담이나 선행의 주인공, 경제적 어려움을 극복한 주인공 등을 영웅으로 일컫는다. 고난에서 이웃을 구한 사람이다. 어려움과 고난을 딛고 자수성가한 사람이다.
컴퓨터의 발달로 만화에서 영화로 영웅들이 옮겨졌다. '슈퍼맨, 배트맨'과 같이 악당을 쳐부수거나, 지구를 구하는 사람이 영웅으로 묘사된다. '어벤져스, 아이언맨, 헐크, 터미네이터, 시빌 워' 같은 영화에서 악의 무리를 쳐부수고, 복수를 하는 사람이 등장한다.

어려움을 겪은 조선시대 사람들에게는 이들 영웅은 꿈이었다. 고전소설에서 활약하는 영웅들의 모습은 대체로 다음 단계를 거친다.

1) 길몽을 꾸고 낳은 자식이 많다.
2) 어려서부터 어려움과 고초를 겪는다.
3) 가족이 풍비박산되어 흩어진다.
4) 도사를 만나 힘을 기른다.
5) 나라를 위하여 악인을 물리친다.
6) 좋은 여인을 만난다.
7) 임금을 위하여 적을 물리치고, 나라를 구한다.
8) 여인과, 가족과 행복하게 산다.

완판본은 다른 영웅소설들이 그런 것처럼 남성영웅의 면모가 부각되고, 처첩의 갈등이 경판본에 비해 약화된다. 경판본은 처첩 갈등이 완판본에 비해 강화되고, 남성영웅의 면모는 약화되는 특징을 보인다.(엄태웅, 2016:40)

고전소설에서 영웅소설은 선인과 악인의 싸움에서 선인이 승리하는 '권선징악'적인 내용의 소설이다. 또한 '충효'를 그 내용으로 삼고 있다. 영웅소설이 이처럼 많이 발간된 이유는 첫째로는 당시 독자인 시민들의 의식을 꿰뚫고 책을 출판한 출판업자들의 이익을 위한 것이었다. 둘째, 조선시대의 이념인 유교적인 분위기, 곧 충효를 담은 소설에 매료되었다. 셋째, 당시 중국의 명나라와의 우호관계를 중시하는 풍조와 청나라를 배척하는 풍조에도 기인한다. 넷째, 서민들의 신분 상승 욕구, 또는 새로운 세상을 희구하는 마음이 표현되었다.

전주에서 발간된 고전소설 중 초기 소설에는 영웅소설인 『조웅전』이 많이 발간되었다. 그 뒤에 『유충열전』, 『소대성전』, 『초한전』 등이 가장 많이 팔린 것으로 보인다.

본 연구에서는 선행 연구업적을 참고하고, 그간 새롭게 밝혀진 내용을 중심으로 완판본의 남성 영웅소설, 여성 영웅소설의 이본에 대하여 종합해 보기로 한다.

3.1. 영웅소설 『구운몽』(九雲夢)[8]

『구운몽』은 조선 후기 숙종 때 서포(西浦) 김만중(金萬重)이 지은 고대소설이다.

육관대사(六觀大師)의 제자인 주인공 성진(性眞)은 8선녀를 희롱하여 그 죄로 양소유(楊少游)라는 이름을 가지고 인간 세상으로 유배되어 태어났다. 그는 소년 등과하여 하북의 삼진과 토번의 난을 평정한 공으로 승상에 올라 위국공에 책봉되고 부마가 되었다. 그 동안 그는 8선녀의 후신인 8명의 여자들과 만나 아내로 삼고 영화롭게 살다가 만년에 인생무상을 느낀다. 이후 호승(胡僧)의 설법을 듣고 깨달아 8선녀와 불문(佛門)에 귀의하였다. 양소유의 일생은 군사적 활동이 많지 않으나, 전형적인 영웅의 일생

---

8   완판본 방각본 소설 가운데 가장 오래된 판본은 1803년에 간행된 한문본 고전소설인 『구운몽』인데, 이것은 전주에서 간행되었다. 이 소설은 '崇禎後三度癸亥(1803)'의 간기를 가지고 있다. 1916년 七書房의 판매소인 昌南書館에서 발행한 판권지가 붙어 있는 것을 보면 무려 113년동안 한문본 고전소설이 발간된 것을 알 수 있다. 한문소설은 여전히 독자층이 있었음을 보여준다. 완판본 한문 소설인 '삼국지, 전등신화'도 이와 때를 같이 한 것으로 보인다.

을 보여준다.

완판본 한글고전소설『구운몽』은 상권과 하권이 따로 발간되었다. 상권은 53장본으로 임술년에 발간되었다.『구운몽샹』53장본의 간기는 '壬戌孟秋 完山開板'으로 되어 있어서 1862년판임을 보여준다. 그러나 이 책의 앞표지의 배지에 나타난『유충열전』상권 13장의 인쇄 모습을 보면 글자체가 해서체임을 알 수 있다. 이 해서체는 1900년대에 주로 일반화가 된 글꼴이다. 따라서『구운몽샹』은 1862년보다 훨씬 후대에까지 출판된 책임을 알 수 있다.

또한 이 책의 중간에 다른 해서체를 사용한 판목으로 인쇄한 면들이 들어 있어서 후대에 보각한 것임을 알 수 있다. 류탁일(1985:206-8)에 따르면, 보각한 판은 상권에서 8장(5, 6, 16, 43, 44, 45, 46, 52장), 하권에서 6장(29, 34, 35, 36, 42, 50장)이다. 이를 근거로 '丁未'(1907)로 보고 '丁未補刻本'으로 부르고 있다.

『구운몽』하권은 50장본으로 丁未년에 발간되었다. 이는 1914년에 다가서포의 판권지가 붙어서 판매되었다. 따라서 상권과 하권은 모두 4종류가 있는 것으로 볼 수 있다.

『구운몽샹』53장 壬戌(1862)孟秋 完山開板
『구운몽샹』1900년대에 발간한 판본이 있다.(1907년으로 추정)
『구운몽하』50장 丁未(1907)仲花 完南開刊
『구운몽하』50장 丁未(1907)仲花 完南開刊 〈1914, 다가서포본〉

완판본 한글고전소설의 서지書誌와 언어

3.2. 영웅소설 『조웅전』(趙雄傳)

『조웅전』은 조웅이란 영웅이 반역자 '이두병'을 물리치고 중국 송나라 황실을 재건하는 이야기이다. 모든 고대소설처럼 이 소설에서도 선과 악의 대결에서 선이 승리하면서 권선징악을 보여주고 있다.

『조웅전』의 내용은 다음과 같다.(『한국민족문화대백과사전』 참조)

> 1) 중국 송나라 문제 때, 승상 조정인은 간신 이두병의 참소로 자살한다.
> 2) 조정인의 외아들 조웅은 어머니와 함께 도망간다.
> 3) 떠돌이 생활을 하던 조웅과 어머니는 월경도사를 만나 강선암으로 들어간다.
> 4) 도사를 만나 병법과 무술을 전수받은 조웅은 강선암으로 돌아간다.
> 5) 강선암으로 가던 중 장진사 댁에서 유숙하다가 장소저와 만나 결혼을 약속한다.
> 6) 이 때 서번이 침입하여 조웅이 나아가 이를 물리친다.
> 7) 이두병이 조웅을 잡기 위한 군대를 일으켰으나 조웅에게 패하고 사로잡힌다.
> 8) 천자는 이두병을 처단하고 조웅을 제후로 봉한다.

류탁일(1985:82-123)에서는 완판본 『조웅전』의 이본을 9종을 제시하고 있다. 한편 유춘동(2013:43)은 12종으로 보고, 『조웅전』(趙雄傳)은 전주에서 1866년 처음 간행되고 1873년, 1892년에도 간행되었으며, 1893년 구이면 봉성에서 간행된 뒤에 1895년, 1898년, 1903년, 1906년, 1909년, 1911년 (서계서포 판권지), 1916년(다가서포 판권지), 1932년(양책방 판권지) 등을 들고 있다.

여기에 덧붙여, 태인본을 전주에서 발간한 『孔子家語』의 배지에 인쇄된 『됴웅전』의 글꼴은 『구운몽하』의 글꼴과 상당히 유사한 점이 발견된다. 이 배지에 보이는 책은 류탁일(1985:98)에서 언급된 '丁巳孟秋開板'의 간기를 갖는 1857년본 『됴웅전』이나 그 무렵에 찍은 책으로 추정된다.(이태영, 2016:288)

추가하는 책은, 전주역사박물관에 소장된 『됴웅전샹이라』, 『죠웅전권지삼이라』는 합본으로 '完府新刊'의 간기를 갖는데 1800년대 초에 발행된 책으로 보인다. 따라서 이제까지 언급된 완판본 『됴웅전』은 총 16종이다.

『됴웅전』1800년대 초, 完府新刊,

『됴웅전』丁巳(1857)孟秋開板,

『됴웅전』同治五年(1866)□□□□完西杏洞開板

『됴웅전』게유(1873) 초동 완셔 등간,

『됴웅전』完山新刊壬辰(1892),

『됴웅전』임진(1892) 완산 신판이라,

『됴웅전』광서 십구연 계사(1893)오월일 봉성 신간이라,

『됴웅전』乙酉(1895)孟秋完西新刊,

『됴웅전』무술(1898)중추완산신판,

『됴웅전』戊戌(1898)季冬完南新刊,

『됴웅전』光武七年癸卯(1903)夏完山北門内重刊,

『됴웅전』丙午(1906)孟春完山開刊,

완판본 한글고전소설의 서지書誌와 언어

『됴웅젼』 己酉(1909)仲秋完山改刊,

『됴웅젼』 1911년(서계서포 판권지),

『됴웅젼』 1916년(다가서포 판권지),

『됴웅젼』 1932년(양책방 판권지)

3.3. 영웅소설 『별월봉긔』(別月峰記)

『월봉기(月峰記)』는 번안작으로 중국 명나라 때 탁주지방의 소운(蘇雲)과 소운의 처 정부인, 그리고 그 아들 계조가 어렵고 힘든 삶을 벗어나 부귀공명을 누리며 산다는 내용이다.[9]

여자관계가 주된 소재가 되고, 부인의 정절이 강조되며, 우발적인 사건이 흥미롭게 얽히는 점이 원작과 달라진 면모이다. 이 작품은 어휘와 문체면에서 높은 품격을 지니고 있다.

완판 방각본 한글 고전소설은 1823년 『별월봉긔』(하권, 48장본, 道光三年癸未四月日龜谷開板)'가 조선시대 전주군 구이동면 '龜谷'(龜洞)에서 발간되면서 출판이 시작되었다.

內題 맨 위에는 화문어미가 있고 內題 바로 위에는 동그라미가 그려져 있다. 行字數는 13행 19자로 되어 있다. 이 책의 글자체를 보면 궁체를 쓰는 요령과 매우 비슷하게 되어 있다. 완판본 『별월봉긔』에는 전라방언이 보이지 않고 비교적 격식을 갖춘 문체로 보이기 때문에 이미 존재하는 원

---

9   이 작품은 번안작으로서, 원작은 중국 명나라 말기 풍몽룡(馮夢龍)이 편찬한 『警世通言』 제11화인 '蘇知縣羅衫再合'이다.

고를 참고하여 만든 것으로 보인다.[10]

　완판본 한글고전소설 중 최초의 한글고전소설은 1823년 『별월봉긔』
이다. 이 책은 '龜谷'의 지명을 보이고 있지만 그 뒤에는 출판이 되지 않은
관계로 관심을 갖지 않고 있었던 책이다. 물론 '石龜谷'으로 잘못 오독이
되어서 더욱 관심에서 멀어져 있었다. '龜洞'을 현재 '귀동골'이라 부르고
있고, '洞'과 '谷'이 같은 뜻을 가진 한자어라는 사실에서 '龜谷'은 '龜洞'
임을 알 수 있다. 따라서 이 책의 간기는 '道光 三年 癸未 四月日 龜谷 開
板'으로 보아야 한다.(이태영, 2017:80)

　현존하는 『별월봉긔』(박순호 교수 소장
본)는 앞표지와 뒷표지의 배지에 『通鑑』
이 인쇄되어 있는 것으로 보아 이 책판이
1916년에 다가서포에서 재발간된 것으로
추정된다. 현재 소장된 책이 매우 깨끗하
고 배지에 인쇄된 내용으로 볼 때 그렇게
해석된다.

　최근 필자는 완판본 『별월봉긔』의 이
본을 발견하였다. 『少微家塾點校附音通鑑

『통감』 25권 배지의 『별월봉긔』

10　서울에서 발간한 경판본 '월봉기'는 완판본과 비슷한 시기에 여러 책이 발간되었으나 연
　　대는 정확히 밝혀지지 않고 있다.
　　서울 '由泉'에서 발간된 책은 연도를 알 수 없으나, 서울 '紅樹洞板'은 1850년대에 많은
　　책을 출판하였다.(이창헌, 1995:258참조) 이창헌(1995:125)에서는 '紅樹洞板'이 '由泉'판보다
　　앞선 것으로 보고 있다.
　　『월봉기』이 33장본 由泉新刊
　　『월봉기』일 24장본, 『월봉기』일 34장본 紅樹洞板
　　(坊刻所 未詳 有刊記本) 『월봉기』하 23장본 □泉新刊

　　　　　　　　　　完판본 한글고전소설의 서지書誌와 언어

節要卷之二十五』의 앞 표지의 배지에『별월봉긔』의 이본이 인쇄되어 있다. 이『별월봉긔』는 龜谷本(1823년)과는 상당히 다른 글꼴을 보인다. 따라서『별월봉긔』는 3종이 발간되었다.

『별월봉긔』하권 48장본, 道光三年癸未四月日龜谷開板
『별월봉긔』-『少微家塾點校附音通鑑節要卷之二十五』의 앞 표지의 배지에『별월봉긔』의 이본이 인쇄되어 있다.
『별월봉긔』하권 48장본, 道光三年癸未四月日龜谷開板〈1916년 다가서포 발간 추정본〉

3.4. 영웅소설『삼국지』[11]

1)『삼국지』(3·4합본, 三國誌)

우리가 부르는『삼국지』는『삼국지연의』로, 원명은『三國志通俗演義』이다. 연의(演義)란 사실을 부연하여 재미나게 썼다는 뜻인데 역사 소설에 연의가 붙은 것은 이 책이 처음이다.『삼국지연의』는『수호전』,『금병매』,『홍루몽』과 함께 중국 4대 기서의 하나로 꼽힌다.[12]

『삼국지연의』가 널리 읽히고 확산된 것은 이 작품이 충효와 의리를 강조하는 조선의 유교적 지배 이념과 일치되기 때문이다.

『三國志演義』는 羅貫中이 1494년경에 만든 구어체 소설로, 후한 말기

---

11 『삼국지연의』를 번역하거나 번안한 작품들로『관운장실기』,『장비마초실기대전』,『조자룡실기』(『산양대전』),『대담강유실기』,『화용도실기』,『적벽대전』,『삼국대전』,『몽결초한송』(『제마무전』·『마무전』) 등의 이본을 파생시켰다.

12 '4대 기서(四大奇書)'란, '네 권의 기이한 책'으로 명나라 때에 나온 네 권의 걸작 소설이다.

에 조조(曹操), 손권(孫權), 유비(劉備)가 건국한 위(魏), 오(吳), 촉(蜀)의 흥망
에 관한 이야기이다. 晋나라의 진수(陳壽)가 편찬한 正史『삼국지(三國誌)』
를 평이하게 다시 쓴 것이다.

해서체인 완판본『삼국지』는 현재까지 3권과 4권이 합본되어 있는 1
책만이 있다. 이『삼국지』 3종류의 이본을 제시하면 다음과 같다.

『삼국지라』(47장, 38장) 戊申(1908)冬完山梁冊房新刊
『삼국지』 3, 4권〈1911, 西溪書鋪〉
『삼국지』 3, 4권〈1916, 다가서포〉

2)『삼국지』3권 (三國誌)

반초서체인『삼국지』는 3권만 수록되어 있다. '님진완산신판ㅣ라'는
간기가 있어 1892년에 간행한 것을 알 수 있다. 또한 '壬寅(1902)九月完西
開板'의 간기를 가진 책이 있다. 국립중앙도서관 소장본은 글꼴이 기존 3
권과 다르다. 필자 소장의『少微家熟點校附音通鑑節要卷之六』의 간기는
'甲午孟秋完山新刊'으로 뒷표지의 배지에『삼국지』3권, 9ㄱ이 인쇄되어
있다. 이때 '甲午'는 1894년이다. 이 판본은 기존에 발견된『삼국지』3권
의 이본들과 다른 판본이다.(이태영, 2016:306) 따라서『삼국지』3권은 5종
이 현존한다.

『삼국지삼권니라』 '님진(1892년)완산신판ㅣ라'
『삼국지삼권니라』 '님진(1892년)완산신판ㅣ라'〈1911년, 서계
서포〉

완판본 한글고전소설의 서지書誌와 언어

『삼국지』삼권 壬寅(1902)九月完西開板

『삼국지권삼리라』〈27장본, 국립중앙도서관 소장본〉 - 글꼴이
다른 삼국지3권과는 다르다.『퇴별가』와 글꼴이 유사하다.

『삼국지』-『少微家熟點校附音通鑑節要卷之六』의 간기는 '甲午
孟秋完山新刊'으로 뒷표지의 배지에『삼국지』3권, 9ㄱ이 인쇄되
어 있다.

3)『언삼국지』(諺三國誌)

『언삼국지』는 언문으로 된 삼국지라는 뜻이다. 이 책은 상권이 47장,
하권이 18장, 총 65장본으로 상권은 '언삼국지', 하권은 '공명션싱실긔'라
고 제목이 붙어 있다. 그러나 판심제에는 상권은 '언三上', 하권은 '언三
下'라고 되어 있다.

이 책의 하나는 전주 '다가서포'에서 발행한 책이다.『諺三國誌』란 한
자의 제목이 1916년 다가서포의 판매 목록에 제시되어 있다. 조희웅(1999,
232)에는 영남대(도남 古813.5) 소장본으로 다가서포본이 제시되어 있다. 다
른 한 종류는 전주 아중리 양책방에서 간행된 것으로 1932년에 발행한 책
이다.[13]

『언삼국지』(諺三國誌)〈1916, 다가서포본〉

『언삼국지』(諺三國誌)〈1932, 양책방본〉

---

13   양책방본과 다가서포본은 동일한 판본이다.

3.5. 영웅소설 『소대성전』(蘇大成傳)

중국 명나라를 배경으로 영웅 소대성의 활약을 그린 한글고전소설로 매우 인기가 있던 소설이다. 하권에 『용문전』이 실려 있다. 『소대성전』은 소대성과 이채봉의 이야기로, 소대성이 집안이 몰락하여 이채봉과 결혼을 못하다가 국가에 공을 세운 후 결혼하여 부귀영화를 누린다는 이야기이다. 『한국민족문화대백과사전』을 참고하여 그 내용을 요약하면 다음과 같다.

> 1) 명나라 병부상서를 역임한 소양은 자식이 없는 걸 근심하였다. 영보산 청룡사 노승에게 시주를 하고 아들 대성을 낳는다. 부모가 병으로 일찍 세상을 떠나자, 대성은 고아가 된다.
> 2) 청주에 사는 이상서는 꿈을 꾸고, 대성이 비범한 것을 알고 딸 채봉과 약혼하게 한다.
> 3) 부인과 세 아들은 대성을 박해하고 죽이려 자객을 보낸다. 대성은 도술로 피하고, 집을 떠나 영보산 청룡사에 가서 노승에게 병법과 무술을 공부한다.
> 4) 채봉은 대성이 돌아오기를 기다린다. 호국이 중원을 침공한다는 천문을 보고 이를 안 대성은 노승에게서 보검을 받고, 꿈속에서 지시한 갑주를 얻고, 노옹으로부터 용마를 얻어 적군을 격파하고 황제를 구한다.
> 5) 황제가 대성을 대원수로 임명하니 대성은 호국 왕을 항복시키고 개선한다. 황제는 대성을 노국왕에 봉한다. 노왕이 된 대성은 청주로 가서 채봉을 맞아 인연을 성취하고, 노국에 부임하여 선정을 베푼다.

『소대성전』과『용문전』은 경판본에서는 다른 작품으로 존재한다. 그러나 완판본에서는『소대성전』을 상권으로,『용문전』을 하권으로 하여 한 작품으로 취급하고 있다.(엄태웅, 2016:33)『용문전』은 중국 명나라를 배경으로 한 영웅 용문의 일대기를 그린 한글고전소설이다.

　『용문전』은 경판과 완판의 내용이 상당한 변이를 보이고 있다. 특히 작품의 후반에서 완판본은 소대성의 소개로 시작해서 결말도 그의 죽음으로 끝맺고 있고,『소대성전』의 말미에 "니 뒤말은 하권 용문전을 사다 보소서."라고 명시해 놓았다.

　완판본『소디셩젼』은 1836년도 발간본을 제외하고는『용문전』과 합책되어 있다. 완판『소디셩젼』7종류의 이본을 제시하면 다음과 같다.[14]

　　『蘇大成 쇼디셩젼』40장 丙申(1836)夏完府新板[15]
　　『소디셩젼이라』43장,『용문젼이라』38장 丁未(1907)春三月 完
　西溪新刊

14　이 소설의 영향으로 '소대성이 여대치다'란 속담이 탄생한다. '여대치다'는 채만식의 작품에서 나타나는 어휘로 표준어의 '뺨치다, 능가하다'의 의미를 가지고 있다. 예문을 보면 주로 사람을 비교하는 어휘로 쓰고 있다. 소대성이 잠을 잘 자는 사람으로 묘사되는데, 잠꾸러기를 이르는 속담이다.
　　　입에 풀칠하는 것을 얻어먹고 질펀히 드러누어, 소대성이 여대치게 낮잠이나 자기…… 이 지경으로 반생을 살었습니다. <채만식, 천하태평춘, 1938, 2, 151>
15　현재 홍윤표 교수 소장본으로 1쪽의 일부가 훼손되었으나 나머지는 대체로 양호하다. 필자도 한 권 소장하고 있으나 매우 상태가 불량하다. 간기에 '丙申夏完府新板'으로 되어 있어 1836년에 '全州府'에서 출판한 것을 알 수 있다. 內題는 한자로 '蘇大成', 板心題는 '大'라 쓰여 있다.『조웅전』에 보이는 'ㅂ'과 'ㄹ'의 글자꼴과 같은 경우가 나타나는 것으로 보아 1866년과 1890년대에 주로 발간된『조웅전』과 관련이 있음을 알 수 있다. 이 책은 디지털한글박물관에서 원본을 볼 수 있다.

『소디셩젼이라』35장,『용문젼이라』38장 戊申(1908)仲春完龜
洞新刊

『소디셩젼이라』35장,『용문젼이라』38장 戊申(1908)仲春完龜
洞新刊〈1916, 多佳書鋪本〉

『쇼디셩젼이라』43장 己酉(1909)孟春完山新刊『용문젼이라』38
장 己酉(1909)孟春完山新刊

『쇼디셩젼이라』43장 己酉(1909)孟春完山新刊『용문젼이라』38
장 己酉(1909)孟春完山新刊〈1911, 西溪書鋪本〉

『쇼디셩젼이라』43장,『용문젼이라』38장 간기 없음〈1932, 梁
冊房本〉

완판본『소디셩젼』은 丙申本(1836), 丁未本(1907), 戊申本(1908), 戊申本
(1908)의 다가서포본(1916), 己酉本(1909), 己酉本(1909)의 서계서포본(1911),
양책방본(1932) 등 7종류가 있다.

3.6. 영웅소설『유충열전』(劉忠烈傳)

완판본으로만 출판된『유충열전』은 중국 명나라를 배경으로 유충렬
이라는 영웅의 무용담을 실은 한글고전소설이다. 영웅의 일생을 소설로
엮은 군담소설이다. 이 소설은 충신과 간신의 대립을 통하여 충신의 모습
을 표현한 작품이다.『유충열전』에서 주인공 유충렬이 위기에 빠진 명나
라를 구하고 있다는 점에서 당시의 숭명배청(崇明背淸)의 의식을 작품화한
것이다.

『한국민족문화대백과사전』을 참고하여 그 내용을 요약하면 다음과

같다.

1) 명나라 영종연간(또는 홍치연간)에 정언주부 유심은 늦도록 자식이 없어 남악형산에 치성을 드린 후, 신기한 태몽을 꾼 뒤 아들 충렬을 얻는다.
2) 조정에서 정한담, 최일귀 등이 유심을 모함하여 귀양 보내고, 충렬 모자를 살해하려 한다.
3) 충렬은 정한담의 마수에서 벗어나 많은 고난을 겪다가 퇴재상 강희주를 만나 사위가 된다. 강희주는 유심을 구하려다가 정한담의 모함을 입어 귀양을 가게 되고, 그 가족은 모두 흩어진다.
4) 충렬은 강낭자와 이별하고 백용사의 노승을 만나 무예를 배우며 때를 기다린다.
5) 남적과 북적이 명나라에 쳐들어오자, 정한담이 출전하였으나 남적에게 항복하고, 남적의 선봉장으로 천자를 공격한다.
6) 천자가 항복하려 하자, 충렬이 등장하여 남적의 선봉 정문걸을 죽이고 천자를 구출한다.
7) 충렬은 홀로 반란군을 쳐부수고 정한담을 사로잡고 호왕에게 잡혀간 황후·태후·태자를 구출하며, 유배지에서 고생하던 아버지 유심과 장인 강희주를 구하여 개선한다. 또한, 이별하였던 어머니와 아내를 찾고, 정한담 일파를 물리친 뒤 높은 벼슬에 올라서 부귀영화를 누린다는 내용이다.

류탁일(1985:152)에서는 6종의 이본이 있음을 밝혔는데, 모두 86장의 동형이판본이며 다가서포, 서계서포, 완흥사서포 사이에 책판 이동이 있

어서 그 계보가 매우 복잡하다. 필자는 '문명서관본'을 추가하여 7종류의
이본을 확인하였다.

완판본『유충열젼』은 壬寅(1902), 癸卯(1903), 乙巳(1905), 완흥사서포본
(1912), 서계서포본(1911), 문명서관본(1911, 1916), 다가서포본(1916) 등 7종
류가 있다.

> 『유충열젼』권지상(39장), 하권 47장, 壬寅(1902)七月完山開刊
> 『유충열젼』권지상(39장), 하권 47장 癸卯(1903)仲春完山重刊
> 『유충열젼』권지상(39장), 권지하(47장) 豊沛重印〈1912, 완흥사
> 서포본〉
> 『유충열젼』乙巳(1905)季秋完南新刊〈전주완판본문화관 소장
> 본〉
> 『유충열젼』〈1911, 서계서포본〉
> 『유충열젼』문명서관본(초판 1911년, 재판 1916년)[16]
> 『유충열젼』다가서포본(1916년)

3.7. 영웅소설『홍길동전』(洪吉童傳)

완판본『홍길동전』은 조선 중기 허균(許筠)이 지은 고전소설로 한글고
전소설이다.『홍길동전』은 경판본에서 서얼차별(庶孽差別)이라는 신분문
제를 지속적으로 제기하는 것과 달리, 완판본에서는 사회의 부조리에 대
한 고발과 비판의식을 더 부각시키고 있다.

---

16   조희웅(1999:490)에 따르면 문명서관본은 고 강전섭 소장본으로 알려져 있다.

류탁일에서는 1857년 추정 원간본이 있던 것으로 보고, 1903년 보각본을 현존하는 보각본으로 보고 있다.[17](류탁일, 1985:202) 이 보각본은 전주 서계서포(西溪書鋪)에서 찍은 판본으로 추정된다. 완판본 『홍길동전』은 3종류가 있다.

『홍길동전』 36장본, 1857년 추정 원간본
『홍길동전』 35장본, 1860년경 추정본[18]
『홍길동전』 完西開板〈전주완판본문화관 소장본〉

3.8. 영웅소설 『장풍운전』(張豊雲傳)

『장풍운전』은 중국 송나라를 배경으로 한 주인공 장풍운에 대한 이야기를 그린 한글고전소설이다. 『한국민족문화대백과사전』을 참고하여 이 작품의 줄거리는 요약하면 다음과 같다.

1) 중국 송나라 때, 장풍운은 금릉 땅에서 전임 이부시랑 장회와 부인 양씨가 나이가 들어 낳은 아들이다.
2) 장풍운이 어렸을 때 가달이 침략해 오자 부친인 장시랑이 출전한다. 장풍운의 어머니 양부인은 때마침 일어난 도적을 피하다 아들 장풍운을 도적에게 빼앗기고 단원사(丹圓寺)에 들

---

17 국립중앙도서관 소장 완판본 『홍길동전』은 앞부분은 해서체로 뒷부분은 행서체로 되어 있어 보각본임을 알 수 있다.
18 『홍길동전』 36장본 원간본과 35장본은 강원대 유춘동 교수가 인천과 강릉에 거주하는 개인으로부터 확인하였다고 보고하고 있다.(2021. 2. 22일자 전북일보 문화면)

어가 여승이 된다.

3) 장풍운은 도적들이 도망갈 때 버리고 가지만 통판 이운경(李雲卿)에게 발견되어 그 집에서 양육된다. 이운경은 장풍운과 전처 소생인 이경패를 혼인시키고 죽는다.

4) 장풍운은 처남 이경운을 데리고 가출한다. 이경패도 집을 나와 아버지가 꿈에서 가르친 대로 단원사에 가서 시어머니 양씨를 만난다.

5) 장풍운은 광대패를 따라다니다가 전임 이부상서 왕공렬을 만나고, 왕상서의 심부름으로 황성에 가서 대상인 원철을 방문한다. 그곳에서 과거에 장원급제하여 한림학사가 되고, 원철의 딸 황해와 혼인하며, 이어 왕상서의 딸 부용과도 혼인한다.

6) 서번과 서달이 침략해 오자, 장풍운은 대원수로 출전하여 물리친다. 회군하는 길에 꿈에 따라 단원사에서 모친, 그리고 이경패와 상봉한다. 이어서 부친과도 상봉하고 공주와 혼인한다.

7) 공주인 유씨부인이 이씨부인을 투기하여 모해하다가 유씨부인은 벌을 받아 죽고, 장승상은 그뒤 위왕이 되어 부귀영화를 누린다.

류탁일(1985:205)에서는 1857년경에 발행된 책과 1903년경에 발행된 '補刻本'(서계서포 발행본)과 1908년경에 발행된 '改刻本'(다가서포 발행본)으로 보고 있다. 『장풍운전』은 4종의 이본이 있다.

『장풍운젼』 1800년대 후반 간행 추정본, 행서체.

완판본 한글고전소설의 서지書誌와 언어

『장풍운전』癸卯(1903) 孟冬完山開刊
『장풍운전』(1911) 〈서계서포본〉[19]
『장풍운전』(1914) 〈다가서포본 초판〉 大正 三年(완판본문화관 소
장본)
『장풍운전』(1916) 〈다가서포본 재판〉 大正 五年(국립중앙도서관
소장본)

필자가 소장한 『古今歷代標題註釋十九史略通攷卷之三』은 '完山府壬
寅年改板'의 간기를 갖고 있다. 간기에 '完山府, 完府'가 나오는 때는 대체
로 18세기말에서 19세기 초엽에 해당한다. 따라서 이때의 '壬寅'은 1842
년으로 추정된다. 이 책의 뒷표지의 배지에 『장풍운전』이본이 인쇄되어
있다. 『장풍운전』중 잘 알려진 책은 1903년에 간행되어 '癸卯孟冬完山
開刊'의 간기를 갖는 책이다. 이 책은 글꼴이 해서체로 되어 있다. 그러나
『古今歷代標題註釋十九史略通攷卷之三』의 뒷배지에 인쇄된 『장풍운전』
은 行書體라고 볼 수 있다. 1800년대 후반에 발행된 『장풍운전』으로 추정
된다.(이태영, 2016:303)

류탁일(1985:204)에 따르면 '완판본 『장풍운전』원간본의 서체는 1857
년에 간행된 『됴웅젼』(丁巳本)과 같다. 이 『됴웅젼』과 같은 서체로서는
이 『장풍운전』과 『홍길동전』인데, 이 3본은 동일 板元을 가진 것으로서
1857년 『됴웅젼』간행시 함께 간행된 것으로 보인다'고 보고하고 있다.

완판본 『장풍운전』은 1857년경 원간본이 존재했고, 癸卯本(1903)이 있
다. 다가서포본(1914, 1916)은 행서체이고 서계서포본은 해서체이다. 따라

---

19   국립중앙도서관에는 서계서포본(1911)과 다가서포본(1916)이 있다.

서 다가서포본의 모본은 1857년으로 추정하는 책이 다가서포본의 모본이었을 것이다. 따라서 『장풍운전』은 4종이 발간되었다.

3.9. 영웅소설 『초한전』(楚漢傳)

『초한전』은 고대 중국 초(楚)나라와 한(漢)나라가 서로 천하를 다투었던 역사적 사실을 엮은 한글고전소설이다. 완판본 『초한전』의 하권은 『셔한연의』로 되어 있다. 『서한연의(西漢演義)』는 명나라 종성(鐘惺, 1574~1625)이 지은 동명의 『서한연의』 번역본이다.[20] 중국의 경극 희곡(京劇戲曲)인 〈패왕별희〉는 바로 이 『서한연의』에 의거한 작품이기도 하다.

초한전쟁(楚漢戰爭)은 기원전 206년 진나라의 멸망 후 서쪽의 초나라 패왕 항우와 한나라 왕 유방과의 5년에 걸친 전쟁을 뜻한다. 이 작품은 전국시대 말 진나라가 천하를 통일하던 때부터 진시황이 죽고, 천하가 분열되어 항우와 유방이 대결하다가 유방이 승리하여 한나라를 세우기까지의 이야기를 역사적 사실에 충실하여 서술하고 있다.

완판본 『초한전』은 86장본과 88장본 두 종류가 있다. 완판본은 丁未本(1907), 己酉本(1909), 西溪新刊本, 戊申本(1908), 完山新刊本, 서계서포본(1911), 양책방본(1932) 등 7종류가 전하고 있다.

　　『초한젼권지상이라』 42장본 셔한연의권지하라 44장본 丁未

20　『초한전』은 딱지본이나 활자본 등에서 『초한지』, 『서한지』, 『장량전』, 『장자방실기』, 『초패왕실기』, 『항우전』, 『홍문연』, 『초한연의』 등으로도 불리고 있다.

(1907) 孟夏完南龜石里新刊

　『쵸한젼권지상이라』44장본 셔한연의권지하라 44장본 己酉

(1909) 季春完山開刊

　『쵸한젼권지상이라』44장본 셔한연의권지하라 44장본 西溪

新刊

　『쵸한젼』隆熙二年戊申 (1908) 秋七月西漢記完西溪新刊

　『쵸한젼』〈1911, 서계서포본〉

　『쵸한젼』東西漢記完山新刊〈전주완판본문화관 소장본〉

　『쵸한젼』〈1932, 양책방본〉

3.10. 영웅소설 『현수문전』[21] (玄壽文傳)

『현수문전』은 중국 송나라를 배경으로 주인공 현수문의 영웅적 일대
기를 그린 영웅소설이다. 이 작품은 가난한 사위를 박대한 이야기를 담고
있다.

內題는 '현슈문젼권지단'으로 되어 있는데 내제 위에 화문어미가 있
다. '丁巳九月完西開板'이란 간기로 보아 1857년판임을 알 수 있다. 간
기 위에 '현슈문젼권지상이라'로 되어 있어 이 책이 상권임을 알 수 있다.
'ㄹ'과 'ㅂ'의 표기가 『조웅전』과 같다.

板心魚尾는 上下內向二葉魚尾이고 冊匡은 18×26.2, 板匡은 17×21.2이
다. 行字數는 15행 25자이다. 대체로 板心魚尾 아래에 板心題를 쓰는 것이
일반적인데 『현수문전』의 경우는 위에 있는 판심어미 위쪽에 '현'으로 板

21　이 책은 고 강전섭 교수 소장본으로 31장본이다. 생전에 필자에게 첫 장과 간기를 복사
　　해 주었다.

心題가 되어 있고, 위에 있는 판심어미 바로 아래에는 '상'이라고 되어 있어 권수를 표시하고 있다. 완판본 『현수문전』의 1쪽과 31쪽을 검토해 보면 전라방언이 없고 매우 격식이 있는 언어로 되어 있다. 이 소설은 서울의 원본을 참고하여 발간한 것으로 보인다.(이태영, 2007:34)

경판본 『현수문전』 하권 22장본은 '油洞新刊'의 간기를 가지고 있다. '油洞'에서는 대체로 1840년대에 책을 찍어낸 출판소이다. 따라서 여기서 발간된 책을 가지고 보완하여 완판본으로 찍은 것으로 보인다.

『현수문전』 丁巳(1857) 九月完西開板

3.11. 영웅소설 『셰민황졔젼이라』

『셰민황졔젼이라』는 중국의 당태종에 관한 소설로 현재 연세대학교 중앙도서관 소장본(도서번호 811.93)이다. 50장본이며 판심제는 '太宗'으로 되어 있다. 판심에 나오는 어미는 '상하내향흑어미'가 일반적이고, 뒤쪽으로 가면 '상하내향이엽흑어미'가 나온다. 글꼴은 해서체와 행서체의 혼합으로 1864년판으로 추정된다.[22] 간기는 한글로 '갑ㅈ 즁츈의 곤산 은직셔라'로 기록되어 있다. '곤샨'은 '坤山'을 말한다. '곤산'은 전주 완산동에 있는 '곤지산'의 옛 이름이다. 한글고전소설이 활발히 발행된 '구석리' 근처이다.

'은직셔라'에서 '-라/-이라'는 완판본의 간기에서 볼 수 있는 어미

---

22   경판본은 『당태종전』으로 26장본이며, '戊午(1858)紅樹洞'의 간기를 갖는다.

이다. 예를 들면 『삼국지삼권니라』의 한글 간기에 '님진(1892) 완산 신판ㅣ라'로 나온다. 이는 제목과 같이 '-라/-이라'를 쓰고 있는데 이는 이 소설이 낭송체 소설이었음을 보이는 어미라고 할 수 있다. 이러한 형식의 제목과 간기는 완판본에만 존재한다.

　　『셰민황졔젼이라』갑そ 중츈의 곤산 은직셔라

3.12. 역사소설 『임진녹』

『임진녹』은 임진왜란의 전쟁 기록으로 역사소설이다. 임진왜란을 체험했던 민중과 그 후손들의 인식이 반영되어 있다. 외적의 침략으로부터 강토와 민족을 수호하려는 의지를 고취시키고, 당쟁으로 외적의 침략을 자초한 뼈아픈 참회의 뉘우침이 작품 속에 담겨 있다.

　　조희웅(1999:562)에 의하면 다음과 같은 간기를 갖는다.

　　『임진녹』歲辛亥(1851)孟夏完南開板

3.13. 영웅소설 『장경전』

『장경전』은 장경이 忠을 실현하여 연왕에 오르게 되는 과정을 보여주는 권선적 영웅소설이다. 사건의 기본적 축은 충(忠)의 실현에 있다. 경판본은 완판본에 비하여 그 내용이 축약되어 있을 뿐만 아니라, 구체적 서술도 다르다. 완판본은 배경이 진나라로 되어 있고, 경판은 송나라로 되어 있는 등의 부분적 차이를 보인다.

龜洞本『쟝경젼』의 경우, 초간본과 뒤에 판목을 새로 한 이본이 섞여 있어서 改刊이라고 했다. 새로 판목을 한 1908년『쟝경젼』은 같은 해에 나온『소디셩젼』과 글꼴이 같다. 이 책의 서체는 구운몽과 같은 양반 서풍이 풍기는 것으로 이 책의 원간본은 구운몽의 간행연대인 1862년경에 이루어졌다고 보고 있다.(류탁일, 1985:208) 龜洞本『쟝경젼』은 원간본에다가 보각을 첨가한 보각본이다. 완판본『쟝경젼』은 3종류이다.

『쟝경젼』1862년경 원간본
『쟝경젼상권이라』33장,『쟝경젼하권이라』31장본 戊申(1908)
孟夏完龜洞改刊
『쟝경젼』〈1916, 다가서포본(龜洞本)〉

3.14. 영웅소설『적셩의젼』

『적셩의젼』은 중국 송나라를 배경으로 한 주인공 '적셩의'의 일대기를 그린 윤리소설로서 효도와 우애를 동시에 강조한 작품이다.

류탁일(1985:210)에서는 한글 서체의 변천과정을 참고하여 1907년 이후에 간행된 책으로 추정하고 있다. 현재까지 1종이 보고되어 있다. 상권은『뎍셩의젼』, 하권의 제목은『적셩의젼하』로 되어 있다.

『뎍셩의젼』74장본, 발간 연도와 간기 미상

3.15. 영웅소설 『이대봉전』(李大鳳傳)

『이대봉전』은 천상의 봉황이 지상에 내려와 이대봉과 장애황으로 탄생하여 온갖 난관을 극복하고 결연을 이루며, 그 과정에서 위기에 처한 명나라를 구하여 부귀영화를 누리는 것이 줄거리이다. 이 소설은 영웅소설로서 여성 영웅이 등장하는 점이 특이하다.

천상의 짝인 봉황이 지상에 내려와 봉은 이대봉으로, 황은 장애황으로 탄생하여 위기에 빠진 명나라를 구하는 공을 세운다. 여기서 특히 장애황은 여자의 몸으로 이대봉보다 높은 지위에서 출전하여 영웅적 활약을 하며 침략자를 물리치고 승리하는 여성이다.

당시 고전소설 독자의 상당수였던 여성들의 출신의 욕구를 작품에 반영하여 소설의 상품성을 높이려 했던 것으로 보인다.(임성래, 1995:114) 이러한 소설에서 볼 수 있는 당시의 전주 시민들의 의식에는 여성 해방, 신분 차별 철폐에 대한 강한 민주적인 의식이 있었음을 알 수 있다.

『이대봉전』은 다가서포본과 서계서포본이 있으나 같은 판이다. '와' 자의 날림 글씨가 무신년(1908) 간의 보각본 『장경전』의 글씨와 같은 점으로 미루어 1908년 안팎에 간행된 듯하다.(류탁일, 1985:209) 『이대봉전』은 3종의 이본이 있다.

> 『니디봉젼』〈1911, 서계서포본〉
> 『니디봉젼』 상권 45장, 하권 38장 〈1916, 다가서포본〉
> 『니디봉젼』 남원 一心堂書鋪本(재판-1916년, 삼판-1931년)〈초판-1911년 서계서포본〉

남원에서 재판, 삼판한 『이대봉전』은 판권지에 의하면 '明治四十四年 八月二十二日發行(저작겸발행자 卓種佶)'으로 1911년 발행된 西溪書鋪본이다. 이 소설은 '大正五年(1916년)十一月二十五日'에 남원 일심당서포에서 再版, '昭和六年(1931년)十月十九日'에 三版이 발행되었다.

一心堂書鋪의 당시 주소는 '남원군 남원면 천거리 170번지'로 인쇄겸발행자는 李鳳淳이다. 현재 전북 남원시 광한루 천변 근처인데 큰 도로로 바뀌었다. 一心堂書鋪에서는 한글고전소설인 『이대봉전』과, 『增補參贊秘傳天機大要』(上下 2책)의 책판(1911년 탁종길 발행)을 전주에서 가져다가 보완하여 재판(1916년), 삼판(1931년)을 찍어냈다. 두 책의 판권지가 똑 같다.

흔히 완판 방각본 고전소설을 全州 土板이라고 부른다. 완판본 고전소설이 전주에서 발행된 것을 의미하여 전주 토판이라고도 부르지만, 사실은 목판과는 달리 흙을 이용하여 만든 토판이 있었다. 이 토판은 흙과 섬유류를 섞어서 끓여 만든 장판과 같은 것이다. 이는 손쉽게 판각을 하려고 만든 것이고, 기존 방각본의 보판에 많이 이용되었다.

현존하는 완판방각본 중에서 토판본은 『조웅전』 3책, 『장경전』 1책 일부, 『홍길동전』 1책 일부가 토판본에 해당된다(김동욱, 1994). 필자가 확인한 바에 의하면 남원에서 발간한 『이대봉전』의 일부가 토판으로 되어 있다. 상권 19쪽은 원래 판목을 이용하여 떨어진 곳만 토판으로 보관을 하여 글자를 새겼다.

완판본 한글고전소설의 서지書誌와 언어

3.16. 영웅소설『정수경전』

『정수경전』은 한국을 배경으로 주인공 정수경을 중심으로 하는 한글 고전소설이다. 『정수경전』에서 여주인공인 정수정이 남편인 장연을 군령을 어겼음을 핑계로 매를 쳐서 굴복시키고 시어머니마저 자신의 고집과 지위로 굴복시키고 있다. 이것은 당시 여인들이 가정이라는 현실 사회에서 현모양처로서 남편을 섬기고 시어머니에게 복종하던 모습과는 다른, 매우 획기적인 여성의 활약 모습을 작품화한 것이다.

완판본 『정슈경젼』의 내용은 『정수정전』(鄭秀貞傳)이다. '정수정'이라는 여장군이 등장하는 여성영웅소설이다. 內題는 '정슈경젼'이고, 板心題는 '정슈경'이며 1권 1책이다. 冊匡은 18×25cm이고 板匡은 16×20.5cm이다. 四周單邊이고 板心魚尾는 內向黑魚尾이다. 行字數는 16행 28-30字이고 界線은 없다.

표지 안쪽에 『퇴별가』가 인쇄되어 있는데 이를 보면 1898년경 이후로 추정된다. 글자체가 이미 소개된 글꼴과 완전히 다른 것으로 약간 흘려쓴 것이다. '성'을 '승'으로 표기하고, '없다'를 '읍셔, 읍스니'로, '엇지'를 '웃지'로 표기하는 것으로 보면 전북 익산이나 전북 완주와 같이 충청도에 가까운 곳에 사는 사람이 원고를 쓴 것으로 보인다.(이태영, 2007:37-38)

　　　　승(성)은 정이요〈정수경젼, 1ㄱ〉
　　　　일점혈육이 읍셔〈정수경젼, 1ㄱ〉
　　　　웃지 창연치 안이하리요〈정수경젼, 1ㄱ〉
　　　　무후할 이 읍스니〈정수경젼, 1ㄱ〉

부모의 효도 비혈 딕 읍는 쳔싱딕효라 〈졍수경젼, 2ㄱ〉

4. 결론 - 완판본 한글고전소설 이본의 숫자

이 글에서는 완판본 한글고전소설의 이본을 출판사와 간기, 그리고 책의 서지적 형태가 다르면 모두 이본으로 처리하였다. 그리하여 지금까지 살펴본 이본들의 내용을 요약하면 다음과 같다.

첫째, 판소리계 소설 중에서 『춘향전』 계열 소설은 『별춘향전』이 5종 발간되었고, 『열여춘향수절가』가 5종류가 있다. 『심청전』 계열 소설은 『심청가』는 1종류이고, 『심청전』은 4종류가 있다. 『화룡도』는 6종류이다. 『퇴별가』는 2종류이다.

둘째, 영웅소설은 남성 영웅소설과 여성 영웅소설로 나뉜다. 『구운몽』은 상권과 하권이 따로 발간이 되었는데 모두 4종류이다. 『조웅전』은 류탁일(1985)에서는 9권으로, 유춘동(2013)에서는 12종으로 보았으나, 필자가 추가하여 16종으로 파악하였다. 완판본 『조웅전』의 인기를 확인할 수 있다. 『별월봉기』는 3종이 발간되었다.

『삼국지』는 세 가지 종류가 있는데, 『삼국지』(3·4합본)는 3종류의 이본이 있고, 『삼국지』(3권)은 5종류의 이본이 있다. 『언삼국지』(諺三國誌)는 2종류이다.

완판본 『소딕셩젼』은 1836년도 발간본을 제외하고는 『용문전』과 합책되어 있다. 완판『소디셩젼』은 7종류의 이본이 발간되었다.[23] 이 소설도 『조웅전』에 못지않은 인기를 누리고 있었다. 완판본으로만 출판된『유충열젼』은 '문명서관본'을 추가하여 7종류의 이본을 확인하였다.『유충열젼』도『조웅전』,『소디셩젼』과 함께 큰 인기를 누리는 책이었다.『홍길동젼』은 3종이다.『장풍운전』은 4종의 이본이 있다. 완판본『초한전』은 86장본과 88장본 두 종류가 있다. 현재 7종의 이본이 전하고 있다.『현수문젼』은 현재까지 1종류만 보고되어 있다.『셰민황졔젼이라』는 제목이나 간기로 볼 때나 글꼴로 볼 때 완판본으로 해석된다. 완판본『임진녹』은 1종류만 발간된 것으로 보인다.『장경전』은 3종의 이본이 존재한다.

셋째, 여성 영웅소설로『이대봉전』은 3종의 이본이 있고『정수경전』은 1종이 있다. 이렇게 산출하고 보면 완판본 한글고전소설의 이본은 총 95종이 존재한다고 볼 수 있다.

이들 소설 중에서 독자들에게 가장 관심을 끈 소설이 무엇인지를 판별할 수 있는 근거는 책의 발행 부수에 있지만 현재로서 발행 부수를 확인할 근거가 없다.

다만 한 책이 얼마나 다양하게 발행되었는가를 통해서 짐작할 수 있을 뿐이다. 독자들의 입장에서 가장 많이 발행한 책은『조웅전』이다.『조웅전』은 총 16종으로 그 종류로만 볼 때 완판본 소설 가운데 가장 많이 발행되었다. 1800년대 초에 발행된 '完府新刊'의 간기를 갖는 책으로부터 시작하여 1932년 양책방의 판권지가 붙은 책까지 완판본 발행 시기 동안

---

23   『용문전』은『소대성전』과 합본으로 처리하여 본고에서는『용문전』의 수를 헤아리지 않는다.

큰 인기를 끌어온 소설이다.

그리고 『소대성전』도 '丙申(1836)夏完府新板'의 간기를 가진 책부터 시작하여 1932년 양책방의 판권지가 붙은 책까지 7종류가 발행되어 인기를 끈 소설이다. 『소대성전』은 하권 『용문전』과 합본으로 한 책으로 발행되어 더욱 인기를 끈 것으로 보인다.

한편 『유충열전』은 서울에서는 발행되지 않고 전주에서만 발행된 완판본으로, 충신과 간신의 대립구조를 만들어 충신상을 드러낸 작품이며, 청나라에 대한 민족적 적개심을 강하게 표현한 작품이다. 그리하여 당시에 7종류가 발행될 정도로 인기를 끈 작품이다.

앞으로도 완판본 한글고전소설의 간기, 판권지, 제목, 글꼴, 배지 등을 자세히 살펴서 이본들을 찾아내는 작업을 계속해야 할 것이다. 이제까지 확인된 완판본 한글고전소설의 총목록과 그 종류의 개수를 도표로 제시하면 다음과 같다.

소설 명칭	이본 수 (재판 포함)	기타
구운몽 상	2	완판본 한문본이 존재한다.
구운몽 하	2	
됴웅전	16	
별월봉긔	3	배지에 이본이 존재함
별춘향전	5	
삼국지3·4권	3	
삼국지3권	5	책판이 존재함

셰민황졔젼이라	1	완판본으로 추정됨
소디셩전	7	용문전(6종류)과 합본임
심쳥가	1	
심쳥젼	4	
언삼국지	2	
열여춘향슈졀가	5	
유충열젼	7	
이디봉젼	3	
임진녹	1	
장경젼	3	
장풍운젼	4	3책의 제목이 다르다.
젹셩의젼	1	
정슈경젼	1	
초한젼	7	
퇴별가	2	
현슈문젼	1	
홍길동젼	3	
화룡도	6	
합계	95	

완판본 한글고전소설 이본의 숫자

김동욱(1994), 「방각본에 대하여」, 「고소설의 저작과 전파」, 아세아문화사, 223-246.

류탁일(1985), 『완판 방각소설의 문헌학적 연구』, 학문사.

한국학중앙연구원(2021), 『한국민족문화대백과사전』, daum.

권도희(2003), 「기생의 가창 활동을 통한 근대에의 대응」, 『한국시가연구』 32, 353-393.

배연형(2006), 「『별춘향전』(완판 29장본) 연구」, 『판소리연구』 22, 195-227.

소순열·원용찬(2003), 『전북의 시장 경제사』, 『전라문화총서』 11, 신아출판사.

신은수(2004), 「戊戌본(1898) 완판 심청전의 표기 특징」, 『국어사연구』 4, 315-347.

엄태웅(2016), 『방각본 영웅소설의 지역적 특성과 이념적 지향』, 고려대 민족문화연구원.

이진오(2014), 「토기전의 계통과 지향」, 고려대학교 박사학위논문.

이창헌(1995), 「경판방각소설 판본 연구」, 서울대학교 박사학위논문.

이태영(2004ㄱ), 「완판본 '심청가(41장본)' 해제 및 영인」, 『국어사연구』 4호, 351-436.

이태영(2004ㄴ), 「지역 전통 문화의 기반 구축과 그 활용 방안 - 완판본 한글 고전소설의 데이터베이스 구축과 그 활용을 중심으로 -」, 『민족문화논총』 30집(영남대), 273-304.

이태영(2007), 「새로 소개하는 완판본 한글고전소설과 책판」, 『국어문학』 43, 29-54.

이태영(2010), 「완판 방각본 출판의 문화사」, 『洌上古典硏究』 31, 91-115.

이태영 편저(2012), 『전주의 책, 완판본 백선』, 전주시·전주문화재단.

이태영(2013), 「완판본의 개념과 범위」, 『洌上古典硏究』 38, 9-36.

이태영(2016), 「배지를 활용한 완판본 연구」, 『洌上古典硏究』 49, 281-311.

이태영(2017), 「완판본 간기에 나타난 '귀곡(龜谷), 귀동(龜洞), 봉성(鳳成)'에 대한 연구」, 『국어문학』 64, 61-86.

이태영(2021), 『완판본 인쇄·출판의 문화사적 연구』, 역락.

인권환(1968), 「토끼傳 異本攷」, 『亞細亞研究』 29.

임성래(1995), 『조선 후기의 대중 소설』, 태학사.

鄭亨愚·尹炳泰(1979), 『韓國冊板目錄總覽』, 한국정신문화연구원.

조희웅(1999), 『古典小說 異本目錄』, 집문당.

조희웅(2006), 『고전소설 연구보정(상, 하)』, 박이정.

조희정(2015), 「교과서 안의 '바둑이와 철수'는 어디로 - 문학 제재를 통해 본 국어 교과서의 변화」, 광복 70주년 기념 학술 행사 '우리의 삶 우리말에 담다', 국립국어원.

홍성덕·김철배·박현석 공역(2009), 『국역 全州府史』, 전주시·전주부사국역편찬위원회, 390-391.

홍윤표(2007), 「한글의 역사와 완판본 한글 고소설의 문헌적 가치」, 『국어문학』 43, 5-27.

황미연(2013), 『권번과 기생으로 본 식민지 근대성』, 민속원.

제4장

완판본 한글고전소설의 출판지, '키곡(龜谷), 키동(龜洞), 봉성(鳳成)'

1. 간행기록과 지명

간기(刊記)란 책의 간행기록을 말한다. 간기에는 대체로 연호, 간행년, 간행월일, 간행지, 간행처, 간행방법, 간행자 등을 기록한다. 옛 책의 刊記에 나타나는 지명은 대체로 책의 간행지를 말한다. 그래서 그 지명을 정확하게 파악하는 일은 서지학적으로 매우 중요한 일이다. 이 글은 완판본 한글고전소설의 간기 연구에서, 그간 위치가 불분명했던 지명이나 잘못 해독한 지명과 잘못 추정한 지명 등을 분명하게 밝히려는 데 목적이 있다.

완판본 한글고전소설에는 간기가 매우 다양하게 나온다. 완판본 한글고전소설의 간기에 나타나는 지명을 일부분 제시하면 다음과 같다.(이태영, 2014 참조)

完山, 완산, 完山 北門內, 完山 梁冊房
完南, 完西, 完西溪, 西溪
豊沛
完南 龜石里, 完龜洞, 龜洞, 龜谷, 完西 杏洞, 봉셩

완판본 한글고전소설의 간기의 특징은 '完山'과 같이 책을 찍어낸 도시 이름을 쓰고 있는 점이 특징이다. 이를 줄여서 '完'이라 쓰면서, '完南, 完西'와 같이 뒤에 방위를 붙이는 경우도 많다. 완판본과는 달리, 경판본 한글고전소설의 경우에는 '由洞, 紅樹洞, 布洞, 武橋' 등과 같이 동네 이름을 쓰는 것이 특징이다.

『구운몽상』壬戌(1862) 孟秋 完山開板 (완판본)
『구운몽하』丁未(1907) 仲花 完南開刊 (완판본)
『삼국지』咸豊 己未(1859) 紅樹洞 新刊 (경판본)
『전운치전』丁未(1847) 仲春 由谷 新刊 (경판본)

완판본 한글고전소설의 간기에도 '龜谷', '龜洞', '봉셩'과 같이 동네 이름이 나온다. 이 글에서는 완판본 한글고전소설의 간기 중에 동네 이름이 나오는 '完南 龜石里, 完龜洞, 龜洞, 龜谷, 봉셩'에 대해 새롭게 논의하려고 한다.

첫째, 간기에 나오는 '完南 龜石里'와 '完龜洞'이 같은 지명인지 아닌지를 밝힐 것이다. 둘째, 『별월봉긔』의 '龜谷'과, 1907년, 1908년에 나오는 '龜洞'의 지명이 같은지 다른지를 밝힐 것이다. 셋째, '龜洞'의 위치와 '龜洞'이 가지는 역사적 특징을 밝혀 한글고전소설과의 관련성을 밝히고

자 한다. 넷째, 『됴웅젼』에 나오는 '봉셩'의 지리적 위치를 밝혀서 '봉셩'과 '龜洞'의 지리적 특징을 종합적으로 살펴보고자 한다.[1]

2. 완주군 구이면의 지리·문화적 배경

전주 高德山은 해발 603.2m의 산으로, 북서쪽으로는 전주시의 南固山城과 흑석골(黑石洞, 鶴山)로 이어지고, 서남쪽으로는 구이면 平村과 鯨角山으로 이어지는 전주의 중심적인 산이다. 고덕산의 서북쪽으로는 남고산성이 자리한다. 이 지역에는 忠景祠, 關聖廟, 南固寺와 같은 전주의 역사와 문화가 자리하고 있다. 남고산성은 전주의 남쪽에 있는 산성이다. 忠景祠는 임진왜란 때 전주성을 지킨 공으로 忠景이라는 시호를 받은 李廷鸞을 모신 사당이다. 關聖廟는 삼국지에 나오는 관우를 무신으로 받들어 제사 지내는 사당이다. 南高寺는 전라북도 전주시 완산구 동서학동 고덕산에 있는 절이다.

여기서는 주로 고덕산의 서남쪽의 역사와 문화, 지리적 환경을 살펴보기로 한다.

---

1   이 글에서는 이해의 편의를 위하여, 『별월봉긔』, 『별월봉기』와 같이, 발간 당시의 소설의 이름과 현재 소설의 이름을 혼기하고 있다.

2.1. 전주 '흑석골'[2]과 완주군 구이면 '평촌'

전주에서는 고려시대부터 많은 한지를 만들었다. 무려 8-900여 년 동안 전주와 완주일대에서 한지가 생산되었고, 1800년대부터 풍남동을 중심으로 한지를 만들어 오다가 도시화가 되면서 물이 차츰 나빠지고, 또 1937년 전주천에 방천(防川)이 생겨 물길이 바뀌면서 1940년대에 한지 공장들은 서학동 흑석골로 옮기게 된다.

흑석골에서 작은 고개를 통하여 구이면 평촌으로 가는 길이 있는데 이곳이 바로 학산 보광재(普光峙)이다. 전주 흑석골 버스 종점에서 보광재까지는 약 1.8km이다. 보광재를 넘어가면 바로 완주군 구이면 평촌이 나온다. 보광재에서 평촌리까지는 약 1km이다. 따라서 흑석골에서 평촌까지는 약 2.8km이다. 평촌은 '들이 넓은 마을'의 뜻으로, 연안 이씨의 집성촌이었으며, 마을 앞 박성동에는 오래된 재실이 있다.

平村里는 본래 전주군(1935. 10. 1일 이후는 완주군) 구이면 지역으로 1914년 행정 구역 개편으로 '평촌리, 상보리, 하보리, 소용리, 상척리, 하척리, 주리리, 태실리, 박성동 일부'를 병합하여 평촌리로 하고 구이면에 편입하였다.(완주군지, 340쪽)

---

2   전주 사람들은 '흑석골'이라 부른다. 그러나 옛 책의 간기에서는 '黑石洞'으로 표시되어 있다.
   『全州李氏族譜』(3권) 崇禎紀元後五乙丑(1925)丁月日下瀚黑石洞齋閣刊印

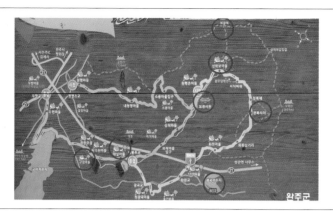

평촌, 구암 마을 현장 지도 - 완주군 제공

普光寺址는 구이면 평촌리 보광재에서 약 1km 아래 上普 마을 모정 근처에 있다. 백제시대 창건된 고찰로 화엄종계의 사찰이었다고 한다.(완주군지, 1245쪽) 이 지역의 명칭 중 '上普 마을'과 '下普 마을'이 있는데, 이는 '普光寺'를 두고 이름한 것이다.[3]

景福寺址는 구이면 평촌리에 있다. 경복사는 普德和尚에 의해 고구려 보장왕 9년(650) 6월에 창건되었다.[4](완주군지, 1244쪽) 보덕화상의 제자에 의해 대원사, 금동사 등의 사찰이 이곳 구이 근교에 창건되어 열반종이 유포된 것을 알 수 있다.(완주군지, 1241쪽) 현재 입구에 경복사지를 알리는 간

3 2006년 전북대학교 박물관에서 조사한 '문화유적분포지도' 검색 프로그램에는 '보광사'의 기단석 사진이 나와 있다.

4 1976년 전북대학교 박물관 학술 조사단에 의해 구이면 평촌리 보광촌 못미쳐 산중턱에서 '景福寺'라는 글자가 새겨진 瓦片을 습득하여 그곳 주위가 경복사지라는 것이 밝혀졌다.

판이 있고, 위에 오르면 넓은 터가 보이고, 그 위에 많은 돌들이 놓여 있다.

葆光書院은 조선시대 유학을 가르치는 사립학교이며, 양반들의 세력 기반이었다. 葆光祠는 현종 46년(1720)에 창건, 대원군의 서원 철폐령에 의해 철거, 1971년 복원한 사우이다. 현재 李彦福, 陸大春, 李至誠, 李至道, 梁夢說, 金峻業, 柳廷, 李后泰의 위패를 봉안하고 있다.(완주군지, 1169쪽)

胎室은 왕가 아기의 태(胎)와 태반(胎盤)을 묻었던 곳이다. 예종(1468-1469)은 아버지인 세조(世祖)의 뒤를 이어 조선의 제 8대 왕으로 등극했다가 재위 기간 1년 만에 병으로 죽은 단명한 임금이었다. 睿宗大王 胎室碑는 원래 완주군 구이면 원덕리 태실마을 뒷산에 세워져 있었다. 이 곳은 '龜洞'의 바로 앞 마을이다. 일제강점기 때 파괴되어 구이초등학교 북쪽으로 옮겨졌다가 다시 1970년 전주 경기전 내에 옮겨 놓았다.

2.2. '봉성', '龜洞'의 문화·지리적 여건

평촌에서 조금 더 내려가면 완주군 구이면 光谷里 난산마을이 나오고 바로 위에 저수지가 보이는데 그 저수지에 있던 마을이 '봉성'(鳳成)이다. 그러니까 봉성은 평촌과 아주 가까운 곳에 위치하고 있었다. 지금은 광곡 저수지가 되어버린 곳으로 저수지 중간쯤 산이 시작되는 곳에 마을이 있었으나 지금은 완전히 없어졌다. 물론 지번은 남아 있다. 이곳에는 나무와 숯을 해서 파는 주민들이 살고 있었다고 전한다. 이 지역은 임실군과 완주군에서 전주로 오가는 길목이었다. 1893년에 발행된 『됴웅젼』은 '광셔십구연계ᄉ오월일봉성신간이라'는 간기를 갖는데 여기에 '봉성'이란 지명

이 나온다.[5]

봉성에서 구이 동적골 쪽으로 내려가면 넓은 들판이 나오는데 그곳이 바로 완주군 구이면 덕천리 구암마을이다. 이 마을은 '龜洞, 귀동골'이라고 불린다.[6] 마을 뒷산에 거북과 같은 바위가 있

귀동 마을의 거북바위

어서 생긴 마을 이름이다. 이 마을은 약 380년 된 마을로 면사무소가 있을 정도로 큰 마을이었다. 1757년부터 1765년 사이에 편찬된 전국 지리서인 '與地圖書'에는 '龜耳洞面, 仇耳洞面'으로 나온다.(변주승, 2009:38) 구암마을은 1914년 행정구역 통폐합에 따라 덕천리에 속하게 되었고, 덕천리에는 구암을 비롯 원덕천(元德川), 지등(芝登), 와동(瓦洞), 칠암(七岩), 청명(淸明) 등의 마을이 있다.

구암마을 경로회관 앞에 있는 2002년에 작성된 '구암마을 유래비'에 소개된 유래를 그대로 인용하면 다음과 같다.

---

5   '봉성'은 완주군 高山, 김제군 金溝에도 보인다. 고산의 고려시대 지명이 바로 '鳳城'이다. 금구의 옛 이름이 '봉성'이다. 그러나 이 지역들은 완판본 한글고전소설과 직접적으로 관련이 있다고 말하기 어렵다.

6   현재 사용하고 있는 동네 빨랫터에는 '귀동골 빨래터'라는 표지판이 있고, 동네 입구에는 '귀동골 농장'이라는 간판이 보인다. 이 동네 사람들은 '귀동골'로 부르고 있다.

〈구암마을 유래비〉

약 六百 年여 전에 火峙에 살았으며 후에 함안리 둔전밭제에 흩어져 거주하였다 전해오며, 본 마을에 고인돌이 20여 개 이상이 형성된 것으로 보아 中心지였다는 것을 알 수 있다. 後 조선 中宗 17年 西紀 1522年, 약 480년 전에 水原 金氏, 東萊 鄭氏, 延安 李氏가 거주하면서 마을이 형성되었고, 高德山 줄기 따라 옆에는 鯨角山, 앞에는 母岳山 중심지에 장엄한 대명당 虎體峯 산하에 신령한 거북바위의 형상이 있으니 그 둘레가 19 미터, 높이 4 미터에 이르고, 아래로 9개의 작은 거북 형상이 있으니 거북의 子孫이라 부르며 거북 등에 있는 버선뽄 모양은 장수가 쉬어간 자취가 남아 있다. 그 신령한 거북 형상을 따라 龜洞골 龜巖으로 불렸으며 당시 行廳 場所는 본 마을 1039번지에 위치하고 창집은 973번지에 있었다. 행원님은 崔忠一 분이 관장하였으며 일제치하에 供出을 목적으로 雲岩도로가 신설되면서 항가리 구면청으로, 지금의 면사무소로 이전하였다. 龜洞골 龜巖은 약 370年을 유지하고 내려오던 중, 고종 말기 乙巳조약이 체결되면서 국권이 왜정으로 바뀌면서 거북 귀자가 쓰기나 부르기가 어려워 아홉 九로 고쳐 쓰기 시작하면서 龜洞골을 九耳면으로, 귀암을 구암으로 현재까지 부르고 있다. 西紀 2002年 8月 日竪

이 유래비에서 알 수 있는 '龜洞'과 관련된 역사적인 사실은 다음과 같다.

첫째, 2002년 유래비를 세울 당시 기원이 약 480년이 된 마을이다. 둘째, 고인돌이 약 20여 기가 존재하는 것으로 보아 이곳이 중심지였다.[7] 셋

---

7   2006년 전북대학교 박물관에서 조사한 '문화유적분포지도' 검색 프로그램에는 평촌 지

째, 대명당인 虎體峯 아래에 귀동 마을이 있다. 넷째, 지금의 면사무소인 行廳이 존재하였다. 다섯째, 구암마을로 약 370년을 유지하였다. 여섯째, 현재 '구이면(九耳面)'은 이 마을의 이름인 '龜耳洞面'에서 유래하였다.

그렇다면 완판본 한글고전소설이 구이면 '봉성'과 '龜洞'에서 발행된 이유는 무엇일까? 이 지역에서 소설이 출판된 이유 중 첫 번째는 경제적인 관점일 것이다. 조선 후기에 구이면 지역은 책을 발간하기에 매우 좋은 여건을 갖추고 있었을 것임이 분명하다. 그 몇 가지 이유를 들면 다음과 같다.

첫째, 책을 발간하기 위한 첫째 조건인 목판 재목을 쉽게 구할 수 있었다. 완주군 구이면은 동으로는 고덕산, 서쪽으로는 모악산, 남으로는 경각산, 북쪽으로는 금성산으로 둘러쌓인 지역으로 목판을 만드는 재목을 손쉽게 구할 수 있는 지역이었다.[8]

둘째, 책을 발간하기 위한 조건인 한지의 생산이 매우 용이한 지역이었다. 이 지역은 물이 풍부한 지역이다. 게다가 구이면은 조선시대 소양면, 상관면과 더불어 지소가 많았던 곳으로 추정하고 있다. 이동희(2014:315)에서는 『楮竹田事實』을 근거로 지장의 수를 놓고 볼 때, 전라도에서 전주가 최대의 종이 산지였다고 보고 있다. 또한 이 『楮竹田事實』에

역의 지석묘 사진이 여러 장 나와 있다.

8   실제로 전라감영에서 책을 발간할 때 사용한 목판의 재목으로는 자작나무과로 식별된 바 있다. 이나무들은 전라도지방에 자생하는 거제수나무, 사스레나무 혹은 박달나무 종류로 사료된다고 추정한 바 있다.(홍성덕, 2005:82) 서유구의 『임원경제지』에는 책판으로 사용되는 목재로 대추나무, 배나무, 가래나무를 들고 있다. 해인사 대장경의 수종은 대부분 남부지방에 많이 서식하는 산벚나무가 주종임이 밝혀졌으며 조선후기에 만들어진 책판의 수종은 단풍나무와 박달나무로 조사되었다.(안준영, 2014:44)

적힌 닥나무 산지를 근거로, 전주부 안에서 최대 종이 산지는 상관면, 소양면, 구이면 등 3개면으로 추정하고 있다.[9] 최근 조사한 보고서에 따르면 완주군 구이면 지역에 6개의 지소가 있던 것으로 조사되고 있다. 원안덕 마을에 3개소, 구안덕 마을에 1개소, 장파마을[10]에 1개소, 원항가 마을에 1개소가 있었던 것으로 보고되고 있다.(전주시·전주역사박물관, 2011:82) 이 마을들은 닥을 재배하여 생산한 고장으로 종이를 만드는 일이 매우 당연한 일이었다.

원항가 마을은 일제강점기 이후 면사무소가 있던 마을이다. 이 마을은 구암 마을과 비교적 가까운 마을이라 할 수 있다. 그런데 이 조사보고서에 나오는 내용은 주로 일제강점기와 그 이후에 관련된 기술들이다. 따라서 완판본이 나온 구암 마을, 봉성 마을 등에서도 조선시대에 닥나무가 재배되고, 한지가 생산되었을 것으로 추정할 수 있다. 실제로 산으로 둘러쌓여 있고, 물도 매우 맑고 깨끗한 물이 흐르고, 나무도 많고, 닥나무가 재배되었다는 사실에서도 충분히 한지가 생산되었을 가능성이 매우 높다고 여겨진다.

셋째, 이미 앞에서 말한 바와 같이, 옆마을인 평촌리 상보 마을을 거쳐 학산을 넘어 전주 흑석골로 쉽게 이동이 가능한 지역이었다. 따라서 소비의 중심지인 전주의 중심지와 통행이 매우 자유로운 지역이었다.

---

9 완주군·전주역사박물관(2011)에서는 2011년 완주군 한지 유적 조사에서 총 51개의 지소를 확인하였다고 보고되었다. 구체적으로 소양면 23개소, 상관면 11개소, 화산면 7개소, 구이면 6개소, 동상면 3개소, 비봉면 1개소이다.

10 장파 마을은 조선시대에 도자기를 구운 곳으로도 유명하다. 이 곳 역시 닥나무 재배 산지로 알려져 있다. 이 곳에 있던 장파사(長波寺)라는 절에서는 1646년, 1654년 『妙法蓮華經』을 발간하였다. 이미 조선시대 중기에도 한지 생산을 하던 곳임을 보여주고 있다.

넷째, 인근 마을인 '龜洞'은 조선시대 면청이 있던 구이면의 중심지였기 때문에 책의 출판이 매우 용이하였을 것이다. 이 '龜洞'에서는 1823년 완판본 최초의 한글고전소설이 발간되었다. 이어서 1907년, 1908년에 계속 소설이 발간되었다.

다섯째, 이 지역은 '보광서원'이 있어서 지식인들이 살고 있던 곳이었다. '숭명배청'의 의식을 가지고 '忠'을 가장 높은 이상으로 가진 지식인들은 『조웅전』과 같은 영웅소설에 매료되었을 것이고 이들이 제일의 소비자 역할을 했을 것이다.

3. 한글고전소설과 '봉셩, 龜洞, 龜谷'

3.1. 『됴웅젼』과 '봉셩'(鳳成)

전라북도 완주군 '九耳'는 완판본 한글고전소설의 고장이기도 하다. 전주에서 구이로 가다보면 옛 도로에 동적골이 나온다. 이 동적골에서 좌회전하게 되면 평촌으로 가는 길과 광곡으로 가는 길로 나뉜다. 광곡에서 한일장신대로 넘어가는 옛 길에 작은 저수지가 보이는데 그 아랫마을이 난산이다. 바로 그 난산마을 위의 저수지가 완판본 한글고전소설인 『됴웅젼』의 간기에 나오는 봉성이다.[11] 그 간기에는 한글로 '광셔십구연계ᄉ오

---

11   유재영(1993:50)에는 완주군 구이면 광곡리(光谷里)의 자연마을에 봉성(鳳城, 鳳成)이 제시되고 있다.

월일봉셩신간이라'고 쓰여 있다. 간기의 말미에 '-이라'와 같이 이야기 구술체로 쓰인 것으로 보거나 글꼴로 보면 완판본이 틀림없다. 완판본의 경우, 제목이나 한글 간기에는 거의 대부분 '-이라'의 어미를 보여주고 있다. 유춘동(2013)에서 봉셩판 『됴웅젼』의 서지사항을 인용하기로 한다.

> "이 판본은 전체 95장이며, 판식은 매면 12행, 행당 27-30자 내외로 동일하다. 권 1-2에는 간기가 없고, 권3의 22장 전엽에 간기가 있다. 이 판본의 내용은 '정사-완서행동본'과 동일하다. 이 판본은 '정사-완서행동본'을[12] 저본으로 하였지만 분권의 위치는 다르다."(유춘동, 2013:48)

『됴웅젼』의 경우, 한글 간기가 많은 게 특징이다.(이태영, 2014 참조)

『됴웅젼』 계유(1873) 초동완셔등간[13]
『됴웅젼』 광셔십구연(1893) 계ᄉ 오월일 봉셩 신간이라
『됴웅젼』 무술(1898) 중추 완산 신판
『됴웅젼』 임진(1892) 완산 신판이라
『됴웅젼』 녁남각슈의 박이력 셔봉운
『삼국지삼권니라』 님진(1892) 완산 신판ㅣ라

---

12   여기서 '정사-완서행동본'은 상권은 '丁巳孟秋開板'이라는 간기가, 권3에는 '同治五年 0000完西杏洞開板'이라는 간기가 있는 1866년에 발행한 판본을 말하는 것이다.

13   유춘동(2013:44)에 따르면, 이 판본은 현재 단국대 율곡도서관, 김종철 교수가 소장하고 있는 것으로 보고되고 있다.

실제 봉성에서 발간된 『됴웅젼』의 구성과 간기는 다음과 같다.

> 『됴웅젼 권지일』(36장), 『조웅젼 권지이』(37장), 『조웅젼 권지삼』
> (21장), 광셔십구연(1893) 계스오월일봉셩신간이라.

이 간기는 한자로 바꾼다면 '光緒十九年癸巳五月日鳳成新刊'으로 되
었을 것이다. 광서(光緒) 19년 계사년(1893) 오월에 봉성(鳳成)에서 『됴웅
젼』을 발간하였다는 기록이다.

유춘동(2013:43)에 따르면, 『조웅젼』(趙雄傳)은 전주에서 1866년 처음
간행되고 1873년, 1892년에도 간행되었으며, 1893년 구이면 봉성에서 간
행된 뒤에 1895년, 1898년, 1903년, 1906년, 1909년, 1911년(서계서포 판권
지), 1916년(다가서포 판권지), 1932년(양책방 판권지) 등 계속적으로 간행한
아주 인기가 있는 영웅소설이었다.

여기에 덧붙여, 태인본을 전주에서 발간한 『孔子家語』의 배지에 인쇄
된 『됴웅젼』의 글꼴은 『구운몽하』의 글꼴과 상당히 유사한 점이 발견된
다. 이 배지에 보이는 책은 류탁일(1985:98)에서 언급된 '丁巳孟秋開板'의
간기를 갖는 1857년본 『됴웅젼』이나 그 무렵에 찍은 책으로 추정된다.(이
태영, 2016:288) 한편 전주역사박물관에 소장된 『됴웅젼샹이라』, 『죠웅젼권
지삼이라』는 합본으로 '完府新刊'의 간기를 갖는데 1800년대 초에 발행
된 책으로 보인다. 따라서 이제까지 언급된 완판본 『됴웅젼』의 간기를 종
합하여 제시하면 다음과 같다.

> 1800년대 초, 完府新刊, 1857 丁巳孟秋開板, 1866 '同治五年

(1866)□□□□完西杏洞開板', 1873 게유초동완셔듕간, 1892 完山
新刊壬辰, 임진(1892) 완산 신판이라, 1893 광셔십구연계사오월일
봉셩신간이라, 1895 乙酉孟秋完西新刊, 1898 무술중추완산신판,
戊戌季冬完南新刊, 1903 光武七年癸卯夏完山北門內重刊, 1906 丙
午孟春完山開刊, 1909 己酉仲秋完山改刊, 1911년(서계서포 판권지),
1916년(다가서포 판권지), 1932년(양책방 판권지)

『조웅전』은 조웅이란 영웅이 반역자 '이두병'을 물리치고 중국 송나
라 황실을 재건하는 이야기이다. 모든 고대소설처럼 이 소설에서도 선과
악의 대결에서 선이 승리하면서 권선징악을 보여주고 있다. 이 소설은 전
주에서는 목판본으로, 서울에서는 목판본과 활자본으로 발간되었다. 대체
로 경판본과 완판본으로 나뉜다.

3.2. 『화룡도』, 『소대성전』, 『장경전』, 『열여춘향슈졀가』와 완산 '龜洞'

개화기 시대에 전주군(현 완주군) '龜洞'에서 발간된 책들은 완판본에
서 매우 중요한 위치를 차지한다. 이들은 1907년과 1908년에 발행되는데,
이는 서계서포본이 주로 1911년의 판권지를 보이고, 다가서포본이 1916
년의 판권지를 보인다는 점에서 초기본의 모습을 보이고 있다. 그 책의 간
기를 제시하면 다음과 같다.[14]

---

14   이 책 중에서 『화룡도』, 『소디셩전』, 『장경젼』은 1916년 다가서포에서 재발간되었다.

『화룡도』丁未孟秋龜洞新刊

『소디셩젼』戊申仲春完龜洞新刊[15]

『쟝경젼』戊申孟夏完龜洞改刊

『열여춘향슈졀가』戊申中夏龜洞新刊

1) 82장본 완판 龜洞本『화룡도』(華容道)

『화룡도』는 판소리의「적벽가」를 말한다.「적벽가」는 신재효(申在孝)가 개작하여 정착시킨 판소리 작품의 하나로『화룡도』라고도 한다. 판소리로 불리는「적벽가」나 독서물로 읽혔던『화룡도』와 마찬가지로 이 작품도『삼국지연의』의 일부가 판소리화된 것을 신재효가 개작하면서 정착되었다. 이 작품은 적벽대전에서 크게 패하여 화용도로 도주하는 조조를 정욱이 풍자하고 비판하는 내용을 보여주고 있다. 완판본『화룡도』를 제시하면 다음과 같다.[16]

『화룡도권지상이라』34장본『화룡도권지하라』48장본 戊申
(1908)春完西溪新刊〈1911, 서계서포본〉

『화룡도권지상이라』34장본『화룡도권지하라』48장본 丁未
(1907)孟秋龜洞新刊〈1916, 다가서포본〉

『화룡도권지상이라』40장본『화룡도하권이라』44장본 양칙방

---

15 류탁일(1985:188)에 따르면 '蘇大成傳의 異本은 A인 '戊申仲春完龜洞新刊'의 多佳書舖本과 B C D인 '乙酉孟春完山新刊'의 西溪書舖本과 E F인 無刊記梁冊房本의 3種으로 확정된다.'고 언급하고 있다.

16 『少微家塾點校附音通鑑節要卷之二十五』의 뒤표지의 배지에『화룡도』상권 8ㄴ과 9ㄱ이 인쇄되어 있다. 이 화룡도는 이제까지 발견된 책의 글꼴과는 상당히 다르다. 다른 책보다 그 이전에 발간되었을 가능성이 크다.

戊申(1908)八月完山梁册房開刊

　여기서 완판본 한글고전소설의 간기에 나오는 '(完)龜洞'과 '完南 龜石里'를 비교해 보고 그 차이를 설명하고자 한다.

　1907년에 '龜洞'에서 발행된, 판소리계 소설『화룡도』에는 '丁未孟秋龜洞新刊'이란 간기가 보인다. 같은 해에 '完南 龜石里'에서 나온『초한전 권지상이라』에는 '丁未孟夏完南龜石里新刊'이란 간기가 나온다. 같은 해에 나온 책이 만일 한 책방에서 나온 것이라면 이처럼 간기를 달리 기재했을 리가 없을 것이다. '龜洞'과 '完南 龜石里'는 간기의 표기상으로만 보아도 분명히 다른 서점이었을 것이다. 그간 '完南 龜石里'의 경우, '龜洞'일 가능성이 제기된 바 있으나,[17] 실제 1908년에 나온 고전소설을 검토해 본 결과, '龜洞'에서 나온 고전소설과 글꼴이 차이가 난다. 따라서 '龜洞'은 '龜石里'와 관련이 없음을 알 수 있다.

　1912년에『열여춘향슈졀가』,『유충열전』,『초한전』을 발행한 '完興社書舖'의 주소는 '全州郡 南門外 九石里 1統 1戶'로 되어 있다. 일제가 지명의 '龜'자가 어려워서 '九'로 바꾸었기 때문에 이때의 '九石里'는 '龜石里'

17　류탁일(1985:208)에는『장경전』에 대하여 다음과 같이 서술되어 있다.
　　"이『쟝경젼』도 原刻板의 朽敗나 剜缺이 심하여서 뒷날 補刻되었는데 그 補刻時期와 장소는 下卷末(65b)에 새겨진 刊記에서 알 수 있다. 즉 그 刊記에 '戊申孟夏完龜洞改刊'이라 되어 있어서, 1908년 完山 龜石里에서 補刻된 것임을 알 수 있다.
　　이때 補刻된 板은 上卷에서 제7, 13, 14, 15, 17, 18, 29, 30, 31 장과 下卷에서 제 43, 45, 51, 58, 59, 60, 64, 65 장으로 모두 17 張인데, 그 서체는 從厚橫薄한 楷書로서 板刻이 좋은 편은 못 된다.
　　이 補刻本에는 1916년 多佳書舖의 版權紙가 붙어 있기 때문에 多佳系列本이다. 이에 原刻本을 '半草原刻本'이라 하고 補刻本은 '戊申補刻本'이라 命名한다."

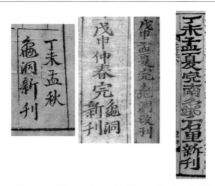

龜洞本과 龜石里本의 간기 비교

와 같다.[18] 따라서 '完南 龜石里'의 간기를 갖는 『초한전』은 '完興社書舖'
에서 발행되었을 것이다.

　『초한전권지상이라』는 상권이고 하권은 『셔한연의권지하라』이다. 이
하권의 마지막 쪽에 간기가 있다. 그 간기는 1907년을 보이는 '丁未孟夏
完南龜石里新刊'으로 되어 있다. 이 책에는 판권지가 붙어 있는데 '大正 5
년'(1916년)에 다가서포에서 발행한 판권지가 붙어 있다.

　류탁일(1985:195)의 '완판 초한전의 유포본'이란 도표에 따르면, '丁未
孟夏完南龜石里新刊'의 간기가 있는 『초한전』 E본을 완흥사서포본으로
보고 있다. 그 이유는 이 책의 뒤 배지에 완흥사서포 간행의 『유충열전』
上13a가 붙어 있기 때문이다. 필자도 '완남 구석리'에는 완흥사서포가 있
었기 때문에 『초한전』은 완흥사서포본으로 보아야 할 것으로 생각한다.
아래의 두 가지 간기는 1907년에 발간된 것을 알리는 표지이다. 그러나

18　전북 완주군 '龜耳'의 경우도 '九耳'로 쓰이는 것은 일제가 바꾸었기 때문이다.

두 간기는 간기 표기 방식에서 큰 차이를 보이고, 실제로 소설의 글꼴도 상당히 다름을 알 수 있다. 또한 제목 위의 꽃이 다르다. 『화룡도』는 연꽃인데 비하여, 『초한전』은 이엽무늬를 납작하게 만든 것이다.

『화룡도』'丁未孟秋龜洞新刊'
『초한젼권지상이라』『셔한연의권지하라』'丁未孟夏完南龜石里新刊'[19]

귀동본과 구석리본의
제목 그림 비교

2) 74장본 완판 龜洞本 『소디셩젼』

영웅소설 『소대성전』은 명나라 병부상서를 지낸 소양의 외아들 소대성과 청주 땅에 사는 이상서의 딸 이채봉의 이야기로, 소대성이 집안이 몰락하여 이채봉과 결혼을 못하다가, 국가에 공을 세운 후 결혼을 하고 노국왕이 되어 부귀영화를 누린다는 이야기이다. 『소대성전』에서도 역시 숭명배청의 시대적 욕구가 표현된 내용이 보인다. 이 소설은 영웅적인 활약을 통하여 독자들에게 위안을 주려 했던 소설이다. 영웅소설이 이처럼 많이 발간된 이유는 당시의 명나라와의 우호관계를 중시하는 풍조에도 있었지만, 서민들의 신분 상승 욕구, 또는 새로운 세상을 희구하는 마음이 표현된 것으로 이해해야 할 것이다.[20]

19　이 책은 1916년 다가서포의 판권지가 붙어 출판되었다.

20　이 소설의 영향으로 '소대성이 여대치다'란 속담이 탄생한다. '여대치다'는 채만식의 작

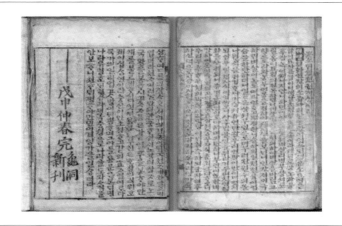

귀동본『소대성전』1쪽과 간기

완판본『소디셩젼』은『용문젼』과 합책되어 있다. 완판『소디셩젼』을
제시하면 다음과 같다.

『蘇大成 쇼디셩젼』40장 丙申(1836)夏完府新板[21]
『소디셩젼이라』43장,『용문젼이라』38장 丁未(1907)春三月 完
西溪新刊

품에서 나타나는 어휘로 표준어의 '빼치다, 능가하다'의 의미를 가지고 있다. 소대성이
잠을 잘 자는 사람으로 묘사되는데, 잠꾸러기를 이르는 속담이다.(이태영, 2010:518)
21 현재 홍윤표 교수 소장본으로 1쪽의 일부가 훼손되었으나 나머지는 대체로 양호하다.
필자도 한 권 소장하고 있으나 매우 상태가 불량하다. 간기에 '丙申夏完府新板'으로 되
어 있어 1836년에 '全州府'에서 출판한 것을 알 수 있다. 內題는 한자로 '蘇大成', 板心題
는 '大'라 쓰여 있다.『조웅전』에 보이는 'ㅂ'과 'ㄹ'의 글자꼴과 같은 경우가 나타나는 것
으로 보아 1866년과 1890년대에 주로 발간된『조웅전』과 관련이 있음을 알 수 있다. 이
책은 디지털한글박물관에서 원본을 볼 수 있다.

『소디셩젼이라』 35장, 『용문젼이라』 38장 戊申(1908)仲春完龜
洞新刊

　『소디셩젼이라』 35장, 『용문젼이라』 38장 戊申(1908)仲春完龜
洞新刊〈1916, 多佳書鋪本〉

　『쇼디셩젼이라』 43장 己酉(1909)孟春完山新刊『용문젼이라』 38
장 己酉(1909)孟春完山新刊

　『쇼디셩젼이라』 43장 己酉(1909)孟春完山新刊『용문젼이라』 38
장 己酉(1909)孟春完山新刊〈1911, 西溪書鋪本〉

　『쇼디셩젼이라』 43장, 『용문젼이라』 38장 간기 없음〈1932, 梁
冊房本〉

완판 龜洞本 『소디셩젼』은 74장본으로 1916년 다가서포에서 재발행
된다. 이 74장본 龜洞本은 81장본인 다른 『소디셩젼』과 차별화된다.

귀동본 『쟝경젼』 간기

3) 64장본 완판 龜洞本 『쟝경젼』

『쟝경젼』은 장경이 忠을 실현하여
연왕에 오르게 되는 과정을 보여주는
권선적 영웅소설이다. 영웅소설인 龜洞
本 『쟝경젼』의 경우, 간기에 '改刊'으
로 되어 있다. 실제 필자가 소장한 자료
를 검토해 보면 초간본과 뒤에 판목을
새로 한 이본이 섞여 있어서 改刊이라
고 했음을 알 수 있다. 새로 판목을 한
1908년 『쟝경젼』은 같은 해에 나온 『소

디셩젼』과 글꼴이 같다. 이 책의 서체는 구운몽과 같은 양반 서풍이 풍기는 것으로 이 책의 원간본은 구운몽의 간행연대인 1862년경에 이루어졌다고 보고 있다.(류탁일, 1985) 龜洞本『쟝경젼』은 원간본에다가 보각을 첨가한 보각본이다.

『쟝경젼』 1862년경 원간본
『쟝경젼상권이라』 33장, 『쟝경전하권이라』 31장본 戊申(1908)
孟夏完龜洞改刊
『쟝경젼』〈1916, 다가서포본(龜洞本)〉

4) 완판 龜洞本『열여춘향슈절가』

『춘향전』은 기생의 딸인 춘향이 사대부 집안의 아들이 이몽룡과 결혼하는 이야기이다. 당시로서는 상상하기 어려운 내용이다. 양반과 평민의 신분을 뛰어 넘는 내용은 유교적이고 봉건적인 당시의 상황에서는 일반 시민들에게 큰 위안을 주었음에 틀림없다. 이 소설은 여성 해방과 만민 평등의 시대의식을 반영한 것이다.

완판 29장본『별춘향전』이 33장본으로 확대되어『열여춘향슈절가』가 되는데 이 책을 흔히 '丙午판 춘향전'이라 부른다. 이 대본이 독자의 호응을 받게 되자, 다시 84장본으로 재확대하면서도『열여춘향슈절가』라는 표제는 그대로 유지하였다. 그래서 일반적으로는 상권 45장, 하권 39장으로 된 84장본을『열여춘향슈절가』로 부르고 있다. 완판본『열여춘향수절가』는 여러 종류가 있다.

『열녀춘향슈졀가』丙午(1906)孟夏完山開刊

『열여춘향슈졀가』戊申(1908)中夏龜洞新刊

『열여춘향슈졀가』(1912) 〈완홍사서포본〉

『열여춘향슈졀가』(1911) 〈完西溪書鋪, 龜洞本과 동일본〉

『열여춘향슈졀가』(1916) 〈다가서포본, 완홍사서포본과 동일본〉

1911년에 서계서포에서 발행된『열여춘향슈졀가』는 '戊申(1908)中夏 龜洞新刊'의 간기를 갖는데 완주군 구이면 귀동마을에서 발간된 책을 저본을 하고 있다. 또한 1916년 다가서포에서 발행된『열여춘향슈졀가』는 1912년 전주 완홍사서포본을 저본으로 하고 있다.

1907년도의 간기를 갖는『화룡도』에는 '龜洞'의 지명을 사용하였고, 1908년의 간기를 갖는 소설에서는 '完龜洞'의 지명을 사용하였다. 이처럼 '完'을 사용한 이유는 전주에서 출판된 책임을 나타내기 위하여 일부러 사용한 것으로 이해된다. 또한 당시의 완판본 고전소설의 간기에 '완남, 완서, 완산' 등, 완판본임을 나타내는 도시의 표시가 있었기 때문에 이를 관행적으로 사용한 것으로 보인다.[22]

3.3. 최초의 완판본 한글고전소설『별월봉긔』와 '龜谷'

『별월봉긔』는 작자가 알려지지 않은 고전 번안소설이다. 이 작품은 중국 명나라 말기 풍몽룡(馮夢龍)이 편찬한『警世通言』제11화인『蘇知縣羅

---

22   전라도민들은 '完'이란 한자 음절을 '完山=백제(후백제)=全州=全羅道=湖南=完'이라는 등식으로 생각하여 사용하였다.(이태영, 2013:31)

衫再合』이 원작이다. 중국 명나라 때 탁주지방의 소운(蘇雲)과 소운의 처 정부인, 그리고 그 아들 계조가 어려운 생활을 거쳐 부귀공명을 누리는 내용이다. 부인의 정절이 강조된 소설로, 어휘와 문체에서 품격을 지닌 소설이다. 이런 점에서 사대부들이 선호했을 가능성이 매우 크다.(『한국민족문화대백과사전』참조)

1823년 48장본 『별월봉긔』가 당시 전주군 구이동면 龜谷에서 발간되었다. 內題 맨 위에는 화문어미가 있고 그 바로 아래에 동그라미가 그려져 있는 이 양식은 완판본의 초기 제목 양식과 같아서 이 소설이 완판본의 초기본임을 알 수 있다. 완판본 『별월봉긔』에는 전라방언이 보이지 않고 격식을 갖춘 문체로 보이기 때문에 번역본이거나 이미 존재하는 원고를 참고하여 만든 것으로 보인다.[23]

이제 그간 완판본 『별월봉긔』의 간기에 나오는 지명이 '石龜谷'으로 오인된 경위와 '龜谷'은 과연 어디인가를 살펴보기로 한다.

조희웅(1999:462)에는 『별월봉긔』가 박순호 교수의 '家目'으로 '道光三年(1823)四月日石龜谷開板'으로 되어 있다. 이 간기는 박순호 교수가 작성한 것으로 보인다. 그러나 이 간기를 보면 '道光三年□□四月日龜谷開板'으로 되어 있어서 연도를 나타내는 간지가 있어야 할 것이다. 전상욱(2010, 147-151)에서는 '道光三年癸未四月日龜谷開板'으로 해석한 바 있다. 따라서 기존의 '石龜谷'으로 본 간기의 지명을 수용하기 어렵다. 그 이유를 들면 다음과 같다.

---

23 경판본 '월봉기'는 '由泉'에서 발간된 책은 연도를 알 수 없으나, '紅樹洞板'은 1850년대에 많은 책을 출판하였다.(이창헌, 1995:258) 이창헌(1995:125)에서는 '紅樹洞板'이 '由泉'판보다 앞선 것으로 보고 있다.

道光三年癸未四月日龜谷開板

『별월봉긔』간기 비교

첫째, 간기의 원본에서 '道光三年'의 뒤에 두 글자가 있는 것으로 파악된다. 이 두 글자는 간기의 일반적인 형식으로 보면 간지를 나타내고 있을 것이다. '1823'년은 '癸未'년이다. 따라서 글자를 파악하기는 어렵지만 '癸未'임이 분명하다.

둘째, 그 뒤에 四月日이 있다. 이 형식은 간기에서 매우 일반적인 형식이다. 그간 소장자가 제시한 '石龜谷'으로 본다면 간기에서 '石'이라는 글자를 찾아보기 어렵다. '石'자로 본 것은 '日'자를 착오로 오해한 것이다. 이 오인으로 인하여 현재 전주시 평화동(원래는 구이면) '원석구' 마을로 보았던 것이다.

셋째, 이 책의 간기에 나타나는 지명은 '龜谷'이다.[24] 그렇다면 '龜谷'은 어디일까? 그간 완판본의 간기에 나타난 '龜洞'은 단순히 '龜耳洞'이나 '龜石里'로 추정하는 데 그치고 있어서 학계가 이를 정확하게 파악하지 못하고 있었다. 이제 완판본의 '龜洞'이 완주군 구이의 '龜巖' 마을이 분명한 이상, 그간 1823년에 간행된 『별월봉긔』의 간기에 나타난 '龜谷'은 '귀동골'의 한자어임을 알 수 있다. 이 '귀동골'은 마을의 유래를 보여주는 비석에서도, 또 현재에도 자주 쓰이고 있는 마을 이름이다. '龜洞'은 '귀동골'로 불린다. 줄이면 한자로 '龜谷'이다. '谷'은 그 뜻이 '골, 골짜기'이다.

---

24   경판본 한글고전소설의 지명에서도 '由洞'을 '由谷'으로 사용하고 있다.

마찬가지로 '洞'도 그 뜻이 '골, 골짜기'이다. 한자로 '洞'과 '谷'은 같은 뜻이다.

『별월봉긔』는 한글로 쓰인 고전소설이다.[25] 비록 한글이긴 하지만 당시로서는 배운 사람이 관여해서 만들어야 하는 책이다. '龜洞'은 당시 구이면의 행정 중심지였기 때문에 많은 지식인들이 모여 있던 곳이다. 같은 구이면(현재는 전주시 평화동)에 있지만 '석구' 또는 '원석구' 마을은 이런 요건을 찾기 어렵다.

전체적으로 볼 때, 현존하는 『별월봉긔』는 앞표지와 뒤표지의 배지에 『通鑑』이 인쇄되어 있는 것으로 보아 이 책판이 1916년에 다가서포에서 재발간된 것으로 추정된다. 현재 소장된 책이 매우 깨끗하고 배지에 인쇄된 내용으로 볼 때 그렇게 해석된다.

1909년 일제가 검열을 강요하고 판권지를 붙일 것을 강요한 후에야 비로소 판권지에서 여러 책방의 존재를 정확히 알 수 있었다. 그러나 판권지 이전에는 오로지 간기에 의존하여 책을 출판한 곳을 알 수 있었다. 바로 이러한 점 때문에 간기에 나타난 지역들은 크게 부각되지 않았던 것이다.

완판본 한글고전소설 중 최초의 고전소설은 1823년 『별월봉긔』이다. 이 책은 '龜谷'의 지명을 보이고 있지만 그 뒤에는 출판이 되지 않은 관계로 관심을 갖지 않고 있었던 책이다. 물론 '石龜谷'으로 잘못 오독이 되어서 더욱 관심에서 멀어져 있었다.

또한 1935년에 전주와 완주군이 분할되면서 대부분의 연구자들은 완

---

25 『별월봉긔』는 원광대 명예교수이셨던 고 박순호 교수의 소장본이다. 이 책은 1823년에 발간된 완판본 최초의 한글고전소설이다. 그러나 이 책은 간기의 마모로 볼 때 후쇄본으로 보인다.

주군 구이면을 배제한 채, '龜洞'과 '龜谷'을 전주 '龜石里'라고 생각했던 것이다. 그러니까 완주군 구이면이 1935년 이전에 全州郡이었다는 사실을 깊이 생각하지 않았던 것이다.

4. 결론

간기에 나타나는 지명 연구를 위해서는 지역의 역사, 문화, 지리적 배경을 먼저 살펴보아야 한다. 완판본 한글고전소설이 발간되는 배경을 이해하기 위해서 꼭 필요한 일이다. 전주군 구이면은 1935. 10. 1일 이후로 완주군 구이면으로 행정구역이 개편되었다. 따라서 완판본 한글고전소설에 나타나는 '完'의 범위는 완주군 구이면, 소양면, 상관면 등으로 확대해서 생각해야 한다.

이제까지 살펴본 내용을 요약하여 결론으로 삼고자 한다.

첫째, 완판본 한글고전소설의 간기에 나오는 지명인 '봉성'은 출판 당시 전주군 구이면에 위치하고 있던 곳이다. 이 '봉성'은 현재는 저수지로 변하였으나, 당시는 물 많고 산 좋고 전주와 임실과의 교통이 편리한 지역이었다.

둘째, 완판본 한글고전소설의 간기에 나오는 '龜洞' 또는 '完龜洞'은 현재 완주군 '九耳面'을 낳게 한 마을로, 조선시대 면청이 있던 곳으로 큰 마을이었다. 이곳은 거북바위가 있는 곳으로 '귀동, 귀동골, 구암마을'로 불리고 있다.

셋째, '龜洞' 또는 '完龜洞'의 지리와 역사, 문화적 배경을 전혀 생각하지 않고, 단순히 발음이 비슷하다는 이유로 전주 싸전다리 부근의 '完南龜石里'로 처리하여 지명 연구에 큰 착오를 일으켰다.

넷째, 『별월봉긔』에 나오는 '龜谷'을 인근 마을인 '石龜谷'으로 잘못 판독하여, 최근까지 '원석구' 마을로 잘못 알고 있었다. 이는 간기를 제시하는 당시의 방법을 체계적으로 살피지 않았던 데 기인하는 것이다.

다섯째, 현재 구암 마을인 '龜洞'과 '龜谷'이 같은 지명이라는 사실을 전혀 밝히지 못하고 있었다. '龜洞'을 현재 '귀동골'이라 부르고 있고, '洞'과 '谷'이 같은 뜻을 가진 한자어라는 사실에서 '龜谷'은 '龜洞'임을 알 수 있다.

여섯째, '봉성'과 '龜洞'이 자리한 지역은 역사·문화적으로 고려와 백제시대의 큰 절이 있었고, 서원이 있었던 큰 마을이었다. 또한 지리적으로는 산이 둘러쌓여 있어 많은 목재를 생산할 수 있었다. 또한 물이 많아서 한지를 생산하였다. 이러한 역사와 문화적, 지리적인 여건이 이곳에서 책을 생산하게 하는 원동력이 되었다.

간기에 나타나는 지명을 올바르게 해독하는 일은 완판본 한글고전소설의 서지적 연구를 통해서 매우 중요하다는 점을 깨닫게 해준다. 앞으로도 간기에 나타나는 지명은 물론, 간기 전반에 대한 종합적 연구가 매우 필요할 것이다.

류탁일(1985), 『완판 방각소설의 문헌학적 연구』, 학문사.

박상국(1987), 『全國寺刹所藏木板集』, 문화재관리국.

변주승 역주(2009), 전라도 보유 1, 『여지도서』 48, 디자인 흐름.

신부자(1998), 『전라도 장인 33인』, 전주문화원.

안준영(2014), 『책판』, 고려대장경연구소 출판부.

엄태웅(2016), 『방각본 영웅소설의 지역적 특성과 이념적 지향』, 고려대학교 민족문
　　　　화연구원.

완주군사편찬위원회(1987), 『完州郡史』, 청웅제지(주) 인쇄부.

완주군지편찬위원회(1996), 『完州郡誌』, 신아출판사.

유재영(1993), 『전북 전래 지명 총람』, 민음사.

유춘동(2013), 「완판(完板) 『조웅전』의 판본」, 『洌上古典研究』 38, 37-62면.

이동희(2011), 「근대 전주 지역의 필방」, 『전주학연구』 5, 전주역사박물관, 67-95.

이동희(2014), 「전주 한지의 역사성에 관한 기초적 고찰」, 『전북사학』 45, 299-322.

이태영(2007), 「새로 소개하는 완판본 한글고전소설과 책판」, 『국어문학』 43집, 29-
　　　　54.

이태영(2010), 『문학 속의 전라방언』, 글누림출판사.

이태영(2013), 「완판본의 개념과 범위」, 『열상고전연구』 38, 9-36.

이태영(2014), 「완판본에 나타난 刊記의 특징」, 『열상고전연구』 42, 321-350.

이태영(2016), 「배지를 활용한 완판본 연구」, 『洌上古典研究』 49, 281-311.

이태영(2021), 『완판본 인쇄·출판의 문화사적 연구』, 역락.

전상욱(2010), 「한글방각소설 신자료 고찰」, 『열상고전연구』 31, 143-167.

전주시·전주역사박물관(2011), 『완주 한지의 역사성과 유적·유물』.

조희웅(1999), 『고전소설 이본목록』, 집문당.

한국학중앙연구원(2021), 『한국민족문화대백과사전』, daum.

홍성덕(2005), 『전주향교 장판각 목판정리사업 최종결과보고서』, 전주시·전북대학교 박물관.

3부

완판본과 경판본의 특징

3부에서는 완판본 한글고전소설과 경판본 한글
고전소설에서 '장수, 글꼴, 제목, 간기, 등장인물,
문체, 유통' 등이 가지는 차이점과 특징을 구체
적으로 제시하여 완판본과 경판본 소설의 위치
를 확인하였다. 완판방각본과 경판방각본 중에
서 현재까지 남아 있는 책판의 특징을 제시하고,
서로 비교하여 그 책판이 가지는 특징을 제시하
였다.

제5장

완판본과 경판본
한글고전소설의 차이

1. 완판본과 경판본의 개념 차이

『표준국어대사전』을 찾아보면 완판본(完板本)은 '조선 후기에, 전라북도 전주에서 간행된 목판본의 고대 소설을 통틀어 이르는 말'로 풀이되어 있다. 『한국민족문화대백과사전』에는 '조선시대 전주 지방에서 출판된 방각본(坊刻本)'으로 풀이되어 있다.

완판본(完板本) 「명」 『문』 조선 후기에, 전라북도 전주에서 간행된 목판본의 고대 소설을 통틀어 이르는 말. 전라도 사투리가 많이 들어 있어 향토색이 짙다. # 참 경판본. (표준국어대사전)

완판본(完板本)은 서울에서 발간된 경판본 고전소설에 대비된 말로, 전주(全州)에서 판매를 목적으로 목판으로 발간한 고전소설을 일컫는 말이었다. 그래서 '판매용 책'이란 뜻으로 '방각본'이란 용어를 사용한다.

여기서 '전주(全州)'는 지금의 전주와는 상당히 다른 도시의 개념이다. 조선시대의 전주는 전라북도, 전라남도, 제주도를 관할하는 전라감영(완산감영)이 있던 호남의 수도이었던 곳이다. 따라서 '전주, 나주, 남원'과 같이 비교적 큰 도시에서 책이 많이 발간되었는데 이를 모두 완산감영본이라고 할 수 있어서 완판본의 개념에 들어갈 수 있는 것이다. 물론 전주의 완산감영에서 찍은 것은 '전라감영본, 완산감영본, 완영본', 나주에서 찍은 것은 나주의 옛 이름인 '금성'으로 되어 있기 때문에 '금성판본', 남원 운봉에서 찍은 것은 '운봉영본' 등으로 불린다. 이렇게 확대해서 개념을 정리하면 완판본은 '전라감영이 관할하던 지역에서 찍은 옛 책'으로 개념을 확대할 수 있다.

작은 범위로 볼 때는 전주는 당시에는 '완산(完山)'이라고 했기 때문에 전주와 완주군을 포함하는 지역이다. 따라서 현재의 전주로 한정해서 해석하는 태도는 옳지 않다. 실제로 완판본 한글고전소설은 당시 전주군 구이면에서도 발간되었기 때문이다. 작은 범위의 완판본이라 하면 완주군을 포함한 전주에서 발간된 옛 책을 통칭하는 말로 쓰고 있다. 따라서 완판본은 '호남의 중심지 전주에서 발간한 옛 책'을 말하게 되었다.

한편, 방각본(坊刻本)이란 용어는 '판매하기 위해 찍은 책'을 말한다. 전주에서는 서울과 비슷하게 판매를 목적으로 찍은 책이 아주 많이 생산되었다. '완판 방각본(完板 坊刻本)'이란 용어는 '판매를 목적으로 전주에서 찍은 옛 책'을 말하는 것이다.

한글고전소설의 간행 기록인 간기(刊記)를 보면 '완남(完南), 완서(完西),

완산(完山)'이란 지명이 나오는데 여기서 '완남'은 '전주의 남쪽'이란 뜻으로 대체로 전주 남쪽 천변을 말하고, '완서'는 '전주의 서쪽'이란 뜻으로 대체로 전주시 다가동 천변 근처를 일컫는다.

『구운몽상』(53장본) 壬戌(1862) 孟秋 完山開板
『구운몽하』(50장본) 丁未(1907) 仲花 完南開刊
『심청전』大韓 光武10年 丙午(1906) 孟春 完西溪新刊

소설의 측면에서, 완판본은 전주에서 발간한 한글고전소설을 말하고, 경판본은 서울에서 발간한 한글고전소설을 말한다. 물론 경기도 안성에서 발간한 한글고전소설은 안성판이라 하는데 대체로 경판본에 넣어서 분류하고 있다.

완판 방각본 한문고전소설 가운데 가장 오래된 판본은 1803년에 간행된 한문본 고전소설인 『九雲夢』인데, 이것은 전주에서 간행되었다. 완판본 한글고전소설의 최고본은 『별월봉긔』(하권, 48장본)으로 '道光三年(1823) 四月日龜谷開板'의 간기를 가지고 있다. 우리나라 사람이 쓴 소설 작품 가운데 최초로 간행된 소설은 '崇禎再度己巳錦城午門新刊'의 간기를 가진 영조1년(1725년)에 전라도 나주에서 간행된 한문본 『九雲夢』인데, 완판본의 개념을 전라감영으로 확대하면 이 소설이 최초의 완판본 한문소설인 셈이다.

현존하는 완판본 한글 고전소설의 종류는 24 가지이다. 이 가운데 판소리계 소설이 『열여춘향수절가』, 『심청가』, 『심청전』, 『화룡도』, 『퇴별가』 등 5종이고, 나머지 대부분은 영웅소설이다. 판본이 다른 종류를 합치면 약 90여 종류가 된다. 완판본 한글고전소설을 제시하면 다음과 같다.

> 열여춘향수절가, 별춘향전, 심청전, 심청가, 홍길동전, 삼국지,
> 언삼국지, 소대성전, 용문전, 유충열전, 이대봉전, 장경전, 장풍운
> 전, 적성의전, 조웅전, 초한전, 퇴별가, 화룡도, 임진록, 별월봉기,
> 정수경전, 현수문전, 구운몽, 세민황제전

경판본은 경기도 안성판이 1780년에 『임경업전』을 출판하였고, 서울
에서는 1792년 『장경전』을 찍었다. 이로부터 약 70여 종류의 소설이 서울
과 경기에서 출판되었다. 완판본과 비교하면 경판본의 발간 시기가 약 40
년 정도 앞선다. 경판본 한글고전소설을 제시하면 다음과 같다.

> 강태공전, 구운몽, 금방울전, 금향정기, 남훈태평가, 당태종전,
> 도원결의록, 백학선전, 별삼국지, 사씨남정기, 삼국지, 삼설기, 서
> 유기, 숙영낭자전, 숙향전, 신미록, 심청전, 쌍주기연, 옥주호연,
> 용문전, 울지경덕전, 월봉기, 월왕전, 임장군전, 임진록, 장경전,
> 장자방전, 장풍운전, 장한절효기, 장화홍련전, 전운치전, 정수정
> 전, 제마무전, 조웅전, 진대방전, 토생전, 한양가, 현수문전, 홍길
> 동전, 흥부전, 삼국지, 소대성전, 수호지, 심청전, 양풍(운)전, 임경
> 업전, 적성의전, 제마무전, 조웅전, 진대방전, 춘향전, 홍길동전

경판본은 출판업자들이 대중성을 확보하기 위하여 독자 향유층의 구
미에 따라 장수를 축소하는 경향이 높아졌다. 그리하여 소설에 나타나는
등장인물을 축소하거나 소설의 내용을 원문과 대폭 바꾸는 경향이 많았다.

이 글에서는 완판본과 경판본 소설의 서지적 차이와 내적 구성의 차이를 논의해 보고자 한다.

2. 완판본과 경판본의 서지적 차이

완판본과 경판본 고전소설의 차이는 여러 측면에서 나타난다. 여기서는 서지적 차이를 중심으로, 장수(쪽수)의 차이, 한글 글꼴의 차이, 소설 제목의 차이, 刊記(간행기록)의 차이, 유통의 차이 등을 살펴보기로 한다.

2.1. 장수(쪽수)의 차이

경판본 한글고전소설은 장수가 16장에서 64장본(『월왕전』)까지 있다. 대체로 20장본과 30장본이 대부분이다. 그러나 완판본은 초기에 21장본, 26장본, 29장본, 41장본 등이 있으나, 후기에는 73장본, 84장본이 대부분이다.

예를 들면 같은 『춘향전』일 경우, 경판본은 20장본인데 비하여 완판본은 84장본이다. 경판본의 예를 제시하면 다음과 같다.

> (南谷)『강태공전』 상 20장본 〈하19장본〉, 『강태공전』 하 19장본 南谷新版 20/19, 『도원결의록』 하 17장본 南谷新版, 『장자방전』 상 21장본 南谷新版 21/18/20, 『장자방전』 중 18장본 南谷新版 21/18/20, 『장자방전』 하 20장본 南谷新版 21/18/20

(銅峴)『울지경덕전』단 26장본 甲子季秋銅峴新刊 1864년

(武橋)『쌍주기연』단 33장본 庚戌十一月武橋新刊 1850년,『옥주
호연』단 29장본 辛亥元月武橋新刊 1851년,『임진록』삼 23장본 甲
午仲秋武橋新刊 1894년 〈삼 23장본A〉

완판본 한글고전소설 중에서 일부의 책을 제시하면 다음과 같다.

『별월봉긔하』48장 道光三年(1823)四月日石龜谷開板

『구운몽상』53장 壬戌(1862)孟秋 完山開板

『구운몽하』50장 丁未(1907)仲花 完南開刊

『삼국지라』三(47장), 四(38장) 戊申(1908)冬完山梁冊房新刊

『삼국지삼권이라』29장 님진완산신판니라

『쇼디셩젼이라』43장 己酉(1909)孟春完山新刊『용문젼이라』38
장 己酉(1909)孟春完山新刊

『소디셩젼이라』35장,『용문젼이라』38장 戊申(1908)仲春完龜
洞新刊

『심쳥젼권지상이라』30장 完西溪新板,『심쳥젼권지하라』41장
孟春完西溪新刊

『유충열젼권지상』(39장), 하 47장, 壬寅(1902)七月完山開刊

『장경젼상권이라』33장,『장경젼하권이라』31장본 戊申(1908)
孟夏完龜洞新刊

『됴웅젼상이라』33장본, 光武七年(1903년)癸卯夏完山北門內重
刊『됴웅젼권지이라』33장본『죠웅젼권지삼이라』29장본

『됴웅젼상이라』33장본 녯날각슈의 박이력, 셔봉운『됴웅젼권
지이라』33장본『죠웅젼권지삼이라』38장본

『초한젼권지상이라』42장본『셔한연의권지하라』44장본 丁未

(1907) 孟夏完南龜石里新刊

　『죠한젼권지상이라』 44장본 『셔한연의권지하라』 44장본　己酉

(1909) 季春完山開刊

　『화룡도권지상이라』 34장본 『화룡도권지하라』 48장본 (1916)

丁未(1907) 孟秋龜洞新刊

　『화룡도권지상이라』 40장본 『화룡도하권이라』 44장본 양칙방

戊申(1908) 八月完山梁冊房開刊

　『니듸봉젼상이라』 45장본 『니듸봉젼권지ᄒ라』 38장본

　『장풍운젼』 39장본 (서계서포본)

　『뎍셩의젼』 상 38장, 하 36장본

　『열여춘향수졀가』 상권 45장본, 하권 39장본 (다가서포본)

　『퇴별가라』 21장, 戊戌(1898) 仲秋完西新刊

　『심쳥가라』 41장본, 戊戌(1898) 仲秋完西新刊

　　장수가 이처럼 차이가 나는 것은 근본적으로 책을 발행한 목적이 조금
달랐음을 보여준다. 즉, 경판본은 서울의 대중들에게 흥미를 위해 판매를
목적으로 발행한 책이었고, 완판본은 당시 전주 지역에서 유행한 판소리
의 사설이 당시 전라도 민중들에게 너무나 인기가 있어서 그 내용을 재미
있게 엮어서 소설로 만들어 판매한 책이었다. 장수가 많다는 것은 소설 안
에 등장인물이 다양하게 출현하였고, 서사구조가 매우 다양하여 흥미로
웠음을 말하여 준다. 완판본 한글고전소설은 이후 신소설로 이어지면서
한국의 근대소설과 현대소설에 큰 영향을 끼치게 되었다.

2.2. 한글 글꼴의 차이

완판본과 경판본은 둘 다 목판본이지만 글꼴이 상당히 달랐다. 경판본은 '궁체'의 하나인 흘림체(행서체)를 쓴 반면, 완판본은 초기에는 흘림체(행서체)를 사용하였으나 후기에는 민체로서 정자체(해서체)로 쓰였다. 글꼴이 이처럼 다른 이유는 경판본은 식자층들이 주로 읽을 수 있도록 초서체를 썼고, 완판본은 일반 서민들이 읽고 국어를 공부할 수 있도록 정자체를 썼던 것이다.

전주의 완판본은 『구운몽』을 제외하고는 대체로 해서체로 되어 있는데 이는 완벽하게 반듯이 쓴 정자체를 말한다. 우리는 이러한 글자체를 '민체'라고도 부르고 있다. 왜 이렇게 각수들이 반듯한 글자를 새겼을까?

정자로 글자를 새긴 이유는 소설 한 권을 다 읽으면서 우리 한글을 공부할 수 있도록 배려한 것이어서 완판본 한글고전소설은 한문소설과는 아주 다르게 그 발간의 목적이 단순한 소설을 발간한 것이 아니라 일제강점기 한글교육을 위한 책이었음을 알 수 있다. 실제로 한글고전소설 『언삼국지』의 첫페이지에 '가갸거겨'로 시작하는 자모음표인 '반절표'가 붙어 있어서 이를 입증하고 있다. 소설 책 한 권을 다 읽으면 한글 교육을 거의 다 할 수 있도록 만들었던 것이다. 재미있는 한글 고전소설을 읽으면서 한글에 대해 공부도 할 수 있으니 일석이조의 효과를 노린 셈이다.

한글의 역사에서 완판본 한글고전소설이 차지하는 위치는 아주 중요하다. 세종대왕이 1443년 훈민정음을 창제하고 1446년 『훈민정음 해례본』을 세상에 내놓은 뒤로 거의 모든 책은 한문을 번역하여 한문 원문과 한글 번역문(언해문)을 싣고 있다. 순수하게 한글로만 된 것은 책이 아니라

편지, 또는 필사된 글과 한글고전소설이 대부분이다.

전주에서 발간한 완판본 고전소설은 전국적으로 많이 팔렸다. 실제로 책에 필사된 책 주인의 주소를 보면, 전라도, 충청도, 제주도, 경상도 등 전국 각지에서 완판본 한글고전소설을 본 흔적을 찾을 수 있다. 따라서 전라도를 대상으로 한 한글 교육은 물론 전국적인 한글 교육에 크게 공헌하고 있었던 것이다.

특히 완판본 한글고전소설이 보여주는 글자체는 '민체'라 하는데 기존 옛 책이 갖고 있는 글자체와는 매우 다른, 독특한 글자체를 가지고 있다. 이는 경판본이 갖는 '궁체'와 대조되는 일반 시민을 위한 글자체여서 식자층이 아닌 소시민을 위한 출판이었음을 알 수 있는 것이다. 이러한 배경은 당시 전주가 근대시민의식이 매우 높은 도시였음을 증명한다고 말할 수 있을 것이다. 일제의 검열을 받던 시대라 한글 교육을 위한 교과서를 발간하기는 쉽지 않았을 것이다. 그러한 상황을 잘 극복하면서 완판본 한글고전소설이 한글 교과서의 역할을 하고 있었다.

2.3. 소설 제목의 차이

1) 제목의 차이

완판본 한글고전소설의 제목은 두 종류로 나눌 수 있다. 하나는 제목의 끝에 '-이라'가 붙는 특징이다. 이러한 현상은 구어적 특징을 보여준다. 곧 이 소설들이 낭송되었음을 보여주는 특징인 것이다. 판소리에서 출발한 '열여춘향수절가, 심청가, 토별가, 적벽가(화룡도)'는 제목이 모두 '-이라'로 끝을 맺고 있다.

또 다른 하나는 '-이라'가 연결되지 않은 제목들이다. 이런 소설들은 대체로 서울에서 유행하던 소설을 가져다 재발행한 경우에는 '-이라'가 연결되지 않고 있다.

『별춘향젼이라』, 『열여춘향슈졀가라』, 『심쳥가라』, 『심쳥젼권지상이라』, 『삼국지라』, 『언삼국지라(공명션싱실긔권지하라)』, 『소디셩젼권지상이라(용문젼이라)』, 『니디봉젼상이라』, 『쟝경젼이라』, 『셰민황졔젼이라』, 『묘웅젼상이라』, 『초한젼권지상이라(셔한연의권지하라)』, 『퇴별가라』, 『화룡도권지상이라』, 『임진녹권지삼이라』

『홍길동젼』, 『장풍운젼』, 『뎍셩의젼상(젹셩의젼하)』, 『별월봉긔하』, 『졍슈경젼』, 『현슈문젼권지단』, 『구운몽샹(구운몽하)』, 『유충열젼권지상』[1]

경판본 한글고전소설의 경우에는 '-이라'가 연결된 예가 전혀 없다. 그냥 제목만 제시하고 있다.

『강태공전』, 『구운몽』, 『금방울전』, 『금향정기』, 『남훈태평가』, 『당태종전』, 『도원결의록』, 『백학선전』, 『별삼국지』, 『사씨남정기』, 『삼국지』, 『삼국지』, 『삼설기』, 『서유기』, 『수호지』, 『숙영낭자전』, 『숙향전』, 『신미록』, 『심청전』, 『쌍주기연』, 『옥주호연』, 『용문전』, 『울지경덕전』, 『월봉기』, 『월왕전』, 『임장군전』, 『임진

---

1   『유충열전』은 경판본으로는 발간되지 않고 완판본으로만 발간되었다.

록』,『장경전』,『장자방전』,『장풍운전』,『장한절효기』,『장화홍
련전』,『전운치전』,『정주정전』,『제마무전』,『조웅전』,『진대방
전』,『토생전』,『한양가』,『현수문전』,『홍길동전』,『홍부전』

2) 제목 위의 그림의 특징

완판본 한글고전소설과 경판본을 쉽게 구별하는 방법이 있을까? 첫
장에 나오는 책의 제목 위에 그림이 있으면 '완판본'이고, 그림이 없으면
'경판본'이라 여기면 거의 맞는다. 물론 완판본 중에서도 그림이 없는 것
이 몇 권이 있으나 거의 대부분 그림이 있다.

완판본의 제목 위에 나타나는 그림은 크게 몇 가지로 나뉜다.

첫째, 완판본 중에서 비교적 오래된 책들은 대체로 그림이 이엽어미
아래에 동그라미가 여러 종류로 표기되어 있는 특징을 보인다. 이러한 표
식은 결과적으로 시대를 판별하는 기준이 된다. 어떤 면에서는 출판사를
판별하는 기준도 될 수 있을 것이다.

1800년대 초기와 중기에 나온 『별월봉기』(1823년, 하권), 『장경전』, 『조
웅전』, 『구운몽』(상권), 『조웅전』, 『현수문전』과 같은 소설에는 제목의 상
단에 이엽(四葉)의 어미와 그 어미 아래 동그라미가 그려져 있다.

'이엽 어미'라는 것은 사실은 책의 한 장의 가운데, 즉 판심(板心)에 있
는 '어미'를 꽃처럼 변형한 것이다. 실제로 판심에 사용하는 어미는 '흑어
미'와 '이엽'과 '삼엽'이 있고, 이 어미는 대개는 판심의 위와 아래에 넣는
것이 일반적이다. 또한 위와 아래에 있는 것이 안쪽을 향하도록 되어 있으
면 내향어미라 하고, 위에 것이 아래쪽을 향하고 있으면 하향어미라 하는
것인데, 나뭇잎을 네 개 그려 꽃으로 만들고 아래쪽으로 향하게 그려놓아

변형하여 '꽃' 그림을 만든 것으로 보인다.

이 그림을 가지고 책을 출판한 시대를 판별할 수 있는데, 이엽어미 그림인 경우에는 1911년 이전 전주 다가동 서계서포에서 주로 찍은 책들이고, 연꽃 그림의 경우에는 1916년 다가서포에서 주로 찍은 책들이다.

둘째, 완판본 한글고전소설은 주로 서계서포와 다가서포에서 발간되었기 때문에 서계서포본과 다가서포본으로 나누어 생각해 볼 수 있다. 서계서포본은 대체로 하향이엽어미를 그림으로 보여준다. 다가서포본은 연꽃을 그림으로 나타내고 있다.

1800년대 후반에 나온 소설인 『토별가』, 『심청가』, 『적성의전』, 『유충열전』, 『장풍운전』, 『홍길동전』 등에는 이엽의 어미만 그려져 있다. 1910년대에 만들어진 『열여춘향수절가』, 『심청전』, 『소대성전』, 『조웅전』, 『장풍운전』, 『용문전』, 『유충열전』 등에는 연꽃 그림이 그려져 있다.

하나는 어미라 부르는 나뭇잎 모양의 꽃이고, 하나는 연꽃이다. 완판본 한글고전소설을 펼쳐 첫 쪽을 보면 맨 첫 줄에 제목이 나온다. 예를 들면 '열여춘향슈절가라, 심청전권지상이라'와 같은 제목이 보인다. 이 제목 위를 보면 그림이 보이는데 어떤 것은 나뭇잎 같은 그림이 있는가 하면, 어떤 것은 연꽃 같은 그림이 있다. 이는 각수들이 완판본을 만들면서 여유와 멋을 부려 새긴 꽃이지만 후대에서 보면 시대를 구분할 수 있는 그림인 셈이다.

   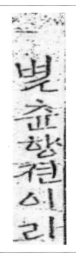

『됴웅전』의 그림　　　『심청가』의 그림　　　『춘향전』의 그림　　　『별춘향전』의 그림

셋째, 제목 위에 그림이 없는 완판본 한글고전소설도 있다.

『열여춘향수절가』(1905년), 『별춘향전』, 『삼국지』(3권), 『임진록』에는 제목 위에 그림이 없다. 특별한 이유를 찾기 어렵다. 출판을 한 출판소의 특징이라고 볼 수 있다. '丙申(1836)夏完府新板'의 간기를 갖는 40장본 『蘇大成 쇼디셩젼』은 제목 위에 그림이 없고 '쇼디셩젼'이 음각으로 되어 있다. 일부 『조웅전』의 제목 위에는 도장이 새겨진 모습도 보인다.

책마다 약간 다른 그림도 있다. 『구운몽』은 상권과 하권이 시대를 달리하여 만들어졌는데 상권에는 상단에 사엽 어미와 그 바로 아래에 동그라미를 그리고, 하단에 물결 모양의 그림 위에 연꽃을 그려 넣은 것이 매우 특이하다. 하권에는 상단에 사엽어미, 하단에 물결 모양의 그림 위에 연꽃을 그려 넣은 그림이 있다. 다른 책과는 매우 다른 매우 독특한 그림이다. 한문본 소설인 전등신화(剪燈新話) 하권에는 옆에 아주 큰 연꽃을 그려놓았다.

왜 책의 제목 위에 꽃무늬를 그려 넣었을까? 경판본에는 없는 꽃무늬를 왜 완판본에는 넣었을까? 물론 완판본의 꽃무늬는 당연히 미적 기능을 고려한 것이었을 것이다. 그러니까 완판본 한글고전소설을 만들던 각수들이 이미 판심에서 사용하던 어미를 이용하여 제목에도 그림을 그려 넣은 것이다. 이미 사용하던 그림을 변용하여 활용한 것인데 이는 각수들이 여유와 멋을 부린 것으로 보인다.

그렇다면 연꽃이 있는 꽃무늬는 어디서 연유하는 것일까? 조선시대 꽃 중에서 매화는 선비의 지조를 상징하는 꽃으로 그림에 빠지지 않고 등장하는 꽃이다. 한 겨울에 깊은 산속으로 매화를 찾아가는 선비를 그린 그림이 있는가 하면 오래된 매화 나무의 가지에서 꽃이 피고 지는 그림을 그린 일지매는 아주 유명한 그림들이다. 지금도 어른들은 초봄이 되면 매화 가지를 꺾어 병에 넣고 안방에 매화가 피기를 기다리는 풍습을 지키고 있다. 연꽃은 불교문화가 이루어낸 이미지이지만, 유교문화에서도 선비들의 고상함, 고결함을 상징하는 꽃이었다. 따라서 옛 책에 자주 등장하는 꽃이 바로 연꽃이다.

필자는 완판본 제목 위에 그린 연꽃은 표지에 능화무늬를 하던 습관에서 비롯된 것으로 생각한다. 옛 책의 표지에는 아름다운 꽃무늬, 격자무늬 등이 반드시 들어가 있었다. 이러한 능화무늬는 책의 품위를 높여주는 것으로 책을 만드는 장인들의 예술성이 깊이 배어 있다. 능화무늬는 시대에 따라 다르고, 책의 종류에 따라 달라서 옛 책을 구별하는 데 큰 도움을 주고 있다. 능화무늬는 나무판에 꽃무늬를 새기는데 이를 능화판이라 한다.

책은 주로 사대부들이 읽기 때문에 사대부들이 좋아하는 꽃인 연꽃을 새기곤 하였다. 이를 두꺼운 표지를 대고 문질러서 은은하게 꽃무늬가 손에 느껴지도록 만든 것이 능화무늬였던 것이다.

이렇게 능화무늬를 넣던 관습은 주로 관청에서 찍은 책이나 사가에서 주문하여 생산된 책에서 쓰던 것이었다. 이후 대량으로 판매하는 판매용 책인 '방각본'에서는 표지를 얇은 한지로 만들었기 때문에 능화무늬를 새길 수가 없었다. 이를 대신하여 제목에 꽃무늬를 넣은 것으로 보인다.

2.4. 刊記(간행기록)의 차이

이태영(2014)을 참고하여 완판본 한글고전소설에 나타난 간행기록에 나타난 특징을 요약해 보면 다음과 같다.

완판본 한글고전소설에 쓰인 간기의 경우, 중국의 임금이나 한국의 임금의 연호를 전혀 쓰지 않고 단순히 시대를 나타내는 간지(干支)를 쓴 책이 대부분이다. 이러한 이유는 일반적인 판매용 책이었기 때문에 작자의 중국관이나 의식이 크게 필요치 않았기 때문일 것이다.

『구운몽상』壬戌(1862) 孟秋 完山 開板
『구운몽하』丁未(1907) 仲花日 完南 開刊
『삼국지라』戊申(1908) 冬 完山 梁冊房 新刊

1894년부터 우리나라의 연호가 쓰이고 있다. 1894년부터 1897년까지 '開國'이란 연호를, 1897년부터 1910년까지 '大韓帝國'이란 국명을 썼다.

병오판『심쳥젼』에는 대한제국 고종황제의 연호인 '光武'를 사용하고 있다.『됴웅젼』에도 '光武'를 사용하고,『쵸한젼』에는 순종 임금의 연호인 '隆熙'를 쓰고 있다.

『심쳥젼』大韓光武10年 丙午(1906) 孟春 完西溪新刊
『됴웅젼』光武七年 癸卯(1903) 夏 完山北門內重刊
『쵸한젼』隆熙二年 戊申(1908) 秋七月 西漢記 完西溪新刊

전주에서 찍은 완판본 한글고전소설의 간기를 제시하면 다음과 같다.[2]

『별월봉긔하』道光 癸未三年(1823) 四月日 龜谷 開板
『구운몽샹』壬戌(1862) 孟秋 完山 開板
『趙雄傳』同治 五年(1866년) 杏洞 開板
『됴웅젼』壬辰(1892) 完山 新刊
『됴웅젼』광셔 십구연(1893)계슈 오월일 봉셩 신간
『됴웅젼』戊戌(1898) 仲秋 完山 新板
『됴웅젼』戊戌(1898) 季冬 完南 新刊
『퇴별가』戊戌(1898) 仲秋 完西 新刊
『유츙열젼』壬寅(1902) 七月 完山 開刊
『유츙열젼』癸卯(1903) 仲春 完山
『됴웅젼』光武 七年(1903)癸卯 夏 完山北門內 重刊
『심쳥젼(샹)』乙巳(1905) 未月 完山 開刊
『심쳥젼(하)』乙巳(1905) 仲秋 完山 開刊

---

2   한글고전소설에 나오는 간기는 이해의 편의를 위해 띄어쓰기를 하였다.

『열녀춘향슈절가』丙午(1906) 孟夏 完山 開刊

『심청전』大韓光武 10年 丙午(1906) 孟春 完西溪 新刊

『심청전(상)』完西溪 新板

『심청전(하)』孟春 完西溪 新刊

『됴웅전(상)』丙午(1906) 孟春 完山 開刊

『됴웅전(이)』己酉(1909) 仲秋 完山 改刊

『조웅전(삼)』임진 완산 신판

『구운몽(하)』丁未(1907) 仲花 完南 開刊

『초한전』丁未(1907) 孟夏 完南龜石里 新刊

『소디셩젼(용문전)』丁未(1907) 春三月 完西溪 新刊

『화룡도』丁未(1907) 孟秋 龜洞 新刊

『소디셩젼(용문전)』戊申(1908) 仲春 完龜洞 新刊

『장경전』戊申(1908) 孟夏 完龜洞 新刊

『삼국지(3, 4권)』戊申(1908) 冬 完山梁冊房 新刊

『죠한전』隆熙 二年 戊申(1908) 秋七月 西漢記 完西溪 新刊

『화룡도』戊申(1908) 春 完西溪 新刊

『화룡도』戊申(1908) 八月 完山梁冊房(양칙방) 開刊

『삼국지(3권)』님진 완산 신판

『쇼디셩젼(용문전)』己酉(1909) 孟春 完山 新刊

『죠한전』己酉(1909) 季春 完山 開刊

『유충열젼』豊沛 重印

『됴웅전』녁남각슈의 박이력, 셔봉운

『죠한전』西溪 新刊

『임진녹』歲辛亥(1911) 孟夏 完南 開板

『별춘향젼』完山 新刊

『九雲夢(漢文本)』崇禎 後三度癸亥(1803)

다음 경판본 한글고전소설의 간기를 살펴보면 대체로 4가지 유형으로 나뉜다.

『삼국지』咸豊 己未(1859) 紅樹洞 新刊

『수호지』咸豊 庚申(1860)

『정주정전』大韓光武 九年(1905) 仲秋 蛤洞 新刊

『임경업전』歲庚子(1780) 孟冬 京畿 開板

『전운치전』丁未(1847) 仲春 由谷 新刊

『삼국지』己未(1859) 四月 美洞 新版

『당태종전』戊午(1858) 紅樹洞

『숙영낭자전』庚申(1860) 紅樹洞

『홍길동전』안성동문이 신판

『장화홍련전』紫岩 新刊

첫째, '咸豊 己未 紅樹洞 新刊(1859)'와 같이 중국의 연호를 쓰는 경우는 한두 권에 지나지 않는다. 『정주정전』의 경우는 '大韓 光武 九年 仲秋 蛤洞 新刊(1905)'과 같이 대한제국의 연호를 사용한다. 둘째, 대부분의 경판본 한글고전소설은 연호를 사용하지 않고 '歲庚子 孟冬 京畿 開板, 丁未 仲春 由谷 新刊'과 같은 방식으로 간기를 사용하고 있다. 이 방식이 가장 일반적인 간기를 다는 방식이다. 셋째, '戊午 紅樹洞, 庚申 紅樹洞'과 같이 간행방법을 명시하지 않은 채, 연도와 출판사가 있던 지명만을 간기에 표시하는 경우도 있다. 넷째, '안성 동문이 신판, 紫岩 新刊, 由洞 新刊'과 같이 발행연월일을 명기하지 않은 간기도 사용되고 있다. 간행연도를 표시하지 않아도 정해진 출판사에서 간행한 연도를 짐작할 수 있기 때문에 굳이 간행연도를 명시하지 않은 것으로 보인다.

경판본 한글고전소설의 큰 특징은 '서울(경성)'을 표시하지 않고 있다는 점이다. 경판본은 글꼴 등에서 아주 큰 특징을 보이고 있었기 때문에 서울이란 표시를 하지 않은 것으로 보인다. 경판본 한글고전소설에는 주로 간기가 있어서 출판소가 '南谷, 銅峴, 武橋, 美洞, 石橋, 石洞, 宋洞, 冶洞, 漁靑橋, 由谷, 由洞, 油洞, 由泉, 紫岩, 布洞, 蛤洞, 紅樹洞, 華山, 華泉, 孝橋'와 같은 지명으로 나타나는 특징을 보인다. 경판본 중에서도 경기도에서 출판한 안성판본은 '경기, 안성' 등을 표기하고 있다. 반면에 전주에서 발행된 완판본 한글고전소설은 간행지인 '完山, 完'을 표시하고 있는 것이 특징이다.

2.5. 유통의 차이

고전소설 책은 자본가인 출판업자와 기술자인 인쇄업자의 협력으로 생산된다. 이들은 이윤을 남기기 위하여 이 사업에 뛰어들었다. 따라서 독자들이 환영하는 책을 찍어야만 하였다.

경판본은 주로 식자층, 중산층을 대상으로 한 소설이어서 중국 소설, 가족사계 소설, 영웅소설 등이 많이 발간되었다. 유통을 보면, 발간 초기에는 주로 서울에 국한되어 유통되다가 후기에 전국으로 판매되었다.

완판본은 주로 중산층을 대상으로 한 소설이어서, 양반과 서민들이 좋아하던 판소리계 소설을 중심으로 생산하여 이후 영웅소설을 주로 생산하였다. 이 소설에는 전라 방언이 상당히 많이 들어 있어서 호남 지역민을 위한 출판임을 알 수 있다. 그러나 이 책은 차츰 전국적으로 판매되어 그 인기를 얻게 되었다.

완판본 한글고전소설이 전국적으로 판매가 된 근거를 여러 곳에서 찾을 수 있다. 그러나 경판본 한글고전소설은 전주의 서점에서 판매된 것으로 보이나 호남의 독자들에게 적극적으로 환영받지 못한 것으로 보인다. 이미 이 지역에서는 판소리에 기반을 둔 완판본 소설이 뿌리깊이 자리하고 있었기 때문이었을 것이다.

조선 후기를 대표하는 책판의 목록을 담은 '冊板目錄'에서는 주로 官板을 다루고 있는데,「完營客舍冊板目錄」,「各道冊板目錄」,「冊板錄」등에서는 전주의 書舖에서 출판한 책판의 목록을 '私板'이라고 표시하고 있다. 1750년경에 쓰인「諸道冊板錄」에서는 '南門外私板', '西門外私板'으로 표시하고 있다.

'南門外'라는 이름에 적절한 출판소는 七書房이 해당된다. 七書房은 사서삼경을 찍어낸 대표적인 출판사이고, 또한 한문소설『九雲夢』과『剪燈新話』를 찍어낸 곳이다. '西門外'는 전주에서 가장 오래된 서점인 西溪書舖를 말한다고 할 수 있다.(이태영, 2018:145)

일제강점기에 출판된 책에 붙어 있는 판권지를 통해서 볼 때, 전주에서는 '서계서포, 다가서포, 문명서관, 칠서방, 창남서관, 완흥사서포, 양책방' 등이 책을 인쇄하여 판매하였다. 일반적으로 완판방각본의 시작은『童蒙先習』으로 보고 그 발간연도를 1714년으로 보고 있다.(柳富鉉, 1998:82)

'서계서포'의 책에 대구 在田堂書鋪의 고무인이 찍혀 있는 것으로 보아, 대구의 在田堂書鋪와 유통을 하고 있었다. 이들 여러 서점의 판권지에 '分賣所 京鄕各書館'이라는 기록으로 보아서 1937년 양책방까지 서울, 대구와 교류한 것을 알 수 있다.

　필자가 소장한 완판본 한글고전소설의 표지에 쓰인 책 주인의 분포를 조사해 보면 전국적인 분포를 보인다. 완판본 책들이 전주, 전남, 제주, 경남, 수원, 강원 등 전국적으로 팔려나간 것을 알 수 있다. 그만큼 전국 서점에서 판매가 되었을 것이다.

3. 완판본과 경판본의 소설 구성의 차이

　여기서는 완판본과 경판본 한글고전소설을 대상으로 문체의 차이, 등장인물의 차이, 영웅소설 서사의 차이, 언어의 차이를 살펴보기로 한다.

3.1. 문체의 차이

　경판본은 이야기 서술 방식이 한문투의 문어체 방식이었지만, 완판본은 구어체 이야기 방식으로 서술되어 있다. 완판본 한글고전소설의 특징은 일상언어인 구어체가 주로 사용되고 있고, 방언이 많이 사용되어 있어서 방언 연구에 큰 도움을 주고 있다. 완판본 중에서 완판본 한글고전소설이 한글과 방언으로 출판되었다고 하는 점은 그 당시 전라도의 언어생활과 직결된다고 할 수 있다.

　완판본 한글고전소설은 다른 문헌과는 달리 낭송(朗誦)이 중심이 되었다. 낭송되었다고 하는 사실은 고전소설의 제목에서 발견된다. 완판본 고전소설의 대부분은 그 제목에서 '화룡도 권지하라, 됴웅젼상이라, 됴웅젼권지이라' 등과 같은 제목을 실제로 볼 수 있다. '화룡도 권지하, 됴융젼 상, 됴융젼권지이'라고 하면 될 것을 굳이 '-이라'를 붙인 것은 고전소설을 눈으로만 읽은 것이 아니라, 낭송되었음을 입증하는 것이다.

경판본은 이야기 서술 방식이 한문번역투의 문어체 방식이었지만, 완판본은 우리말투의 구어체 이야기 방식에 음악적인 낭송으로 되어 있다. 이를 낭송체라고 한다. 낭송은 낭독이 아니라 음율을 가미하여 노래하듯 읽는 것을 말한다.

완판본 한글고전소설들은 처음에는 이렇게 낭송을 하면서 필사를 하게 된 것으로 추정된다. 완판본 고전소설이 목판으로 간행되기 이전에는 필사본이 존재했을 것이다. 이 대본을 중심으로 하여 이야기를 잘하여 인기를 누리던 이야기꾼, 즉 강담사(講談師)와 고전소설을 읽어 주는 것을 업으로 삼던 강독사(講讀師), 전기수(傳奇叟)의 활동이 있었을 것으로 추정되며, 이 필사본들을 빌려 주던 세책점(貰冊店)도 분명히 있었을 것이다. 이것은 곧 재담꾼이나 판소리 창을 하는 사람들과 직결된다고 생각한다. 판소리의 고장이 아니면 낭송체의 완판본 고전소설도 등장하기 어려웠을 것이다.[3] 판소리가 없었던 서울에서 간행된 경판본 고전소설의 제목에서 '-이라'를 발견할 수 없는 점이 그러한 사실을 증명해 준다고 할 수 있다. 이러한 사실은 실제로 완판본 고전소설과 경판본 고전소설에서 분명하게 대비되어 나타난다.

예를 들어, 완판본 『심청전』은 판소리 사설이 소설로 정착된 것인데 반해, 경판본 『심청전』은 근원설화가 구전되어 오다가 정착되어 소설화

---

3   판소리나 소설의 내용을 창으로 읽어주던 사람을 강창사(講唱師)라 하였다.

된 것이다. 그러므로 완판본과 경판본 소설에서는 이러한 특징이 반영되어 있다.

첫째, 완판본에는 기본적으로 글자 수 등에서 운율이 존재한다. 반면 경판본은 간결하며 잔잔한 산문체를 보인다.

둘째, 완판본에는 '명산디찰 영신당과 고뫼 츙사 성황사며 졔불보살 미역임과 칠셩불공 나흔불공 졔셕불공 신즁마지 노구마지 탁의시주 인등시주 창오시주 갓〃지로 다 지니고 〈심청전上, 3ㄱ〉'와 같이 나열식의 표현이 많이 눈에 띈다. 이러한 표현들이 많이 보이는 것은 완판본이 판소리로부터 발전했기 때문이다.

셋째, 완판본은 판소리사설의 영향으로 풍부한 수식어, 삽입가요, 고사성어, 한시 등이 많이 삽입되어 있다.

구성 양식의 면에서 볼 때, 경판본은 단순하고 소박하며 잘 짜여진 줄거리를 지니고 있는 반면에, 완판본은 내용이 풍성하고 복잡하며 장황한 양식으로 되어 있다. 소설의 문체를 볼 때, 경판본이 간결하고 소박한 산문체이고, 완판본은 풍부한 형용사와 감탄사, 삽입가요, 잔사설, 고사성어, 한시 등이 많이 첨가된 율문체이다.(『한국민족문화대백과사전』 참조)

문장체 소설에 비해서 판소리계 사설의 대표적인 작품인 『열여춘향수절가』가 사설조의 구어체를 많이 사용하여 생동감 있고 잘 짜인 문체로 구성되어 있다. 특히 완판본이 문장론적, 표현론적, 품사론적인 면에서 판소리적 성격을 잘 반영하고 있다.(이병원, 1989 참조)

완판본 『심청전』과 경판본 『심청전』을 비교한 자료의 일부를 제시하면 다음과 같다.

심청전 완판본	심청전 경판본
송나라 말년의 황주 도화동의 혼 사람이 잇스되 성은 심이요 명은 학규라 누세잠영지족으로 문명이 자〃터니 가운이 영체ᄒᆞ야 이십 안 〃밍ᄒᆞ니 낙슈쳥운의 벼살이 씬어지고 금장자슈의 공명이 무어스니 향곡의 곤ᄒᆞᆫ 신셰 원근 친쳑 업고 겸ᄒᆞ여 안밍ᄒᆞ니 뉘라셔 졉듸ᄒᆞ랴마는 양반의 후예 힝실이 쳥염ᄒᆞ고 지조가 강기ᄒᆞ니 사람마닥 군자라 층ᄒᆞ더라	화셜 디명 셩화년간의 남군ᄯᅩ히 일위명시 이스되 셩은 심이요 명은 현이니 본디 명문 거족으로 공의게 이르러는 공명의 유의치 아니ᄒᆞ여 일디명위 되엿고
그 쳐 곽씨부인 현쳘ᄒᆞ야 임사의 덕힝이며 장강의 고음과 목난의 졀기와 예기 가례 니칙편이며 주남 소남 관져시를 몰을 거시 업스니 일이의 화목ᄒᆞ고 노복의 은이ᄒᆞ며 가산 범졀ᄒᆞ미 빅집사 가관이라 이졔의 쳥염이며 안연의 간난이라 쳥젼구업 바이 업셔 ᄒᆞᆫ 간 집 단포자의 조불여셕ᄒᆞ난구나 야외의 젼토 업고 낭셔의 노복 업셔 가련ᄒᆞᆫ 어진 곽씨부인 몸을 바려 품을 팔러 싹반어질 관디 도포 힝의 창의 징념이며 졉슈 쾌자 중추막과 남녀 의복 잔누비질 상침질 외올뜨기 쇄쌈 고두 누비 속올이기 셰답 빨닉 푸시 마젼 하졀 의복 한삼 고의 망건 쑤미기 갓슨 졉기 비자 단초 토슈 보션 힝젼 줌치 쌈지 단임 허릿기 양낭 볼지 휘양 복건 풍치 쳔의 가진 금침 벼기모의 쌍원앙 슈놋키며 오사 모사 각디 흉비의 학 놋키와 죠상난 집 원삼 계복 질삼 션주 궁초 공단 수주 남능 갑사 운문 토주 분주 명주 싱초 통경이며 북포 황져포 츈포 문포 계추리며 삼베 빅겨 극상 셰목 짜기와 혼장디사 음식 숙졍 가진 중계ᄒᆞ기 빅산 과졀신셜노며 수팔연 봉오림과 비상훈듸 고임질과 쳥홍 황빅 침힝 염식ᄒᆞ기를 일연 삼빅육십 일을 하로 반찌 노지 안코 손톱 발톱 자〃지게 품을 파라 모일 젹의 푼을 모야 돈을 짓고 돈을 모야 양을 만드러 일수쳬계 장이변으로 이웃집 착실호 듸 빗슬 주어 실슈 업시 바다들녀 춘추시힝 봉졔사와 압못보난 가장 공경 사졀 의복 죠셕 찬슈 입의 마진 가진 별미 비우 맛쳐 지셩 공경 시종이 여일ᄒᆞ니 상하촌 사람더러 곽씨부인 음젼타고 층찬ᄒᆞ더라 ᄒᆞ로난 심봉사가 여보 마누리 옛사람이 셰상의 삼겨날 졔 부〃야 뉘 업스랴마는 젼싱의 무삼 은혜로 이상의 부〃되야 압못보난 가장 나를 일시 반찌도 노지 안코 주야로 버려셔 어린아히 밧든다시 힝여 비곱풀가 힝여치워홀가 의복 음식 찌맛추워 극진이 공양ᄒᆞ니 나는 편타 ᄒᆞ련마는 마누리 고상ᄒᆞᆫ 일리 도로여 불평ᄒᆞ니 일후붓텀 날 공경 그만ᄒᆞ고 사난 디로 사루가되 우리 년당 사십의 실하의 일졈혈육 업셔 조종 힝화를 일노좃차 씬케 되니 죽어 지하의 간들 무삼 면목으로 조상을 디면ᄒᆞ며 우리 양주 신셰 싱각ᄒᆞ면 초상장사 소디기며 년 〃이 오난 기일의 밥 호 그릇 물 호 모금 게 뉘라셔 밧들잇가 명	부인 졍시는 셩문지녀로 품질이 유한ᄒᆞ고 용뫼 작약혼지라 공으로 더부러 동듀 십여 년의 일즉 미흡ᄒᆞ미 업스되 다만 슬하의 일졈혈육이 업스므로 부뷔 미양 상디ᄒᆞ여 슬허ᄒᆞ더니

204

산디찰의 신공이나 드려 보와 다힝이 눈먼 자식이라도 남녀간의
나어 보면 평싱 혼을 풀 거스니 지셩으로 빌러보오 곽씨 디답하
되 옛글의 이르기를 '불효삼쳔의 무후위더라 하여쓰니 우리 무
자홈은 다 쳡의 죄악이라 응당 니침직하되 군자의 너부신 덕틱
으로 지금가지 보존하니 자식 두고 시푼 마음이야 주야 간절하
와 몸을 팔고 쎼를 간들 못하오릿가만은 형셰는 간구하고 가군
의 정디하신 션졍을 몰나 발셜 못 하엿더니 몬져 말삼하옵시니
지셩 신공하오리다 하고 품파라 모든 지물 왼갓 공 다 들인다 명
산디찰 영신당과 고뫼 춤사 셩황사며 졔불보살 미역임과 칠셩불
공 나혼불공 졔셕불공 신중마지 노구마지 탁의시주 인등시주 창
오시주 갓〃지로 다 지니고 집의 드러 잇난 날은 죠왕 셩주 지신
졔를 극진이 공드리니 공든 탑이 무너지며 심든 남기 색거질가

3.2. 등장인물의 차이

1) 완판본 『열여춘향수절가』의 '상단이'

조선시대 후기, 전라북도 전주에서 발행한 완판본 한글고전소설 『열
여춘향수절가』에 등장하는 등장인물 중에는 '상단이'가 있다. 일반적으
로 '향단이'로 잘 알려져 있는 인물인데 완판본에서는 '상단이'로 표기되
어 있다. 같은 시대에 서울에서 발행한 경판본 한글고전소설 『춘향전』에
는 '향단이'가 등장하지 않는 책이 많다. 경판 30장본, 23장본, 17장본, 16
장본과, 안성판 20장본에는 '향단이'가 아예 등장하지 않음을 밝히고 있
다. 경판 35장본에는 나타난다.(김현주·김진선, 2014:114) 이는 완판본과 경
판본 소설의 등장인물이 다르다는 것으로 보여준다.[4]

---

4   경판본 계열에서 『춘향전』의 원전이라고 알려진 필사본 『남원고사』에서도 예외없이 '상
     단이'로 나온다.

춘향이도 쏘한 시셔 음율이 능통하니 쳔즁졀을 몰을소냐? 츄쳔을 ᄒ랴 ᄒ고 {상단이} 압셰우고 나리올 졔〈춘향上, 7ㄴ〉

{상단아} 미러라 한번 굴너 심을 쥬며 두번 굴너 심을 쥬니〈춘향上, 8ㄱ〉

이이 {상단아} 근듸 ᄇ람이 독ᄒ 기로 졍신이 어질ᄒ 다 근듸 줄 븟들러라〈춘향上, 9ㄱ〉

{상단아} 찬합 술병 니 오너라 춘향이 일비 주 가득 부어 눈물 셕거 드리면셔 하난 마리〈춘향上, 44ㄴ〉

2) 『심청젼』의 등장인물

『한국민족문화대백과사전』에서 『심청젼』의 내용을 인용하면 다음과 같다. 이 인용문에는 등장인물을 자세히 보여준다.

"완판본 『심청젼』은 경판본보다 훨씬 더 많은 등장인물과 사건을 담고 있다. 완판본에는 무릉촌 장승상 부인, 뺑덕어미, 귀덕어미, 무릉촌 태수, 방아찧는 아낙네들, 황봉사, 안씨 맹인 등의 인물들이 더 등장한다."

위 인용문에 등장하는 인물들은 『심청젼』의 후반부에 등장하여 심봉

츈향이 {상단이} 불너 마노라님게 나가보라〈1864남원고사, 06b〉

이럿트시 슈작ᄒ며 져른 밤을 길게 실 졔 {상단이} 어ᄉ 보고 목이 메여 말을 못ᄒ며 식은밥을 더여 노코〈1864남원고사, 39a〉

츈향어미 불너 다리고 {상단이} 등불 들녀 압셰우고 옥듕으로 향ᄒ니라〈1864남원고사, 39b〉

{상단이} 통곡ᄒ며 그 말 마오 듯기 슬소〈1864남원고사, 29b〉

사를 희화화시킨다. 장승상 부인은 심청이 죽음을 통해 효를 실현하는 입장에 반대한다. 즉 심청이 추구하려는 유교적 이념에 반대하고 현실적 해결방법을 내놓는다. 뺑덕어미는 현실적이고 속물적인 인물로, 심봉사를 현실적이며 저속한 인물로 만든다. 심청은 두 판본에서 성격이 크게 다르지 않다.

한편, 경판본의 심봉사는 글을 많이 읽은 집안의 군자로 소개되었다. 완판본의 심봉사는 허세적이고 세속적이며 대책이 없는 인물이다. 경판본의 심봉사는 유교적 이념에 매우 충실한 반면에, 완판본의 심봉사는 세속적이고 현실적인 인물이다.

3.3. 영웅소설 서사의 차이

조선 후기 혼란한 시대에 나타나는 집단 무의식, 곧 영웅이 어려움을 이겨내고 고귀한 존재가 되길 바라는 집단 무의식이 집중적으로 발현되는 현상이 존재한다.

고전소설에서 영웅소설은 선인과 악인의 싸움에서 선인이 승리하는 권선징악적인 내용의 소설이다. 또한 '충효'를 그 내용으로 삼고 있다. 영웅소설이 이처럼 많이 발간된 이유는 첫째로는 당시 독자인 시민들의 의식을 꿰뚫고 책을 출판한 출판업자들의 이익을 위한 것이었다. 둘째, 지역민들이 조선시대의 이념인 유교적인 분위기, 곧 충효를 담은 소설에 매료되었다. 셋째, 당시 중국의 명나라와의 우호관계를 중시하는 풍조와 청나라를 배척하는 풍조에도 기인한다. 넷째, 서민들의 신분 상승 욕구, 또는 새로운 세상을 희구하는 마음이 표현되었다.

완판본은 다른 영웅소설들이 그런 것처럼 남성영웅의 면모가 부각되고, 처첩의 갈등이 경판본에 비해 약화된다. 경판본은 처첩 갈등이 완판본에 비해 강화되고, 남성영웅의 면모는 약화되는 특징을 보인다.(엄태웅, 2016:40)

『장풍운전』의 경우, 완판본은 남성 인물의 충절을 강조하면서 남성영웅의 면모를 보다 강화하는 반면에, 경판본은 결연 및 가문서사에 대해서 길게 서술하고 있음을 알 수 있다. 완판본은 가정보다는 가문 또는 명분에 초점을 맞추고 사회적, 국가적 문제에 관심을 갖고 있는 것으로 해석하고 있다.(엄태웅, 2016:68)

『소대성전』(『용문전』 포함)의 경우에도 완판본에서는 용문 부친인 용훈의 절의가 강하게 드러나고, 남성영웅의 영웅적 면모가 부각된 반면에, 경판본에서는 결연 및 가문서사가 확장되는 경향으로 해석하고 있다. 『조웅전』의 경우에도, 완판본은 조웅의 활약이 상세하게 묘사되었고, 경판본은 조웅의 모친이 능동적으로 묘사된 것으로 보았다.(엄태웅, 2016:167)

엄태웅(2016:257)의 견해를 종합하면, 완판본 소설의 향유층이 중인 계층의 남성이 많기 때문에, 완판본은 영웅소설의 남성 인물의 국가에 대한 충절과 '대명의리론'에 의한 절의를 부각하고 남성 영웅의 영웅적 모습을 강조하는 경향을 띠고 있다고 보고 있다. 반면에 경판본 영웅소설은 결연 및 가정과 가문의 문제에 관심이 많은 것으로 보고 있다.

『소대성전』의 경우, 완판본에서는 이채봉이 소대성의 애정을 성취하기 위해 적극적으로 노력하는 영웅소설의 성격을 드러내고 있다. 그러나 경판본에서는 소대성의 영웅적인 모습보다는 걸인 면모가 부각되고, 이채봉과 소대성의 애정 갈등이 완화되고 있음을 논의하고 있다. 이러한 경판본의 현상을 서혜은(2017:289-295)에서는 대중성의 확보 관점에서 논의하고 있다. 곧 경판본이 장수를 줄여서 대중성을 확보하려는 태도에서 당시 소설 향유층의 의식을 반영한 것으로 보고 있다.

한편 서혜은(2017:318)에서는 『홍길동전』을 비교하면서, 완판본 『홍길동전』은 홍길동의 진취적이며 민중적인 행동으로 영웅적인 면모가 부각된 반면에, 경판본 『홍길동전』은 수동적이며 보수적인 성향의 주인공의 면모를 보인다고 보고 있다. 이러한 성향은 신분제 사회의 특권층인 귀족들의 성향으로 보고 있어서 당시 서울의 소설 향유층의 경향으로 보고 있다.

3.4. 언어의 차이

이미 국어사전에서 그 개념이 언급된 것처럼, 완판본과 경판본 고전소설의 큰 차이 중의 하나는 완판본 한글고전소설에는 전라도에서 일반적으로 사용하는 지역의 방언이 아주 많이 들어 있다는 점이다. 완판본 한글고전소설 중 전라 방언을 많이 보여주는 자료는 『열여춘향수절가』와 『심청전』이 으뜸이다.

완판본 고전소설에 나타나는 대표적인 음운 현상은 구개음화, 전설고모음화, 움라우트, 원순모음화 등이다. 이러한 특징은 전북 방언의 공시적인 음운 현상과 매우 일치하는 모습을 보이고 있다.

1) 구개음화 현상

(1) k-구개음화

(춘향전) 엉접결에, 짚은, 져을, 질구나, 전티어선, 화짐, 질, 졀에, 질러내니, 질게 쉬고, 지다릴제, 찌어라, 찌여, 치, -찔리(끼리)

(심청전) 질삼, 졋틔, 질너니여, 질게, 황천질, 먼질, 집도다, 견듸지, 쓴쳐, 질, 지심, 홰찜, 집픠, 제우/체우, 졉저고리, 짓거ᄒ다, 직거, 짐쌈, 치, 지달이다, 옷지슬, 찌고

(전북방언) 짐(김), 질(길), 질게(길게), 질르다(기르다), 지침(기침), 졀에(곁에), 짐제, 짐게(김제)

(2) h-구개음화

(춘향전) 심, 세아리다, 성님, 셔, 슝악, 샹단

(심청전) 셔, 셰알리다, 쉬파람, 숭훈, 심.

(전북방언) 셔(혀), 심(힘), 성님(형님), 세다(혜다), 숭악한(흉악한)

2) 전설고모음화(치찰음화)

(춘향전) 실픔, 시럽다, 구실, 하였시니, 시물, 질길, 쇠시랑, 질겁다, 칭칭, 궂인, 목심

(심청전) 실하, 질거옴, 이실, 실푼, 몹실, 잇시리, 무신, 시물, 우심, 무룸씨고, 벼실, 직시

(전북방언) 스물-시물(스물), 시레기(쓰레기), 베실, 벼실(벼슬), 보십(보습), 이실비(이슬비), 쇠시랑(쇠스랑)

3) 움라우트 현상

(춘향전) 귀경, 허수애비, 애미, 맥혀, 이대지, 깩끼다, 지팽이

(심청전) 밋겨스니, 듸린, 믹키여, 믹겨, 메기고, 멕이고.

(전북방언) 애비(아비), 괴기(고기), 앵기다(안기다), 뱁이(밥이), 쇡이다(속이다), 곰굄이(곰곰이), (참빗)챔빗

4) 원순모음화

(춘향전) 심운, 높운, 업운, 나뿐, 참우로, 아푸다, 짚운, 삼우며, 푸다, 거무, 춤

(심청전) 나부, 너부신, 몬져, 몬쳐, 압푸, 입푸, 아부, 아부지, 높푼, 집푼, 이무, 거문, 을푼, 시푸던지, 쓰부

(전북방언) 거무(거미), 호무(호미), 나부(나비), 포리(파리), 묵다(먹다)

『심청전』의 경우, 완판본의 대화체에서 전라도 방언이 포함된 구어체를 사용하는 것을 알 수 있다. 경판본은 완판본에 비하면 훨씬 문어적인 표현으로 대화체가 쓰였다. 또한 완판본에 비해 한자어가 많이 쓰이고 있다. 예를 비교하면 다음과 같다.

완판본 : 불상ㅎ오 우리 절 부체님은 영검이 만ㅎ옵셔 비러 안
이 되난 일리 업고 구ㅎ면 응ㅎ나니 고양미 삼빅석을 부체님게 올
이옵고 지셩으로 불공ㅎ면 졍영이 눈을 쩌셔 완인이 되야 쳔지만
물을 보오리다 / 여보시요 듸의 가셰를 살펴보니 삼빅석을 무신
수로 ㅎ것소

경판본 : 기법당 시듀는 공양미 데일이니 빅미 삼빅 셕 디시듀
룰 ᄒ여야 ᄒ리이다

4. 결론

완판본과 경판본 한글고전소설의 차이는 몇 가지 관점에서 살펴보아
야 할 것이다.

첫째, 전라도 지역의 역사적, 문화적 배경과 지역민의 의식구조의 차
이를 살펴야 할 것이다.

전라북도 전주는 조선 시대에 전라감영이 자리한 호남의 수도였다. 따
라서 전라남북도, 제주도를 관할하는 호남의 중심지였다. 이러한 환경으
로 전북 전주는 경제적으로나 문화적으로 크게 발전하였다. 또한 판소리
가 전라도에서 발전하여 전주를 중심으로 크게 발전하여 이를 바탕으로
한글고전소설이 출판되는 계기가 되었다. 또한 경제적으로 풍족한 중산
층이 발달하면서 재미를 위한 소설 발간이 한양과 더불어 가장 활발하게
전개되었다.

둘째, 한글고전소설의 서지적 차이를 살펴야 할 것이다.

한글고전소설의 바탕이 된 판소리 사설이 매우 길고, 전주에서 한지
가 많이 생산된 관계로 장수(쪽수)의 차이에서 크게 차이를 보인다. 경판
본 한글고전소설은 장수가 16장에서 64장본(『월왕전』)까지 있다. 대체로
20장본과 30장본이 대부분이다. 그러나 완판본은 초기에 21장본, 26장본,
29장본, 41장본 등이 있으나, 후기에는 73장본, 84장본이 대부분이다.

한글 글꼴에서도 차이를 보이고 있다. 경판본은 식자층들이 주로 읽을 수 있도록 '궁체'의 하나인 흘림체(행서체)를 쓴 반면, 완판본은 초기에는 흘림체(행서체)를 사용하였으나 후기에는 일반 서민들이 읽고 국어를 공부할 수 있도록 정자체(해서체)를 썼다.

소설 제목에서도 차이가 있다. 완판본은 제목의 끝에 대체로 '-이라'가 붙는 특징이다. 이러한 현상은 구어적 특징을 보여준다. 곧 이 소설들이 낭송되었음을 보여준다. 경판본은 '-이라'가 붙지 않는다. 또한 완판본은 일반적으로 책의 제목 위에 그림이 있고, 경판본에는 그림이 없다.

刊記(간행기록)에서도 차이를 보인다. 대부분의 경판본 한글고전소설은 연호를 사용하지 않고, 간지와 출판소의 지명과 출판방식을 부분적으로 제시하고 있으나, 완판본도 대체로 비슷하나, 지명 대신에 전주를 상징하는 '完'을 중심으로 '완서, 완남'과 같이 방위를 넣은 경향이 많다.

유통에서도 차이를 보인다. 일단 경판본은 서울 지역의 사람들에게 판매를 목적으로 출판한 책이고, 완판본은 전라도 지역의 사람들에게 판매할 목적으로 출판한 책이다. 그러나 필요에 따라서 서울과 대구 등과 교류하면서 전국적으로 판매가 되었다.

셋째, 한글고전소설의 소설 내적 차이를 살펴야 할 것이다.

문체의 차이에서 경판본은 이야기 서술 방식이 한문투의 문어체 방식이었지만, 완판본은 일상언어인 구어체 이야기 방식으로 서술되어 전라 방언이 많이 사용되어 있다.

등장인물의 차이로 완판본 『열여춘향수절가』에서는 '상단이'로 표기가 되어 있으나, 경판본 한글고전소설 『춘향전』에는 '향단이'가 등장하지 않는 책이 많다. 『심청전』에서도 완판본에서는 무릉촌 장승상 부인, 뺑덕어미, 귀덕어미, 무릉촌 태수, 방아찧는 아낙네들, 황봉사, 안씨 맹인 등의 인물들이 더 등장한다.

영웅 서사의 차이에서도 완판본은 다른 영웅소설들이 그런 것처럼 남성영웅의 면모가 부각되고, 처첩의 갈등이 경판본에 비해 약화된다. 경판본은 처첩 갈등이 완판본에 비해 강화되고, 남성영웅의 면모는 약화되는 특징을 보인다.(엄태웅, 2016:40)

김현주·김진선(2014), 「향단의 성격과 기능의 변이 양상」, 『우리文學研究』 44, 111-143.

서대석 외(1999), 『한국고전소설 독해사전』, 태학사.

서혜은(2017), 『경판본 소설의 대중성』, 새문사.

엄태웅(2016), 『방각본 영웅소설의 지역적 특성과 이념적 지향』, 고려대학교 민족문화연구원.

柳富鉉(1998), 「『童蒙先習』 異本의 文字異同 研究」, 『서지학연구』 15, 77-102.

이병원(1989), 『韓國古典小說의 文體論的 研究』, 단국대학교 박사학위논문.

이태영(2007), 「새로 소개하는 완판본 한글고전소설과 책판」, 『국어문학』 43, 29-54.

이태영(2014), 「완판본에 나타난 刊記의 특징」, 『열상고전연구』 42, 321-350.

이태영(2016), 「국어사전과 방언의 정보화」, 『국어문학』 61, 51-75.

이태영(2018), 「완판방각본의 유통 연구」, 『열상고전연구』 61, 143-171.

이태영(2021), 『완판본 인쇄·출판의 문화사적 연구』, 역락.

한국학중앙연구원(2021), 『한국민족문화대백과사전』, daum.

『표준국어대사전』, 국립국어원.

제6장 | 완판방각본과 경판방각본의 책판(冊板) 연구

1. 판매용 책과 목판

관청에서 책을 발행할 때 사용한 책판인 '官板'은 조선시대 후기까지 잘 보존되었다. 그러다가 보관 장소를 이전하는 과정에서 소실된 것이 많고, 6.25 전쟁 때 많이 소실되었다. 개화기 때는 일부가 서점으로 대여되어 坊刻本으로 출판되는 경우도 있었다.

전라감영의 책판을 보면 1900년 전라관찰사 조한국(趙翰國)이 전주향교에 이관하였고, 향교가 장판각(藏板閣)을 지어서 지금까지 보존해 왔다. 6.25 때는 북한군들이 일부를 가지고 불을 피웠다는 기록도 보인다. 또한 일부는 방각본으로 출판되는 데 사용되었다. 현재 이 책판은 전라북도 문화재 제204로 지정되어 전북대학교 박물관에 위탁하여 보관되어 있다. 경상감영의 책판은 여러 이전 경로를 거치다가 현재 서울대학교 규장각에 소장되어 있다.

사찰에서 책을 간행할 때 사용한 책판인 '寺刹板'은 조선시대 후기까지 비교적 잘 관리되어 왔다. 그러다가 6.25 때 적을 소탕한다는 이유로 절을 소각하면서 절에 있던 책판까지 소각하게 되었다. 전북 安心寺의 경우, 만해 한용운 스님이 잘 정리해 놓은 책판들이 6.25 때 소각된 사실이 이를 잘 보여준다. 그런가 하면 이런 피해를 입지 않은 사찰도 목판의 중요성을 잘 모르고 훼손되거나 유실된 경우가 많았다.

조선 후기를 대표하는 책판의 목록을 담은 '冊板 目錄'이 있다. 그 가운데에서 「完營客舍冊板目錄」, 「各道冊板目錄」, 「冊板錄」 등 몇 가지 책판 목록에는 전국에서 유일하게 전주의 책방에서 출판한 책판의 목록을 '私板'이라고 표시하고 있다. 그런데 특이하게 1750년경에 쓰인 「諸道冊板錄」에서는 조금 더 구체적으로 '南門外私板', '西門外私板'으로 표시하고 있다. '南門外'는 '남문밖'이나 '남밖'으로 불렸고, '西門外'는 '서문밖'으로 불렸다.[1]

판매용 책인 방각본을 출판한 서점에서 책을 찍은 책판을 '私板'이라고 말한다. 흔히 방각본이라고 불리는 책은 전주와 서울, 안성, 대구 등 여러 도시에서 발간하여 판매되었다. 그러나 그 책판들은 현재 남은 것이 많지 않다.

이 글에서는 현재까지 남아 있는 완판 방각본과 경판 방각본 관련 책판의 특징을 개괄적으로 살펴보려고 한다.

---

1   『輿地圖書』에는 전주의 장시(場市)에서 '南門城外場, 西門城外場'으로 표기하고 있다.(변주승, 2009:81)

2. 방각본(坊刻本)과 종류

방각본은 '조선시대에 민간의 출판업자가 영리(판매)를 목적으로 출판한 책.'이라고 정의할 수 있다. 여기서는 책판을 이야기하기 때문에 목판본에 한정하여 방각본을 정의하고자 한다.

방각본은 크게 소설과 비소설로 나눌 수 있다. 소설은 다시 한문소설과 한글소설로 나뉜다. 한글고전소설은 완판본과 경판본, 안성판본이 있다.

비소설은 자녀 교육용 도서, 가정 생활백과용 도서, 유교 경전, 학교 교육용 도서 등으로 나눌 수 있다. 자녀 교육용 도서는 한자학습서나 교양서가 있다. 가정 생활백과용 도서로는 한자 사전, 예절에 관한 책, 편지 쓰는 법, 가정 의학서, 공문서 작성, 중국 역사서, 생활 상식, 길흉화복에 관한 책 등이 있다. 유교 경전으로는 四書三經이 있다. 학교 교육용 도서로는 신문물, 신과학에 대한 책들이다.

2.1. 완판방각본

조선 후기 全州를 대표하는 출판소로는 서계서포(西溪書鋪), 다가서포(多佳書鋪), 문명서관(文明書館), 완흥사서포(完興社書鋪), 창남서관(昌南書館), 칠서방(七書房), 양책방(梁冊房) 등이 있었다. 이 출판소들은 책을 발간하고 동시에 판매를 하던 인쇄소 겸 서점이었다. 이 서점들은 서울, 대구 등 전국과 교류를 하는 매우 큰 출판사로 자리하고 있었다.

전주와 태인에서 坊刻本을 출판한 사실은 이 지역이 여러 면에서 잘

발달되어 있었음을 알 수 있다. 전주에서 坊刻本이 탄생한 배경에는 전라
감영의 소재지, 전국 3대 시장인 남문시장, 전국 최고 품질의 한지 생산,
숙련된 각수들 양성, 우수한 먹 생산, 판소리의 발달 등 많은 요인이 있다.
　　전주에서 발행한 방각본을 제시하면 다음과 같다.

　　(한문고전소설)『九雲夢』,『三國誌』,『剪燈新話句解』(3종)
　　(한글고전소설)『열여춘향수절가』,『별춘향전』,『심청전』,『심청
가』,『홍길동전』,『삼국지 3권』,『삼국지 3·4권』,『언삼국지』(하권
공명선생실기),『소대성전』(하권 용문전),『유충열전』,『이대봉전』,
『장경전』,『장풍운전』,『적성의전』,『조웅전』,『초한전』(하권 서
한연의),『퇴별가』,『화룡도』,『임진록』,『별월봉기』,『정수경전』,
『현수문전』,『구운몽 상·하』,『세민황제전』(24종)

　　(비소설)『蒙學二千字』,『日鮮千字文』,『千字文』,『四字小學』,
『註解千字文』,『草千字文』,『養洞千字文』,『杏谷千字文』,『新增類
合文』,『華東書法』,『明心寶鑑抄』,『諺解圖像童蒙初學』,『啓蒙篇』,
『童蒙先習』,『童蒙初習』,『擊蒙要訣』,『兒戲原覽』,『蒙學篇諺解』,
『唐音精選』,『全韻玉篇』,『御定奎章全韻』,『三韻通攷』,『增補三韻
通考』(수진본),『三韻通考』(수진본),『家禮』,『喪禮類抄』,『喪禮』,
『喪禮初要』,『喪祭類抄』,『四禮便覽』,『증보언간독』,『언간독』,
『簡牘精要』,『簡牘會粹』,『書簡草』,『草簡牘』,『寒暄箚錄』,『新增
證脈方藥合編』,『儒胥必知』,『少微家塾點校附音通鑑節要』,『通鑑
五十篇詳節要解』,『古今歷代標題註釋十九史略通攷』,『史要聚選』,
『新刊增註三略直解』,『精選東萊先生左氏博議句解』,『史記英選』,
『文字類輯』,『簡禮彙纂』,『增補天機大要』,『杜律分韻』,『事文抄』,

『朱書百選』,『首善全圖』,『中國東國古今歷代圖』,『東國文獻』,『大學諺解』,『中庸諺解』,『論語諺解』,『孟子諺解』,『詩經諺解』,『書傳諺解』,『周易諺解』,『中庸章句大全』,『小學諸家集註』,『詩傳大全』,『大學章句大全』,『論語集註大全』,『孟子集註大全』,『書傳大全』,『周易傳義大全』(약 70종)

2.2. 태인방각본

전라북도 정읍 태인에서는 1796년부터 대체로 1804년까지 田以采, 朴致維가, 1844년에 孫基祖가 당시 문인사회에서 인기가 있었던 실용적인 책을, 문인들의 요구에 따라 출판하였다.

(非小說)『史要聚選』,『事文類聚』,『新刊素王事紀』,『孔子家語』,『農家集成』,『新刊救荒撮要』,『詳說古文眞寶大全後集』,『詳說古文眞寶大全前集』,『童子習』,『孔子通紀』,『大明律詩』,『增刪濂洛風雅』,『孝經大義』,『明心寶鑑抄』(13종)

2.3. 경판방각본

京板本은 서울에서 1792년『장경전』을 찍었다. 이로부터 약 40여 종류의 소설이 서울에서 출판되었다.(이창헌, 1995 참조) 목록을 제시하면 다음과 같다.

한글고전소설에는 주로 간기가 있어서 出版所가 '南谷, 銅峴, 武橋, 美洞, 石橋, 石洞, 宋洞, 冶洞, 漁靑橋, 由谷, 由洞, 油洞, 由泉, 紫岩, 布洞, 蛤洞,

紅樹洞, 華山, 華泉, 孝橋'와 같은 지명으로 나타나는 특징을 보인다. 그러나 非小說에서는 일제에 의해 등록을 하고 판권지를 붙여야 했기 때문에 '滙東書館, 新舊書林, 博文書館, 廣益書館'과 같은 출판사의 이름이 보이는 특징이 있다.

(古小說)『강태공전』,『구운몽』,『금방울전』,『금향정기』,『남훈태평가』,『당태종전』,『도원결의록』,『백학선전』,『별삼국지』,『사씨남정기』,『삼국지』,『삼국지』,『삼설기』,『서유기』,『수호지』,『숙영낭자전』,『숙향전』,『신미록』,『심청전』,『쌍주기연』,『옥주호연』,『용문전』,『울지경덕전』,『월봉기』,『월왕전』,『임장군전』,『임진록』,『장경전』,『장자방전』,『장풍운전』,『장한절효기』,『장화홍련전』,『전운치전』,『정주정전』,『제마무전』,『조웅전』,『진대방전』,『토생전』,『한양가』,『현수문전』,『홍길동전』,『흥부전』(약 42종)

(非小說)[2]『簡牘精要』,『簡牘會粹』,『簡禮彙纂』,『簡式類編』,『擊蒙要訣』,『警心百花』,『經濟通論』,『經驗神方』,『啓蒙編諺解』,『古今歷代標題注釋十九史略通攷』,『高等漢語自解』,『古文眞寶大全』,『具吐諺解明心寶鑑』,『閨閤叢書』,『奇聞美談春夜彙編』,『男女討論集』,『南薰太平歌』,『論語諺解』,『論語集註大全』,『農業大要』,『農業新編』,『單方秘密經驗新編』,『唐詩』,『唐詩長篇』,『童蒙先習』,『童蒙先學』,『童蒙先訓』,『童蒙必習』,『童蒙訓』,『桐樹栽培法』,『東醫壽世保元』,『類合』,『리진사전』,『孟子諺解』,『孟子集註

2   京板本, 달성판본 非小說은 옥영정(2010;237-252)을 참조하여 작성하였다.

大全』,『明聖徑』,『明心寶鑑』,『明心寶鑑抄』,『蒙學二千字』,『無師自通 英語獨學』,『文字類輯』,『文體筆論習字帖』,『方藥合編』,『伯林巴里』,『史略』,『四禮便覽』,『事文抄』,『史要聚選』,『四柱卜筮觀相法』,『三體註解千字文』,『喪禮備要』,『喪祭禮抄目』,『喪祭類抄』,『少微家塾點校附音通鑑節要』,『小微通鑑節要』,『蔬菜栽培全書』,『小學諺解』,『小學諸家集註』,『袖珍 日用方』,『詩傳大全』,『新刊增補三略直解』,『新校重證方藥合編』,『新算諺文 家庭簡牘』,『新式諺文 無雙尺牘』,『新證育兒法』,『新編圃隱集』,『十九史略諺解』,『十九史略通攷』,『養豚法』,『養鯉新法』,『養兔法』,『養蠶實驗說』,『御定奎章全韻』,『언간독』,『諺文便紙法』,『五言唐音』,『五言絶句』,『外國貿易論』,『袁世凱實記』,『儒敎淵源』,『儒胥必知』,『疑禮類設』,『醫門須知』,『醫崇損益』,『一見能解唐畵周易』,『逸士遺事』,『日語獨學』,『全韻玉篇』,『接木新法』,『精選算學』,『朝鮮古歌集』,『朝鮮舊樂譜(洋樂用打令軍樂)』,『朝鮮舊樂譜(殘道豆里)』,『朝鮮舊樂譜(下弦念佛)』,『朝鮮流行尺牘』,『朝鮮名勝詩選』,『朝鮮佛敎維新論』,『註釋白眉故事』,『周易諺解』,『朱子家訓令』,『註解千字文』,『中等算術』,『中庸諺解』,『中庸章句大全』,『增補新舊 時行雜歌』,『增補註解尺牘』,『增補天機大要』,『證本明心寶鑑』,『增證文字類集』,『直星行年便覽』,『尺牘大碧』,『天機大要』,『千字文』,『草簡牘』,『初等諺文』,『草千字』,『最新式註解尺牘』,『最新昌歌』,『耽羅紀年』,『通鑑節要』,『八種簿記(商業編)』,『學徒指南』,『漢文義讀自解』,『漢日鮮作文千字』,『海東名將傳』,『懸吐明心寶鑑』,『懸吐山林經濟』,『現行法令新編』,『現行四禮義節』,『華語敎範』,『華音正彙』,『懷中當用寶鑑』,『候謝類輯』,『訓蒙輯要』(134종)

2.4. 안성방각본

안성판본은 주로 '동문리, 北村書鋪, 朴星七書店, 昌新書館, 新安書林, 廣安書館' 등에서 출판하였다. 여기서 출판한 책은 出版所가 다른 책까지 합하면 36책이지만 제목이 중복되는 것을 제외하면 22종이다. 안성판 목록(최호석, 2004;177 참조)을 참고하여 중복된 것을 제외하면 다음과 같다.

(古小說)『삼국지(권3)』,『심청전』,『양풍운전』,『임장군전』,『장풍운전』,『적성의전』,『제마무전』,『조웅전』,『진대방전』,『춘향전』,『홍길동전』(11종)

(非小說)『啓蒙編諺解』,『古今歷代標題註釋十九史略通攷』,『童蒙初讀』,『童蒙初習』,『童蒙必習』,『明心寶鑑抄』,『三體千字文』,『少微家塾點校附音通鑑節要』,『幼蒙先習』,『千字文』,『草簡牘』(11종)

2.5. 달성방각본

대구방각본은 '在田堂書鋪'에서 주로 발간하였고, 이외에도 '廣文社, 七星堂書鋪, 慧然書樓'와 같은 서점에서 발간하였다.

(非小說)『家禮增解』,『經髓三篇』,『古今歷代標題注釋十九史略通攷』,『曲禮幼肄』,『大學諺解』,『大學章句大全』,『童蒙先習』,『保幼新編』,『部別千字文』,『喪禮備要』,『少微家塾點校附音通鑑節要』,『小學增解』,『十九史略通攷』,『牖蒙彙編』,『醫鑑重磨』,『儀禮經傳

완판본 한글고전소설의 서지書誌와 언어

通解補』,『儀禮節要』,『儀禮注疏節要』,『日鮮文四體千字文』,『全韻玉篇』,『佔畢齋先生集』,『朱書百選』,『註譯千字文』,『中庸諺解』,『中庸章句大全』,『草簡牘』,『通鑑節要』,『通學徑編』,『退溪先生通吐』,『孝經大義』,『孝經諺解』(31종)

3. 방각본 책판과 그 특징

3.1. 완판본 한글고전소설 책판

1) 완판본 『삼국지』 삼권 책판
완판본 한글고전소설 『삼국지』는 4종류로 출판되었다.

(1) 『삼국지』 삼권
행서체인 『삼국지』는 삼권 1책만 발견되고 있다. 『삼국지』 삼권만 발행된 책은 현재 5종류가 있는 것으로 파악되고 있다.

① 『蘇大成 쇼디셩젼』의 배지와 『삼국지』 삼권
완판본 『蘇大成 쇼디셩젼』은 한문 이름 뒤에 한글로 '쇼디셩젼'이라고 쓰여 있으며, '丙申(1838)夏 完府新板'의 간기를 갖는다. 홍윤표 교수가 소장한 이 책은 완판본 『쇼디셩젼』 중 최고본이며, 뒤표지 배지에 『삼국지』가 인쇄되어 있다. 이 『삼국지』의 글꼴은 『조웅전』과 매우 유사하다. 이제까지 보고된 바가 없는 상당히 이른 시기에 출판한 『삼국지』로 보인

다.[3] '2'과 'ㅂ'을 표기하는 방식이 『조웅전』의 글꼴과 매우 닮아 있다.(이태영, 2006ㄴ:301-302 참조)

완판『蘇大成』의 배지

『蘇大成』의 배지
『삼국지』의 확대

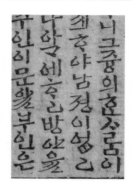

완판『됴웅전』의 글꼴

② 1892년판 『삼국지삼권이라』 29장본

'님진완산신판니라' 또는 '님진완산신판ㅣ라'는 간기가 있어 1892년에 간행한 것을 알 수 있다. 1911년에 발행한 서계서포의 판권지가 부착되어 있어서 서계서포에서 계속 발행되었음을 알 수 있다.

③『삼국지』 삼권

필자가 소장한 책으로, 간기가 '壬寅九月完西開板'으로 되어 있어 1902년에 발간한 삼국지임을 알 수 있다.

---

3 류탁일(1985:212)에 따르면 『유충열전』의 배지에 半草書體 『삼국지』가 인쇄되어 있으나 그 전체는 아직 발견되지 않고 있다고 보고하고 있다.

④『삼국지권삼리라』27장본

국립중앙도서관 소장본으로 글꼴이 이제까지 언급된 삼국지 삼권과
는 다르다.

⑤『少微家熟點校附音通鑑節要卷之六』의 간기는 '甲午孟秋完山新刊'
이다. 이때 '甲午'는 1894년이다. 이 책의 뒤표지의 배지에『삼국지』3권, 9
ㄱ이 인쇄되어 있다. 이 판본은 기존에 발견된『삼국지』삼권의 이본들과
다른 판본이다.(이태영, 2016ㄴ:306 참조)

(2) 완판본『삼국지』3·4권 합본 1책

삼국지 3권과 4권이 합본되어 1책으로 발행된 책이 있는데, 이 책은
해서체로 되어 있다. 이 책을 분책하여 3권을 따로 발행한 경우도 있다.

①『삼국지라』3·4권(47장, 38장)

간기가 '戊申(1908)冬完山梁冊房新刊'으로 되어 있다.

②『삼국지』3·4권(1911)

판권지에 발행일이 '明治 四十四年 八月 二十二日 發行'으로 되어 있
고, 발행소는 西溪書鋪이다.

③『삼국지』(1916)

발행일이 '大正 五年 十月 八日 發行'으로 보아 多佳書鋪本으로 이해
된다.

(3)『언삼국지』

① 이 책의 하나는 전주 '다가서포'에서 발행한 책이다.『諺三國誌』란

한자의 제목이 1916년 다가서포의 판매 목록에 제시되어 있다. 조희웅(1999, 232)에는 영남대(도남 古813.5) 소장본으로 다가서포본이 제시되어 있다.

② 다른 한 종류는 전주 아중리 양책방에서 간행된 것으로 1932년에 발행한 책이다.[4]

『삼국지』 3권 木板 1a, 1b

(4) 『삼국지』 3권 책판

『삼국지』 3권은 책판이 존재한다. 1892년판 한글 삼국지 3권은 29장본 1책으로 되어 있고 간기에 '님진완산신판니라'로 되어 있어서 '壬辰(1892년)完山新版'임을 알 수 있다.

이 책은 半郭은 17×19.5, 板心魚尾는 상하 흑어미, 行字數는 15행 24자이다. 이 책의 內題는 '삼국지삼권이라'이고, 表紙題(題簽)는 '三國志 三卷'이

4   양책방본과 다가서포본은 동일한 판본이다.

며, 板心題는 '삼국지 三'으로 되어 있다.

바로 이 책의 첫 장과 둘째 장이 각인된 앞·뒷면의 책판이 발견되었다. 半郭은 17×19.5이고 전체 크기는 가로 34.7 세로 19.5이다. 오래 보관하기 위하여 주칠(朱漆)이 되어 있다. 그러나 양쪽 마구리를 다는 면을 잘라내었다. 내제가 각인된 '삼국지삼권이라'를 반절 자른 상태로 보관이 되어 있다. 상하면은 원래 상태인데 다른 책판과는 다르게

『삼국지』 3권 1a

울퉁불퉁하게 손질이 되어 있다. 이러한 상태는 원래 책판을 만들 때 이렇게 만든 것으로 보인다.

1쪽은 여러 군데의 글자가 닳아서 마모된 흔적이 많다. 이는 실제 출판에 사용하면서 마모된 것으로 보여 아주 많은 쇄출이 이루어진 것으로 해석할 수 있다. 둘째 쪽은 몇 글자만 마모가 되어 있고 대체로 아주 깨끗하게 보존되어 있다. 실제로 삼국지 3권은 인쇄 상태가 양호하지 않다.

그간 완판 坊刻本 古小說 板木의 現存 여부는 알려져 있지 않았다. 尹圭燮(1940)이 쓴 '完版'이란 수필에 의하면 梁冊房이 책방을 그만둔 후 가지고 있던 책판을, 윤규섭씨 자신이 모두 걷어서 서울로 이전하였다고 한다.[5] 그 책판을 서울대 규장각의 연구원이었던 김삼불씨가 구입하여 집에

---

5   동아일보 1940. 03. 02자 조간 2면 2단에 '귀중한 한글 소설 목판 전주 서계서포로부터 400여 판을 옮기어서 대동출판사 영구 책임 보관, 국보적 가치를 기리 보존하겠다.'라는 기사가 있고 이관구 주임의 말씀이라는 기사가 보인다.

보관하고 있다가 육이오 사변 때 폭격에 맞아 모두 사라졌다고 전한다. 그간 완판본에 관심이 있던 연구자들이 여러 경로로 수집을 해보았으나 그간 발견되지 않다가 2007년 3월에 경매시장에 나온 것이다.

2) 완판본 『유충열전』 책판[6]

강원도 원주의 태고종 계열 사찰인 명주사 소속 '고판화박물관'은 일본 도쿄의 고미술상에서 구입한 완판본 『유충열전』 상권 38b 목판을 변형한 일본식 분첩(10.5×10.5×2.5cm)을 공개했다. 전주 다가서포에서 발행한 『유충열전』 상권 38b에 나오는 내용 중 괄호를 한 부분이다. 『유충열전』 목판 원판은 일본 여성들이 사용하는 분첩을 만들기 위해 둥글게 목판을 오려낸 후 뒷면을 파서 일본식 '마현전칠기법'으로 옻칠을 한 다음 분첩의 뚜껑으로 만들어져 원형을 찾아보기가 어려울 정도로 훼손되었다.

〈유충열전, 상권 38b〉
놀니거늘 혼 가온디 디장셩이 시별갓치 박켜잇고 금자로
삭이기를 장성검이라 ᄒ엿거늘 모도 다 힝장의 간수ᄒ고
(노승 다려 왈 천힝으로 디 스를 만나 급주와 창검은 어더건이와
용마 업셔쓰니 장군이 무용지지라 혼디 노승이 답왈 옥황게옵셔
장군을 디명국의 보닐 제 사히 용왕이 몰을손가 수년 전의
소승이 셔역의 가올 제 빅용암의 다다르니 어미 일은 미야지
누엇거늘 그 말을 다려와 쓰나 산승의게 부당이라 송임촌)

6 이 글을 작성하면서 원주 고판화박물관 한상길 관장님이 여러 가지 坊刻本 관련 소장 자료의 사진을 보내주시고 또 이 책에 싣는 것을 허락해 주셨다. 이에 진심으로 감사를 드린다.

동장자의게 막기고 와쓰니 그곳슬 차자가 그 말을 어든 후의
즁노의 지체 말고 급피 황셩의 득달ㅎ와 지금 쳔자의 목숨이
경각의 잇사오니 급피 가셔 구완ㅎ라 ㅎ되 유셩이 이 말을
듯고 송임촌을 밧비 차자가 동장자를 만난 후의 마를 귀경ㅎ자
ㅎ니 이씨 쳔ㅅ 마졔 임자를 만나쓰니 벽역갓탄 소리ㅎ며
빅여장 토굴을 너머 쮜여나셔 츙열의게 달여드려 옷도 물며
몸도 디여 보니 웅장흔 거동언 일필노 난귀로다 심산 밍호 닙쪄
션듯

『유충열전』으로 만든 분합	완판본 『유충열전』 상권 38b

3) 완판본 『소대성전』, 『조웅전』, 『삼국지』, 『심청전』 책판

고판화박물관에서는 최근 판매용 책으로 발간된 완판방각본 한글고
전소설의 목판을 발굴하였다. 이 목판들은 보석함을 만드는데 사용되었
고, 윗면과 옆면 4쪽이 모두 한글고전소설 목판으로 되어 있다. 보석함은
가로 14.5cm, 세로 8.5cm, 높이 7.0cm 크기다.

일제강점기 때, 또는 그 뒤에 일본인들이 서울에서 완판본 목판을 구
입하여 자기 나라로 가져가서 노리개로 훼손한 것으로 보인다. 오래 보존

하고 작품성을 높이기 위해 주칠(朱漆)을 하였다.

이 완판본 한글고전소설로 된 '보석함'은 몇 가지 의미를 갖는다.

첫째, 완판본 한글고전소설 목판 500여 점이 1940년 서울로 올라간 이후, 6.25 때 불에 타 사라진 것으로 보고되어 있으나, 일부가 일본인들의 손에 넘어가 일본까지 흘러간 것으로 확인되는 것으로 볼 때, 완판본 목판의 유통 경로를 확인하는 의미가 있다.

둘째, 현재 발견된 완판본 한글고전소설의 목판은 모두 4점이다. 하나는 개인 소장인 『삼국지』 목판 한 장, 둘째는 고판화박물관 소장인 '분합'을 만들 때 사용된 『유충열전』, 셋째는 경매시장에서 판매된 '담배함'을 만들 때 사용된 『심청전』. 그리고 이번에 발견된 '보석함'에 사용된 『소대성전』,『초한전』,『심청전』,『삼국지』가 전부이다.

따라서 조선시대 우리나라 소설의 발달에 기원을 이룬 완판본 한글고전소설의 목판을 확인할 수 있다는 데 큰 의의가 있다. 우리의 소중한 문화, 우리 문화재를 확인한 것이다.

셋째, 일본에 의해 문화재가 훼손된 장면을 적나라하게 보여주고 있다는 점에서 교육적으로 큰 가치를 지니고 있다.

이 보석함에 사용된 목판의 내용과, 원본 텍스트, 원본 이미지를 제시하면 다음과 같다.

(1) 맨 위 뚜껑의 한글고전소설은 완판본 『소대성전』 22b이다. 책의 원제목은 『소디셩젼권지샹이라』이고, 줄여서 『소디셩젼』이다. 『소대성전』의 실제 해당 부분 이미지를 제시한다.

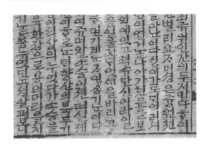

| 보석함 뚜껑의 『소대성전』 | 완판본 『소대성전』 22b |

〈소대성전, 22b〉

가 혼디 샹졔 후비로 명호슈 의셩을 죄 쥬워 인간의 두지 말나 후여 계신니 의셩은 북방 오랑키을 직킨 별리요 조마셩은 즁원 젼 조을 직킨 별리라 그러무로 난셰된 졸 아난이다 싱이 가로디 어려 셔보톰 병셔를 장간 아옵던이 악가 잠이 업거놀 나아가 쳔문을 보 오니 난셰된 졸 알건이와 몸니 말니 외에 잇고 격슈단신이라 일노 혼툰이로소니다 노승이 답 왈 공을 일울진디 잇찌을 바리고 언느 셔을 지달리요 츙셩이 지극후면 기계는 조연 셤기는이다 후고 협실노 들어가던이 혼칼을 니여쥬며 왈 소승이 졀머실 졔 사히팔 방과 명순디쳔을 귀경후던이 후로는 티향산의 북두기운이 얼리 엿거놀 나아가 보니 쳥용이 셕상의 누엇다가 소승을 보고 입을 버 러물여 후거놀 소승이 육환장으로 용의 머리을 치니 용이 소리를 지르고 반공의 소슈거놀 용누엿던 고셜 살펴보니 이 칼리 뇌야거 놀 보검인 줄 알고 갓다가 장치후엿던이 오늘 생각건디 샹공의 미 물이로소이다 싱이 바다 보니 장이 십쳑니요

(2) 큰 옆면(01)은 완판본 『초한전』 상권 9a이다. 책의 원 제목은 『초한전권지상이라』이고, 줄여서 『초한전』이다. 『초한전』 상권 9a의 실제 해당 부분 이미지를 제시한다.

〈초한전上, 9a〉

인심을 이러 속푀하여신니 이계 듸듸로 초장니라 하난고로 명장 호걸등이 무수히 뒤을 짜른니 듸ᄉ을 도모ᄒ리라 항양니 올히 역여 초히 왕손 심을 ᄎ져 초왕을 삼고 항양은 문신군니 되고 항적으로 상장을 삼고 범증으로 아부을 삼어 승상을 졍한니 군중니 다 범아부라 칭ᄒ더라 잇찌 여한국 장양니 ᄌ난ᄌ방니 다 션셰 듸듸로 한나라 지상이 되엿던니 진시황니 한국을 멸ᄒ믹 그 임군을 위ᄒ야 원수을 갑푸려 ᄒ고 가산을 헛터 쳔ᄒ 호걸을 다리고 시황을 ᄶ러 즁방낭ᄉ 즁의 이르러 시황을 치다가 그릇 달른 술듸을 맛친니 시황을 듸경하여 쳔ᄒ의 영을 하되 십일을 졍ᄒ고 ᄌ부라 하더라 잇찌에 역ᄉᄂ 박낭ᄉ 즁의 몸을 피하고

| 보석함 큰 옆면(01)의 『초한전』 | 완판본 『초한전』上, 9a |

완판본 한글고전소설의 서지書誌와 언어

(3) 큰 옆면(02)는 완판본 『심청전』 상권 23b이다. 책의 원 제목은 『심청전권지상이라』이고, 줄여서 『심청전』이다. 『심청전』 상권의 실제 해당 부분 이미지를 제시한다.

〈심청전上, 23b〉

이별ᄒ니 이려 일도 잇실가 힝양낙일수운기난 소통쳔의 모자 이별 편삽수유소일인은 용산의 형제 이별 셔츌양관무고인은 위셩의 붕우 이별 졍직관산노기즁은 오히월녀 부부 이별 이런 이별 만컨마는 사라 당호 이별이야 소식 들을 날이 잇고 상면할 날 잇건마는 우리 부녀 이별이야 언의 날의 소식 알며 언의 ᄻ여 상면홀가 도라가신 우리 모친 황쳔으로 가 겨시고 나는 이제 죽거드면 수구으로 갈 거시니 슈궁의셔 황쳔 가기 몃말 니 멋쳘 니나 되년고 모녀상면 ᄒ랴 ᄒ들 모친이 나를 엇지 알며 니가 엇지 모친을 알이 만일 뭇고 무러 차녀가셔 모녀상면 ᄒ는 날의 응당 부친 소식을 무르실 거시니 무삼 말삼으로 딩답ᄒ리 오날밤 오경시를 함지의다 머무르고

| 보석함 큰 옆면(02)의 『심청전』 | 완판본 『심청전』 上, 23b |

(4) 작은 옆면(01)은 완판본 『초한전』 상권 11b이다. 책의 원 제목은 『초한전권지상이라』이고, 줄여서 『초한전』이다. 『초한전』 상권 11b의 실제 해당 부분 이미지를 제시한다.

〈초한전上, 11b〉
　이제 원수을 급피 갑고 져ᄒ여 두 범이 ᄊ호면 ᄉ싱을 아지 못할터온니 만 실수잇ᄉ오면 타일의 뉘우심을 엇지 면ᄒ도릿가 직금 진국이 디픠ᄒ여 장감이 기운을 이러난지라 이졔 승젼할 뫼칙을 졍ᄒ고 장감을 사로잡게 ᄒ오리다 항우 분기을 이기지 못ᄒᄂ 범아부 마리 유리 ᄒ기로 분기을 아직 진졍ᄒ더라 잇듸에 진장 장감이 초군게 픠한 연유을 이셰게 고ᄒ고 구완병을 쳥하여거놀 승상묘고 싱각ᄒ되 젼일의 ᄉ방도 젹을 염예엽난 졸노 알외여덧니 니졔장감으 픠ᄒ 주문을 올이면 반다시 니 죽기을 면치 못ᄒ리라ᄒ고 황졔을 망에궁으로 모셔 암약ᄒ야 죽기고 부소의 아달 ᄌ영을 셰워 황졔을 봉ᄒ이 ᄌ영이 직위ᄒ여 묘고의 구안병이 다 안이오난지라

| 보석함 작은 옆면(01)의 『초한전』 | 완판본 『초한전』 上, 11b |

　완판본 한글고전소설의 서지書誌와 언어

(5) 작은 옆면(02)는 완판본 『삼국지』 3·4권 합본 중 3권 21a이다. 책의 원 제목은 『삼국지라』이다. 줄여서 『삼국지』이다. 『삼국지』 3권의 실제 해당 부분 이미지를 같이 제시한다.

〈삼국지三, 21a〉
손권이 듯고 되히ᄒᆞ야 그 사람의 성명을 뭇거날 이사람으 성은 방이요 명은 통이여 자난 자원이요 도호난 봉추선싱인니 본되 양 양사람이로소이다 권이 왈 나도 사람으 일흠을 드른계 오린지라 이졔 이무 근쳐으 잇다 ᄒᆞ니 쳥ᄒᆞ야 싱면ᄒᆞ게 ᄒᆞ라 직시 노숙이 방통을 쳥ᄒᆞ야 손권으게 뵈인되 손권이 그 용모 괴교ᄒᆞ물 보고 심 즁의 직거 안이하며 문오라 공의 평싱 비운바 무어슬 주장ᄒᆞ난요 ᄒᆞ거날 방통이미 소왈 모의 소견은 공근과 되샹부동이라 ᄒᆞ니 권 의 싱각이 아난바 주유를 인저로 아나되 방통의 말를 듯고 심즁으 불평이 예기난지라 묵언 양구에 왈 공은 아직 물너가 잇스면 조만 간 다시 쳥ᄒᆞ러다 ᄒᆞ겨날 방통이 장탄일성으 나어가니라 노숙왈 주공이 엇지 방사원을 쓰지 아니 ᄒᆞ시난잇가

보석함 작은 옆면(02)의 『삼국지』 3권

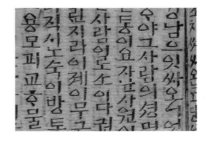

완판본 『삼국지』 합본 중 3권, 21a

4) 완판본『심청전』책판(담배함)

필자는 2007년 경매시장에서 판매한 '담배함'을 본 적이 있다. 현재 충청도에서 영업을 하는 분이 소장하고 있는데, 이 담배함은 완판본『심청전』을 이용하여 만든 것이다. 이것도 역시 일본인에 의해 훼손되어 수입된 것으로 보인다.

3.2. 완판본 비소설 책판

1) 완판본『草千字文』책판

1861년과 1889년 전북 완산(전주)에서 출판된, 아동들의 문자 습득용인 한석봉『草千字文』목판은 상단에 전서를 양각하고, 하단에 초서 천자문을 음각으로 새겼으며, 각 글자 오른쪽의 조그만 원 안에 초서와 비교할 수 있도록 해서체 글자를 양각했다.

일본인들이 이 천자문 목판 4장을 일본식 화로(이로리)상자(41×41×34㎝)의 외곽에 측면 장식용으로 붙여 원형을 훼손했다. 고판화박물관에서 충주의 고미술상에서 수집한 것으로 알려져 있고, 2008년 2월 27일에 언론에 공개한 바 있다.『草千字文』의 해당 부분은 다음과 같다.

『草千字文』7a, 7b/『草千字文』8a, 8b/『草千字文』14a, 14b/『草千字文』16a, 16b

이 책판으로 인쇄한 책의 간기는 두 가지가 제시되어 있다. 하나는 한

완판본『草千字文』7장

석봉이 글씨를 쓴 연도가 기록되어 있고, 옆에 전주에서 처음 중간한 연도가 1861년으로 제시되어 있다. 그리고 이를 재차 중간한 연도가 1899년으로 되어 있다. 그리고 전주의 문명서관에서 발행한 책으로 되어 있다. 『草千字文』의 간기와 판권지를 제시하면 다음과 같다.

　*刊記：己亥(1899) 重刊
　萬曆丁酉季秋石峯書/ 咸豐辛酉(1861)季冬完山重刊

　*文明書館 版權紙
　朝鮮總督府 警務總監部 認可/ 版權 所有
　明治 四十四年 八月 二十二日 發行(1911년)/ 大正 五年 十一月
二十五日 再版 發行
　全北 全州郡 全州面 多佳町 70 番地/ 著作 兼 發行者 卓鐘佶
　全北 全州郡 全州面 多佳町 一二四 番/ 印刷 兼 發行者 梁完得
　全北 全州郡 全州面 多佳町 一二四 番/ 印刷 兼 發行所 文明書館

2) 완판본『史略』책판

이 책판은 고판화박물관에 소장된 책판이다.『史略』과『通鑑』을 이용하여 사각통을 만든 것으로 보아 일본인들이 만든 것으로 보인다. 이 책판의 한 장을 보면 '『史略』1권, 66장'이다. 이 책판은 내향이엽어미로 되어 있고, 판심제가 '史畧一'로 되어 있다.

필자가 소장한 완판본『史略』1권, 66장의 판심이 내향이엽어미이고, 판심제가 '史畧一'로 되어 있다. 따라서 이 책판은 완판본으로, 원래의 제목은『古今歷代標題註釋十九史略通攷卷之一』이다. '完山新刊'의 간기를 갖고 있다. 아래 '『史略』1권, 66장' 책판에서 왼쪽 66a는 10행 중에서 끝부분 두 행이 완전히 잘리고 손잡이처럼 된 부분이 8행이다. 66b는 10행 중에서 손잡이처럼 된 부분이 10행이다.

한편, 사각통에 사용된『通鑑』책판 2매는 4권 7장과 8장, 1권 21장과 22장이다. 이 통감 책판은 완판본으로 추정되지만, 현재로서는 관련된『通鑑』을 확인할 수가 없어서 정확히 증명하기 어렵다.

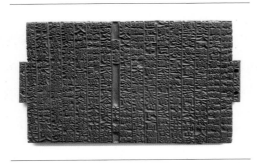

사각통의『史略』1권, 66장

완판본『史略』1권, 66a

완판본 한글고전소설의 서지書誌와 언어

3.3. 완판본 한글고전소설 복각 책판

1) 완판본 『심청전』, 『열여춘향수절가』 복각 책판

필자가 소장한 책판으로, 서각을 하시는 장영진 선생의 작품이다. 책판이 발견되지 않아서 애를 태우던 중, 책판을 복원해 볼 생각으로 전각을 하는 분에게 요청하여 『열여춘향수절가』 1장과 『심청전』 1장을 복원한 바 있다.

2) 완판본 『심청전』 복각 책판

병오판 『심청전』 상권이 2011년 대장경문화학교 출판부에서 복각되어 출판되었다. 이후 『심청전』 하권이 2017년 복각되어 출판되었다. 이 경우에는 현재 판매가 되고 있어서 완판방각본이라고 말할 수 있게 되었다. 이 책의 원본은 1906년 전주 西溪書舖에서 간행한 71장본으로 하였다. 현재 전주 완판본문화관을 수탁하여 운영하는 안준영 관장과 그 문하생들이 함께 복각에 참여하였다.

완판복각본 『심청전』

3) 완판본 『심청전』, 『열여춘향수절가』, 경판본 『홍길동전』의 복각 책판

중요무형문화재 제106호 각자장 이수자인 은곡 손영학 장인은 완판본 『열여춘향수절가』 목판 복각으로 2007년 제32회 대한민국전승 공예대전에서 문화관광부장관상을 수상하였다. 경판본 『홍길동전』 목판 복각으로 2009년 제34회 대한민국전승 공예대전 국무총리상을 수상하였고, 산벚나무로 제작한 완판본 『심청전』 목판 복각으로 제37회 대한민국 전승공예대전에서 대통령상을 수상하였다.

『열여춘향수절가』는 35책을 인출하였고, 『홍길동전』은 50권, 『심청전』은 35권을 인출하였다. 위의 모든 책판은 (사)한국중요무형문화재기능보존협회에 귀속되어 보존되고 있다.

이처럼 완판본과 경판본 한글고전소설은 물론, 여러 방각본 책들을 목판으로 다시 복원하여 전시하는 문화재나 문화 상품, 또는 체험하는 도구 등으로 다양하게 활용해야 할 것이다.

3.4. 경판본 한글고전소설 책판

경판방각본 책판은 대체로 한글고전소설과 四書三經에 관련된 책판이 현존하고 있다. 경판본 한글고전소설 책판은 비교적 시일이 오래 되어서 망실되거나 분실된 것이 대부분이다. 목판본 이후 활자가 나와 책이 대량 생산 되면서 목판은 불필요한 존재가 된 것이다. 그리하여 비가 올 때 바닥에 까는 용도, 불쏘시개와 같은 용도로 사용될 정도로 관심 밖에 있었다. 더욱이 전쟁을 거치면서 재로 변한 경우가 많았다고 볼 수 있다.

1) 경판본 『월왕전』 책판

『월왕전』 책판은 경판본 한글고전소설 중 유일한 목판이다. 현재 순천

시립 뿌리깊은나무 박물관에 소장되어 있다. 뿌리깊은나무 출판사를 운영한 한창기 선생이 기증한 책판이다.

이 책판은 서울 翰南書林에서 간행한 '63장본'이다. 경판본 소설『월왕전』은 상 20장, 중 24장, 하 19장의 3권 3책으로 된 '63장본'이다.『월왕전』책판은 하권 2장, 3장, 6장, 7장, 9장, 10장, 11장, 14장, 15장, 18장의 전엽과 후엽, 19장의 전엽으로 되어 있다.(유춘동, 2017;59-60)

현재 경판본 한글고전소설『월왕전』은 국립중앙도서관에 소장되어 있다. 이 책의 2a와 판권지를 제시하면 그림과 같다. 또한 이 책의 서지사항을 인용하면 다음과 같다.

『월왕전』百斗鏞 編, 木板本, 京城: 翰南書林, 1920, 3卷3冊: 四周單邊, 半郭 20.5×16.8㎝, 無界, 13行21字, 上下向 2葉花紋魚尾; 24.0×19.2㎝, 한글본, 表題: 越王傳. 조선총독부고서분류표 -』古朝48

| 『월왕전』하권 2a | 한남서림 판권지 |

영창서관본『서한연의』그림판

2) 영창서관본(1917) 『언문 서한연의』 한글 木板(그림판)

영창서관(永昌書館)은 강의영(姜義永)이 1916년 서울 종로 3가에 설립한 서점 겸 출판사이다. 소설, 사상서, 종교서, 經書, 교과서, 문법서, 字典 및 사전 등 많은 책을 판매하였다.

『초한지』라 불리는 『서한연의』의 등장인물인 '조참', '관영', '조발'의 인물을 새긴 木板畵이다. 인물의 사실감을 드러내기 위해 책의 앞부분에 인쇄되어 있다. 삼국지를 비롯한 중국 소설들이 이런 형식을 취하고 있다. 이 그림 목판은 현재 고판화박물관에 소장되어 있다.

『언문 셔한연의』諺文西漢演義, 李柱浣 編譯, 영창서관, 1917, 272쪽.(조희웅, 1999;260 참조)[7]

---

7   이 책은 영풍서관에서도 같은 해에 발행되었다.
        (언문) 셔한연의, 권4 / 李柱浣 編譯. 京城 : 永豊書館, 大正6(1917)

3.5. 경판본 비소설 책판[8]

현재 경판본 비소설 책판은 서울 博文書館에서 발행한 책판이 가장 많이 보존되어 있다. 그 이유는 博文書館이 1950년대 중반까지 운영을 했고, 선친의 가업 유품을 소중히 생각하고 보관하였기 때문에 가능하였다. 노익형 사장의 후손이 이 판목의 가치를 인정하고 오랜 동안 보존을 위해 노력하였다.

20세기 초 한국의 대표적인 서점이자 출판소인 博文書館에서 사용한 이 책판들은 우리나라의 근대 출판역사를 볼 수 있는 소중한 문화유산이다.

1) 博文書館 발행 책판[9]

博文書館은 1907년 4월에 盧益亭(1884~1941)이 서울에 설립한 서점이자 출판사이다. 이 출판사는 1956년 무렵까지 책을 발간한 것으로 알려져 있다. 博文書館에서 사용한 목판은 판매용 책의 인쇄를 위해 사용한 것으로, 유교의 기본 경전인 사서(四書)와 그 언해(諺解)가 대부분으로 21종 691매이다. 일부는 池松旭이 설립한 新舊書林에서 간행한 문헌의 판목이다. 博文書館 노익형 사장의 후손이 2010년 8월에 한국국학진흥원에 위탁

---

8   필자는 京板本 한글 책판인 『啓蒙編諺解』, 『童蒙訓』과 같은 木板이 경매시장에서 거래되고 있는 것을 볼 수 있었다. 이처럼 개인이나 기관이 보관한 다양한 坊刻本 책판을 볼 수 있는 날이 오기를 기대한다.

9   博文書館의 기탁 책판에 대한 자세한 사항을 알 수 있도록, 문화재 지정 보고서를 볼 수 있게 해 주신 홍윤표 교수님께 깊이 감사드린다.

하였다.[10] 이 책판은 문화재청에서 근대 등록문화재 541호로 지정되어 현재 한국국학진흥원에 위탁되어 관리되고 있다.

이 책판은 몇 가지 특징을 갖는다. 첫째, 博文書館에서 보관해온 판목이 만들어진 시대는 주로 1866년부터 1917년 사이이다. 博文書館에서 보관하고 있던 판목들은 대부분 신구서림의 지송욱이 판각했던 판목들을 인수하여 博文書館 이름으로 출판하였거나 또는 출판하지 않은 상태로 보관하고 있다가 후손들에게 넘겨진 것으로 추정된다.

둘째, 20세기 초기의 한글 서체를 볼 수 있는 중요한 자료이다. 七書諺解本들은 16세기 이후부터 꾸준히 간행되어 왔기 때문에, 시대에 따라 그 문헌에 쓰인 한글의 서체 변화를 연구할 수 있다.

셋째, 근대화 과정에서 널리 알려져 있지 않은 목판 간행과 그 교정의 모습을 볼 수 있다. 博文書館은 개화기 및 일제강점기에 민족정신의 고취와 국민계몽에 크게 기여하였다. 이 목판들은 일제강점기에 근대적 출판사에서 제작 간행되었고, 대량 인쇄를 위한 목판의 원본이어서 중요한 의미를 지닌다.(문화재청, 2014 참조)

博文書館 목판의 서지사항을 제시하면 다음과 같다.(문화재청, 2014;87-92 참조)

10　노익형의 따님의 증언에 의하면, 노익형의 장남은 현재 미국에 거주하고 있으며, 장남이 한국전쟁 때 이 판목을 땅 속에 묻어 보관하였다고 한다. 그리고 나머지 책들은 북한군에 의해 모두 빼앗겼다고 한다.(문화재청, 2014;95)

(1)『論語』

孔子(BC551-BC479) 著, 木板 149枚, [京城]：[博文書館, 板刻年不明, 四周單邊, 半郭 16.0×14.0cm 內外, 有界, 10行22字, 註雙行, 白口, 上下向 黑魚尾, 16.5×43.5×1.7cm 內外, 漢字楷書體, 反字陽刻, 松木, 卷頭題：論語, 版心題：論, 遺物番號：KS0606-3-01-00001(韓國國學振興院).

(2)『論語諺解/론어언히』

孔子(BC551-BC479) 著, 木板 35枚, [京城]：[博文書館, 板刻年不明, 四周單邊, 半郭 17.2×14.1cm 內外, 有界, 12行25字, 註雙行, 白口, 上下向 黑魚尾, 18.1×42.8×2.0cm 內外, 漢字·한글楷書體, 反字陽刻, 松木, 卷頭題：論론語어諺언解히], 版心題：論語諺解, 言語: 諺解本, 遺物番號: KS0606-3-01-00002(韓國國學振興院).

(3)『大學諺解/대학언히』

孔子(BC551-BC479) 著, 曾子(BC506-BC436) 述, [諺解者不明], 木板 1枚, [京城]：[博文書館], 板刻年不明, 四周單邊, 半郭 17.0×14.5cm 內外, 有界, 12行 24字, 註雙行, 白口, 上下向 黑魚尾, 20.0×43.5×2.0cm 內外, 漢字·한글楷書體, 反字陽刻, 松木, 卷頭題：大대學학諺언解히, 版心題：大學諺解, 言語: 諺解本, 遺物番號: KS0606-3-01-00003(韓國國學振興院).

(4)『大學章句大全』

孔子(BC551-BC479) 著, 曾子 (BC506-BC436) 述, 木板 25枚, [京城]：[博文書館], 板刻年不明, 四周單邊, 半郭 16.5×14.1cm 內外, 有界, 10行22字,

註雙行, 白口, 上下向 2葉花紋魚尾, 16.7×45.1×1.5㎝ 內外, 漢字楷書體, 反字陽刻, 松木, 卷頭題：大學章句, 版心題：學, 遺物番號: KS0606-3-01-00004(韓國國學振興院).

(5)『孟子』

孟子 / 孟子(BC372-BC289) 著. 木板 103枚. [京城]：[博文書館], 板刻年 不明. 四周單邊, 半郭 16.1×14.1㎝內外, 有界, 10行22字, 註雙行, 白口, 上下向 黑魚尾·上下內向 2葉花紋魚尾；16.5×43.5×1.4㎝內外.漢字楷書體.反字陽刻. 松木.卷頭題: 孟子 版心題: 孟遺物番號: KS0606-3-01-00005(韓國國學振興院).

(6)『孟子諺解/밍즈언히』

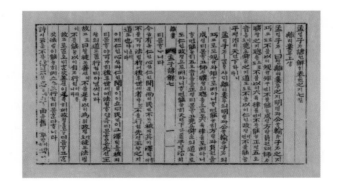

博文書館 본『맹자언해』7권 1장의 인출지(한국국학진흥원)

　　　　　　　　　　완판본 한글고전소설의 서지書誌와 언어

孟子(BC372-BC289) 著, [諺解者不明], 木板 61枚, [京城]：[博文書館, 板刻年不明, 四周單邊, 半郭 20.0×16.0㎝ 內外, 有界, 12行22字, 註雙行, 白口, 上下向 2葉花紋魚尾, 20.0×47.1×1.2㎝ 內外, 漢字·한글楷書體, 反字陽刻, 松木, 卷頭題：孟밍子ᄌ諺언解ᅙᅵ, 版心題：孟子諺解, 言語：諺解本, 遺物番號: KS0606-3-01-00006(韓國國學振興院).

(7)『孟子諺解/밍ᄌ언히』

孟子(BC372-BC289) 著, [諺解者不明], 木板 80枚, [京城]：[博文書館], 板刻年不明, 四周單邊, 半郭 17.2×14.5㎝內外, 有界, 12行25字, 註雙行, 白口, 上下向 黑魚尾, 18.0×43.5×2.0㎝ 內外, 漢字·한글楷書體, 反字陽刻, 松木, 卷頭題：孟밍子ᄌ諺언解ᅙᅵ, 版心題：孟子諺解, 言語：諺解本, 遺物番號：KS0606-3-01-00007(韓國國學振興院).

(8)『孟子集註大全』

孟子(BC372-BC289) 著, 朱子 (1130-1200) 集註, 木板 29枚, [京城]：[博文書館], 板刻年不明, 四周單邊, 半郭 20.5×16.0㎝ 內外, 有界, 12行22字, 註雙行, 白口, 上下向 2葉花紋魚尾, 21.2×48.9×1.4㎝ 內外, 漢字楷書體, 反字陽刻, 松木, 卷頭題：孟子集註大全, 版心題：孟子集註, 遺物番號: KS0606-3-01-00008(韓國國學振興院).

(9)『小學諺解/쇼학언히』

朱子(1130-1200) 著, [諺解者不明], 木板 39枚, [京城]：[博文書館], [大正 6(1917)], 四周單邊, 半郭 21.6×17.5㎝ 內外, 有界, 11行20字, 註雙行, 白

口, 上下內向 2葉花紋魚尾, 22.5×52.5×1.8㎝ 內外, 漢字·한글楷書體, 反字
陽刻, 松木, 卷頭題：小쇼學학諺언解히, 版心題：小學諺解, 言語：諺解本,
遺物番號：KS0606-3-01-00009(韓國國學振興院).

(10)『小學集註』

朱子(1130-1200) 著, 宣政殿 訓義, 木板 27枚, [京城]：[博文書館], 板刻
年不明, 四周單邊, 半郭 22.0×17.54.0㎝ 內外, 有界, 11行22字, 註雙行, 白
口, 上下內向 2葉花紋魚尾, 22.5×53.0×1.5㎝ 內外, 漢字楷書體, 反字陽刻,
松木, 卷頭題：小學, 版心題：小學集註, 板本：訓義本, 遺物番號：KS0606-
3-01-00010(韓國國學振興院).

(11)『進修堂監定時行簡禮彙纂』

愼村(?-?) 編, 木板 5枚, [京城]：[博文書館], 板刻年不明, 四周單邊, 半
郭 22.0×18.0㎝ 內外, 有界, 15行 字數不定, 註雙行, 白口, 上下內向 黑魚尾,
23.5×51.6×2.0㎝ 內外, 漢字楷書體, 反字陽刻, 松木, 版心題：時行簡禮彙纂,
板型：2段, 遺物番號: KS0606-3-01-00011(韓國國學振興院).

(12)『幼蒙先習』

池松旭(?-?) 著, 木板 2枚, [京城]：[博文書館], 板刻年不明, 四周單邊,
半郭 21.0×16.5㎝ 內外, 無界, 9行 17字, 註雙行, 白口, 無魚尾, 22.0×49.3×
2.3㎝ 內外, 漢字·한글楷書體, 反字陽 刻, 松木, 版心題：幼蒙先習, 言語: 諺
解本, 遺物番號: KS0606-3-01-00012(韓國國學振興院).

이 책은 모두 18장으로, 이 문헌은 현재 국립중앙도서관에 소장되어
있다.

(13)『中庸諺解/즁용언히』

朱子(1130-1200) 集註, [諺解者不明], 木板 10枚, [京城] : [博文書館, 板
刻年不明, 四周單邊, 半郭 14.8×17.4cm 內外, 有界, 12行25字, 註雙行, 白口,
上下向黑魚尾, 17.8×42.6×1.8cm 內外, 漢字·한글楷書體, 反字陽刻, 松木,
卷頭題 : 中즁庸용諺언解히, 版心題 : 中庸諺解, 言語 : 諺解本, 遺物番號:
KS0606-3-01-00013(韓國國學振興院).

(14)『中庸章句大全』

朱子(1130-1200) 集註, 木板 11枚, [京城] : [博文書館], [板刻年不明], 四
周單邊, 半郭 24.0×18.0cm 內外, 有界, 行數不定 28字, 註雙行, 白口, 上下向
黑魚尾, 24.5×50.5×2.1cm 內外, 漢字楷書體, 反字陽刻, 松木, 卷頭題 : 中庸
章句大全, 版心題 : 中庸章句大全, 遺物番號 : KS0606-3-01-00014(韓國國學
振興院).

(15)『中庸章句大全』

朱子(1130-1200) 集註, 木板 30枚, [京城] : [博文書館·武橋], [甲戌
(1934)], 四周單邊, 半郭 16.6×14.6cm 內外, 有界, 10行18字, 註雙行, 白口,
上下向 2葉花紋魚尾, 16.7×43.5×1.5cm 內外, 漢字楷書體, 反字陽刻, 松木,
卷末題 : 中庸大全, 版心題 : 中全, 遺物番號 : KS0606-3-01-00015(韓國國學
振興院), 刊記 : 甲戌(1934)孟秋武橋新刊.

(16)『中庸章句諺解/즁용장구언히』

朱子(1130-1200) 集註, [諺解者不明], 木板 1枚, [京城] : [博文書館], 板
刻年不明, 四周單邊, 半郭 23.4×18.0㎝ 內外, 有界, 13行 28字, 註雙行, 白
口, 上下向 黑魚尾, 24.5×50.5×2.2㎝ 內外, 漢字·한글楷書體, 反字陽刻, 松
木, 卷頭題 : 中즁庸용章장句구諺언解히, 版心題 : 中庸章句諺解, 言語 : 諺
解本, 遺物番號 : KS0606-3-01-00016(韓國國學振興院).

(17)『古今歷代標題註釋十九史略通攷』

曾先之(元) 編, 余進(明) 通攷, 木板 66枚, [京城] : [博文書館], 板刻年不
明, 四周單邊, 半郭 21.5×17.5㎝ 內外, 有界, 11行20字, 註雙行, 白口, 上下
內 向2葉花紋魚尾, 22.5×51.5×2.1㎝ 內外, 漢字楷書體, 反字陽刻, 松木, 版
心題 : 史略, 板本: 卷1과 卷3-10의 板本이 다름, 遺物番號 : KS0606-3-02-
00001(韓國國學振興院).

이 문헌은 현재 국립중앙도서관에 소장되어 있다. 이 책의 판권지를
보면 博文書館이 아니라 신구서림으로 되어 있다. 대정 2년의 간기가 있
어서 1913년에 간행한 책이다. 따라서 이 판목은 1913년 이전에 만들어진
판목으로 1913년에 木板本으로 간행한 것이라고 할 수 있다. 「사략」 권7
에는 '同治丙寅 武橋新刊'의 간기가, 「사략」 권10에는 '庚午季冬 武橋新
刊'의 간기가 있다. 따라서 권7은 1866년에, 그리고 권10은 1870년에 판
각되었음을 알 수 있다.(문화재청, 2014;101 참조)

(18) 『小微家塾點校附音通鑑節要』[11]

司馬光(1019-1086) 著, 江贄(宋) 節要, 木板 8枚, [京城] : [博文書館], 板刻年不明, 四周單邊, 半郭 22.0×17.4cm 內外, 有界, 10行 19字, 註雙行, 白口, 上下內 向2葉花紋魚尾, 22.7×51.2×2.3cm 內外, 漢字楷書體, 反字陽刻, 松木, 卷頭題 : 小微家塾點校附音通鑑節要, 版心題 : 通鑑, 遺物番號: KS0606-3-02-00002(韓國國學振興院).

(19) 『小微家塾點校附音通鑑節要』

司馬光(1019-1086) 原著, 江贄(宋) 節要, 木板 2枚, [京城] : [博文書館], 板刻年不明, 四周單邊, 半郭 20.8×18.0cm 內外, 有界, 10行 21字, 註雙行, 白口, 上下內 向2葉花紋魚尾, 21.0×50.0×1.5cm 內外, 漢字楷書體, 反字陽刻, 松木, 卷頭題 : 小微家塾點校附音通鑑節要, 版心題 : 通鑑, 遺物番號: KS0606-3-02-00003(韓國國學振興院).

(20) 『小微通鑑節要』

司馬光(1019-1086) 著, 江贄(宋) 節要, 木板 6枚, [京城] : [博文書館], 板刻年不明, 四周單邊, 半郭 22.0×18.0cm 內外, 有界, 10行 17字, 註雙行, 白口, 上下向2 葉花紋魚尾, 23.0×51.2×2.0cm 內外, 漢字楷書體, 反字陽刻, 松木, 卷頭題 : 小微通鑑節要, 版心題 : 通鑑, 遺物番號 : KS0606-3-02-00004(韓國國學振興院).

11　필자가 소장한 『通鑑 第三』(6-9권) 1책은 (18)번과 같은 책으로, 판권지에 大正 六年(1917)에 博文書館에서 盧益亨이 발행한 기록이 있다.

(21)『九成宮醴泉銘』

魏徵(580-643) 奉勅撰, 歐陽詢(557-641) 書, 木板 1枚, [京城] : [博文書館], 板刻年不明, 四周單邊, 半郭 21.1×14.5cm內外, 有界, 4行5字, 無口, 無魚尾, 21.5×46.0×6.0cm 內外, 漢字·歐陽詢體, 正字陰刻, 松木, 內容: 法帖書板 板型: 2枚의 木板을 合板하여 小版 2枚씩 附着시킴, 遺物番號: KS0606-3-00-00001(韓國國學振興院).

3.6. 사서삼경(四書三經) 책판

방각본 四書三經은 과거시험을 보기 위해 필수적인 책이었다. 또한 유교적인 소양을 쌓기 위해 꼭 필요한 책이었다. 따라서 전국적으로 판매된 四書三經은 아마 책 중에서 가장 많은 책일 것이다. 이 四書三經 목판본은 완판본과 내각장판의 경우, 책의 크기가 다른 책보다 훨씬 크다는 점이 특징이다. 그러한 관점에서 보면 책판이 남아 있을 가능성이 제일 많다. 방각본 경판본 사서삼경은 작은 책으로 출간되었다.

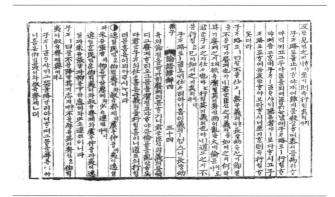

경판본『論語諺解』4권 34장 인출지(한국국학진흥원)

완판본 한글고전소설의 서지書誌와 언어

1) 고판화박물관 소장 『論語諺解』(博文書館本)

현재 원주의 고판화박물관에는 博文書館에서 사용한 『論語諺解』 4권 32장의 木板 한 장이 소장되어 있다. 이 책판은 이미 위에서 소개한 博文書館 책판 목록에서 제시된 『論語諺解』와 같은 책으로 보인다.

2) 국립한글박물관 소장 『孟子諺解』

이 박물관에는 『孟子諺解』 목판 1점이 소장되어 있다. 이들 판목은 완판본인지 경판본인지 정확히 알 수 없으나, 경판본으로 추정된다.

  『孟子諺解』 권4 21장, 木板 1점, 42.1×25.6×2.3, 유물번호 한구 2319

3) 일본 이로리 『小學諺解』 책판

현재 국립한글박물관에 소장된 책판으로, 일본인들이 『小學諺解』를 가지고 일본식 화로인 이로리를 장식한 것이다. 이 소학언해가 정확히 어느 것인지 파악하기가 쉽지 않다. 확인되는 화면은 『小學諺解』 3권 17a, 17b이다. 원본은 국립중앙도서관에 소장되어 있다. 이 책은 內閣藏板으로 보인다. 이 책이 방각본으로 출판되어 서울의 서점에서 판매되었는지는 알 수 없다.

  小學諺解.1-5, 木板本, [刊寫地未詳], 5冊; 29.7×20.5㎝, 조선총 독부고서분류표 - 古朝41

『小學諺解』3권 17b　　　　　　『小學諺解』3권 17a

3.7. 책판의 크기 비교

1) 한글고전소설 책판의 크기

경판본과 완판본 한글고전소설의 책판의 반곽은 거의 같다. 이는 판목을 최소화하여 이익을 극대화하려는 목판 사용으로 보인다.

책판의 전체 크기는 완판본『삼국지』책판이 판광을 제외한 부분이 잘려졌기 때문에 그대로 비교하기는 어렵다. 그러나 판광이 거의 같은 것으로 보아 실제로 크기도 경판본과 같았을 것으로 보인다. 경판본『월왕전』책판의 존재가 완판본의 크기를 산출하는 데 큰 도움이 된다.

완판『삼국지』목판 : 半郭 19.5×17㎝
경판『월왕전』목판 : 半郭 20.5×16.8㎝

2) 全羅監營 책판과 방각본 책판의 차이점

'官板'인 全羅監營에서 발간한 책판과 '私板'인 방각본 한글고전소설의 책판을 비교해 보면 그 차이를 분명히 알 수 있다. 全羅監營의 책판의 半郭은 대체로 세로가 22×26.6cm이고 가로가 14×18.5cm임을 알 수 있다. 이에 비하여 한글고전소설은 세로가 20cm이고 가로가 17cm이어서 세로에서 약 6cm가 차이가 난다. 비교를 통하여 방각본 책판의 특징을 이해할 수 있다.

『資治通鑑綱目』24.3×16.0,『東醫寶鑑』22.5×17.7,『朱子大全』 25.1×18.5,『栗谷全書』21.1×14.8,『性理大全』23×16.7,『增修無冤 錄諺解』21.9×14.3,『史記』23.2×15.8,『史略』26.6×18.2,『朱書百 選』24.3×17.1

3) 博文書館 · 完板本 · 內閣藏板 '四書三經' 책판의 크기

완판본 '四書三經'과 內閣藏板의 '四書三經'의 半郭은 대체로 24×17cm이다. 그러나 博文書館 책판의 반곽은 대체로 17×14cm와 21×17cm가 있다. 이러한 특징은 세로에서 완판본 사서삼경과 무려 7cm가 작다. 또한 21×17cm의 사서삼경은 일반적인 완판본 通鑑의 책의 크기와 매우 유사하다.

『論語』16.0×14.0cm,『論語諺解』17.2×14.1cm,『大學諺解』17.0× 14.5cm,『大學章句大全』16.5×14.1cm,『孟子』16.1×14.1cm,『孟子諺 解』20.0×16.0cm,『孟子諺解』17.2×14.5cm,『孟子集註大全』20.5× 16.0cm,『小學諺解』21.6×17.5cm,『小學集註』22.0×17.5cm,『中庸 諺解』14.8×17.4cm,『中庸章句大全』24.0×18.0cm,『中庸章句大全』 16.6×14.6cm,『中庸章句諺解』23.4×18.0cm

4. 결론

한국의 방각본 책판은 개인이 운영하는 서포에서 사용한 소위 '私板'이었다. 그래서 보관하는 일이 매우 어려웠다. 실제로 완판본의 경우도 양책방에서 밖에 쌓아놓고 보관하다가 서울로 이관되어 소실되었다. 경판본의 경우도 그 중요성을 인식하지 못하고 이리저리 굴러다니는 물건이 되었다.

그러다가 완판본은 일본인들이 관심을 갖는 물건이 되어 일본으로 건너가 개인의 물품을 만들어 노리개로 사용하였다. 그리하여 화로, 분합, 보석함, 담배함, 사각통과 같은 다양한 물품을 만들면서 훼손되었다. 이처럼 훼손된 책판이 다시 한국으로 들어오면서 방각본 책판에 대한 관심이 일어나기 시작하였다.

경판본 책판의 경우도 사람들의 관심 밖에 있었다. 그 많은 소설 책판 중 단 한 종류의 책판이 6판이 남아 있다는 사실이 놀랍다. 다행히 근대출판을 대표하는 서울의 博文書館에서 사용하던 책판 691판이 남아 있어서 연구에 중요한 초석이 될 것이다.

여러 기관에 산재한 방각본 책판들, 한글고전소설, 비소설의 책판들이 파악되어서 다시 연구가 진행된다면 방각본 책판의 특징을 좀더 자세히 들여다 볼 수 있을 것이다. 이제부터라도 방각본 책판과 다른 여러 책판들이 비교를 통해서 서로의 특징이 드러나기를 바란다.

국립중앙도서관(2016), 『세책(貰冊)과 방각본(坊刻本)』.

김동욱(1974), 『한국고전소설판각본자료집』, 국학자료원.

류탁일(1985), 『완판 방각소설의 문헌학적 연구』, 학문사.

문화재청(2014), 『2013년도 등록문화재 등록조사보고서』.

변주승(2009), 『여지도서 48, 전라도 보유 1』, 흐름.

안준영(2014), 『冊版』, 고려대장경연구소 출판부.

옥영정(2010), 「非小說 漢文坊刻本 刊行에 대한 書誌的 고찰」, 열상고전연구 31, 213-254.

유춘동(2017), 『한국 고소설의 현장과 문화지형』, 소명출판.

이정원(2005), 「안성판 방각본 출판 현황」, 『어문연구』 33-3, 161-183.

이창헌(1995), 「경판방각소설 판본 연구」, 서울대학교 박사학위논문.

이태영 편저(2012), 『전주의 책, 완판본 백선』, 전주시·전주문화재단.

이태영(2007), 「새로 소개하는 완판본 한글고전소설과 책판」, 『국어문학』 43집, 29-54.

이태영(2010), 「완판 방각본 출판의 문화사」, 『열상고전연구』 31, 91-115.

이태영(2016ㄱ), 「泰仁坊刻本의 위상과 중요성」, 『태인방각본』 소재, 정읍시립박물관.

이태영(2016ㄴ), 「배지를 활용한 완판본 연구」, 『洌上古典研究』 49, 281-311.

이태영(2021), 『완판본 인쇄·출판의 문화사적 연구』, 역락.

정읍시립박물관(2016) 『태인 방각본』.

정형우·윤병태(1995ㄱ), 『韓國의 冊板目錄(上, 下)』, 연세대학교 국학연구원 국학연구총서 4, 보경문화사.

정형우·윤병태(1995ㄴ), 『韓國의 冊板目錄(補遺·索引)』, 연세대학교 국학연구원 국학연구총서 4, 보경문화사.

조희웅(1999), 『古典小說 異本目錄』, 집문당.

조희웅(2006), 『고전소설 연구보정(상, 하)』, 박이정.

최호석(2004), 「안성판 방각본 출판의 전개와 특성」, 『어문논집』 64, 73-197.

한국국학진흥원 유교문화박물관(2008), 『목판』.

4부

완판본에 나타난 전라 방언

4부에서는 『열여춘향수절가』에 나타나는 익숙한 전라 방언 '자빠지다'의 역사적 변천과정을 살펴보고, 완판본 한글고전소설에 나타나는 전라 방언의 시대적, 지역적 특징을 제시하였다. 비슷한 시기에 출판된 완판본 『천자문』에 나타난 전라 방언을 통하여 방언의 시대적 특징을 보완하였다.

제7장

완판본 한글고전소설에
나타난 '자빠지다'의
변천과정

1. 완판본 고전소설과 천자문에
나타나는 '잡바지다'

완판본 한글고전소설인 『열여춘향수절가』, 『심청전』, 『유충열전』, 『장경전』 등에는 전라도 방언인 '잡바지다, 잣바지다'가 나온다. 이 소설에 나오는 '잡바지다'는 전라북도 방언에서 아주 많이 쓰이는 어휘이다. 왜 이처럼 전라북도에서는 '잡바지다'를 많이 쓸까?

업쩌지며 {잡바질} 졔 셔운찬케 가량이면 멋 날 멋칠 될 줄 모를네라 〈열여춘향수절가上, 45ㄴ〉
초믜쓴 졸나미고 초믜폭 거듬거듬 안고 흣트러진 머리털은 두 귀 밋튀 느리오고 비갓치 흐르난 눈물은 옷시 사못춘다 업더지며 {잡바

지며} 붓들어 나갈 제〈심청전上, 29ㄱ〉

밍덕이 철퇴을 들고 몸을 소소와 그놈의 철편을 친이 부러지거
날 다시 드러 그놈의 가삼을 친이 {잣바지거날} 결박ᄒ여 궁문왈
〈장경전, 54ㄴ〉

일진광풍이 일어나며 양돗듸 션상의 {잡바지고} 난듸업난 젹션
이 달여드러 부인을 잡아믜고 무수혼 쳑군더러(리) 사면으로 달여
드러〈유충, 다가, 13ㄴ〉

명졔 넉셜일고 용상의 써러져 옥시를 품의 품고 말 혼 필 자부
투고 업더지며 {잡바지며} 북문으로 도망ᄒ야〈유충, 다가, 54ㄴ〉

한편, 전북 전주에서 발간한 완판본『천자문』을 살펴보면 '자빠지다'
의 쓰임을 확인할 수 있다. 특이한 점은 전북 방언을 보이는『養洞千字文』
(1858),『杏谷千字文』(1862),『을사본千字文』(1905),『필사본천자문』(20세기
초),『무술본千字文』(1898) 등에서는 '沛'를 '줏바지다, 잡부지다'로 표기하
고 있다. 특히 서울에서 발행한 책을 가지고 다시 전주에서 발행한 후대본
인『서계서포본註解千字文』(1911),『을묘본註解千字文』(1915)에서도 '잣바
지다'로 표기하고 있다. 전국적으로도 '沛'를 중세국어에서 온 어휘인 '잣
바지다'를 쓰고 있음을 알 수 있다.

이때까지 전북에서는 '넘어지다'를 사용하지 않았다. 그래서 같은『천
자문』에서도 '顚'을 업더지다'로 표기하고 있다. 따라서 대체로 전국적으
로 '업더지다'와 '자빠지다'는 상대적인 개념의 어휘로 쓰이고 있다.[1]

---

1   완판본 천자문에서 '俯, 伏, 仰'의 훈과 음은 다음과 같이 쓰이고 있다.

	(양동)	(행곡)	(을사)	(필사)	(무술)	(서계서포)	(을묘본)
俯	구블 부	구블 부	구블 부	구푸릴 부	구블 부	구블 부	구블 부

완판본 한글고전소설의 서지書誌와 언어

(양동)	(행곡)	(을사)	(필사)	(무술)	(서계서포)	(을묘본)
沛 줏부질 피	줏부질 피	줏부질 피	잡부질 피	줏부질 피	잣바질 피	잣바질 피
顚 업더질 젼	업더질 젼	업더질 젼	업더질 젼	업더질 젼	업더질 뎐	업더질 젼

전라북도에서는 표준어 '넘어지다'보다는 '자빠지다'를 많이 사용하였다. 실제로 1970년대까지는 '넘어지다'를 쓰는 전북 사람들은 많지 않았다. 왜 전북 사람들은 주로 '자빠지다'를 사용할까? '자빠지다'는 너무나 흔하게 사용되고 있어서 그저 '넘어지다'의 방언형이 아닐까 정도로 생각하고 있다. 그러나 '자빠지다'는 표준어이면서 전라 방언이다. 또한 '자빠지다'와 '넘어지다'는 의미가 다르다. 국어사전에서도 '자빠지다'와 '넘어지다'의 의미와 형태의 차이를 보여준다.[2] 일반적으로 '자빠지다'의 기본적 의미는 '뒤로, 옆으로, 모로 넘어지는 동작이나 눕는 동작'을 말하고, '넘어지다'는 '한쪽으로 기울어지며 쓰러지는 것'을 말한다. 그러니까 기본적으로 이 두 어휘는 의미차이를 갖고 있었던 것으로 보인다.

우리가 전북 방언 '자빠지다'에 대한 대응표준어로 '넘어지다'를 제시하는 것은 '자빠지다'와 '넘어지다'의 의미를 깊이 생각하지 않았기 때문이다. 국어사전에서 '자빠지다'와 '넘어지다'의 기본적인 뜻풀이를 일부 제시하면 다음과 같다.

伏 구블 복	구블 복	굴불 복	업드릴 복	구블 복	업딀 복	업딀 복
仰 우령 앙	우령 앙	우러 앙	우러 앙	우려 앙	우려 앙	우럴 앙

2 '자빠지다'는 '나가자빠지다, 나자빠지다, 처자빠지다'로 쓰이지만, '넘어지다'는 '걸고넘어지다, 나가넘어지다, 나넘어지다, 뒤넘어지다'로 쓰이고 있다.

자빠-지다 「001」「동사」【…에】【…으로】 뒤로 또는 옆으로 넘
어지다.

자빠-지다 「002」「동사」【…에】【…으로】 '눕다'를 속되게 이르
는 말.

자빠-지다 「003」「동사」【…에】【…으로】 서 있던 물체가 모로
기울어져 쓰러지다.

넘어-지다 「001」「동사」【…에】【…으로】 사람이나 물체가 한쪽
으로 기울어지며 쓰러지다.

한편, '자빠지다'는 중세국어부터 현재까지 음운론적인 변화를 겪어온
어휘이다. 15세기에는 '졋바디다'가 쓰이고, 16세기에는 '졋바디다, 졋쌔
디다'의 형태가 쓰이고 있었다. 그리하여 중세국어에서 '졋바디다>졋바
지다>*졋바지다>잣바지다>자빠지다'로 변화를 한 것이었다.(「어휘역사검
색프로그램」 참조) 그리하여 전북에서 발간된 완판본 한글고전소설과 천자
문에서도 '잡바지다'가 쓰이고 있다.

사실 '자빠지다'는 '자빠'와 '지다'로 나뉘기 때문에 중세국어 초기부
터 통사적 구성을 보이고 있는 어휘이다. 전북 방언에서는 조동사화가 되
어 '놀고 자빠지다'와 같이 의미가 변하는 새로운 과정을 겪고 있어서 일
상어적 특징을 잘 보여주고 있다.

그러므로 전북 방언에서 일상어로 사용하고 있는 '자빠지다'에 대해
서는 그 어원, 역사적 변천과정, 음운론적인 변화과정, 조동사화 과정과
의미변화 등 많은 언어적 특징을 밝힐 필요가 있을 것이다.

2. '자빠지다'의 역사적 변천과정

전북 방언에서 사용하는 '자빠지다'의 어원과 그 의미를 정확히 알아보기 위해 중세국어를 중심으로 살펴보기로 한다. '자빠지다'는 중세국어에서부터 '졋바디다〉졋바지다〉* 졋바지다〉잣바지다〉자빠지다'로 변화하였다.

2.1. '졋바디다'와 '졋바 누이다'

중세국어 문헌에서는 '졋바디다'가 처음 나온다. 이 어휘를 보면 '졋바디다'가 한 단어처럼 보인다.

> 沛눈 {졋바딜씨오} 〈1461능엄경언해5:32a〉

그러나 중세국어와 근대국어의 다른 용례를 보면, '졋바 뉘이다, 졋바 누이다, 잣바 눕다'가 쓰이고 있어 '졋바디다'가 '졋브- + -아 + 디다'로 나뉠 가능성이 있다.

> 말슴 몯ᄒ거든 회홧 고즐 구스게 니기 봇가 삼경 후에 평상 우
> 희 {졋바 뉘이고} 무슴 조초 머기라 〈1489구급간이방언해1:16a〉
> 사ᄅ미 오좀 더위면 사ᄅᆷ을 {졋바누이고} 더운 흙으로 ᄇᆡ 우희
> 노하 우기고 사ᄅᆷ으로 오좀 누어 빗복 가온ᄃᆡ 덥게 ᄒ면 즉재 됴
> ᄒ리라 〈1489구급간이방언해1:32b〉

유뫼 밥 머근 후에 모로미 무근 졋즐 다 짜 업시ᄒ고 그제야
약 먹고 즉제 잠시만 {졋바누엇다가} 그제야 유즙을 아기 쎨이라
〈1608언해두창집요下:41b〉
역산은 닐온 발이 몬져 나미니 산모롤 {졋바누이고} 죠고매도
힘쓰며 놀라디 말게 ᄒ고 〈1608언해태산집요, 23b〉
미인의 몸과 옥쉬 졉근ᄒᆞ믈 ᄀᆞ장 짓거 ᄀᆞ마니 {잣바 누어} 비ᄂᆞᆫ
말숨이, 〈17xx완월회맹연권176, 23b〉

유창돈(1964)에서는 '졋바뉘이다'의 뜻을 '반듯이 눕히다'로 해설하고
있다. 박재연·이현희(2016)의 『고어대사전』에서는 '졋바누다'(仰臥)[3]와 '졋
바누우다'(仰上)는 '자빠져 눕다'로 해석하고 '졋바누오다'(仰臥)는 '반드시
누이다'로 해석하며, '졋바누이다, 졋바뉘이다'(臥, 仰臥)는 '눕히다'로 해
석하고 있다. 이런 '졋바 누다, 졋바 누이다'를 띄어 쓴다고 보면, '졋바디
다'는 '졋바 + 디다'의 구성으로 나눌 수 있을 것이다.

2.2. '졋바 눕다'와 '히즈 눕다'

다음 『救急簡易方諺解』에 나오는 '졋바 눕다'와 '히즈 눕다'가 대비되
고 있는 예문을 통하여 '졋바'의 의미를 이해할 수 있다. 아래 예문에서 한

---

3   『우리말샘』을 참고하면, 현대국어에서 '앙와(仰臥)'는 '배와 가슴을 위로 하고 반듯이 누
    움'이란 뜻을 가지고 있다.
    앙와(仰臥) 「명사」「002」 배와 가슴을 위로 하고 반듯이 누움
    앙와위(仰臥位) 「001」 「명사」 『의학』 배와 가슴을 위로 하고 반듯이 누운 자세.
    앙와하다(仰臥하다) 「001」 「동사」 【…에】 배와 가슴을 위로 하고 반듯이 눕다.

문의 원문에 밑줄 친 곳을 해석하여 대비하면 '히즈 눕다'는 '(한쪽으로) 기대어 눕다'로, '졋바 눕다'는 '반드시 눕다'로 해석할 수 있다. 『고어대사전』을 참고하면 '히즈눕다'를 복합어로 처리하고 있는데 원문에는 '側臥'로 되어 있고 '졋바 눕다'는 '仰臥'로 되어 있다.

> 올흔 녀기 알프거든 올흔 녁으로 {히즈 눕고} 왼 녀기 알프거든
> 왼 녁으로 {히즈 눕고} 두 녀기 다 알프거든 {졋바 누으라} 〈右痛右
> 側臥 左痛左側臥 兩邊皆疼仰臥〉〈1489구급간이방언해2:7a〉

『이조어사전』에서 '히즈'와 관련된 어휘로는 '히즈리다, 히즐이다'가 나오는데 '드러눕다'로 해설하고 있다. 『우리말샘』에서도 '히즈리다'의 예를 발견할 수 있는데 '드러눕다'로 해석하고 있다. 『杜詩諺解』에서 '히즈리다'는 원문에 '偃'(언)으로 표기된다. '偃은 누울씨라〈1461능엄경언해4:111a〉'에서처럼 그 뜻은 '눕다'의 뜻을 갖는다. 그러나 18세기 『완월회맹연』의 예에서 보는 것처럼 팔을 받치며 눕는 걸 표현하고 있어서 '히즈리다'는 '기대어 눕다'의 의미를 갖는다.

> 히즈리다 :「동사」「옛말」「001」'드러눕다'의 옛말.
> 나못가지예 흘려 프른 여르믈 혜옥 프른 믌ㄱ쉬 가 {히즈려셔}
> 쉬요리라.(條流數翠實, 偃息歸碧潯)〈두시-초 15:4〉
> 브람 분다 지게 다다라 밤 들거다 블 아사라 벼개예 {히즈려} 슬
> ㅋ지 쉬여 보쟈.《교시조 1117-고유》
> 자며 쉴 쳐소를 밍ㄱ라 시시예 나아가 쉬여 {히즐이고} 도로 와
> 혼가지로 말ᄒᆞ며 웃더라〈1588소학언해(도산서원본)6:69b〉

벼개의 {히즈려} 좀을 드더니 〈1765을병연행록3, 46〉

팔을 밧치며 몸을 {히즈려} 잠드러더니 〈17xx완월회맹연권70,

16b〉

'히즈리다'의 활용으로는 '히즈려'가 주로 쓰이고 있다. 앞에서 본 것처럼 중세국어에서는 '히즈'로 활용되는데, 이는 '히즐다'가 기본형이었을 것으로 추정된다. '히즈리다'는 구개음화되어 '시즈리다'로도 표기된다. 문헌에서는 '歪靠'(왜고)로 표기되고 있는데 이 뜻은 '몸을 기울여 기대다, 바르지 않게 기대다'란 뜻이다.

시즈리다 「동사」 「옛말」 「001」 '드러눕다'의 옛말.

왼몸이 힘이 업서 다만 {시즈려} 눕고 시분지라. 〈첩몽 2:5〉

歪靠 시즈리다 〈동해 상:27〉 〈1790몽어유해上:21a〉

중세국어의 '졋바 뉘이다, 졋바 눕다'의 구성에서 '졋바'의 어원을 살펴보기로 한다. 첫째로 '졋바'는 '졋브다'가 기본형일 것이다. '졋브 + -아'의 활용에서 '졋바'로 표기되었을 것이다. 둘째로, 기본형을 '졋다'로 보고 '-브-'는 파생접미사로 처리하는 방안도 있을 것이다. 물론 품사의 차이는 있지만, '깃ㄱ다'가 '깃브다'로 변하는 현상과 관련이 있지 않을까 생각한다.

18세기 문헌에 '졋바져 눕다'가 나오는 것으로 보아 '졋바지다'는 이미 이 시기에 굳어진 것으로 보인다. 이 '졋바져 눕다'는 '업더눕다'와 대조되는 말로 쓰이고 있어서 그 의미를 충분히 짐작할 수 있다.

잣바 눕다 : 벌렁 눕다. 벌거케 올올이 {잣바누어} 〈朴重中1 〉
〈이조어사전 참조〉

仰臥 {졋바져눕다} 〈1748동문유해上:27a〉 仰臥 {졋바뎌 눕
다〉 〈1778방언유석申, 20a〉 仰白臥 {졋바뎌 눕다〉 〈1690역어유해
上:40a〉

俯臥 {업더눕다〉 〈1748동문유해上:27a〉

초금이 근심ᄒ고 민망ᄒ야 {졋바져 누어} 창을 향ᄒ니 ᄒᆡ 그림
재 창에 쏘이엿거놀 ᄒᆡ룰 향ᄒ야 보니 그 글ᄌ 〈1758종덕신편언
해下:61b〉

往後倒 졋바디다 〈1690역어유해上:40a〉
仰倒 졋바디다 〈1790몽어유해上:20a〉
잣바지다(仰面跌倒) 〈漢 118a〉

2.3. '졋바디다'와 '업더디다'

'졋바디다'의 의미를 살필 때, 매우 흥미로운 사실은 '졋바디다'가 '업
더디다'와 대조되어 쓰이는 점이다. 예문에서 '업더디다'는 '蹶(엎어질 궐),
顚(넘어질 전), 覆(넘어질 복), 俯(구푸릴 부)'로, '졋바디다'는 '沛(자빠질 패), 顚
(넘어질 전)'으로 주로 쓰이고 있다.

여기서 '자빠지다'와 '업더지다, 넘어지다'의 의미의 차이를 밝히는 일
이 매우 중요하다. '자빠지다'는 '沛'로, '넘어지다'는 주로 '倒(넘어질 도),
顚'으로 쓰고 있음을 알 수 있는데 이 의미 차이를 분명히 다루어야 할 것
이다.

車匿이 寶冠 가져 도라오나놀 王이 보시고 싸해 {업더디여} 우
르시며 俱夷논 몰고개롤 안고 우르시더라 〈1447석보상절3:34b〉
　　네 버듨닙 들오 소문 진실로 스싀로 아ᄂᆞ니 잠깐 霜蹄 {업더듀
믄} 過失이 아니니라 (暫蹶霜蹄未爲失) 〈1481두시언해(초간)8:31a〉
　　覆은 {업더딜시라} 〈1474내훈언해2:46a〉
　　蹶 {업더딜} 궤 一 音 궐 〈1576유합초, 下55b〉
　　顚 {업더딜} 뎐 〈1576유합초, 下17a〉
　　伏者 {업듸다}[4] 〈1690역어유해上:40a〉
　　顚倒 {업더디다} 〈1790몽어유해上:20a〉

　‘업더디다’는 ‘업듸- + -어 + 디다’의 복합구성이다. ‘업듸다/업데다’
가 기본형이다. 아래 근대국어의 예에서 보는 바와 같이, ‘업더디다/업더
지다/업허지다’와 ‘잣바지다/잡바지다’는 대비되면서 쓰이고 있다. 즉
‘업더디다’는 앞으로 넘어지는 모습을 나타내고, ‘잡바지다’는 옆이나 뒤
로 넘어지는 모습을 나타낸다. 이를 한꺼번에 표현할 때에 ‘업더지며 자빠
지며’로 표현하고 있다.

　　摩耶 싸해 {업데샤} ᄆᆞ슨몰 고ᄌᆞ기 너기시니 結使 스러디거늘
　〈1447석보상절11:3a〉
　　王이 臣下며 眷屬 ᄃᆞ리고 尊者ᄭᅴ 가 밥 받ᄌᆞᆸ고 싸해 {업데여} 禮
數ᄒᆞ고 ꞈ러 合掌ᄒᆞ야 닐오ᄃᆡ 〈1447석보상절24:34b〉
　　경셩(京城) 슈녀들이 빙셜의도 {업더지며 잣바지며} ᄀᆞ야미 뭉
긔닷 머구리 웃닷 길희 메이고 골목의 막혀 동대문으로 나논 쟈논

4　‘업듸다’는 현대국어 ‘엎드리다’의 준말인 ‘엎디다’에 해당하는 옛말이다.

이 〈17xx국조고사, 26a〉

　미쯘을 졸니미고 헛튼 머리 귀밋퇴 느러지고 비 갓튼 든는 눈물 옷지시 사뭇 져져 분간할 슈 업다 {업더지며 잡바지며} 션인 쯔라가며 우논 소리 스룸은 못볼네라 동늬 남여노소 업시 눈니 붓게 울고 〈1909심청젼(김동욱소장본), 54b〉

　{업쩌지며 잡바질} 졔 셔운찬케 가량이면 몃날 몃칠 될 줄 모를네라 〈열여춘향수졀가上, 45ㄴ〉

　초미쯘 졸나미고 초미폭 거듬거듬 안고 훗트러진 머리털은 두 귀 밋퇴 느리오고 비갓치 흐르난 눈물은 옷시 사뭇츤다 {업더지며 잡바지며} 붓들어 나갈 졔 〈심청젼上, 29ㄱ〉

　임씨 어머니가 그 말이 근리ㅎ야 경황 업시 집힝이를 집고 {업드러지며 잡바지며} 울며 불며 읍늬를 드러가 원졍여부 업시 리시찰 좌긔ㅎ고 잇눈 압으로 한다름에 니르러〈1911화의혈, 20〉

　그이가 그것을 보고 시방 {업허지며 잡바지며} 안달박달 달아오렷다 ……… ??〈1923지새는안개(현진건), 040〉

　'아이쿠' 하고 넘어지고 그 외의 서너 사람이 아이쿠 지쿠하며 {어퍼지고 자빠지니} 그 나마지 사람들은 일시에 와하고 몰려 나려갓다. 〈1939임거정(홍명희), 143〉

　위의 예에서 보는 바와 같이 '업더지다'는 '앞으로 넘어지는 동작'을, '잡바지다'는 '뒤로 넘어지는 동작'을 나타내면서 비교되고 있다.

3. '자빠지다'와 관련된 어휘

현대국어에서 '잦다, 젖다'는 '뒤로 기울다'의 의미를 갖는다. '잦히다, 젖히다'는 '잦다, 젖다'의 사동사로 쓰이고 있다. 『國漢會語』에는 '잣다'가 '背後屈'(뒤로 젖히다)란 뜻으로 나온다.

잦다 – 「동사」【…으로】「004」 뒤로 기울다.
젖다 – 「동사」【…으로】「006」 뒤로 기울다.
잦–히다 – 「동사」【…을 …으로】「002」 '잦다'의 사동사.
젖–히다 – 「동사」【…을 …으로】「001」 '젖다'의 사동사.

등에 업은 아이가 뒤로 자꾸 {잦아서} 힘이 들었다. 〈우리말샘〉
잣다 背後屈 〈1895국한회어, 250〉
고개를 뒤로 잦히다. 상체를 뒤로 {잦혀} 보아라. 〈윤흥길, 장마〉
나뭇가지를 잡아 뒤로 젖히다. 의자를 뒤로 젖히다.

'졋다'는 '젖히다, 뒤로 기울어지다'의 의미를 갖는다. '졋다'를 〈고어대사전〉에서 찾아 예들을 제시하면 다음과 같다. 사동사로 '졋티다'가 쓰이고 있다. 이미 중세국어에 '졋다'가 쓰이는 것으로 보아 '졋바지다'에서 '졋바'는 '졋-'에서 기원한 것으로 보인다.

졋다[5] : 젖히다, 뒤로 기울어지다.(仰)

---

5   〈우리말샘〉에서 '잦다, 젖다'와 관련된 어휘로는 다음과 같은 어휘가 있다. 이러한 어휘를 통해서 보면 동사 '잦다'는 '뒤로 기울다, 뒤로 젖히다'의 기본적인 의미를 갖고 있다.

겻티다[6] : 젖히다, 뒤로 기울이다.

겻드르다 : 자빠지다

과굴이 허리 알파 굽도 {겻도} 몯ᄒ거든 (卒腰痛不得俛仰,)⟨구간 2:43b⟩

쳇불관을 {겻게} 쓰고 쟝쥭을 빗기 물고 ⟨대매1909.3.27.⟩

숭릉 ᄎ취코 젼립을 곡뒤예 {겻티고} 모막대 넙히 ᄉ세고 고개예 채 올라가 ⟨충수–서울 8:31b⟩

더옥 놀라 업드르며 {겻드르며} 외당으로 내ᄃ라⟨옥지–연세 3:42⟩

한편, '자빠지다'는 자동사인데 비하여, '자빠뜨리다, 자빠트리다'는 타동사로서 기능한다. 국어 자료에서 '자빠뜨리다'는 주로 19세기 말에서 보이기 시작한다. '자빠뜨리다'와 유의어로 '잡바티다'도 보인다. 여기서 '-뜨리다, -트리다'는 '강조'의 뜻을 더하는 접미사로서 '깨뜨리다. 밀어뜨리다. 부딪뜨리다. 밀뜨리다. 쏟뜨리다. 찢뜨리다' 등과 같은 예에서 볼 수

젖다듬다 「001」 「동사」 「북한어」 뒤로 젖혀지게 다듬다. 굽은 나무를 젖다듬다.《선대》

잦-다듬다 「001」 「동사」【…을】구부러진 것을 반대로 잦히어 다듬다.

걷어젖다 「001」 「동사」「북한어」 쓰고 있거나 덮은 것을 걷어서 뒤로 젖히다.

잦-뜨리다 「001」 「동사」【…을 …으로】힘을 들여 뒤로 잦히다. 비슷한말 - 잦-트리다, 젖-뜨리다, 젖-트리다.

고개를 힘껏 뒤로 잦뜨려 뒤를 보았다.

굵은 대나무 가지를 겨우 잦뜨려 새끼줄로 매어 두었다.

나는 환자가 엄살을 떨 여유를 주지 않고 겸자에 힘을 가하여 신경까지 먹어 들어간 어금니를 잽싸게 잦뜨렸다. ⟨윤흥길, 비늘⟩

6   이형태로 '잣치-, 쟈치-, 져치-, 겨티-, 겻치-, 졔치-'가 있다.

있다.[7] '자빠지다'와 '자빠뜨리다'의 관계에서도 '자빠-'가 어근임을 알 수 있다.

자빠-뜨리다 「동사」「001」 자빠지게 하다.
　　그 동리 사름 세명이 쫏츠가 본즉 엇던 사름 두 명이 잇는 고로 붓드러 짠족을 쳐셔 {잡바드리고} 잡으니 그 두 명이 도로혀 으르눈지라 〈독립신문, 1899년 6월 19일 월요일 제4권 제137호〉
　　안승학은 (중략) 순경의 머리채를 휘여 잡어서 {자빠트리고} 배를 타고 올라 앉었다. 〈1933고향(이기영), 432〉
　　그날 밤 계숙이는 경자를 떠밀어 방바닥에다 벌떡 {자빠뜨리고} 배를 깔고 앉어서 〈1933영원의미소(심훈), 198〉
　　『또 방안에 {잡바테놓구도} 없다구 하는디 누구 알우. 방에 없스문 데불이 그 년놈이디요. 멀』하고 떨리다 못해 엄없는 소리로 이렇게 이엇다. 〈1933사흘굶은봄*달, 164〉

'자빠지다'의 의미를 알 수 있는 어휘로는 '나가자빠지다, 나자빠지다'를 들 수 있다. 이 어휘의 뜻을 보면 '뒤로 넘어지다'의 뜻을 갖는데 이는 '자빠지다'의 본래의 의미를 여전히 갖고 있는 것으로 보인다.[8]

나가-자빠지다 「동사」【…에】【…으로】「001」 뒤로 물러나면서

7　　『우리말샘』에서 '자빠뜨리다'의 방언형을 제시하면 다음과 같다.
　　　자빨-트리다(경남), 자빠-뜨레다(경북), 자파-트레다(경북), 자파-트리다(경북), 자빠-치다
　　　(전남), 자빠라-치다(전남), 자빨-씨다(전남), 자빨-치다(전남), 자뿌-치다(전남), 자뿌라-치다
　　　(전남), 쟈뿌라-티다(평북), 쟈삐테-놓다(평북), 대뱃-질그다(함남)
8　　처-자빠지다 「동사」「001」 '자빠지다'를 속되게 이르는 말.

넘어지다.

　나–자빠지다「동사」【…에】【…으로】「001」뒤로 물러나면서 넘어지다.

　어떤 꼬마 하나가 붙잡히게 되니까 거기 논바닥에 번듯이 {나가 자빠지더라는} 것이다. 〈황순원, 곡예사〉

　권만길은 엉거주춤 일어서다 말고 방바닥에 털썩 {나자빠지고} 말았다. 〈문순태, 타오르는 강〉

　'자빠지다'와 관련된 어휘로 형용사 '잣바듬하다'가 '뒤로 넘어질 듯이 비스듬하다'의 의미를 갖는다, 부사로 '잣바듬히'가 있다. 최초의 국어사전인 『국한회어』에는 '잣바듬'이 '반 구부림'이란 뜻을 가진 명사로 등재되어 있다.

　　잣바듬 半沛〈1895국한회어, 250〉
　　잣바듬–하다[9]「형용사」「001」뒤로 넘어질 듯이 비스듬하다.
　　잣바듬–히「부사」「001」뒤로 넘어질 듯이 비스듬히.
　　그 의자는 {잣바듬하여} 앉을 수가 없었다.
　　그 선비는 몹시 취한 듯 갓을 {잣바듬히} 쓰고 비틀걸음을 걸었다.
　　즉시 방물 보굼이를 머리 우에다 {잡바듬ᄒ게} 뒤집어 이고 혼편 활기깃을 휘리휘리 치며 슈표다리 북천변으로 드러셔더니 남해평 디문 집으로〈1911월하가인, 14〉
　　수십여 수(樹)가 (중략) {잣바듬히} 몸을 젖히며, 유연하게 허공을 휘감으며,〈최명희, 혼불, 1996, 3, 284〉

9　자빠듬–하다「형용사」「001」뒤로 넘어질 듯이 비스듬하다. ⇒규범 표기는 '잣바듬하다'이다. 참고 어휘 젖버듬–하다

4. '자빠지다'의 방언형

'자빠지다'의 전국적인 방언형을 『한국방언검색프로그램』에서 제시하면 다음과 같다.

다배지다 〈함경〉, 대배지다 〈함남〉〈황해〉〈경상〉, 디베지다 〈함남〉〈함경〉, 다배디다 〈함북〉[종성, 회령], 다배지다 〈함북〉〈함남〉, 대배지다 〈함북〉〈함남〉, 디베지다 〈함남〉[정평], 자빠라지다 〈경남〉〈평남〉, 쟈뿌라디다 〈평북〉, 자뿌라디다 〈평북〉, 자빠지다 〈제주〉[전역], 자빠디다 〈평북〉〈함북〉[회령, 무산], 쟈빠디다 〈함북〉[종성], 쟈빠지다 〈함북〉[경흥, 경원], 넘어지다 〈함북〉[길주, 명천, 경성, 청진, 무산], 어프러지다 〈함북〉[경성, 온성, 종성, 회령, 무산]

'넘어지다'의 전국적인 방언형을 『한국방언검색프로그램』에서 제시하면 다음과 같다.

구불어지다 〈경남〉, 꾸부러지다 〈경남〉, 느려지다 〈제주〉[전역], 나려지다 〈제주〉, 너머진다 〈경남〉〈전남〉〈제주〉, 넘어디다 〈평안〉〈함북〉, 넘어지다 〈경남〉[남해, 양산]〈제주〉[전역], 넘치다 〈제주〉, 넝쿠티리다 〈경남〉[하동], 대배지다 〈함북〉, 번저지다 〈함북〉, 부더지다 〈제주〉[전역], 어쩌진다 〈경남〉, 어푸러지다 〈평북〉〈전남〉, 어푸진다 〈경남〉, 엎어지다 〈경남〉[울산(울주), 양산], 엎우진다 〈경남〉[창원], 자빠라지다 〈경남〉〈전남〉[담양, 화순], 자빠지다 〈전남〉[전역]〈경남〉[거창, 사천, 함양, 산청, 합천,

양산, 함안, 통영, 거제, 진주, 하동, 창원]〈경남〉〈전남〉, 자뿌라지다 〈전남〉[담양, 나주, 신안], 폳다 〈제주〉

『한국방언검색프로그램』에서 '자빠지다, 자빠라지다, 자뿌라지다' 등을 확인할 수 있다. 또한 그 외에 『한국구비문학대계』나 문학작품에서 '자뿌라지다, 자빠라지다, 자뿌치다, 자빠치다, 자뿔치다' 등을 검색하여 제시할 수 있다. 완판본 『열여춘향수절가』에서는 '잡바라지다'가 쓰이고 있다.

> 한참 이리 할 제 한 농부 썩 나셔며 담부 먹시 담부 먹시 갈명덕
> 숙예 쓰고 두던의 나오더니 곱돌조디 넌짓 드러 쏭뭉이 더듬쩌니
> 가죽 쌈지 쩨여 놋코 담비의 셰우 침을 밧터 엄지가락이 {잡바라
> 지계} 비빗 비빗 단단이 너허 집불을 뒤겨 노코 화로의 푹 질너 담
> 부를 먹난듸 농군이라 ᄒ난 거시 디가 쌕쌕ᄒ면 쥐식기 소리가 나
> 것다 〈열여춘향수절가下, 26ㄴ〉
> "어디서 뭣 ᄒ고 {자뿌라져} 있었간듸 여태 기별이 없었댜?"
> 〈1989타오르는강(문순태), 229〉
> 뒤로 벌렁 {자빠라진} 놈, 앞으로 납작 엎드리어 고꾸라진 놈,
> 〈최명희, 혼불, 1996, 9, 202〉
> 돌을 {자뿌쳐부리면}(넘어뜨려 버리면) 광사리가 피해를 보고,
> 〈한국구비문학대계6-10, 전남화순군편, 81〉
> 독그륵 속에가 들었는디 이 독그륵을 {자빠쳐야} 먹을 것이 나
> 오겄는디 어떠코롬 혀서 {자빠칠} 것이냐 허고 인자 독그륵을 {자
> 빠칠라고} 시방 쥐가 수십 마리가 와서 〈한국구비문학대계5-5, 전
> 북정주시·정읍군편, 42〉

이들 방언 '자빠라지다, 자뿌라지다'는 '자빠지다'와 '고꾸라지다'가 혼태된 것으로 보인다. '자빠뜨리다'와 '자빠치다'의 경우도 '자빠- + -뜨리다'와 '자빠- + -치다'로 분석이 되기 때문에 어근으로는 '자빠-'가 분석이 되는 셈이다. 그러니까 중세국어의 '졋바 눕다'에서 '졋바'는 현대국어에서 '자빠-'로 여전히 실현되고 있다. 이렇게 볼 때, '자빠지다'의 경우도 비록 복합동사로 출발을 했지만 '자빠- + -지다'와 같이 '-지다'를 접미사로 볼 수도 있을 것이다.

'자빠지다'가 많이 사용되다보니 '자빠라지다'와 같은 혼태형도 생기고, 드디어 조동사로 변화하는 용법까지도 갖게 되었다.

5. '자빠지다'의 조동사 용법

하나의 어휘가 조동사로 변화하는 과정은 이미 일상적으로 많이 쓰이는 동사가 화자의 태도를 나타내는 기능으로 발전하고 있음을 보여준다. '먹어 버리다, 내버려 두다, 해 쌓다' 등의 구성에서 조동사의 기능을 알 수 있다. 일상어가 보여주는 특징 중의 하나는 자주 쓰이는 어휘의 조동사화이다.

동사 '죽다'가 보조형용사로 쓰이면 '(형용사 뒤에서 '-어 죽다' 구성으로 쓰여) 앞말이 뜻하는 상태나 느낌의 정도가 매우 심함을 나타내는 말.'의 뜻을 갖는다. 예를 들면 '이뻐 죽겠다, 배고파 죽겠다. 힘들어 죽겠다. 고마워 죽겠다.' 등에서 주로 쓰인다. 한편으로 '몸매가 죽인다.(좋다), 목소리가 죽인다.(곱다), 얼굴이 죽인다.(아름답다)' 등에서와 같이 '죽이다'는 사동사인데 일상어에서는 실제로 형용사적 용법으로 쓰이고 있다. 이 경우에도 보조형용사의 용법에서 유추되었을 것으로 생각한다.

완판본 『열여춘향수절가』에는 '와겨소?'가 나온다. 실제로 전라 방언에서 '와겠소?'로 표현된다. 여기서 '와겠소'는 '오아 겨다'의 구성을 갖는다. 존재와 존대를 나타내던 동사 '겨다'가 조동사로 쓰이면서 '오아 겨다'의 구성을 갖게 된 것이다. 이는 '겨다'에서 '겨시다'가 되어 중세국어에서도 '겨시다'가 쓰이기 때문에 아주 오래된 전라 방언인 것이다. 따라서 일상적으로 쓰이던 어휘가 조동사화라는 변화과정을 겪은 것이다.

전라 방언에서는 '넘어지다'보다는 '자빠지다'를 많이 쓴다. 사실 '넘어지다'와 '자빠지다'는 그 의미가 다르다. '자빠지다'는 '옆으로 넘어지다'는 뜻을 갖는다. 그래서 약간 부정적인 의미를 포함하고 있다. '자빠져 자라.'의 예에서와 같이 동사를 비하하는 표현에 쓰는 경우가 있다. 또한 '자빠지다'가 그냥 '넘어지다'의 의미를 벗어나, 말하는 사람의 심리적 태도를 나타내는 보조용언으로 쓰이게 되었다. 그런 이유로 '놀고 자빠졌네, 지랄허고 자빠졌네, 매럽는 소리허고 자빠졌네'와 같이 조동사 구성에서 쓰이고 있다. '자빠지다'를 오랜 세월 써오면서 지역민들의 정서가 반영되어 비하하는 뜻을 가진 동사로도, 이어서 비하하는 표현에서 보조동사로도 쓰이게 된 것이다.

전북에서는 '자빠지다'를 오랫동안 써오면서 다음과 같이 관용표현으로도 사용하게 되었다. '자빠지다'란 동사를 비하하는 표현에 쓰는 경우가 있다. 또한 '자빠지다'가 그냥 '넘어지다'의 의미를 벗어나, 말하는 사람의 심리적 태도를 나타내는 보조용언으로 쓰이게 되었다. '자빠지다'는 어른한테는 잘 쓰이지 않고 주로 아이나 제3자에게만 쓴다.

자빠-지다 「007」「보조 동사」(동사의 '-고' 활용형 다음에 쓰여) '있다'를 속되게 이르는 말.

　구신 씬나락 까먹는 소리 허들 말고 빨리 {자빠져} 자라.(*넘어 져 자라)

　저 사람 놀고 자빠졌네.(있네, 앉았네, *넘어졌네), 지랄허고 자빠 졌네.(있네, 앉았네, *넘어졌네), 매럽는 소리허고 자빠졌네.(있네, 앉 았네, *넘어졌네)

　20세기 초의 자료를 보면 '말라 자빠지다, 놀라 자빠지다, 죽어 자빠지 다' 등의 표현이 나오는데 이때는 이미 '자빠지다'가 보조동사로 기능한 다고 볼 수 있다. 1930년대의 자료에는 '놀고 자빠지다'와 같이 조동사나 '자빠져 자다'와 같이 비유적인 표현이 등장하고 있어 이런 유형이 일반 화되었음을 볼 수 있다. '자빠져 자다'는 '누어서 자라'는 뜻이 아니다. 한 쪽에서 조용히 하고 자라는 뜻이다. 비속어적인 표현으로 이미 관용적인 표현으로도 사용되고 있음을 보여준다.

　중세국어에서도 주로 의학서에 나타나서 아픈 사람의 경우에 주로 쓰 이고 있다. 다음의 예에서도 '병든 사람이 자빠져 눕다'의 예가 나오는데 이런 예에서 '자빠지다'는 부정적인 의미를 갖게 된 것으로 보인다.

　病혼 사ᄅ미 {졋바디여} 누워 홨시우를 베오 〈1466구급방, 상, 61b〉

　실제로 신소설에서는 '말나 잣바지다, 놀라 잣바지다, 죽어 잣바지다' 가 나오는데 이는 '잣바지다'가 원래의 뜻을 벗어나 부정적인 표현을 갖고 있는 것이다. 그래서 조동사적 용법으로 쓰인 것이다. '가만히 잡바지다'의 경우에도 '가만히 있다'의 부정 표현이다.

(김) 쓸쓸 옛기 밋친 년 그 짜위 년다려 마마 마마가 다 무엇 {말나 잣바진} 것이냐 그 년이라고 흐지 〈1911치악산, 하:39〉
리협판이 급히 그 편지를 바다 반씀 나리 보다가 엽헤 ᄉ룸이 {놀나 잣바지게} 소리를 지르며 통곡이 나온다 〈1912현미경, 82〉
(갑) 그 찌 쇼인 등이 청심환을 사 가지고 분나케 나가 보온 즉 쏘쇠어미는 잔디밧헤 가 {죽어 잣바졋습는데} 여호와 다른 산 금싱들이 반이나 넘게 쓰더 먹엇습고 〈1912현미경, 237〉
칼을 다시 집어들고 {죽어 잡바진} 송장을 후려치고 돌쳐 ᄂ가니 그 날은 사월 열이레 날이라 누루수룸한 달은 서쳔에 〈1908귀의성(하), 120〉
「됴」 응^ 무엇이야^ 몸조심을 흐고 되야 가는 것을 보아 쇠불알 쩌러지기만 바라고 {가만히 잡바졋스면} 일이 다 잘 될가^ 네가 만일 이러케 가만히 잇스면 세상에서 너를 사룸으로 〈1912재봉춘, 192〉

다음 구어체 소설인 신소설의 속담에서 보는 바와 같이 '잡바지다'는 '뒤로 넘어지다'를 의미를 분명히 보여주고 있다.

안이 되는 놈은 {잡바져도 코가 ᄶ아진다고} 정길이 일이 졈졈 억쳑이 되노라고 〈1908빈상셜, 118〉
안이 되는 놈은 {잡바져도 코가 쌔진다고} 달고 나셔기가 어렵지 〈1912홍도화(하), 80〉

속담의 신슈 그릇년은 {잡바져도 코가 끼진다구} 욕을 면호랴고
나셧더니〈1913한월下, 62〉

따라서 '자빠지다'는 중세국어에서부터 쓰인 오래된 지역의 방언이기
때문에 그 부정적인 뜻을 이용하여 조동사로 발전하게 되었고, 또 '자빠져
도(뒤로 넘어져도) 코가 깨진다'와 같은 부정의 뜻을 가진 관용표현이 발달
하게 된 것이다.

6. '디다'가 연결되는 복합동사의 유형

복합동사가 되는 과정은 조금씩 다르지만, 복합된 결과로 나타난 어휘
는 '넘어지다, 업더디다, 쓰러지다, 거꾸러지다' 등을 들 수 있다. 이들 어
휘의 예를 제시하기로 한다.

1) 넘어지다

18세기에 나타난 '넘어지다'가 중부지역에서 사용되면서 그것이 20세
기에 와서 표준어로 자리하였다.

> 너머딜 궐, 僵也, 跌也 (蹶)〈자주 상:45a〉
> 너머딜ㅅ 강, 仆也, 偃也 (僵)〈자주 상:45a〉
> 너머질 겁, 躓蹶也 (跲)〈자주 상:45a〉
> 僵也, 너머질 궐; 跌也, 실족할 궐(蹶)〈자석 하:79b〉

너머지단 말(躄)〈수호-연세 43b〉

너머지다(顚倒來)〈한담-신체 26a〉

그 겻히 죠고만 나모 패루롤 셰우고 두 편의 남글 버틔워 {너머
지지} 아니ᄒ게 ᄒ야시니 〈1765을병연행록3, 129〉

滑跌 huadie 믯그러 {너머지다} 〈1779한청문감1:32a〉

2) 업더디다

'업더디다'는 '서 있는 사람이나 물체 따위가 앞으로 넘어지다'는 뜻
으로 중세국어부터 나온다. 이 어휘는 구조상 '업드(업디)- + -어 + 디다'
가 연결된 구성으로 보인다.

王이 보시고 짜해 {업더디여} 우르시며 俱夷ᄂ 몰 고개롤 안고
우르시더라 〈1447석보상절3:34b〉

顚은 {업더딜씨오} 沛ᄂ 졋바딜씨오 〈1461능엄경언해5:32a〉

顚蹶ᄂ {업더딜씨라} 〈1461능엄경언해10:70b〉

顚 {업더딜} 뎐 〈1575광주천자문, 17a〉

蹶 {업더딜} 궤 一 흡 궐 〈1576유합초, 下55b〉

3) 쓰러지다

'쓰러지다'는 '사람이나 물체가 힘이 빠지거나 외부의 힘에 의하여 서
있던 상태에서 바닥에 눕는 상태가 되다.'는 의미를 갖는다. '쓰러지다'
는 15세기 문헌에 '쓰러디다'의 형태로 처음 나타난다. '쓰러디다'는 동사
'쓸-'의 활용형 '쓸어'에 다시 동사 '디다[落]'가 결합한 합성동사에서 비
롯된 것이다.

부르미 가지 부듯호몬 衆生의 깃븐 무수미 {쁘러디여} 부텨씌
向호 수오몰 니르시니라 〈1463법화경, 4, 138b〉
靡 {쁘러딜} 미 〈1576신유합, 下, 54b〉

4) 거꾸러지다

'거꾸러지다'는 '거꾸로 넘어지거나 엎어지다'는 의미를 갖는다. '거꾸
러지다'가 소급하는 최초의 형태는 15세기 문헌에 나타나는 '갓고로디다'
이다. 이 어휘는 '갓골-'에 부사 파생 접사 '-오-'가 결합하고 다시 '지다
(落)'가 결합하여 '갓ㄱ로디-'가 형성되었다. 이 형태가 다시 '·'의 원순
모음화로 ·〉ㅗ가 실현된 것이 '갓고로디-'이다.

네헨 구슬로 꾸뮨 幢이 {갓고로 디며} 〈1447석보상, 23:26b〉
魔王이며 제 귓것돌히 다 {갓고로 디니라} 〈1459월인석, 4, 14b〉
倒了 {것구러지다} 〈1790몽어유해上:20a〉

7. 결론

완판본 한글고전소설 『열여춘향수절가』, 『심청전』, 『유충열전』, 『장경
전』 등에 주로 쓰이는 '잡바지다, 잣바지다'는 완판본 『천자문』에서는 '즛
바지다'로 나타난다. '자빠지다'는 표준어이면서 전라방언이다. 문헌에서
는 중세국어에서부터 쓰이는 어휘로 주로 방언에서 많이 사용된다. 이 '자
빠지다'는 몇 가지 특징을 보인다.

'자빠지다'의 변천과정을 살펴보면, 중세국어에서 '졋바디다〉졋바지다〉*졋바지다〉잣바지다〉자빠지다'로 변화를 한 것이었다.(『국어어휘역사검색프로그램』참조) 중세국어에서는 '졋바 뉘이다, 졋바 누이다'가 쓰이고 있다. '졋바누다'(仰臥)와 '졋바누우다'(仰上)는 '자빠져 눕다'로 해석하고 '졋바누오다'(仰臥)는 '반드시 누이다'로 해석하며, '졋바누이다, 졋바뉘이다'(臥, 仰臥)는 '눕히다'로 해석하고 있다.(박재연·이현희, 2016) 대체로 '졋바 눕다'가 '仰臥'로 표기되므로, '졋바'는 '仰'의 의미를 갖는다.

『救急簡易方諺解』에서 '히즈 눕다'는 '(한쪽으로) 기대어 눕다'로, '졋바 눕다'는 '반드시 눕다'로 해석할 수 있다. 〈고어대사전〉에서 '히즈눕다' '側臥'로, '졋바 눕다'는 '仰臥'로 되어 있다. '히즈리다'의 활용으로는 '히즈려'가 주로 쓰이고 있다. 중세국어에서는 '히즈'로 활용되는데, 이는 '히즐다'가 기본형이었을 것으로 추정된다. '히즈리다'는 구개음화되어 '시즈리다'로도 표기된다. 문헌에서는 '歪靠'(왜고)로 표기되고 있는데 이 뜻은 '몸을 기울여 기대다, 바르지 않게 기대다'란 뜻이다.

중세국어의 '졋바 뉘이다, 졋바 눕다'의 구성에서 '졋바'의 어원을 살펴보면, 첫째로 '졋브다'로 볼 수 있다. '졋브 + -아'의 경우, '졋바'로 활용이 되었을 것이다. 둘째로, 기본형을 '졋다'로 보고 '-브-'는 파생접미사로 처리할 수 있을 것이다. 물론 품사의 차이는 있지만, '깃ㄱ다'가 '깃브다'로 변하는 현상과 관련이 있지 않을까 생각한다. 그러나 현대국어에서 '졋다, 잣다'가 쓰이고 있고, 또한 중세국어에서 '졋다'가 쓰이는 것으로 보아 그 기본형은 '졋다'에서 출발했을 것이다.

'졋바디다'는 주로 '업더디다'와 대조되어 쓰인다. 예문에서 '업더디다'는 '蹶, 顚, 覆, 俯'로, '졋바디다'는 '沛, 顚'으로 주로 쓰이고 있다. '자빠지다'는 '沛'로, '넘어지다'는 주로 '倒, 顚'으로 쓰고 있음을 알 수 있다. '업더디다'는 '업더 + 디다'의 구성이다. '업디다'가 기본형이다. '업더지다'는 '앞으로 넘어지는 동작'을, '잡바지다'는 '뒤로 넘어지는 동작'을 나타내면서 비교되고 있다. '졋바디다'는 '업더디다, 너머디다, 쓰러디다, 갓고로디다'와 의미상 차이를 보이면서 의미망을 형성하고 있다.

방언에서 '자빠지다'는 조동사로도 쓰인다. 이러한 이유는 '뒤로 넘어지다'의 뜻이 있기 때문에 주로 부정적인 의미를 갖게 되면서 비유적으로 쓰이게 된 것으로 보인다. 그리하여 화자의 태도를 나타내는 부정적인 조동사로 쓰이게 되었다.

완판본 한글고전소설에는 '잡바지다'와 같이 역사적으로 오래된 전라도 방언이 많이 쓰이고 있다. 이러한 방언에 대한 역사적 연구와 공시적 기술이 계속되어야 한다.

국립국어원(2007), 『어휘역사검색프로그램』, 한민족언어정보화 통합검색프로그램.

국립국어원(2007), 『한국방언검색프로그램』, 한민족언어정보화 통합검색프로그램.

국립국어원, 『우리말샘』.

박재연·이현희 주편(2016), 『고어대사전』, 선문대학교 중한번역문헌연구소.

유창돈(1964), 『이조어사전』, 연세대출판부.

이태영(1988), 『국어 동사의 문법화 연구』, 한신문화사.

이태영(2010), 『문학 속의 전라방언』, 글누림.

이태영(2011), 『전라북도 방언 연구』, 역락.

이태영(2012), 『국어사와 방언사 연구』, 역락.

이태영(2018), 「방언으로 본 전북」, 『전라도 천년 전북의 역사문화』, 전주시·전주역
　　　　사박물관, 전주학총서 43, 31-60.

이태영(2019ㄱ), 『우리 지역의 말과 문학』, 인터넷 강의.

이태영(2019ㄴ), 「지역 방언 어원 연구의 방향과 과제 - 전라 방언을 중심으로 -」, 『국
　　　　어사연구』 28, 93-115.

이태영(2019ㄷ), 「완판본 『열여춘향수절가』의 등장인물 '상단이'에 나타난 문화사」,
　　　　『세계 방언학의 풍경 - 여수이상규교수정년기념논문집』, 태학사, 223-
　　　　246.

이태영(2021), 『완판본 인쇄·출판의 문화사적 연구』, 역락.

전라북도(2019), 『전라북도 방언사전』.

제8장	완판본 한글고전소설의 전라 방언과 시대성

1. 완판본 한글고전소설의 언어

전라북도 전주에서 발간한 완판본 한글고전소설은 서울과 안성에서 발간한 경판본과 특히 언어에서 큰 차이를 보인다. 국어사전에 나와 있는 것처럼 완판본에는 전라 방언이 많이 쓰이고 있고 경판본에서는 방언이 전혀 보이지 않는다.

완판본(完板本)「001」조선 후기에, 전라북도 전주에서 간행된 목판본의 고대 소설을 통틀어 이르는 말. 전라도 사투리가 많이 들어 있어 향토색이 짙다. 〈표준국어대사전〉

왜 이처럼 완판본에는 전라 방언이 쓰이고, 경판본에는 방언이 쓰이지 않은 것일까? 완판본은 처음부터 독자를 전라도 사람을 염두에 두고 발간하였기 때문이다. 반면에 경판본은 식자층을 염두에 두고 발간된 것으로 이해된다.[1]

이처럼 완판본 한글고전소설은 글꼴이 해서체(정자체)로 되어 있고, 전라 방언이 많이 사용되었기 때문에 한자나 한문을 모르는 많은 소시민들이 한글고전소설을 쉽게 읽을 수 있었다. 특히 일제강점기에는 한글고전소설을 통하여 한글을 익히는 교재로 삼기도 하였다.

19세기 초기부터 20세기 초기까지 약 120여 년의 특정지역 방언 현상을 집중적으로 보여주는 자료는 매우 드물다. 완판본 한글고전소설과 필사본 고전소설, 판소리 사설 등은 어느 지역에서도 찾아볼 수 없는 많은 자료를 통하여 당시의 생생한 전라도 언어(방언) 현상을 보여주고 있다.

완판본 한글고전소설이 보여주는 방언의 특징은 원본이 어느 지역에서 쓰였느냐에 따라서 해당 지역의 방언을 보여주고 있다. 예를 들면『열여춘향수절가』와『심청전』, 그리고『토별가』는 남원의 동편제 판소리 사설을 기반으로 출판되었다.[2] 따라서 남원지역어가 많이 발견된다. 특히 경남이나 전남과 접촉방언들이 많이 발견되는 특징을 보인다. 완판본『소대성전』(하권『용문전』)은 전북의 서쪽에서 쓰였을 가능성이 매우 높다. 전북

---

1   사실 완판본과 경판본 한글고전소설에서는 한자어가 압도적으로 많다. 그 이유는 판소리가 무가에서 나왔고, 주로 양반층에서 즐기던 사설이었기 때문에 그들의 기호에 맞는 중국의 고사성어가 많이 등장한다.

2   섬진강을 중심으로 전라도 동부지역에 전승되는 소리를 동편제라고 한다. 동편제 소리는 가왕이라 불리는 송흥록(宋興綠, 1801 ~ 1863)의 법제가 전승되어 온 것이다. 송흥록의 소리는 아우 송광록(宋光綠)과 송흥록의 수제자인 박만순(朴萬順)에게 전승되었다. 송광록의 소리는 그의 아들 송우룡(宋雨龍)에게 전승되었고, 송우룡의 소리는 송만갑(宋萬甲), 전도성(全道成), 유성준(劉聖俊), 이선유(李善裕), 송업봉(宋業奉) 등에게 전승되었다.(『한국민족문화대백과사전』참조)

지역의 서쪽에서 주로 쓰이는 문법형태소가 발견되고 있다. 완판본『홍길동전』도 역시 전북지역의 서쪽에서 쓰이는 문법형태소가 많이 사용되고 있다. 특히『홍길동전』에서는 전남과의 접촉지역에서 주로 사용되는 혼태현상이 보이기도 한다. 한편『정수경전』은 발음의 유형으로 볼 때, 충남과 가까운 전북 지역에서 쓰였을 가능성이 높다.

이처럼 완판본 한글고전소설이 보여주는 방언을 통하여, 우리는 19세기와 20세기 초 전북 지역에서 사용된 방언의 체계적 특징을 이해할 수 있을 뿐만 아니라, 각각의 한글고전소설이 어느 지역의 방언을 반영하고 있는지를 확인해 볼 수 있어서 판소리의 체계를 이해하는 데도 도움이 된다. 또한 방언이 가지는 구어적인 특성을 파악하는 데도 크게 도움이 될 것이다.

완판본 한글고전소설은 '구개음화, 전설고모음화, 움라우트, 원순모음화' 등과 같은 대표적인 음운현상에서 현재의 전북 방언과 전혀 다를 바가 없다. 이와 같이 한글고전소설에 쓰인 방언의 음운현상을 통하여 당시 전라도의 언어인 전라 방언이 구어적인 특성을 가지고 쓰이고 있었음을 확인할 수 있다.

- ㄱ구개음화(입천장소리되기) : 김-짐, 길-질, 길게-질게, 기르다-질르다, 기침-지침, 곁에-젙에, 김제-짐제, 짐게(전북 방언)
- ㅎ구개음화 : 혀-셔, 힘-심, 형님-성님, 혜다-세다, 흉악한-숭악한(전북 방언)
- 전설모음화 : 스물-시물, 쓰레기-시레기, 벼슬-베실, 벼실,

보습-보십, 이슬비-이실비, 쇠스랑-쇠시랑(전북 방언)

- 움라우트(ㅣ모음 역행동화) : 아비-애비, 고기-괴기, 안기다-
앵기다, 밥이-뱁이, 속이다-쇡이다, 곰곰이-곰굄이, 참빗-
챔빗(전북 방언)
- 원순모음화 : 거미-거무, 호미-호무, 나비-나부, 파리-포
리, 먹다-묵다(전북 방언)

완판본 한글고전소설에 보이는 전라 방언의 어휘와 문법형태소를 통
하여 우리는 시대성과 역사성을 파악할 수 있다. 조선 후기의 전북의 방언
적 특징을 살펴 볼 수 있고, 이들 방언을 토대로 전북 방언의 어휘가 그 시
대의 특징을 어떻게 나타내고 있는가를 이해할 수 있을 것이다.

이 글에서는 전라 방언이 많이 보이는 『열여춘향슈절가』, 『심청전』,
『퇴별가』, 『소대성전』, 『홍길동전』, 『정수경전』 등의 자료를 중심으로 조
선 후기 전라 방언의 특징을 개괄적으로 살펴보고자 한다.

2. 완판본 한글고전소설의 음운 현상

완판본 한글고전소설에 나타나는 대표적인 음운 현상은 '구개음화, 전
설고모음화, 움라우트, 원순모음화' 등이다. 이러한 특징은 전북 방언의
공시적인 음운 현상과 매우 일치하는 모습을 보이고 있다. 이러한 음운현
상을 통하여 조선 후기에 쓰인 전북 방언의 구어적 특성을 이해할 수 있
다. 이미 최전승(1986)에서는 완판본 한글고전소설과 판소리 사설에 나타

난 여러 음운현상을 정밀하게 연구한 바 있다.

2.1. 구개음화(口蓋音化)

'구개음화'는 '입천장소리되기'로 경구개음화(硬口蓋音化)라고도 불린다. 끝소리(종성)가 'ㄷ, ㅌ'인 형태소가 모음 'ㅣ' 또는 반모음 'ㅣ[j]'로 시작되는 형식 형태소와 만나면 그것이 구개음 'ㅈ, ㅊ'이 되거나, 'ㄷ' 뒤에 형식 형태소 '히'가 올 때 'ㅎ'과 결합하여 이루어진 'ㅌ'이 'ㅊ'이 되는 현상을 말한다. '굳이'가 '구지'로, '같이'가 '가치'로, '굳히다'가 '구치다'로 되는 것 따위이다.

한글고전소설에 나타나는 전북 방언의 구개음화는 'ㄱ'이 'ㅈ'으로 변하는 'k구개음화'와 'ㅎ'이 'ㅅ'으로 변하는 'h구개음화', 'ㄷ, ㅌ'이 'ㅈ, ㅊ'으로 변하는 't구개음화'로 나눌 수 있다. '길>질, 기다리다>지다리다, 깊다>짚다'와 같은 'k구개음화'와, '힘>심, 혀>셔, 휘파람>쉬파람'과 같은 'h구개음화'가 많이 보인다. 구체적인 예를 들면 다음과 같다.

- 엉접결에(엉겹결에), 짚은(깊은), 겨을(겨울), 질구나(길구나), 젼티어선(견디다), 화짐(홧김), 질(길), 졑에(곁에), 질러내니(길러내니), 질게(길게), 지다릴제(기다릴제), 찌어라(끼어라), 치(티), −찔리(끼리), 심(힘), 세아리다(혜아리다), 성님(형님), 셔(혀), 슝악(흉악), 샹단(향단) 〈열여춘향수절가〉
- 질삼(길삼), 졋틔(곁에), 질너니여(길너내어), 질게(길게), 황천질(황천길), 면질(먼길), 집도다(깊도다), 젼디지(견디지), 슨쳐(그치다), 질(길), 지심(김), 홰찜(홧김), 집픠(깊이), 제우/체우(겨

우), 졉저고리(겹저고리), 짓거ᄒ다(기뻐하다), 직거(기뻐), 짐쌈
(김쌈), 치(티), 지달이다(기다리다), 옷지슬(옷깃을), 찌고(끼고),
셔(혀), 셰알리다(혜아리다), 쉬파람(휘파람), 숭호(흉한), 심(힘).
〈심청전〉

• 깁피(깊이), 진(긴), 질(길), 젼듸여, 심(힘). 〈퇴별가〉
• 깁퍼(깊다), 지다려(기다리다), 졀박ᄒ다(결박하다), 심(힘), 심쓰
고(힘쓰고). 〈홍길동전〉
• 졋틔(곁에), 졔우(겨우), 셰아리다(혜아리다), 지울이다(기울이
다), 깁피(깊이), 깁다(깊다), 질고질다(길고길다), 졔시다(계시
다), 지다리다(기다리다), 슝즁(흉중), 질리(길이), 졀우다(겨루
다), 졀단코(결단코), 진(긴), 심(힘). 〈소대성전〉

최전승(1986:121-130)에서는 완판본 한글고전소설에서 구개음화가 나
타나는 용례를 아주 자세히 제시하고 있다. 한자어의 경우에도 구개음화
현상이 활발한 것을 알 수 있다. 최전승(1986)을 참고하여 한글고전소설에
나타나는 용례 일부를 뽑아 제시하면 다음과 같다.

(k-구개음화) 젼디소(견디다, 수절가하, 1), 졉져고리(겹-, 수절가 상,
8), 옷짓(옷깃, 충열상, 37ㄴ), 지침(기침, 충열상, 27ㄴ), 직거ᄒ야(깃거-,
대봉상, 19ㄱ), 젼우며(겨누-, 소대성, 35ㄴ), 결혼(結婚, 조웅3, 6ㄱ), 졀
박(결박, 대봉상, 40ㄱ), 젹셔을(檄書, 장경 58ㄴ), 젹분ᄒ야(激憤, 조웅
3, 15ㄴ), 짐졔(金堤, 수절가하, 24), 졍치를(景致, 구운몽상, 4ㄴ), 졔명셩
이(鷄鳴聲, 조웅2, 22ㄴ), 졀단치(決斷, 장경, 35ㄱ), 젹양을(擊壤, 조웅1, 1
ㄱ), 졀핍ᄒ지라(缺乏, 초한상, 25ㄴ)

(h-구개음화) 숭악(凶惡, 수절가하, 28), 슝년(凶年, 조웅1, 15ㄴ), 슝즁

완판본 한글고전소설의 서지書誌와 언어

(胸中, 소대성, 5ㄴ), 션몽(現夢, 충열상, 19ㄴ), 션신(現身, 수절가하, 2), 셩
언(形言, 삼국지3, 34ㄴ), 셩용(形容, 장경전, 53ㄴ), 션판(懸板, 충열상, 9
ㄱ), 셩셰(形勢, 삼국지4, 26ㄴ), 실난(힐난, 수절가상, 26)

2.2. 전설고모음화(치찰음화)

'전설고모음화'는 '가슴〉가심, 쓰리다〉씨리다, 가루〉가리'와 같이 치
찰음이나 'ㄹ' 뒤에서 '으'모음이 '이'로 변화하는 현상을 말한다. '베개〉
비개, 세다〉시다'와 같이 '에'모음이 '이'모음으로 변화하는 현상도 포함
된다.

- 실픔(슬픔), 시럽다(스럽다), 구실(구슬), 하엿시니(하였으니), 시
  물(스물), 질길(즐길), 쇠시랑(쇠스랑), 질겁다(즐겁다), 칭칭(층
  층), 궂인(궂은), 목심(목숨). 〈열여춘향수절가〉
- 실하(슬하), 질거옴(즐거움), 이실(있을), 실푼(슬픈), 몹실(몹슬),
  잇시리(있으리), 무신(무슨), 시물(스물), 우심(웃음), 무룸씨고
  (무릅쓰고), 벼실(벼슬), 직시(즉시). 〈심청전〉
- 징세(증세), 업신니(없으니), 기리다(그리다), 실ᄒ(슬하), 안지면
  (앉으면), 몹실(몹슬), 무신(무슨). 〈퇴별가〉
- 직시(즉시), 왓시니(왔으니), 잇시니(있으니), 질그며(즐기다), 이
  르럿시니(이르렀으니), ᄒ여시되(하였으되), 잇실이요마는(있으
  리요마는). 〈홍길동전〉
- 씨다(쓰다), 칙양(측량), 잇실가(있을까), 나갓시니(나갔으니), 업
  시면(없으면), 안져씨니(앉었으니), 잇시리라(있으리라), 걸여씨
  니(걸렸으니), 구실(구슬), 징손(증손), 실피(슬피), 질기다(즐기

다), 질거하다(즐거워하다), 읍다(없다).〈소대성전〉

2.3. 움라우트(이모음 역행동화)

'이모음 역행동화'(異母音逆行同化)는 단어 또는 어절에서, 'ㅏ, ㅓ, ㅗ' 등의 후설모음이 다음 음절에 오는 'ㅣ' 또는 'ㅣ'계(系) 모음의 영향을 받아서, 전설 모음 'ㅐ, ㅔ, ㅚ' 등으로 변하는 현상을 말한다. 전북 방언에서 '맡기다'가 '맽기다'로, '녹이다'가 '뇍이다'로 발음되는 현상을 말한다.

- 귀경(구경), 허수애비(허수아비), 애미(어미), 맥혀(막혀), 이대지 (이다지), 깩끼다(깎이다), 지팽이(지팡이).〈열여춘향수절가〉
- 밋겨스니(맡겼으니), 듸린(드린), 믹키여(막히어), 믹겨(맡겨), 메기고(먹이고), 멕이고(먹이고).〈심청전〉
- 엠이(엄히), 귀경(구경), 부릐나이다(바라나이다), 싀이(사이), 염예호늬이다(염려하나이다).〈홍길동전〉
- 귀경(구경), 부쳬님(부처님), 믹기다(맡기다), 익기다(아끼다). 〈소대성전〉

최전승(1986:121-130)에서는 완판본 한글고전소설에서 움라우트가 나타나는 용례를 아주 자세히 제시하고 있다. 최전승(1986)을 참고하여 한글고전소설에 나타나는 용례 일부를 뽑아 제시하면 다음과 같다.

- 이비(수절가상, 26), 하리비(祖父, 초한하, 6ㄴ), 허수이비(수절가하 19), 돗치비(수절가상, 31), 이기씨(수절가 하, 31), 즤미(慈味, 심청

완판본 한글고전소설의 서지書誌와 언어

상, 15ㄴ), 싱면(相面, 수절가상, 44), 이미(蛾眉, 수절가상, 12), 직별(作別, 수절가상, 35), 치일(遮日, 수절가하, 35), 오직괴(수절가상, 5), 잔니비(초한상, 29ㄴ), 건데기(수절가상 9), 셈기기(조웅2, 14ㄱ), 쇠경(심청하, 21ㄴ), 퇴째(충열상, 6ㄴ), 싹딕기(수절가하, 36), 시양(辭讓, 수절가하 9, 충열하 40ㄴ), 뫼욕(沐浴, 풍운 3ㄴ), 뫼양(樣, 조웅 1, 20ㄴ)

- 시겨보면(刻, 수절가상 15), 싱키리요(삼키다, 초한상, 21ㄴ), 익길 이요(아끼다, 화룡 57ㄴ), 기가 미켜(막히다, 수절가 상 23), 믹길 사람이(맡기다, 삼국지4, 23ㄴ), 못 메기고(먹이다, 심청상, 6ㄴ), 기특이 네겨(여기다, 수절가하 18), 뇌인(놓이다, 충열상, 4ㄱ), 뵈이지(보이다, 충열상, 15ㄴ), 씨인 안기(쌓이다, 심청하 10ㄱ)

2.4. 원순모음화(圓脣母音化)

'원순모음화'는 양순음인 'ㅂ, ㅃ, ㅍ, ㅁ'의 뒤에 오는 'ㅡ'가 원순 모음인 'ㅜ'로 바뀌는 음운 현상을 말한다. 전라 방언에서는 '폴'이 '폴'로 변하는 '·〉ㅗ'로 변하는 원순모음화도 존재한다.

- 심운(심은), 높운(높은), 업운(업은), 나뿐(나쁜), 참우로(참으로), 아푸다(아프다), 짚운(깊은), 삼우며(삼으며), 거무(거미), 춤(침). 〈열여춘향수절가〉
- 나부(나비), 너부신(넓으신), 몬져(먼저), 몬쳐(먼저), 압푸(앞에), 읍푸(앞에), 아부(앞에), 아부지(아버지), 높푼(높은), 집푼(깊은), 이무(이미), 거문(검은), 을푼(읊은), 시푸던지(싶으던지), 싼부(따비). 〈심청전〉

- 뒤덥푸며(뒤덥으며), 압푸로(앞으로), 거룸(거름), 조븐(좁은), 굴
  문(굵은).〈퇴별가〉
- 눈압푸(눈앞에), ㅈㅈ흐무로(자자함으로), 잇스물(있음을), ㅈ부
  라(잡으라), 깁푼(깊은), 압푸(앞에), 나문지라(남은지라), ㅈ부시
  고(잡으시고), 너부신(넓으신), 아롬다온(아름다운), 갑푸라(값으
  라), 슬푸지(슬프지), 놉푼(높은).〈홍길동전〉
- 압푸(앞에), 아죠(아주).〈소대성전〉

2.5. 완판본 『퇴별가』의 음운현상

완판본 제목 '퇴별가라'는 당시의 전라도 방언인 '퇴끼'와 한자어 '별
주부'의 두 단어를 복합한 어휘이다. 그래서 '퇴별'이 만들어진 것이다. 또
한 제목에 나오는 '-라'는 이 소설이 낭송되었음을 뜻하는 구어체 종결어
미이다. 경판본과는 달리 완판본의 제목에는 제목의 끝에 '-라'가 붙는 게
특징이다.

완판본 『퇴별가』의 문체를 살펴보면 상당히 격식을 갖춘 언어를 사용
하고 있다. 격식적 어투가 보이는 이유는 이 소설의 내용이 궁중에서 일어
난 일을 소재로 군신간의 대화를 삼고 있기 때문이다.

이 책은 판소리 사설에서 유래하였기 때문에 전체적으로 사설에 쓰이
던 전라 방언이 다양하게 사용되고 있다. '엄식(음식)'과 같은 경상도 언어
와 종결어미 '-제'와 같은 전라도 남쪽의 언어가 뒤섞여 있다. 이를 통해
서도 동편제 판소리 사설임을 알 수 있다.[3]

---

3   완판본 『퇴별가』는 동편제 '수궁가'로 송우룡제 '수궁가'에서 이선유의 '수궁가'를 거쳐

무슨 {엄식} 중만ᄒᆞ야 디졉을 히야 ᄒᆞ졔〈완판토별가, 10ㄴ〉

2.6. 완판본『정수경전』의 음운현상

완판본『정슈경젼』(28장본)[4]의 내용은『정수정전』(鄭秀貞傳)이다. '정수
정'이라는 여장군이 등장하는 여성영웅소설이다. 표지 안쪽에『퇴별가』
가 인쇄되어 있는데 이를 보면 1898년경 이후로 추정된다. 글자체가 이미
소개된 글꼴과 완전히 다른 것으로 약간 흘려쓴 것이다.

'성'을 '승'으로 표기하고, '없다'를 '읍셔, 읍스니'로, '엇지'를 '웃지'
로 표기하는 고모음화 현상이 있는 것으로 보면, 익산이나 완주와 같이 충
청도에 가까운 곳에 사는 사람이 원고를 쓴 것으로 보인다.

> {승(성)은} 정이요〈정수경젼, 1ㄱ〉
> 일졈혈육이 {읍셔}〈정수경젼, 1ㄱ〉
> {웃지} 창연치 안이하리요〈정수경젼, 1ㄱ〉
> 무후할 이 {읍스니}〈정수경젼, 1ㄱ〉
> 부모의 효도 비헐 ᄃᆡ {읍는} 쳔싱ᄃᆡ효라〈정수경젼, 2ㄱ〉

가람본 '鼈兎歌'와 신재효 '퇴별가'의 계보를 잇고 있음을 알 수 있다. 따라서 신재효본
'퇴별가'는 송우룡제 '수궁가'와 가장 가깝다고 보고 있다.(이진호, 2014: 48-55, 81) 방언적
인 특징에서도 동편제 사설의 특징을 파악할 수 있다.

4   송나라 태종황제 시절 병부상서 겸 표기장군 정국공의 딸 수정의 영웅적인 행동을 그린
소설이다. 남편과 시어머니까지 굴복시킬 정도로 수정의 위세가 당당한 것이 주목되는
데 이 소설은 여성 독자를 의식한 작품이다. 즉, 불행이 닥쳤을 때 여성들이 소극적으로
만 대처해 그대로 감수하는 것이 아니고, 남장을 하고 과감하게 남성 세계에 뛰어들어
국가에 혁혁한 공로를 세우고, 또한 남편과 시어머니와 대등한 위치에 섬으로써 현실에
서 오는 맹종의 열등감을 해소하려 하였다.(『한국민족문화대백과사전』참조)

3. 완판본 한글고전소설과 어휘의 특징[5]

3.1. 『열여춘향수절가』의 어휘

『열여춘향수절가』에는 많은 어휘가 나온다. 『열여춘향수절가』의 어휘 중에서 역사적 특징을 보이는 어휘는 역사성을 서술하는 다른 글에서 다루기로 한다.

> 건전주름하다(가느스름하다, 간잔지런하다), 고닥기(금세), 곰슬(굼실), 궁기(구멍), 담부(담배), 담숙, 독미(돌매, 맷돌), 발심발심(발름발름), 발심발심ᄒ다(발름발름하다), 벼람박(바람벽), 복기다(볶이다), 불여수(불여우), 사나(사내), 상단이(향단이), 션아션아(서서히, 천천히), 아굴지(아구지), 어슥비슥(어슷비슷), 월넝월넝(울렁울렁), 입셜(입술), 지지기(기지개), 진드시(진득이), 짓거ᄒ다(기뻐하다), 초미(초매)(치마), 틔결(티끌), 홀여먹다(홀리다), 흔늘거리다(흐늘거리다), 흔늘흔늘(흐늘흐늘)

『열여춘향슈절가』에는 다음과 같이 전라북도에서 아주 많이 쓰이는

형용사와 부사가 보인다. 이들 중에서 몇 개를 서술하기로 한다.

> 간잔조롬하게, 고닥기, 션아션아(서나서나), 인자막(인자막새, 아까
> 막새), 한긋나게, 활신

1) 전라 방언 '간잔조롬하다/건전주름하다'

이 어휘는 '건전'이란 어근에 접미사 '-주름하다'가 연결된 것으로 표준어로는 '가느스름하다, 간잔지런하다'에 해당한다. 그 의미는 '조금 가늘다. 졸리거나 술에 취하여 위아래 두 눈시울이 서로 맞닿을 듯하다.'의 뜻이다. 채만식의 작품에 나오는 '갠소롬하다, 간소롬하다'와 뜻이 유사한 말이다.

> 춘향이 이 말 듯더니 고닥기 발연변식이 되며 요두절목으 불그
> 락 푸르락 눈을 {간잔조롬하게} 쓰고 눈겹이 꼭꼿하여지면셔 코
> 가 발심발심ᄒ며 이를 쏘도독 쏘도독 갈며 〈열여춘향수절가上,
> 37ㄴ〉
> "글안해도 {건전주름헌} 성님 눈에 잠이 따뿍 찼소. 혀도, 금세
> 출발명령 떨어질 것잉께 잠잘 생각이야 허덜 마씨요." 〈조정래, 태
> 백산맥〉

2) 전라 방언 '인자막'

전라 방언 '인자막'은 부사로 '말하는 시점을 기준으로 조금 전.'을 말한다. '인자'와 '막'이 결합한 복합부사여서 '인자막'을 '인자 막'으로도 많이 쓰고 있다.

"그러믄 {인자막} 물팍에 앉았던 애가 그것이 사람이 아녀."〈한 국구비문학대계5-4, 전북군산시·옥구군편, 174〉

"너 이놈들 {인자막} 호랭이 도망가는 것 봤냐?"〈한국구비문학 대계5-6, 전북정주시·정읍군편, 166〉

아 둘이 인자 활딱 벗고 {인자 막} 잘라고 드러눠.〈한국구비문 학대계5-4전북군산시·옥구군편, 245〉

"음, 그 {인자 막} 곰 한 마리 안 지나 가던가?"〈한국구비문학대 계5-6, 전북정주시·정읍군편, 295〉

'인자막'은 전라 방언에서 '시방 막'으로도 쓰인다. 이러한 구성은 시간을 나타내는 부사와 '막'이 어울려 '아까 막, 그때 막'과 같은 연어구성을 이루고 있다.[6]

"네, {시방 막} 나갔습니까?"〈1922환희(나도향), 255〉

"그래서 지 처와 함께 {시방 막} 당도했습니다요."〈1989타오르는강(문순태), 010〉

우레. 그거이 {시방 막} 이쁠 때라 기양 날로 씹어도 빈내 한나 안 나게 생겼등마는.〈최명희, 혼불, 1996, 4, 118〉

참, {아까 막} 내리자마자 희여멀건한 친구가 형을 찾았어. 〈1985짐승의시간(김원우), 427〉

{그때 막} 큰물이 나서 요천수에 붉덕물이 버얼그렇게 높은디, 〈최명희, 혼불, 1996, 4, 150〉

---

6   *'-일 때 막'의 형식으로 많이 쓰인다.
     밀릴 {때 막} 밀어붙였어야 되는데 이게 도대체 무슨 꼴이오.〈조정래, 태백산맥, 2001, 8, 244〉

{그때 막} 문지방을 넘어서고 있던 지필구의 입에서 '하' 소리가 나왔고,〈조정래, 태백산맥, 2001, 1, 301〉

전북에서 '인자막'은 '인자막시, 인자막새'와 같이 쓰이고 있다. '인자막'의 구조에서 유추되어 '아까막, 아까막새, 아까막시'도 쓰인다.

"{인자막시} 그게 뭔 소리다요?"〈윤흥길, 빛가운데로걸어가면, 1997, 1, 233〉

"아 {인자막시}(이제 금방) 그 일궁을 힜는디 그 사람이 어떤 사람이냐?"〈한국구비문학대계5-4전북군산시·옥구군편, 663〉

그런디 불효집은 불효가 되고 효자집은 효자가 나는 것이고 그리서 {인자막시} 헌 말이 그 말이여.〈한국구비문학대계5-7, 전북정주시·정읍군편, 37〉

"아 {인자막새}(이제 방금) 뭐라고 혔소?"〈한국구비문학대계5-4전북군산시·옥구군편, 540〉

"너 {인자막새} 여그 들왔다 갔냐?"〈한국구비문학대계5-7, 전북정주시·정읍군편, 638〉

"{아까막새}는 바쁜 소리 혼자 다허등마는, 왜 가는 사람을 붙들고 찐드기맹이로 놓들 안히여?"〈최명희, 혼불, 1996, 2, 25〉

"누님, {아까막새} 그 사람 갔어?"〈이병천, 모래내모래톱, 1993, 56〉

"{아까막시} 나가 쪼깨 그짓말을 혔구만."〈윤흥길, 빛가운데로걸어가면, 1997, 2, 83〉

"{아까막시} 길수네 엄니가 길수란 놈 찾니라고 우리집에 댕겨갔다."〈윤흥길, 소라단가는길, 2003, 92〉

3) 전라 방언 '활신'

국어사전에서 '활씬'은 부사로 '정도 이상으로 조금 넓게 벌어지거나 열린 모양.'을 말한다. 대체로 '옷을 활씬 벗다'의 구성에서 많이 쓰인다. 전라방언 '활씬'은 이미 최초의 국어사전인 『국한회어』에 등재되어 있다. 전라 방언에서는 주로 '훨씬, 활씬'으로 쓰인다. 주로 '꾀를 활씬 벗다'의 표현에서 많이 쓰이는데 '활딱'으로도 쓰인다.

{활신} 벗다 赤裸〈1895국한회어, 373〉

"아버이가 꾀를 {활신} 벗고 나를 업고 동산을 한번 올라갔다 내려와야 됩니다."〈6-1, 전남진도편, 166'〉

아비가 골이 나서 때려주려고 하면 옷을 {활씬} 벗고는 이것 보라고 하며 떠벌리고 나선다는 이야기가〈채만식, 병조와영복이, 1987, 490〉

불문곡직 달라들어 질질질 끄집어다 비오리 꾀를 {활씬} 벳겨서, 터럭이라고는 다 쥐어뜯고 뽑아내 민둥이를 맹길었다대.〈최명희, 혼불, 1996, 3, 296〉

인제 그양 {활씬} 빗겨 놨어.〈한국구비문학대계5-7, 전북정주시·정읍군편, 563〉

그래 즈그 장인이 꾀를 {훨신} 벗고 사우 되는 잠자는 앞에서,〈한국구비문학대계6-1, 전남진도편, 166'〉

그래서 인자 저녁 따악 일찍하이 해먹고는 꾀 {훨신} 벗고 이불 쓰고 드러누었단 말이여.〈한국구비문학대계6-1, 전남진도편, 606'〉

거리에가 꾀를 {활딱} 벗고 섰다 이 말이여,〈한국구비문학대계 6-1, 전남진도편, 080'〉

아 둘이 인자 {활딱} 벗고 인자 막 잘라고 드러눠.〈한국구비문
학대계5-4, 전북군산시·옥구군편, 245〉

3.2.『심청전』의 어휘

완판본『심청전』에는 '이러쳐로, 이러쳐롬, 픽각질, 벅금'과 같은 특징
적인 어휘가 보인다.

1) 이러쳐로, 이러쳐롬

'이러쳐로, 이러쳐롬'도 19세기 후기의 문헌에서 많이 보이는 예로 전
라북도의 방언임이 분명하다. 전북 방언을 보여주는『봉계집』(1894년)에
도 '이러최로'가 보인다.

> {이러쳐로} 군말ㅎ고 뒤청의 올나가셔 좌상의 안진 후의〈심청
> 전下, 30ㄴ〉
> 혼창 {이러쳐롬} 탄식할 제, 심쳥이 밧비 와셔 제의 부친 모냥
> 보고 짐작 놀니여〈심청전上, 19ㄴ〉
> {이러처럼} 하기ㅅ징을 생으로 내주는게 역시 불쑥 찾어오는
> '양복쟁이' 던것입니다.〈채만식, 천하태평춘, 1938:9, 332〉
> {이러최로}〈봉계집, 2ㄴ, 11ㄱ〉

2) 벅금

표준어 '거품'은 동사 '덮-'에 접사 '-음'이 결합되어 '더품'이 되었다.
15세기에 '거품'이나 '더품'의 형태가 문헌상으로 확인된다. '더품'의 'ㄷ'

이 'ㄱ'으로 바뀌면서 '거품'이 되었다. 전라 방언의 '버큼'은 '거품'의 일음절의 'ㄱ'과 이음절의 'ㅍ'이 서로 자리를 바꾸면서 이루어진 말이다.

므렛 {더품} 곧혼 모믈 아니 치시ᄂ니라〈월인석보10, 15b〉

혼 나출 ᄲ려 힌 므를 녀허 {거품} 앗고〈구급간이방2, 58b〉

안식을 변치 안코 비젼의 나셔보니 수쇄혼 푸린 물은 월러렁 콸녕 뒤둥구리 물농울 쳐 {벽금은} 북젹씨듸란듸 심쳥이 기가 믹키여 뒤로 벌덕 주져 안져 비젼을 다시 잡고 기졀ᄒ야〈심쳥젼下, 6ㄴ〉

그걸 내가 본 역시 그 비가 온께로 짚시랑 끝에서 물이 폭 떨어져서 {버끔이} 나고 풍 허먼 꺼지고 꺼지고 해서〈한국구비문학대계6-4, 전남승주군편, 112〉

제호는 아무렇지도 않게 헤벌씸 웃으면서 하녀가 부어주는 맥주를 {버큼째} 쭈욱 들이켠다.〈채만식, 탁류, 1987, 264〉

3) 패깍질

심청의 어머니인 곽씨 부인이 심청을 낳고 몸조리를 하다가 몸이 쇠약하여 딸꾹질을 두세 번 하다가 숨이 끊어지는 모습이다. 아마 몸의 기운이 약해지면 딸꾹질이 잦아지고 그것 때문에 죽음에까지 이르는 모양이었다.

{픽각질} 두세 번의 숨이 덜걱 지니〈심쳥젼上, 8ㄱ〉

{폭각질} 두세 번에 숨이 진다.〈박동실 바디 심청가〉

{폭각질} 두세 번에 숨이 덜컥 지는구나.〈정응민 바디 심청가〉

완판본 『심청전』에 나타나는 매우 특이한 어휘인 '패깍질'은 표준어로는 '딸꾹질'이다. 전주를 중심으로 전북에서는 '딸꾹질'을 '태깍질'이라고 써왔다. 그런데 전북 전주에서 발간된 한글고전소설에 전주 지역에서 쓰는 '태깍질'이 아니고 어째서 '픽각질'(패깍질)이 쓰였을까?

'패깍질'은 남원 운봉에서 쓰이는 것으로 보고된 바 있다.(전광현, 1983) 남원 운봉 지역은 경남 함양과 인접한 지역으로 경남 방언이 많이 사용되는 지역이다. 따라서 '픽각질'형은 전남과 경남에서 사용하는 '포깍질'과 전북에서 사용하는 방언 '태깍질'이 접촉지역에서 서로 섞이면서 '패깍질'을 만든 것이다. 서로 인접한 지역의 언어는 서로 섞이는 현상이 자주 발생한다. 예를 들면, 전북 방언의 '또아리'는 남원에서는 '또가리'라고 말하고 경남에서는 '따뱅이, 따바리'라고 말하는데 이들이 섞이면서 운봉에서는 '또바리'라고 말한다.

표준어 '딸꾹질'을 말하는 '픽각질(패깍질)'이 완판본 『심청전』에 나타나는 사실은 남원의 동편제 판소리의 원고가 전주에서 목판 소설로 발간된 것임을 말해주는 것이다. '픽각질'은 인접하는 두 지역의 언어가 서로 섞이는 혼태 현상을 보여주는 것으로 방언의 구어적 특성을 잘 보여주는 어휘이다.

3.3. 『퇴별가』의 어휘

『퇴별가』에 나타난 어휘에서도 특징적인 전라 방언을 많이 보여주고 있다. 전라 방언 '돌리다'는 '속이다'의 뜻을 갖는데 '돌느'의 형태로 쓰이고 있다. 전북 방언에서 많이 쓰는 '고지듣다(곧이듣다)'가 사용되고 있다. '먹어야 하다'의 표현을 전라 방언에서 많이 쓰는 '먹어야 쓰다'로 쓰고 있다. '자세히'의 방언으로 'ᄌᆞ승이'가 보인다. 표준어 '구멍'의 전라 방언으로 '궁기, 구녁, 굼먹' 등이 사용되고 있다.

1) 돌리다

『퇴별가』에 나타나는 특징적인 어휘 중에 '돌리다'가 있다. 일반적으로 '돌리다'는 '돌다'의 사동사이다. 따라서 '바퀴가 돌다'와 같이 물체가 원을 그리면서 움직이는 것을 뜻한다. 그러나 이 '돌다'는 '방향을 바꾸다'라는 뜻이 있어서 사동사인 '돌리다'가 되면 '속이다'의 뜻을 갖게 된다. 아래의 예도 마찬가지로 '돌다'의 사동사인 '돌리다'가 활용하여 '돌ᄂᆞ'의 형태로 쓰이면서 '속이다'의 의미를 갖는다.

> 신통한 이 니 지조 경각간 구변으로 용왕을 {돌ᄂᆞ} 놋코 이 물도로 건너구ᄂᆞ 〈퇴별가, 21ㄴ〉
> 이리져리 살살 {돌ᄂᆞ} 슈작ᄒᆞ며 ᄀᆞ노란이, 방정마진 여우 식기 손모룡이 썩 ᄂᆞ셔며, 〈퇴별가, 14ㄴ〉
> 톡기을 계우 {돌ᄂᆞ} 고국으로 도라ᄀᆞ기 〈퇴별가, 16ㄱ〉 시각이 밧부스니,
> 속이 그리 음험ᄒᆞ여 벼슬ᄒᆞ라 슈궁 ᄀᆞᄌ {돌ᄂᆞ} 올 쇠만 ᄒᆞ니 그 거시 쳣 번 허물 〈퇴별가, 18ㄱ〉
> ᄂᆞ난 다시 안 ᄂᆞ가고 너 혼ᄌ ᄯᅩ ᄂᆞ가면 산즁 우리 등물드리 날 ᄃᆞ려ᄃᆞ 엇ᄃᆞ 두고 뉘 {돌으러} ᄯᅩ 왓난ᄃᆞ 〈퇴별가, 18ㄱ〉

현재 전북 방언에서 많이 쓰이는 '돌라먹다'는 '돌리다'와 '먹다'가 복합되어 복합어로 쓰이면서 사동사 '속이다'의 뜻을 갖게 된 것이다. 이 어

휘는 '속여먹다'로도 사용된다. '돌라먹다'는 전북 방언에서, '돌라묵다'
는 전남 방언에서 아주 많이 쓰는 어휘이다.

> 귀년시리 돈이나 협잡질 헐라닝개루 시방 쫓아 올라와서넌
> 씩뚝꺽둑 날 {돌라먹을라구} 그러지야?〈채만식, 천하태평춘,
> 1938:9, 335〉
> 그런게 인쟈 시골서 가면, 서울이 인쟈 {돌라먹는}(속여먹는) 사
> 람이 많다 그말이지.〈한국구비문학대계5-2, 전북전주시·완주군
> 편, 705〉

표준어 '속이다'의 방언형 '꼬아먹다'는 '의도적으로 남을 속이다.'라
는 뜻을 가진다. 이 어휘는 전북 방언에서 아주 많이 쓰고 있다. '속여먹
다, 벳겨먹다(벗겨먹다), 뜯어먹다, 꼬아먹다'와 같이 '먹다'가 연결되어 복
합어를 이루게 되면 부정적인 뜻을 갖는다.

2) 고지 듣다

『퇴별가』에 나오는 '고지 듣다'라는 표현은 '곧이 듣다'이다. 이미 15
세기 국어에 '고디듣다'로 나온다. 국어사전에서는 복합어로 다루면서
'남의 말을 듣고 그대로 믿다.'라는 뜻을 갖는다. 그러니까 '올바르게 듣
다, 제대로 알아듣다'라는 뜻이다.

그런데 이 말은 전라 방언에서는 '믿다'의 의미를 갖고 쓰이지만 전체
적인 문장은 부정적인 의미를 포함한다. 특히 '고지듣다'가 포함된 문장
이 의문문일 경우에는 부정적인 의미가 매우 크다. '고지 듣다'는 때로는

연어구성으로, 때로는 복합어로 쓰이고 있다. 현재 전북 방언에서도 아주 많이 쓰고 있는 어휘이다.

톡기ᄀᆞ {고지드러}(곧이듣다) 〈퇴별가, 15ㄱ〉, 션여더리 {고지 듣고} 〈퇴별가, 19ㄴ〉

이 분ᄃᆞ시 너의 그ᄭᅩᆺ 말이라. 늬 엇지 {고지 드루리오}. 〈17xx완월회맹연권88, 34a〉

거짓말을 할지라도 ᄀᆞ긔기방할 거시졔 쳔쳔만만 부당ᄒᆞᆫ 말 뉘 {고지 드를더야} 〈퇴별가, 17ㄱ〉

그 늙은이가 밋츤 혼이 드러셔 횡셜수셜ᄒᆞᄂᆞᆫ 말을 무얼 {고지 드르시고} 그리ᄒᆞ셔오 〈1912구의산下, 9〉

그 놈의 말이라면 팟으로 메주를 쑨대도 {고지 듣는구려}! 〈1932잡초(김동인외), 123〉

하지만, 당신도 젊은 양반이니까, 내 말을 {고지 듣지} 않겠지만, 〈1939어머니(나도향), 051〉

종수가 다소곳하니 {고지 듣는} 것을 보고 병호는 일이 열에 아홉은 성사래서 속으로 좋아 못견딥니다. 〈채만식, 천하태평춘, 1938:8, 246〉

그런데 산소에는 손을 안 댔다면, 누가 그 말을 {곧이듣겠느냐}. 〈최명희, 혼불, 1996, 7, 100〉

부월은 좀처럼 {곧이듣지} 못하는 기색이었다. 〈윤흥길, 빛가운데로걸어가면, 1997, 2, 133〉

아 그거 {고지 듣는가}? 〈한국구비문학대계5-1, 전북남원편, 320〉

젊은 여자 젊은 남자가 한방으서 그냥 말았다면 누가 {고지 듣겠오}? 〈한국구비문학대계, 고창군편, 대산면, 888〉

그양 조카가 그 말을 딱 {고지듣고는} 아 아랫 마을 내려가갖고
는〈한국구비문학대계5-5전북정주시·정읍군편, 477〉

방을 써붙이고 뭣을 다 해도 한 사람도 {곧이 듣는} 사람이 없
어.〈한국구비문학대계5-3, 전북부안군편, 161〉

그 우게서 있다가 임금이 그 간신의 말을 {곧이 듣고} 귀향을 보
버렸어.〈한국구비문학대계6-8, 전남장성군편, 632〉

3.4. 『홍길동전』의 어휘

『홍길동전』에서 아주 특징적인 어휘는 '몬첨'이다. 이 어휘는 완판본
소설 중에서 『홍길동전』에서만 나타난다. 이 어휘의 특징을 살펴보면 『홍
길동전』의 원고를 이해할 수 있을 것이다.

1) 혼태형 부사 '몬첨'

완판본 『홍길동전』에는 '몬첨'이란 어휘가 나온다. 완판본 전체에서
'몬첨'이란 어휘는 『홍길동전』에만 나온다. 다음 예가 『홍길동전』에 나타
나는 예의 전부이다.

몬첨〈홍길동전, 10〉, 몬첨(먼저)〈홍길동전, 33〉, 몬첨〈홍길동전,
42〉, 몬첨〈홍길동전, 45〉, 몬첨〈홍길동전, 48〉

왜 이 소설에서만 주로 나타나는가? 완판본 한글고전소설 중에서 대
부분 '몬져'가 많이 쓰인다. 이는 역사적 잔존형이다. 여기에서 '먼져'도
많이 쓰이는데 이는 주로 『화룡도』, 『삼국지』에서 많이 사용된다. '몬쳐'

는『심청전』에서 하나의 예가, '먼쳠'은『삼국지』3권에서만 보인다.

완판본『홍길동전』에만 '몬쳠'이 나타나는 이유는 무엇일까? 그리고 왜 이러한 현상이 의미를 갖는 것일까? 그것은『홍길동전』의 원고가 어느 지역의 언어를 반영하고 있는가 하는 점을 밝히는 아주 중요한 의의가 있을 것이다. 또한 '몬쳠'이 혼태형이라고 가정한다면 접촉지역의 언어임을 보여주는 아주 중요한 어휘가 될 것이다.

첫째, '먼저'는 15세기에 '몬져'가 일반적이다. 같은 시기에 '몬제, 몬졔'도 쓰였다. 이 '몬져'는 후기 중세국어에서 명사적 용법과 부사적 용법을 가지고 있었다.

　　네 前生앳 發願이 잇ᄂᆞ니 {몬져} 菩薩ᄭᅴ 받ᄌᆞᄫᆞ라 〈1447석보상, 3, 40b〉
　　모미 堂中에 이실ᄊᆡ {몬져} 안보미 맛당ᄒᆞ니라 〈1461능엄언, 1, 51a〉
　　{몬졔} 經 디뉴미 다ᄉᆞᆺ 가짓 功이 ᄀᆞ자 비록 圓ᄒᆞ야도 精티 몯ᄒᆞ고 〈1447석보상, 19, 36b〉
　　阿難아 네 {몬제} 나ᄅᆞᆯ 對答호ᄃᆡ 光明 주머귀ᄅᆞᆯ 보노라 〈1461능엄언, 1, 98a〉

'몬져'는 18세기에 모음 'ㅗ'가 'ㅓ'로 변하여 '먼져'로 나온다. '먼져'는 19세기에 제2음절 모음이 단모음화 되어 '먼저'로 나온다. '먼저'는 '몬져〉먼져〉먼저'의 과정을 거친 것이다.

둘째, 17세기 문헌인『마경초집언해』에 '몬쳐'가 나타난다. 비록 문헌에 실린 것이지만 방언형이 아닌가 생각한다.

{몬쳐} 바ᄂ 실을 가져 골안혈 ㄱ을 쎄여 왼손으로 실을 잡고
〈1682마경언, 상, 67b〉

20세기 초기부터 '몬쳐'가 쓰인 자료를 제시하면 다음과 같다. 주로 경남과 경북의 자료에서 발견된다.

나도마음과 힝실을 더닥가 {몬쳐} 내몸을 다ᄉ려가지고 남을 다ᄉ리려혼즉 구ᄎ히 나가기를 도모치 안을지라 〈1902제국신문, 0826〉
어, 그런께 다른건 동방예의지국쿰서 말이지 부모 안부부터 {몬쳐}(먼저) 물어야 되긴데 제 처자소리부터 면첨 하느냐, 〈한국구비문학대계8-1, 경남거제군편, 59〉
뱀이 와서 주 먹고, 새끼라고 처 놓면 주 먹고, 주 먹고, 오늘날까지 새끼를 {몬쳐} 먹는다고. 이 놈우 원수를 어뚱기 갚을까 〈한국구비문학대계7-3경북경주시·월성군03, 687〉

구비문학에서는 전남에서 '몬쳐, 몬차, 몬침, 몬촘, 몬첨'이 주로 쓰인다.

"문초를 받는 날에는 젤 {몬차} 그런 소리 전해준 것이 누구였냐고 그것부텀 닦달할 것인디라." 〈송기숙, 녹두장군3, 1989, 134〉
거그서 추첨을 한디 딱 꾸른께 제일 {몬차} 쏙 뽑은 것이 그리 뽑혔어요. 〈한국구비문학대계6-12, 전남보성군편, 32〉

암태면에 제일 {몬침} 고씨가 들어와서 살림을 했다 이런 말이 있읍디다. 그런디 ⟨6-6, 전남신안군편, 706⟩

응 문발 각시는 {몬촘(먼저)} 누웠어. 응 ⟨한국구비문학대계6-1, 전남진도편, 397⟩

거창허게 떡을 해 갖꼬는 {몬첨} 불전에다 불공을 올리고는 어뜨케 되겄어? ⟨최명희, 혼불, 1996, 3, 305⟩

셋째, '몬쳐〉먼쳐'의 변화형은 20세기 초기 자료에 나타난다. 이후 '먼첨' 형이 전국적으로 사용되고 있다. 지역에 따라 '먼처, 먼차'가 사용된다. 문학작품에 나타나는 '먼첨' 형으로 판단해 보면 전국적으로 쓰이기 때문에 표준어로 등재해야 한다고 생각한다.

견참정의 탄힉혼 거시 진실노 맛당치 아님이 아니니 {먼쳐} 면력홈을 일솜눈 거시 지아지도를 극진히 홈이 맛당혼지라 ⟨1904대한매일신보, 01⟩

그 혁명을 {먼첨} 종교로붓허 시작ᄒᆞ야 신구약에 젼훈 바 예수와 마셔의 긔격을 {먼첨} 힐난ᄒᆞ야 골ᄋᆞ디 ⟨1907라란부인젼, 004⟩

오라버니가 {먼첨} 돈을 변통하러 가고 수님이는 눈물 가린 눈으로 흰 눈을 밟으면서 거러간다. ⟨1924자긔를찾기젼(나도향), 152⟩

"글쎄올시다. {먼첨} 나오셔서 타셨나?" ⟨1933삼대(염상섭), 192⟩

"너이들은 {먼첨들} 가거라." ⟨1936상록수(심훈), 187⟩

"그건 자네가 공연한 말일세 {먼첨} 뛰는 것이 조키에 상궁이 맨 첫번에 뛴다는 것 아닌가" ⟨1939임거정(홍명희), 486⟩

이들은 우물가에 이르자 {먼츰} 냉수를 마셨다. ⟨1948목넘이마을의개(황순원), 081⟩

"요새 젊은 사람들 신식은 식도 올리기 전에 갈러서기부터 {먼
첨} 배우는가?"〈1983완장(윤흥길), 227〉

"실은 내 쪽에서도 자네 내외를 보자 나를 어느만큼 자네에게
알렸을까 그게 젤 {먼첨} 궁금했다네."〈1985미망(박완서), 339〉

"나 {먼첨} 배를 타뿌려야겄어."〈1989타오르는강(문순태), 152〉

우리가 {먼첨} 가서 자리를 잡어놓구 있으면서 〈채만식, 흘러간
고향, 1987, 378〉

야들아, 느덜 {먼첨} 들어가그라. 〈이병천, 모래내모래톱, 1993,
88〉

"자네 {먼첨} 허소."〈조정래, 아리랑, 1995, 1, 257〉

매도 {먼첨} 맞는 것이 낫드라고 〈아리랑4, 108〉

위선 교장선상 의견부텀 {먼첨} 들어보기로 허세. 〈윤흥길, 낫,
2005, 525〉

지난 번 사월에 서울이 수복되었을 때 {먼처} 대신을 보내서 버
리고 간 백성들을 위로하여 겨우 민심을 수습하였거니와, 〈1957
임진왜란(박종화), 217〉

"아부지, 우리 집이 동네서 제일 {먼차} 집을 짓제라?"〈1993꽃
지고새울면(이상권), 182〉

'몬첨, 먼첨'형은 어떻게 생성되었을까? '몬쳐>먼쳐>먼첨>먼첨'의 변
화를 겪었을 것으로 추정된다. 첫째, '먼쳐 + -ㅁ'의 구성을 갖는데, 이는
'먼쳐'에 '-음'이나 '-ㅁ'이 첨가되었을 것이다. 문법형태소나 어휘에 'ㅁ'
이 첨가되는 경우는 아주 많다. 예를 들어 '-부텀, -보담' 등이나 '거짐'과
같은 부사의 경우를 들 수 있다. 이때 'ㅁ'을 무엇이라고 딱 규정하기 어렵
다. 그래서 첨사라는 말을 쓰고 있다.

넷째, 중세국어의 '몬져'가 17세기에 '몬쳐'가 나타나는데 이는 혼태 (혼효, blending)로 볼 수 있을 것이다. 즉, '몬져 + 쳐음〉쳠'이 혼태를 일으켜 '몬쳐, 몬쳠' 등이 만들어졌을 가능성이 있다. '처음'의 중세국어형은 '처섬, 처엄'이다. 17세기에 '쳐음'이 보인다.

> 뼈 훗슌의 보태여 뽐이 가ᄒᆞ니 {쳐음} 베픈 날은 이 ᄀᆞ믈이 업슨 고로 〈1698신전자, 14a〉

이러한 혼태의 가능성이 과연 있는가? 전라 방언에서 '처음'과 '먼저' 가 혼태되는 현상을 살펴보면 다음과 같다. '머냐, 머니'는 '먼저'의 전라 방언형이다. 따라서 '첨머냐'는 '처음'의 축약형 '첨'에 '머냐'가 혼태되어 나타난 어휘이다. 전라 방언 '첨냐'는 '첨머냐'의 축약으로 보인다. '첨먼 자'는 '첨 + 먼자(먼저)'로 이해된다. 따라서 전라방언에서 '처음 + 먼저'의 혼태 현상이 상당히 일어나고 있음을 볼 수 있다. 그렇다면 역으로 '먼저' 와 '처음'의 혼태현상도 일어날 수 있음을 예상할 수 있다. 이러한 혼태 현상은 일상적으로 사용하는 방언의 구어적 특성을 그대로 보여주고 있다.

처머냐, 첨머냐 〈전남〉〈전북〉
처머니 〈전북〉, 첨먼이 〈경남〉〈전남〉, 첫머이 〈경남〉
처먼자 〈전남〉
첨냐 〈전남〉, 첨내 〈전남〉

『홍길동전』에서만 쓰이는 '몬쳠'은 전라 방언 중 남도 쪽에 가까운 방언이다. 이미 위에서 살펴본 문학작품과 구비문학의 예에서 알 수 있었다. 여기서 한 가지를 더 첨가하면 문법형태소 '-봇팀'이다.

『한국구비문학대계』에서 검색하면 '-보팀'은 '전북 군산시·옥구군'과 '전북 정주시·정읍군', '고창군편'에서 주로 발견된다. 문학작품도 조정래의 『아리랑』과 최명희의 『혼불』에서 발견된다. 따라서 전북의 서부지역과 전남과 접촉하는 지역에서 주로 발견되는 것을 확인할 수 있다.

가서 이 {성보팀} 쌓라. 가서 성보팀 쌓아놓고, 성보팀 쌓먼 학 날개를 눌러놓니께 〈한국구비문학대계5-4, 전북군산시·옥구군 편, 233〉

그리고 첫째 {의복보팀} 좋은 양복으로 쭉 빼서 입히고 〈한국구비문학대계5-5, 전북정주시·정읍군편, 97〉

"그래요. 배 총각이 워낙에 심지가 굳고 맘이 선헌다다가 몸 실허고 용맹이 큰께 송 대장님이 {그전보팀} 귀허고 중허게 생각허셨소. 〈아리랑3, 202〉

{그때보팀도} 우리만 몰랐제 〈최명희, 혼불, 1996, 7, 313〉

'몬처'와 관련되어 혼태형으로 여겨지는 방언형을 '한국방언검색프로그램'에서 찾아 제시하면 다음과 같다. 북쪽에서는 '맨채'형이, 남쪽에서는 '먼처'형과, '몬차'형이 주로 쓰이고 있다. '먼처'형은 '먼처, 먼첨, 먼첩, 먼청, 먼춤, 먼츰, 먼침' 등으로 다양하게 쓰이며 전국적인 분포를 보이고 있다. '몬차'형은 '몬차, 몬참, 몬채, 몬처, 몬처매, 몬첨, 몬춤, 몬춤, 몬침' 등으로 사용되고 있다. '몬차'형은 주로 전남과 경남에서 사용되고 있다.

＊맨채〈평북〉, ＊맨츰〈평북〉, ＊맨침〈평북〉

＊먼처〈충북〉〈평북〉〈전남〉[담양]〈강원〉[강릉], ＊먼첨〈전남〉〈경기〉〈전남〉[담양, 여수]〈경기〉〈강원〉[강릉]〈경남〉[사천], ＊먼첩〈경남〉〈경북〉〈충남〉, ＊먼청〈경기〉〈전남〉[담양, 순천], ＊먼춤〈전남〉, ＊먼츰〈전남〉, ＊먼침〈전남〉[보성, 완도]〈경남〉

＊몬차〈전남〉[담양], ＊몬참〈전남〉, ＊몬채〈경남〉[하동], ＊몬처〈제주〉, ＊몬처메〈전남〉, ＊몬첨〈경남〉〈제주〉〈전남〉[순천, 여수], ＊몬촘〈전남〉, ＊몬춤〈전남〉[담양, 광주, 광양, 해남]〈전북〉〈경남〉[하동], ＊몬침〈전남〉[고흥, 순천]〈경남〉

4. 완판본 한글고전소설의 문법적 특징

완판본 한글고전소설 전반에 나타나는 문법적 특징은 대체로 비슷하다. 그러나 지역에 따라 접촉방언이 많이 쓰이고 있는 점이 다르다.

첫째, 격조사의 표기가 처격의 경우 '-으/으셔/으서, -예/예셔, -여/여서' 등으로 나타난다. 여격의 '-한틔'가 보인다. 이는 전북 방언의 특징을 그대로 보이는 형태이다.

둘째, 주제를 나타내는 특수조사로는 '-난/년, -언'으로 나타나고, 출발점을 나타내는 특수조사로는 '-부텀, -붓텀, -붓텀, -봇텀, -보톰, -부틈, -보틈' 등으로 나타난다. 특수조사 '-마다'와 함께 '-마닥'의 예가 많이 보인다.

셋째, 접속어미로는 '-면'의 방언형 '-먼'과, '-면서'의 방언형 '-ㅁ셔'가 쓰이고 있다.

넷째, 복수표지 접미사로는 '-덜'을 쓰고, 선어말어미로 '-것-'(-겠-)을 쓰고 있다.

전북방언과 전남과의 접촉지역에서 주로 쓰이는 존대소 '-시-'에 대응하는 '-아 겨-'구성이 주로 『열여춘향슈절가』와 『심청전』, 『홍길동전』에서도 쓰이고 있다.

전남과 접촉하는 지역에서는 '-아 겨-' 또는 '-겨-'가 많이 쓰인다. 이것은 '-시-'와 대응되는 것인데 역사적으로는 동사 '겨-'가 조동사로 쓰이다가 문법화하여 현대 방언에서는 '-아겨-'의 구성으로 굳어진 채로 또는 '-겨-' 단독으로 중앙어의 주체존대를 나타내는 '-시-'의 기능을 하고 있다.

> 안으로 드러가시더니 꾸종을 드르셧소? 노상의 오시다가 무삼 분함 {당하겨소}? 서울셔 무슨 기별리 왓짜던니 중복을 {입어겨소}?〈열여춘향수절가上, 36ㄴ〉
>
> 춘향이 져의 모친 음성 듯고 쌈짝 놀니여 어만니 엇지 {와겻소}? (어머니 어찌 오셨소?)〈열여춘향수절가下, 33ㄱ〉
>
> 아부지 이게 웬일리요? 나를 차져 나오시다가 이런 욕을 보와것소, 이웃집의 가겻다가 이론 봉변을 {당ᄒ겨소}?〈심청전上, 19ㄴ〉
>
> 엇지 그리 무식ᄒ오! 동ᄒ 스람 여상이ㄱ 줏ᄂ락에(줏ᄂ라에) 상 보디고, 웃ᄂ라 븩니희ㄱ 진ᄂ라 정승되니 무슨 쳔듸 {바앗것소}?〈퇴별가, 14ㄱ〉

종결어미에 '-제'와 같은 접촉방언적인 형태소가 보이는 것으로 봐서 남원을 중심으로 불려진 동편제 판소리 사설임을 알 수 있다.

익기가 실으면 잠도 오고 쇠가 {무슈하졔}. 〈열여춘향수졀가上, 17ㄴ〉

비운 바 업셔도 필지 {졀등하졔}. 〈열여춘향수졀가上, 17ㄴ〉

도련임 그 말 한마듸여 말 궁기가 {열이엿졔}. 〈열여춘향수졀가上, 22ㄱ〉

『퇴별가』의 문법형태소로는 보조사 '-부틈(부터), -버단(보다), -언(은)', 복수표지 '-덜(들)', 종결어미 '-졔(지)', 선어말어미 '-것-(겠)' 등이 쓰이고 있어서 구어체에서 많이 사용되는 전라 방언임을 보여준다.

신의 집의 션셰로{부틈} 실명키로 유명호와 〈퇴별가, 2ㄴ〉

도미가 발셔{부틈} 샹셔가 원이라니 단여오면 시기기로 도미을 보니 볼가? 〈퇴별가, 5ㄱ〉

숀의셔 부는 바람 회풍{버단} 훨셕 셰니 〈퇴별가, 13ㄱ〉

숨듸 젹 {셩군더리} 치쳔호하올 젹의 〈퇴별가, 2ㄴ〉,

져의 집 셔력으로 구생유쉬호 {것더리} 쳥요호 벼살호야 〈퇴별가, 4ㄱ〉,

슈중은 고소호고 셰샹의 {사람덜도} 츙심의리 아는 이는 줍아 먹는 볍이 업고 〈퇴별가, 5ㄱ〉

"쳑질이 먼 듸 ㄱ니 호직 추로 추져 {왓졔}." 〈퇴별가, 7ㄱ〉,

"ㅇ마도 늘근이ㄱ 인소을 더 ㅇ난고, 즁션싱이 모음 차의 놀근 눗쯔 인는 고로 져련 말을 {몬져호졔}." 〈퇴별가, 10ㄴ〉

골윤산 안기싱은 화죠진숑 옥경가고, 봉늬숀 젹숑ㅈ는 구름 깁퍼 못 {찻것다}.(찾겠다)〈퇴별가, 8ㄱ〉,

"문즁조관 잇시면은 영득젼 지을 져긔 상양문을 못 지여셔 양거

완판본 한글고전소설의 서지書誌와 언어

싱지 멀이 ㄴ와 여션문을 {쳥ㅎ엿소}?"〈퇴별가, 12ㄴ〉,

　　오직이 {죠컷는가}〈퇴별가, 14ㄴ〉

　『홍길동젼』의 문법형태소의 특징은 다른 완판본 한글고전소설과 거의 같다. 예를 들면 '-붓텀, -봇텀, -마닥(마다), -난(는)'과 같은 특수조사가 쓰이고 있고, '-드락'과 같은 부사형어미가 쓰이며, '다시'(듯이)와 같은 불완전명사가 쓰이고 있다. 격조사로는 '-으셔, -으게'가 쓰이고 있고, 예정을 나타내는 선어말어미로 '-것-(겟)'이 주로 사용된다.

　완판본『홍길동젼』에서는 특수조사 '-봇텀'이 많이 쓰이고『소대성전·용문젼』에서는 '-보톰'이 많이 쓰인다. 이러한 현상은 이 소설의 원고본이 전북의 남서쪽일 가능성을 보이고 있다. 실제로 현존하는 방언을 『한국구비문학대계』를 통하여 검색하여 보면 '-보톰'형은 서해안 쪽에서만 발견되는 특징을 보인다.

　　순종호 후로난 {그날붓텀} 즁문 밧긔 나지 아니ㅎ고 힝실을 닥그니 그 달봇텀 틔긔 잇셔〈홍길동젼, 1ㄴ〉

　　능히 힝ㅎ면 {오놀붓텀} 쟝슈을 봉ㅎ리라 ㅎ거날 길동이 이 말을 듯고〈홍길동젼, 11ㄴ〉

　　디감이 용몽을 엇고 길동을 나허 {ᄉᆞ룸마닥} 일칼고 디감이 ᄉᆞ랑ㅎ시믹〈홍길동젼, 4ㄱ〉

　　우리 {이졔난} 빅셩의 진물은 츄호도 탈춰치 말고〈홍길동젼, 14ㄴ〉

　　늬두ᄉᆞ을 보논 {다시}(듯이)〈홍길동젼, 5ㄱ〉

　　졔 {늑드락} 츄립지 못ㅎ게 ㅎ리라 ㅎ시니〈홍길동젼, 5ㄴ〉

함경 {감영으셔} 군긔와 곡식을 일코 우리 종젹은 아지 못ㅎ미 〈홍길동전, 14ㄴ〉

{젼상으셔} 그 거동을 보고 크게 우희며 군ᄉ을 명ㅎ야 〈홍길동전, 16ㄴ〉

늬 몸의 죄을 지허 이미훈 {빅셩으게} 도라보니면 〈홍길동전, 14ㄴ〉

너희놈이 누로을 소긔고 {임군으게} 무고ㅎ여 오른 ᄉ롬을 히코져 ㅎ미 〈홍길동전, 17ㄱ〉

쥭도록 버셔ᄂ니 ᄀ쥭 {푸디예} 드릿ᄂ지라 〈홍길동전, 17ㄴ〉

슈쳔 인명이 {ᄉ라나겻ᄉ오니} 셩은을 ᄇ릐나이다 〈홍길동전, 25ㄴ〉

처격조사로는 '-으, -여, -우, -의셔' 등이 쓰이고, 연결어미로 '-ㄹ슈락 (ㄹ수록)'이 보인다.

함박숏도 질근 색거 {입의} 함숙 물러보고 〈열여춘향수절가上, 6ㄴ〉

셔칙을 보려할 졔 칙상을 {압푸} 노코 〈열여춘향수절가上, 14ㄴ〉

각쳐 졔후을 모와 널노 더부려 {고릉의셔} ᄊ호려ㅎ나니 〈쵸한下, 55ㄱ〉

우슴 섯티 겁닌 장졸 {갈슈락} 얄망굿다 복병 보고 도망마라 〈화룡도下, 28ㄱ〉

이처럼 완판본 한글고전소설에 나타난 문법 현상도 역시 현재 전라 방언의 문법 현상과 거의 같다고 볼 수 있다.

완판본 한글고전소설의 서지書誌와 언어

5. 결론

완판본 한글고전소설은 전라북도 전주에서 여러 출판·인쇄인들이 전라도 사람을 위해, 전라도 사람들의 언어로 소설을 발행하였다. 판소리 사설을 바탕으로 소설을 출판하면서 당시의 동편제 판소리가 불렸던 그 지역의 언어를 있는 그대로 사용하였다. 그리하여 남원 지역의 접촉 방언이 그대로 사용되었다. 또한 전남과의 접촉 방언, 충남과의 접촉 방언이 그대로 사용되었다.

이처럼 완판본 한글고전소설과 완판본 천자문은 한글을 모르는 전라도 사람들을 위하여 한글과 한자 교육의 차원에서 전라도 방언을 그대로 사용하여 언문일치를 위해 노력하였다.

이러한 지역을 고려한 태도가 오히려 완판본 한글고전소설에서 다양한 인물을 등장시켜서 지역적 리얼리즘을 획득하게 하였고, 소설의 내용과 구성을 훨씬 풍부하게 만들었다.

그리하여 국어사전에도 완판본과 경판본의 다양한 소설 및 서지적 차이가 존재함에도 불구하고, 완판본이 전라도 방언으로 쓰였다는 점이 가장 큰 특징으로 자리하게 된 것이다.

국립국어원(2021), 『우리말샘』.

류탁일(1985), 『완판 방각소설의 문헌학적 연구』, 학문사.

엄태웅(2016), 『방각본 영웅소설의 지역적 특성과 이념적 지향』, 고려대 민족문화연구원.

이진오(2014), 「토끼전의 계통과 지향」, 고려대학교 박사학위논문.

이태영(2000), 『전라도 방언과 문화 이야기』, 신아출판사.

이태영(2004), 「완판본 '심청가(41장본)' 해제 및 영인」, 국어사연구 4호, 351-436.

이태영(2009), 「전라방언 '내비두다, 내쏴두다'의 어간 재구조화와 의미 변화」, 『방언학』 10, 93-117쪽.

이태영(2011), 「전라 방언 '꾀벗다'의 방언사적 연구」, 『영주어문』 21, 149-172쪽.

이태영(2011), 「전라방언 '솔찮다'의 어휘사」, 『한국언어문학』78, 117-138쪽.

이태영(2012), 「전라방언 '겁나게'의 어휘사」, 『한국언어문학』 83, 69-90쪽.

이태영(2013), 「완판본의 개념과 범위」, 『洌上古典研究』38, 9-36.

이태영(2019), 「지역 방언 어원 연구의 방향과 과제」, 『국어사연구』 28, 93-115쪽.

이태영(2021), 『완판본 인쇄·출판의 문화사적 연구』, 역락.

인권환(1968), 「토끼傳 異本攷」, 『亞細亞研究』 29.

전광현(1983), 「전라북도의 말」, 『한국의 발견(전라북도 편 - 뿌리깊은 나무)』 수록.

전라북도(2019), 『전라북도 방언사전』.

조희웅(1999), 『古典小說 異本目錄』, 집문당.

한국학중앙연구원(2020), 『한국민족문화대백과사전』, daum.

제9장	완판본 『千字文』에 나타난 전라 방언과 지역성

1. 『천자문』과 지역성

『千字文』은 漢字 기초 교육을 위한 아동용 학습서이다. 따라서 조선 후기에 아동의 한자 교육을 위해서 서당에서 많이 사용된 책이었기 때문에, 전주에서도 여러 『천자문』이 발간되었다.

지역에서 발간된 『千字文』은 뜻(訓)과 음(讀)의 일부가 지역의 방언으로 해설되었다. 그러니까 전라도의 아이들을 가르치기 위해서 전라도 아이들이 주로 쓰던 전라 방언으로 가르친 것이다. 따라서 『千字文』에는 조선시대 방언의 특징이 잘 반영되어 있다고 볼 수 있다.

완판본 천자문은 대체로 두 종류로 구별할 수 있다. 하나는 한자 음절 하나에 대해 자세히 주석을 단 『註解千字文』계열이고, 다른 하나는 주석이 없는 일반적인 『千字文』계열이다. 『註解千字文』은 서울에서 출판한 천자문을 그대로 복각하거나 일부만 고쳐서 사용한 것으로 이해된다. 그래서 이 책에는 발음이 비교적 정확한 중앙어가 제시되어 있다. 또한 글자한 자 아래에 다양한 훈과 독을 제시하고 있어서 기존에 나온 천자문과는 매우 다르다. 『註解千字文』 중 '서계서포본(1911)'과, '乙卯臘月 完山新刊(1915)'은 표기법만 약간의 차이가 있을 뿐 방언은 거의 없고 중앙어로 표기되어 있다.

『註解千字文』: 서계서포(1911) 판권지 있음.
『註解千字文』: 乙卯(1915)臘月完山新刊.

완판본 천자문 중에서 『註解千字文』의 언어적 특징을 살펴보면 몇 가지 특징을 알 수 있다. 첫째, '아래 아(ㆍ)'가 현대국어 표기로 바뀐다. 둘째, 중철 표기, 구개음화 현상, 전설고모음화 현상, 움라우트 현상이 거의 없다. 셋째, 용언의 어간을 정확히 표시하는 표기가 많다. 이처럼 방언적 특징이 거의 보이지 않는 이유는 서울에서 발간된 『천자문』을 가져다가 거의 그대로 복각하여 판매했기 때문으로 이해된다. 따라서 한두 개 정도의 방언만이 보이고 중앙어를 채용하고 있음을 볼 수 있다. 서계서포본 『주해천자문』(1911)에 '누기, 나구' 등의 전라 방언이 보일 뿐이다.

(1911년본)	(1915년본)
孰 누기 숙	孰 누구 숙
趙 죠나라 죠	趙 조국 죠
驢 나구 녀	驢 나귀 려

그러나『주해천자문』을 제외한 일반적인『천자문』은 이 지역에서 직접 출판한 것으로 여러 종류가 있어서 19세기부터 20세기에 걸쳐 사용되었다. 이 천자문에는 상당히 많은 방언이 사용되었다. 특히 당시의 음운 규칙인 '구개음화, 전설고모음화, 움라우트, 원순모음화' 등이 많이 발견된다. 출판자에 따라서 전라 방언적 특징이 조금씩 다른 점이 특징이다.

전북 전주에서 발간된 완판목판본『천자문』을 제시하면 다음과 같다.[1]

『養洞 千字文』(1858) : 32장본, 歲在戊午暮春 完山養洞新刊

『杏谷 千字文』(1862) : 32장본, 崇禎紀元後四壬戌 杏谷開刊, 大正 5年(1916년) 多佳書鋪 판권지가 있음.

『무술본 千字文』 : 32장본, 戊戌(1898)孟夏西內新刊, 맨 앞에 '鵬始圖驥初程(붕시도기초정)'의 한문 글귀가 있음.

『을사본 千字文』 : 32장본, 乙巳(1905)季冬完山新刊, 맨 앞에 '鵬始圖驥初程(붕시도기초정)'의 한문 글귀가 있음. 소화 12년(1937) 양책방의 판권지가 있음.

『무오본 千字文』 : 戊午孟冬完山新板

『칠서방본 千字文』 : 32장본, 간기 없음, 맨 앞에 '乙丑(1889)季秋松溪書'의 글이 있다. 맨 뒤에 大正 六年(1917)에 발행한 칠서방의 판권지가 붙어 있다.

『日鮮 千字文』 : 26장본, 1937년 양책방의 판권지가 있음.

---

1 완판본으로 발간한 한자 학습서로는『蒙學二千字』,『日鮮千字文』,『千字文』,『四字小學』,『註解千字文』,『草千字文』,『養洞千字文』,『杏谷本千字文』,『新增類合文』,『華東書法』 등이 있다.

완판본 한글고전소설과 동시대에 전북에서 발행된 천자문에 나타난 방언을 살펴보는 일은 조선 후기의 전북 방언을 확인하는 작업이 될 것이다. 이 글에서는 완판본 『千字文』 중, 『養洞 千字文』, 『杏谷 千字文』, 『무술본 千字文』, 『을사본 千字文』의 문헌의 서지적 성격과, 이들 『천자문』에 나타나는 전라 방언의 특징을 살펴보고자 한다.

2. 완판본 『千字文』의 종류와 書誌

2.1. 『養洞千字文』[2]의 서지적 특징

1858년 완산(전주)에서 발간한 『천자문』에는 '歲在戊午暮春完山養洞新刊(세재무오모춘완산양동신간)'의 간기가 있다.

이 간기에 보이는 '양동'(養洞)은 전주 시내에서는 찾을 수 없는 지명으로 '완주군 구이면 안덕 신기마을 양생동'으로 추정된다. '완주군 구이면 안덕 신기마을'에 '養生洞'이란 마을이 있다.[3] 구이를 지나 운암으로 가는 길 중간에 장파로 들어가는 길이 있다. 장파 부락 들어가기 직전에 저수지를 끼고 왼쪽으로 올라가면 왼쪽 산에 양생동(養生洞)이 자리하고 있다. 당시 완주군은 전주군이었고, 1935년에 완주군으로 분리되었다. 이 마을은 1800년대 천주교 박해 때 천주교 신자인 '趙氏' 일가가 박해를 피해서 숨

---

2   이 책은 홍윤표 교수 소장본과 전북대 박물관 소장본 등이 있다.

3   동네 이름은 줄여서 부르는 게 일반적이다. 완주군 '龜巖마을'의 경우에도 '龜洞'으로 불린다.

어살면서 화전을 일구고 숯을 구워 팔며 살았다.

이 천자문은 매우 조잡하게 인쇄되어 있어서 이런 상태로 전문 출판업소에서 인쇄했다고 보기는 어렵다. 따라서 2세 교육을 위해 私家에서 출판한 것으로 볼 수 있다. 그러므로 이 문헌에서 보여주는 표기는 부분적으로 인쇄상 결함을 안고 있다고 볼 수 있다. 간략한 서지사항을 제시하면 다음과 같다.

> 內紙題目(冊名) : 千字文, 表紙題目 : 白頭文, 판심제 : 千字文, 1
> 冊 목판본
> 冊匡 : 24.5×19.9㎝, 板匡 : 19.7×16.7㎝
> 四周單邊, 有界, 上下黑魚尾, 4행 4자
> 刊記 : 歲在戊午(1858)暮春 完山養洞新刊

2.2. 『杏谷本 千字文』의 서지적 특징

『杏谷本 千字文』은 '崇禎紀元後四 壬戌 杏谷開刊'의 刊記를 가지고 있다. 이 刊記에서 '壬戌'은 1862년으로 추정된다. 언어적인 특징으로 보면, 구개음화와 전설고모음화, 부사 등 전라 방언을 보여주는 자료가 많이 발견되기 때문에 완판본으로 추정된다.[4] 이 천자문의 서지사항을 제시하면 다음과 같다.

---

4 또 한 가지는 간기의 글자꼴이다. 초간본일 경우 간기는 대체로 본문의 글자와 유사하게 같은 글꼴을 유지하는 게 특징이다. 따라서 경판본과 완판본의 글꼴은 본문의 글꼴과 매우 유사하기 때문에, 이 책에 나오는 간기의 글자꼴은 해서체의 글자꼴로 완판본으로 해석된다.

內題：千字文, 表紙題：千字文, 板心題：千字, 목판본, 내향이엽
흑어미, 楮紙

　刊記：崇禎紀元後四 壬戌(1862년) 杏谷開刊

　판권지：大正五年(1916년)十月八日發行 多佳書鋪

　冊匡：19×27㎝, 板匡：17.7×22㎝

　사주쌍변, 四行四字, 32장본

　특징：책의 처음에 '鵬始圖驥 程(붕시도기 정)'의 한문 글귀가
있음.

　후쇄본으로 추정됨.

　사실 '杏谷'이란 지명은 대한민국의 여러 지역에서 발견되기 때문에
언어적인 사실로 추정하여 완판이라고 단정하기는 매우 어려운 입장에
있었다. 또한 현재까지 발견된 완판본 고전소설과 비소설류의 문헌에서
도 '杏谷'이란 지명이 刊記에 나타난 것으로 보고된 바가 없었기 때문에
단정할 수 없었던 것이다.

　'杏谷'이란 지명은 '杏洞'을 의미하는 것이다. 『땅이름 전자사전』에
'杏洞'이 나오는데 '전라북도 전주시 완산구 중앙동 서쪽에 있는 마을'로
기록되어 있다. '중앙동 서쪽'은 '다가동 근처'를 의미하는 것으로 보이는
데 '서계서포'와 '다가서포'가 있던 곳의 옛 지명으로 추정된다. 유재영
(1993:38)에서는 전주시 중앙동의 자연부락으로 '행동(杏洞)'을 소개하고
있다.

　'杏洞'이 보이는 결정적인 증거는 한국정신문화연구원에서 발간한
『한국민족문화대백과사전』제26권(부록)의 340쪽을 보면 '1866년(丙寅)'
의 역사적인 사실로 다음 사항이 기술되어 있다.

　　　　　　　　완판본 한글고전소설의 서지書誌와 언어

完西 杏洞에서 〈됴웅젼〉 開板함

한글 고전소설 목판본인 『됴웅젼』이 완산(전주) 서쪽에 있는 '杏洞'에서 출판되었음을 보여주고 있다. 김동욱(1994;267)에는 한글 방각본 일람표를 제시하면서 『趙雄傳』을 해설한 서지사항에 다음과 같이 기록하고 있다. 다음의 서지 사항으로 보면 土板이 있는 걸로 보아서 완판본임을 나타낸다.

　　趙雄傳 - 三冊 33, 33, 38張本 (金東旭)
　　〈同治五年(1866년) 杏洞開板〉 木板과 土板이 混綴되어 있다.

현재 『杏谷本 千字文』은 전주완판본문화관 소장본과 필자 소장본이 확인되고 있다.[5] 전주완판본문화관 소장본에는 판권지가 붙어 있는데, '大正五年十月八日發行 多佳書舖'라는 발행날짜와 발행소가 명시되어 있다. 이 판권지는 1911년부터 일제에 의해서 출판물에 강제로 붙여진 것인데, 이 판권지로 미루어 『杏谷本 千字文』이 전주에서 발행된 것이 분명하다. 이 판권지는 다른 완판본 한글고전소설에 붙여진 판권지와 동일한 것이다.[6]

5　필자 소장본은 두 권인데 한 권에는 刊記가 분명하고, 한 권에는 刊記가 없다. 그리고 훼손이 부분적으로 많아서 정확한 서지사항을 파악하기 어렵다.

6　여기서 한 가지 언급해야 할 사항은 刊記와 판권지가 항상 일치하는 것이 아니라는 사실이다. 刊記는 책판을 간행한 시기와 장소를 보이는 반면에, 판권지는 刊記와는 상관없이 찍힌 책을 가져다가 판매하는 경우가 많기 때문에 刊記와 판권지에 나타나는 지명과 번지, 판매소 등에 대한 연구에 매우 신중해야 할 것이다.

따라서 전주완판본문화관 소장본으로 살펴보고자 한다.[7]

2.3. 『戊戌本 千字文』의 서지적 특징

『戊戌本 千字文』은 간기에 '西內'로 되어 있는데 이는 '完西內'의 줄임
말이다. 전라 방언이 많이 쓰이고 있어서 완판본임이 분명하다. 간략한 서
지사항을 제시하면 다음과 같다.

> 内題：千字文, 表紙題：千字文, 板心題：千字, 목판본, 상하내향
> 이엽흑어미, 楮紙
> 四行四字, 32장본
> 간기：戊戌(1898)孟夏西內新刊
> 특징：책의 처음에 '鵬始圖驥效程'의 한문 글귀가 있음.

2.4. 『乙巳本 千字文』의 서지적 특징

『乙巳本 千字文』은 1937년의 양책방의 판권지가 있는 책이 있는 걸로

---

7   경판본에서는 '崇禎紀元後四 壬戌 杏谷開刊'과 같은 刊記를 확인하기 어렵다. 이제까
     지 알려진 자료로는 '註解千字文'에 '崇禎百七十七年甲子(1804년)京城廣通坊新刊'의 간
     기가 있을 뿐이다. 이미 경판본 연구에서 제시된 것처럼 '유동신간, 야동신간' 등의 刊記
     가 대부분이다. 이창헌(1995;250)에 따르면 경판본의 간기에 나타난 방각소의 지명은 '京
     畿, 廣通坊, 南谷, 銅峴, 武橋, 美洞, 書坊, 石橋, 石洞, 宋洞, 冶洞, 漁靑橋, 龍洞, 由谷, 由
     洞(油洞), 由泉, 紫岩, 布洞, 蛤洞, 紅樹洞, 華山, 華泉, 孝橋, 안성 동문이' 등이다. 천혜봉
     (1991;186)에 따르면 경판본의 방각소가 '貞洞, 毛橋, 紐洞, 南山洞, 廣橋, 報恩緞洞, 活洞,
     東谷' 등이 더 있었음을 알 수 있다.

보아 이 책은 원래 서계서포에서 발행된 것으로 추정된다. 전라 방언이 많이 보인다. 간략한 서지사항을 제시하면 다음과 같다.

內題 : 千字文, 板心題 : 千字, 목판본, 상하내향흑어미, 楮紙
四行四字, 32장본
간기 : 乙巳(1905)季冬完山新刊
특징 : 책의 처음에 '鵬始圖驥效程'의 한문 글귀가 있음.

3. 완판본『千字文』과 전라 방언의 특징

3.1.『養洞千字文』의 방언 특징

이 천자문에서는 전라 방언의 일반적인 방언 현상인 구개음화, 전설고모음화, 움라우트, 원순모음화 등이 쓰이고 있어서 당시 한자어 교육에 전라 방언이 아주 효과적으로 사용된 것을 알 수 있다. 전라 방언의 특징을 잘 보여주는 방언을 살펴보고, 방언의 특징적인 현상을 다른『천자문』과 비교해 보기로 한다.

첫째,『養洞千字文』에서는 당시의 전라 방언을 잘 보여주고 있다. '雲 구룸 운'에서처럼 원순모음화 현상도 함께 보인다. 일반적으로 구개음화 현상이 전반적으로 나타나는데 비해, 이 천자문에서는 구개음화가 진행되지 않은 표기들이 보인다. 이는 발행연도(1858년)가 비교적 오래된 천자문이어서 보수적 표기를 따르고 있기 때문으로 이해된다. 이러한 현상이

이 천자문에 전반적으로 나타난다.

중철 표기가 나타난다. '退 물를 퇴'의 경우, 중철표기이긴 하지만, 실제 전라도에서는 '退'의 의미로 '무르다'라고 하지 않고 '물르다'로 발음한다. 따라서 완전히 굳어진 전라도 방언으로 보아야 한다.

(양동본)	(행곡본)	(을사본)	(필사본)[8]	(무술본)
雲 구룸 운	雲 구름 운	雲 구름 운	雲 구름 운	雲 구름 운
闕 딥 궐	闕 집 궐	闕 집 궐	闕 집 궐	闕 집 궐
陶 딜글룻 도	陶 질긋룻 도	陶 질그릇 도	陶 질그읏 도	陶 질그릇 도
夫 뎌아비 부	夫 뎌아비 부	夫 지아비 부	夫 지아비 부	夫 지아비 부
黎 감믈 녀	黎 감믈 녀	黎 감물 녀	黎 감을 려	黎 감물 녀
退 물를 퇴	退 물를 퇴	退 믈너갈 퇴	退 물너갈 퇴	退 물늘 퇴
翠 플룰 취	翠 플룰 취	翠 푸을 취	翠 푸를 취	翠 푸르 취

둘째, 구개음화 현상이 분명하게 보인다. '羽 짓 우, 比 견졸 비, 傍 졋 방, 傾 지울 경, 永 진 영' 등의 예에서 '깃 – 짓, 견주다 – 전조다, 곁 –졋, 기울다 – 지울다, 길다 – 질다'와 같이 k구개음화 현상이 활발하게 쓰이고 있음을 알 수 있다.

(양동본)	(행곡본)	(을사본)	(필사본)	(무술본)
羽 짓 우	羽 짓 우	羽 짓 우	羽 깃 우	羽 짓 우
比 견졸 비	比 견졸 비	比 견줄 비	比 견쥴 비	比 (훼손)

---

8   여기에 제시하는 필사본 천자문은 전라 방언이 많이 쓰인 필사본으로 1800년대 말이나 1900년대 초에 작성된 것으로 추정된다. 참고로 제시한다.

傍 졋 방	傍 졋 방	傍 졋 방	傍 졋 방	傍 졋 방
傾 지울 경	傾 지울 경	傾 기울 경	傾 기울 경	傾 기울 경
永 진 영	永 진 영	永 질 영	永 길 영	永 질 영
俠 씰 셥	俠 씰 셥	俠 씰 셥	俠 협직 협	俠 씰 셥

'賴 심 니블 뢰, 量 셰얄을 양, 務 심쓸 무, 勉 심쓸 면, 嘯 슈ㅍ람 소' 등의 예에서 '힘 – 심, 혜아리다 – 세아리다, 힘쓰다 – 심쓰다, 휘파람 – 슈ㅍ람'과 같이 h구개음화 현상이 활발하게 쓰이고 있다.

(양동본)	(행곡본)	(을사본)	(필사본)	(무술본)
賴 심 니블 뢰	賴 심 리불 뇌	賴 심 리불 뇌	賴 힘입을 뢰	賴 심 리불 뇌
量 셰얄을 양	量 혜야릴 량	量 혜아릴 량	量 혜이릴 량	量 혜야릴 량
務 심쓸 무	務 심쓸 무	務 심쓸 무	務 힘슬 무	務 심쓸 무
勸 힘쓸 권	勸 힘쓸 권	勸 힘쓸 권	勸 권홀 권	勸 힘쓸 권
勉 심쓸 면	勉 심쓸 면	勉 심쓸 면	勉 힘실 면	勉 심쓸 면
嘯 슈ㅍ람 소	嘯 슈ㅍ람 소	嘯 슈ㅍ람 소	嘯 슈파룸 소	嘯 슈ㅍ람 소

셋째,『養洞千字文』에서는 이상하게도 전설고모음화가 나타날 환경에서 나타나지 않고 또 많이 보이지도 않는다. '從 죠칠 죵, 逐 조칠 츅, 卿 버실 경, 誚 구지칠 초' 등에서만 보인다. 그러나 이 천자문을『행곡본 천자문』(1862)과 비교해 보면 행곡본에서는 전설고모음화가 많이 나타난다. 따라서『양동천자문』이 역사적 잔존형이 많이 쓰여 보수적 표기를 띠고 있음을 알 수 있다.

(양동본)   (행곡본)

結 미즐 결   結 미질 결

珠 구슬 듀   珠 구실 듀

拱 쏘줄 공   拱 쏘질 공

忘 이줄 망   忘 이질망

積 싸흘 젹   積 싸힐 젹

命 목숨 명   命 목심 명

　다음 예에서 맨 마지막에 나오는 『주해천자문』의 예와 비교해 보면
쉽게 알 수 있다. 『주해천자문』은 서울에서 발행한 천자문을 중심으로 다
시 복각하였기 때문에 거의 중앙어를 따르고 있고, 전주에서 발행한 다른
『천자문』은 전북 방언의 음운 규칙을 따르고 있다. 예를 들면 일반 『천자
문』에서는 '耽 질길 탐'이 『주해천자문』에서는 '耽 즐길 탐'으로 쓰이고
있다.

(양동본)   (행곡본)   (을사본)   (필사본)   (무술본)   (주해천자문)

從 죠칠 죵   從 죠칠 죵   從 조칠 죵   從 조칠 죵   從 죠칠 죵   從 조칠 죵

逐 조칠 축   逐 조칠 축   逐 조칠 축   逐 쑈칠 축   逐 조칠 축   逐 쪼츨 축

卿 버실 경   卿 버실 경   卿 볘실 경   卿 벼슬 경   卿 벼실 경   卿 벼슬경

誚 구지칠 초 誚 구지칠 초 誚 구지칠 초 誚 꾸지질 초 誚 구지칠 초 誚 꾸지즐 초

耽 질길 탐   耽 질길 탐   耽 질길 탐   耽 탐홀 탐   耽 질길 탐   耽 즐길 탐

歡 질길 환   歡 질길 환   歡 질길 환   歡 짓길 호   歡 질길 환   歡 즐길 환

尋 차질 심   尋 차질 심   尋 ᄎ질 심   尋 ᄎ질 심   尋 차질 심   尋 ᄎ즐 심

　넷째, 『養洞千字文』에서는 전라 방언 어휘인 '궁글다(轉), 누기(孰, 誰),

　　　　　　　　　　　완판본 한글고전소설의 서지書誌와 언어

불이(根)' 등의 어휘가 많이 보인다.[9]

(양동본)	(행곡본)	(을사본)	(필사본)	(무술본)
轉 궁글 젼	轉 궁글 젼	轉 구을 젼	轉 둥걸 젼	轉 구을 젼
孰 누기 슉	孰 누기 슉	孰 누기 슉	孰 누구 슉	孰 누기 슉
誰 누기 슈	誰 누기 슈	誰 누기 슈	誰 누구 수	誰 누기 슈
根 불이 근	根 불이 근	根 부이 근	根 뿌리 근	根 부이 근

이 천자문에 나타나는 몇 가지 특징적인 어휘를 해설하면 다음과 같다.

1) 전라 방언 '슈프람'

(양동본)	(행곡본)	(을사본)	(필사본)	(무술본)
嘯 슈프람 소	嘯 슈프람 소	嘯 슈프람 소	嘯 슈파롬 소	嘯 슈프람 소

현대 국어 '휘파람'의 옛말은 18세기의 '휴프람, 휘프람'이다. 중세국어에서 '프람'이란 말이 보이므로, '휴프람'은 '휴+프람'의 복합어로 보인다. 19세기에는 이형태 '슈프롬, 슈피람, 수파람, 슈파람, 쉬파람' 등이 보인다. 이러한 현상은 'ㅎ' 구개음화와 'ㅅ' 아래에서의 반모음 'ㅣ'의 탈락으로 보인다.[10] (『어휘역사검색프로그램』 참조)

---

9   필자는 이태영(2016)에서 '궁글다'에 대해 그 변화과정을 제시한 바가 있다. 또한 이태영 (1992)에서는 '누구'의 변천과정을 자세히 제시한 바 있다.

10   구개음화된 예는 다음과 같은 지역에서 쓰이고 있다.(『우리말샘』 참조)
      세빠람(강원), 쉬파람(강원, 충남), 숯-바람(경북), 쉬합(전라), 싯-바람(전라), 쉐빠람(제주),

{휴프람} 소리 ᄒ며 〈1777명의권수상:1ㄱ〉

{슈ᄑ룸} 쇼 嘯 〈1781-1787왜해상:44ㄱ〉

嘯了 {슈피람ᄒ다} 〈1790몽해하:49ㄴ〉

{쉬파람} 부다 吹嘯 〈1880한불437〉

{수파람} 소 嘯 〈1895국한189〉

2) 전라 방언 '쩨'

15세기 중세국어에서 '骸'는 '쪄, 쎄, 쩨'로 쓰였다. '쪄'는 현대국어에서 '뼈'가 되었고, '쎄'는 방언에서 '뻬'가 된 것이다. '쩨'는 현대국어로 하면 '뼤'가 되는데 방언에서는 '뼤>뻬>삐'와 같은 변화를 보여준다. 그러니까 전북 방언에서 쓰이는 '뻬'는 중세국어에서 쓰이던 말이 그대로 쓰이고 있는 것이다.

"천지개벽허덧기 시 전체가 그새 몰골이 확 뒤집어진 판국인디
용가리 {통뻬}도 아닌 주제에 지가 무슨 재주로 질래 무사헐 수 있
겄냐."〈윤흥길, 소라단가는길, 2003, 55〉

19세기에 전주에서 발간된 완판본『千字文』에서도 '쩨, 쎄'로 쓰이고 있다.

(양동본)	(행곡본)	(을사본)	(필사본)	(무술본)
骸 쩨 히	骸 쩨 히	骸 쩨 히	骸 쪄 히	骸 쩨 히

쉐빠름(제주)

완판본 한글고전소설의 서지書誌와 언어

19세기에 발간된 『열여춘향수절가』와 같은 완판본 한글고전소설에서도 '쎄'가 쓰이고 있음을 알 수 있다. 최초의 국어사전인 『국한회어』에서도 '뼤'가 많이 보인다. 전북 방언에서는 '뼈〉뼤〉쎄〉삐'의 변화를 볼 수 있다.[11]

> {쎄} 〈열여춘향수절가上, 15ㄴ〉〈심청전上, 3ㄱ〉〈유충열전, 27ㄱ〉
> 이연 다리을 싸싹 말라 만일 요동하다가는 {쎄} 부러지리라(이
> 년 다리를 까딱 말라. 만일 요동하다가는 뼈 부러지리라)〈열여춘향수절가
> 下, 11ㄴ〉
> {뼤} 수 髓, {뼤} 해 骸〈1895국한회어, 145〉

따라서 전라 방언의 '뼤'는 중세국어에서부터 현재까지 이어져 온 보수적인 표기임을 알 수 있다.

3) 전라 방언 '누기'

이태영(2011:323)에서는 '뉘기'를 두 가지로 해석하였다. 하나는 '누귀 〉 누기 〉 누기 〉 뉘기'의 변화를 겪은 것인데, 남부방언에서 주로 발견되는 '뉘기'형을 '누구 〉 누귀 〉 뉘귀 〉 뉘긔 〉 뉘기'와 같은 변화를 겪은 것으로 해석하지 않고, 기원적으로 '누ㄱ'형이 기본형인 것으로 보아 '누ㄱ+ㅣ〉 누기 〉 뉘기'의 변화를 겪은 것으로 보았다.

---

11   표준어로 '뼈다귀'를 우리나라 전체 방언에서는 '뼤다구, 뺵다구, 삐다구, 삡다구' 등이 주로 쓰이는데, 전북 방언에서는 '뼉다구'라는 말로 많이 쓰이며 '뻑다구, 삑다구'로도 발음된다.

다른 하나는 향가에서 보여주는 바와 같이 '＊눅+ㅣ〉누기〉뉘기'의 변화를 겪은 것으로 보고자 하였다. 향가의 '誰支'가 방언에 따라 '＊누ㅎ〉누'의 변화로 '뉘' 형이 쓰이게 되고 '＊누ㄱ〉누기〉뉘기'의 변화로 '뉘기' 형이 발달했음을 추정할 수 있다.

이태영(2011:326)에서는 전라 방언에서 쓰이는 '누구'의 방언형을 제시한 바 있다.

(전북 방언)
누가(주격) 누구, 뉘, 누(속격) 누구로(조격) 누구를(대격)
뉘기다, 누구한티, 뉘안티(여격) 누구허고, 누구랑(공동격)
뉘시오, 뉘기오, 뉘기여(종결어미의 경우)

(전남 방언)
누가, 누기가(주격) 뉘, 누(속격)
누구로, 누기로, 누로, 뉘긴줄, 뉘기로(조격)
누구한테, 누기한티, 뉘한티, 뉘기한티, 누한테(여격)
누구냐, 누기냐, 뉘기냐, 누냐, 뉘시요, 누요, 뉘기시요(종결어미
의 경우)

이태영(2011:333)에서는 전라도 남부방언의 경우에는 '뉘기, 누기' 등이, 북부방언에서는 '뉘귀, 뉘그, 뉘기' 형이 나타남을 제시하고 있다. 즉 남부에서는 '누, 누ㄱ' 형이 우세하게 쓰였고, 북부에서는 '누구' 형이 우세

완판본 한글고전소설의 서지書誌와 언어

하게 쓰인 것으로 해석하고 있다.[12]

> 니 본디 자손이 업스니 {누기를} 만나며, 〈심청전下, 32ㄱ〉
> 여보 져기 가난 봉사임 불너논이 봉사 디답하되 계 {뉘기} 계
> {뉘기니} 〈열여춘향수절가下, 20ㄱ〉
> 자니가 {뉘기여} 〈열여춘향수절가下, 30ㄴ〉
> 이고 이게 {뉘기시요} 〈열여춘향수절가下, 33ㄴ〉
> 니 {뉘기을} 미드리오 〈삼국지三, 18ㄴ〉

> "이름은 {뉘기요}?" 〈이병천, 모래내모래톱, 1993, 252〉
> "너는 {뉘기며} 나는 {뉘긴가아}" 〈최명희, 혼불, 1996, 7, 85〉
> "워메, 요것이 {뉘기여}!" 〈조정래, 태백산맥, 2001, 6, 112〉
> "어머이 저 뒷방에 있는 거이 {뉘기요}?" 〈한국구비문학대계
> 6-3, 전남고흥군편, 105〉

따라서 전라 방언의 '누기'는 기원적으로 '누ㄱ'형에 접미사 '-이'가
연결되어 현재까지 쓰이는 기원형의 잔존형이라고 해석할 수 있다.

3.2. 『춤谷本 千字文』의 방언 특징

『千字文』은 일반적으로 보수적인 표기를 가지고 있다. 따라서 기존의

---

12 『우리말샘』에서 '누기, 뉘기'의 방언이 사용되는 지역은 다음과 같다.
　누기(강원, 경기, 경남, 전남, 충청, 함경, 황해, 중국 길림성, 중국 흑룡강성), 뉘귀(강원, 함경), 뉘
　기(경기, 전라, 충북), 〈우리말샘〉

연구에서 보는 바와 같이 천자문의 언어현상은 일부 방언을 보여주는 어휘를 제외하고는 대체로 아주 비슷한 어휘를 보이고 있다. 그러나 손희하(1991)의 논문의 부록에 나오는 천자문 비교에서 보면 『杏谷本 千字文』은 다른 천자문과 다르게 방언적인 특징을 강하게 보이고 있다.

『杏谷本 千字文』에 나타나는 언어 현상은 전라 방언적인 특징을 보이고 있는 것이다. 음운 현상으로는 구개음화와 전설고모음화, 움라우트 현상이 전라 방언과 아주 비슷하게 나타나고, 어휘에 있어서도 전라 방언의 일반적인 어휘가 나타난다. 이제 『杏谷本 千字文』에 나타나는 방언적인 특징을 전북 방언의 특징과 다른 천자문들과 비교하면서 검토하여 보기로 한다.

첫째, 구개음화 현상이 아주 활발하게 일어나고 있다. '기울다-지울다, 겨울-져의, 깊다-짚다, 끼다-찌다, 견주다-젼조다, 기리다-지리다' 등과 같이 k구개음화가 아주 활발하다.[13] 또한 '힘-심, 협-셥, 혀다-쓰다'와 같이 h구개음화 현상이 활발하게 이루어지고 있다.

> 昃 지울 칙, 冬 져의 동, 深 지플 심, 攝 찔 셥, 比 젼졸 비, 傍 졋 방, 俠 찔 셥, 傾 지울 경, 糠 져 강, 戚 졀네 쳑, 永 진 영, 讚 지을 춘 賴 심 리불 뇌, 力 심 력, 俠 찔 셥, 務 심쓸 무, 勉 심쓸 면, 引 써 인

---

13 '績 길삼 젹, 紡 길삼 방'은 구개음화가 충분히 일어날 환경인데도 일어나지 않고 있다.

둘째, 전설고모음화 현상이 활발하다. '구슬-구실, 목숨-목심, 벼슬-버실'과 같이 명사에서 일어나고, '맺을-미질, 앉을-안질, 꽂을-꼬질, 잇을-이질' 등과 같이 동사의 활용형에서 많이 일어난다.

結 미질 결, 珠 구실 듀, 坐 안질 좌, 拱 꼬질 공, 忘 이질망, 積 싸힐 적, 命 목심 명, 從 죠칠 죵, 逐 조칠 츅, 通 ᄉᄆ칠 통, 達 ᄉᄆ칠 달, 卿 버실 경, 茂 거칠 무, 尋 차질 심, 歡 질길 환, 耽 질길 탐, 接 부칠 졉, 誚 구지칠 초

셋째, 움라우트(이모음 역행동화) 현상이 '신ᄒ-신히, 머귀-메귀' 등에서 일어나고 있다.

臣 신히 신, 淸 채닐 쳥, 兒 이히 ᄋᆞ, 梧 메귀 오, 桐 메귀 동, 囊 쥬메이 낭, 彼 졔 피

넷째, 어휘로는 아주 다양한 전라 방언이 쓰이고 있다. 몇 개의 예를 구체적으로 제시하면 다음과 같다.

1) 전라 방언 '자빠지다'

전라북도 사람들은 표준어 '넘어지다'보다는 '자빠지다'를 많이 사용한다. 실제로 1970년대까지는 '넘어지다'를 쓰는 전북 사람들은 많지 않았다. 왜 전북 사람들은 주로 '자빠지다'를 사용할까? 그 해답은 바로 역사적으로 오래된 말이었기 때문이다. 15세기에는 '졋바디다'가 쓰이고,

16세기에는 '졋바디다, 졋짜디다'의 형태가 쓰이고 있었다. 그리하여 중세국어에서 '졋바디다>졋바지다>*졋바지다>잣바지다>자빠지다'로 변화를 한 것이었다.

그런 것을 글세 절하고 보입던 못할망정 버얼떡 {자빠저서는} (*넘어져서는) 한다는 소리가 무얼 핥어 먹느라고 주둥이를 끌고 다녔냐는 게 첫인사니 놈이 후레자식이 아닙니까 〈채만식, 천하태평춘, 1938, 8, 241〉

그 어디 보리밭에 {자빠졌다가} 눈도 코도 相思夢도 다 없어진 후 燒酒와 같이 燒酒와 같이 나도 또한 나라나서 공중에 푸를리라. 〈서정주, 멈둘레꽃〉

시꺼먼 털이 숭얼숭얼한 정강이를 통째로 드러내놓고 {자빠져} (*넘어져) 자는 꼬락서니가 보기 싫어서, 초봉이는 커튼으로 몸을 가렸다. 〈채만식, 탁류, 1987, 267〉

"밀지 말어, {자빠지겄네잉}." 〈최명희, 혼불, 1996, 1, 26〉

(양동본)　　(행곡본)　　(을사본)　　(필사본)　　(무술본)　　(주해본)
沛엇ㅂ질픠　沛엇ㅂ질픠　沛엇ㅂ질픠　沛잡ㅂ질픠　沛엇ㅂ질픠　沛잣바질픠

2) 전라 방언 '궁글다'

'굴다'의 중세국어는 '그울다, 구울다, 구을다'가 쓰였다. 이 중세국어 형은 '*궁글다>*궁을다>구을다'로 재구할 수 있다. 전라 방언 '궁글다'는 '*궁글다>*궁을다>구을다>굴다'의 변화과정을 겪은 것으로 보인다.(이태영, 2016)

완판본 한글고전소설의 서지書誌와 언어

완판본 『천자문』에서는 '궁글다'가 많이 쓰이고 보수적 표기인 '구을다'도 보인다. 그러나 『주해천자문』에서는 '구르다'가 쓰이고 있다. 완판본 한글고전소설 '조웅전, 장풍운전, 유충열전' 등과, 『한국구비문학대계』에서도 '궁글다'가 보인다.

(양동본)　　(행곡본)　　(을사본)　　(필사본)　　(무술본)　　(주해본)
轉 궁글 전　轉 궁글 젼　轉 구을 전　轉 둥걸 전　轉 구을 전　轉 구를 뎐

궁글며 〈조웅전, 50ㄴ〉 〈장풍운전, 10ㄱ〉 〈유충열전, 83ㄱ〉
궁글어 가네 〈한국구비문학대계5-2, 전주시·완주군편, 517〉 궁
글리기 〈한국구비문학대계5-2, 전주시·완주군편, 781〉 궁글리고
〈한국구비문학대계5-2, 전주시·완주군편, 781〉

3) 전북 방언 '나구'

전북 방언에서 '거믜>거뮈>거무', '나븨>나뷔>나부', '호믜>호뮈>호무'의 변화는 'ㅟ'가 이중모음 [uy]에서 반모음 'y'가 탈락한 것이다. 원순자음(ㅁ, ㅂ, ㅃ, ㅍ) 아래서 'ㅢ>ㅟ'의 변화는 19세기 전라방언에서 활발하게 일어난 음운현상이다.

마찬가지로, 이중모음 'ㅟ'가 [uy]로 실현되면서 활음 'y'가 탈락하여 '나구'가 된다.

(양동본)　　(행곡본)　　(을사본)　　(필사본)　　(무술본)　　(주해본)
驪 나구 녀　驪 나구 녀　驪 나구 녀　驪 나구 녀　驪 나구 녀　驪 나귀 려

물너나와 방자야 {나구} 안장지어라〈열여춘향수절가上, 5ㄱ〉
령쳑은 소를 타고 밍호연 {나구} 탓네〈심청전下, 27ㄴ〉
농부넌 {호무} 들고 노리하며 논일 졔〈화룡도上, 1ㄴ〉
빅셜 갓튼 {힌나부} 웅봉ㅈ졉은 화수 물고 너울너울 춤을 춘다
〈열여춘향수절가上, 6ㄴ〉

3.3. 『乙巳本 千字文』의 방언 특징

『乙巳本 千字文』에서는 '다니다-딩기다, 성인-셩닌, 벼슬-볘실'과 같은 움라우트와 '힘-심, 깊다-짚다, 곁-졋'과 같은 구개음화가 가장 일반적으로 나타난다. '김싱'과 같은 역구개음화 현상도 보인다. '쓰다-씨다, 벼슬-볘실'과 같이 전설고모음화와 중철표기도 나타난다. 어휘적인 특징으로 '몀소'가 다른 천자문에 비해 매우 특징적이고, '독, 바우' 등이 나타난다.

(움라우트)

(양동본)	(행곡본)	(을사본)	(필사본)	(무술본)
行 당길 힝	行 당글 힝	行 딩길 힝	行 딩길 힝	行 딩길 힝
聖 성인 셩	聖 셩린 셩	聖 셩닌 셩	聖 셩인 셩	聖 셩닌 셩
卿 버실 경	卿 버실 경	卿 볘실 경	卿 벼슬 경	卿 벼실 경
正 발를 졍	正 발롤 졍	正 발롤 졍	正 바를 뎡	正 발롤 졍

(구개음화)

(양동본)	(행곡본)	(을사본)	(필사본)	(무술본)
力 힘 역	力 심 력	力 심 역	力 심 역	力 심 력 (훼손)
深 (훼손)	深 지믈 심	深 지풀 심	深 집풀 심	深 지풀 심

348　　　완판본 한글고전소설의 서지書誌와 언어

傍 겻 방	傍 겻 방	傍 겻 방	傍 겻 방	傍 겻 방
獸 즘싱 슈	獸 즘싱 슈	獸 김싱 슈	獸 짐싱 수	獸 김싱 슈

(전설고모음화)

(양동본)	(행곡본)	(을사본)	(필사본)	(무술본)
寫 슬 사	寫 슬 사	寫 씰 사	寫 쁠 ㅅ	寫 슬 사
卿 버실 경	卿 버실 경	卿 베실 경	卿 벼슬 경	卿 벼실 경

(어휘)

(양동본)	(행곡본)	(을사본)	(필사본)	(무술본)
石 돌 셕	石 돌 셕	石 독 셕	石 돌 셕	石 독 셕
巖 바회 암	巖 바회 암	巖 바우 암	巖 바우 암	巖 바회 암
羔 염소 양	羔 양 고	羔 몀소 고	羔 염소 고	羔 양 고
羊 양 양	羊 양 양	羊 몀소 양	羊 염소 양	羊 양 양

이 천자문에 나타나는 몇 가지 특징적인 어휘를 해설하면 다음과 같다.

1) 전북 방언 '맴소, 맴생이'

표준어로 '염소'를 전북 방언에서는 '몀소, 맴소, 몀생이, 맴생이'라고 한다. 발음에서 상당한 차이를 보인다.

'염소'의 15세기 중세국어의 형태는 '염'이다. '쇼 爲牛〈1446훈민해, 58〉'의 예에서처럼 '소(牛)'의 15세기 형태는 '쇼'이다. 16세기에 처음으로 '염'과 '쇼'가 결합한 '염쇼'가 나타난다. 따라서 표준어 '염소'는 '염〉염쇼〉염소'의 변화 과정을 겪었다.(『어휘역사검색프로그램』 참조)

심흔 지위예 나롤 프른 {염}의 갓오슬 주ᄂᆞ다 〈1481두시초19, 26b〉

羔 {염} 고 羊 {염} 양 〈1575광주천, 9a〉, 羔 {염} 고 羊 양 양 〈1583석봉천, 9a〉

이 수양 아질게양 악대양 {염쇠삿기} {암염쇼} 모도와 언머만 갑새 풀오져 ᄒᆞᄂᆞ다 〈1517번역노, 하, 21b〉

羔 {염쇼} 고 〈1527훈몽자, 상, 10a〉, 羖 {염쇼} 고 〈1576신유합, 上, 14a〉

염소의 한자어 표기는 '고양(羖羊), 고(羔), 염우(羬牛), 고력(羖䍽), 산양(山羊)' 등으로 나타난다. 근거는 확실치 않지만, 중세국어 '염'은 한자어 '염(髥)'일 가능성도 있다. 한자어 '수염(鬚髥)'에 쓰이는 '염(髥)' 자인데, '구레나룻'을 의미한다.

조선후기 실학자 이규경이 조선과 청나라의 여러 책들의 내용을 정리하여 편찬한 백과사전인 '오주연문장전산고(五洲衍文長箋散稿)'에는 이와 관련된 내용이 나온다. 조선후기 실학자 정약용의 저술 154권 76책을 총정리한 문집인 '여유당전서(與猶堂全書)'에도 유사한 내용이 나온다.

山羊。羬牛也。羔兒。羬牛子也 〈오주연문장전산고〉
羖䍽則俗呼羬牛 〈오주연문장전산고〉
東俗以夏羊爲羬牛。又以羬牛爲羔 〈여유당전서〉

전라도 방언에서는 '맴소, 맴생이, 염생이'가 사용된다. 아직까지 중세국어 이전의 문헌에서 '염소'가 어떻게 쓰이고 있는지를 찾아내지 못하고

완판본 한글고전소설의 서지書誌와 언어

있어서 중세국어 이전에 쓰인 형태를 정확히 말하기는 어렵다. 우선 전북 방언에서 사용되는 어휘를 중심으로 해석해 보기로 한다.

'몀소, 맴소, 몀생이, 맴생이'에 나타나는 '맴'은 염소의 울음소리 '매'와 '염소'의 '염'이 혼태되어 생성되었을 가능성이 크다. 그러니까 '염소〉몀소〉멤소〉멤소, 맴소'의 변화를 거쳤을 것이다.

> {맴소}를 델고 십리 바깥으로 끌고 나갔어. 〈한국구비문학대계
> 5-3, 전북부안군편, 401〉
> 자그도 남이 알까 새북에 가만히 {맴생이} 끌고 돌아왔어. 〈한국
> 구비문학대계5-3, 전북부안군편, 402〉
> 그래 인자 약이나 아이나 물론 {맴생이}(염소) 똥이나 같은 걸,
> 〈한국구비문학대계6-1, 전남진도편, 356〉

'맴생이'는 어떻게 생겼을까? 방언에서는 작은 짐승이나 짐승 새끼를 나타내는 접미사로 '-생이'가 연결되는 특징을 보인다. 대표적인 어휘로 개의 새끼를 '강생이'라 하고, 말의 새끼를 '망생이'라고 한다. '강생이'는 경상도에서 훨씬 많이 쓰는 말이다. 그러나 전북의 일부지역에서도 사용된다.

> 아 어디서 {강생이}(강아지)가 한 마리 "깡깡" 짖네. 강생이가 한
> 마리 짖어. 〈한국구비문학대계5-1, 전북남원편, 166〉
> "그런디 자네는 발탄 {강생이맨치로} 어느 동네를 행허고 고러
> 콤 뽈뽈뽈 마실을 나가는 챔인가?"〈윤흥길, 빛가운데로걸어가면,
> 1997, 1, 206〉

{망생이} 그놈을 착 끌고 나가더니 궁뎅이를 탁 침시로 말 허리 위에 탁 올라 앉으니 〈한국구비문학대계6-4, 전남승주군편, 581〉

방언에서 사용하는 '염생이'는 '염소'에 접미사 '-생이'를 연결하여 '염생이, 얌생이'라고 쓰고 있다.

{염생이똥} 같은 콩자반을 한 개 두 개 세 개 계속해서 여남은 개나 집어먹었다. 〈채만식, 병조와영복이, 1987, 482〉
{염생이가} 물개통 쌌으면 쌌지 고따우 말도 안 되는 기적은 절대적으로 안 일어날 모냥이니깨 〈윤흥길, 빛가운데로걸어가면, 1997, 2, 234〉

3.4. 『戊戌本 千字文』의 방언 특징

이 천자문에서는 움라우트, 구개음화 등의 음운현상이 나타나고, 어휘로는 '독'을 들 수 있다.

(양동본)	(행곡본)	(을사본)	(필사본)	(무술본)
裳 치마 샹	裳 치미 숑	裳 ?? 숑	裳 치마 상	裳 치미 숑
讚 디멸 찬	讚 지을 춘	讚 지릴 춘	讚 기릴 찬	讚 지릴 춘
行 당길 힝	行 당글 힝	行 딩길 힝	行 딩길 힝	行 딩길 힝
碣 돌 갈	碣 돌 갈	碣 돌 갈	碣 돌 갈	碣 돌 갈
石 돌 셕	石 돌 셕	石 독 셕	石 돌 셕	石 독 셕

이 천자문에 나타나는 몇 가지 특징적인 어휘를 해설하면 다음과 같다.

1) 전라방언 '심'

완판본 천자문에 나타나는 전라 방언 '심'은 '힘'의 구개음화 현상으로 이해된다. 따라서 '力'과 같이 단일어인 경우에는 주로 '심'으로 많이 뜻풀이를 하고 있다. 완판본 천자문에서도 주해본과 양동본을 제외하고는 모두 '심'으로 뜻풀이를 하고 있다. 따라서 이 시대에 전북에서는 '힘〉심'의 구개음화 과정을 거친 '심'이 훨씬 우세하게 쓰인 것으로 보인다.

(양동본)　　(행곡본)　　(을사본)　　(필사본)　　(무술본)　　(주해본)
力 힘 역　　力 심 력　　力 심 역　　力 심 역　　力 심 력　　力 힘 력

그런데 '힘쓰다'와 같이 복합어로 쓰이게 되면 해당 한자어에 따라 구개음화 현상이 달리 나타나는 특징을 보인다. 한자어 '務, 勉'의 경우에는 대체로 '심쓰다'로 쓰인다. 이는 익숙한 한자의 경우에는 전라 방언을 그대로 뜻풀이 하여 '심쓰다'를 쓰는 것으로 이해된다. 그러나 '勸'의 경우에는 대체로 '힘쓰다'로 뜻풀이를 하여 동일한 천자문 안에서 한자어가 다를 경우에 '힘쓰다'와 '심쓰다'로 뜻풀이하는 경우로 나뉜다. 매우 특징적인 현상인데, 이는 익숙한 한자어와 덜 익숙한 한자어의 차이로 보인다.

사실 '務, 勉, 勸'의 경우에 모두 '힘쓰다'와 '권하다'의 뜻을 가지고 있지만 완판본 천자문에서는 '務, 勉'은 '힘쓰다'의 의미로만 풀이하고, '勸'은 '힘쓰다'와 '권하다'의 의미로 풀이하고 있다. 이런 현상은 '勸'과 '務,

勉'사이에 의미 차이가 존재하는 것으로 이해된다.

한자어 '賴'에 해당하는 '힘입다'의 경우에는 '심 닙다'로 주로 쓰이는 것으로 보아 복합어로 보지 않고 '힘 입다'로 띄어쓴 것으로 보인다. 그래서 '힘'을 한 단어로 인식하여 당시 전라 방언인 '심'으로 표기한 것으로 이해된다.

(양동본)　　(행곡본)　　(을사본)　　(필사본)　　(무술본)　　(주해본)
務 심쓸 무　務 심쓸 무　務 심쓸 무　務 힘슬 무　務 심쓸 무　務 힘쁠 무
勉 심쓸 면　勉 심쓸 면　勉 심쓸 면　勉 힘실 면　勉 심쓸 면　勉 힘쓸 면
勸 힘쓸 권　勸 힘쓸 권　勸 힘쓸 권　勸 권홀 권　勸 힘쓸 권　勸 권홀 권
賴 심 니블 뢰　심 리불 뇌　심 리불 뇌　힘 입을 뢰　심 리불 뇌　힘 입을 뢰

2) 전라방언 '딩기다'[14]

표준어 '다니다'는 15세기 문헌에 'ᄃᆞ니다', '돈니다', '둔니다'가 보인다. 'ᄃᆞ니다'는 '돈니다〉둔니다〉ᄃᆞ니다'의 변화 과정을 거친 것으로 보인다. '돈니다'는 '돋다'(走)의 어간 '돋-'과 '니다'(行)의 어간 '니-'가 합성된 동사이다. '다니다'가 이미 17세기 문헌에서 발견된다.

그런데 완판본 천자문에서 보는 바와 같이 '行'을 '당기다, 딩기다'로 뜻풀이를 하고 있다.

14　완판본 한글고전소설에서는 주로 '단이다'가 쓰이고 있다.

(양동본)	(행곡본)	(을사본)	(필사본)	(무술본)
行 댱길 힝	行 당글 힝	行 딩길 힝	行 딩길 힝	行 딩길 힝

국어사 문헌에 따르면 '돈기다'는 17세기 문헌에서 나오기 시작한다. 중국어 학습서에 많이 나오는 것으로 보아 이 어휘는 방언형으로 추정된다. 따라서 중부방언에서는 '돈니다'가 '두니다'로 변하여 '돈니다〉두니다〉다니다'가 되었지만, 전라방언에서는 '돈기다〉둥기다〉딩기다'와 같은 변화가 있었을 것으로 추정된다. 아직 정확하게 이 어원을 추정하기에는 다소 무리가 있지만 중간 단계는 분명히 제시할 수 있을 것이다.

우리 사룸이 서르 두워라 ᄒ여 서르 더브러 {돈기면} 됴ᄒ니라 〈1670노걸언, 하, 40a〉

다리롤 쓰으고 {돈기는} 이는 안시과 약초이 알품이오 〈1682마경언, 상, 76a〉

우리는 이 길 {돈기는} 사룸이라. 〈1763노걸대신석언해, 상, 050a〉

내일 즉 {돈기지} 못ᄒ여시니 네 뎌긔 景致롤 니르미 〈1765박신해, 2, 4b〉

{돈기다} 〈1880한불자, 466〉

팔션녀의 말소리 귀예 징징ᄒ고 얼골빗슨 눈의 암암ᄒ야 압픠 안ᄌ는 듯 엽픠 {돈기는} 듯 ᄆᆞ음이 황홀ᄒ여 진정치 못ᄒ는지라 〈완판본 구운몽 샹, 7*〉

옥년이는 아무리 조션 계집아히이느 학문도 잇고 개명한 싱각도 잇고 동셔양으로 {돈기면셔} 문견이 놈~흔지라 〈1906혈의누(이인직), 상:85〉

이 사룸이 아달 초지러 {돈길} 째에 약쟝수를 호여 은 두 덩이를
버러 가지고 강을 건너 오더니 〈1911요지경, 48〉

4. 결론

　　전라북도 전주에서 발행한 완판본 천자문은 두 종류의 계열이 있다.
하나는 『주해천자문』으로 서울에서 찍은 책을 복각한 천자문이다. 이 천
자문은 중앙어로 쓰여 있기 때문에 방언을 거의 사용하지 않았다. 다른 하
나는 전라 방언이 많이 사용된 천자문이다. 이 천자문은 여러 가지가 있는
데 그 중에서 이 글에서는 『행곡본 천자문』, 『양동본 천자문』, 『무술본 천
자문』, 『을사본 천자문』을 중심으로 다루었다.

　　조선후기에 발행된 이러한 완판본 천자문은 이 지역에 사는 어린 아이
들에게 한자 교육을 하기 위한 책이었지만, 실제로 한글 교육을 병행한 책
이기도 하였다. 특히 뜻풀이를 할 때, 이 지역의 방언을 사용하였기 때문
에 방언의 역할이 매우 중요한 시기였던 것이다. 이 시기는 일제강점기여
서 더욱 한자와 한글 교육의 교과서 역할을 한 것이다.

　　완판본 천자문들은 책에 따라 다소 다르긴 하지만, 대부분 당시의 음
운 규칙인 '구개음화, 전설고모음화, 움라우트, 원순모음화' 등의 음운현
상을 그대로 보여준다.

　　'쎼(뼈), 누기(누구), 자빠지다, 나구(나귀), 궁글다(뒹굴다), 맴소(염소), 심
(힘), 딩기다(다니다)'와 같이, 특히 어휘에 있어서 많은 전라 방언의 특징
적인 어휘를 보여주고 있다.

따라서 완판본 천자문의 시대적 가치를 새롭게 인식하여 방언의 기능, 한글고전소설에서 방언 사용의 의의 등을 살피는 계기가 되기를 바란다.

═══════════| 참고문헌 |═══════════

김동욱(1994), 「방각본에 대하여」, 『고소설의 저작과 전파』, 아세아문화사.

손희하(1991), 「새김 어휘 연구」, 박사학위논문(전남대).

손희하(1992), 「〈천자문〉(행곡본) 연구」, 한국언어문학 30.

유재영(1993), 『전북전래지명총람』, 민음사.

유탁일(1985), 『완판 방각소설의 문헌학적 연구』, 학문사.

이태영(1992), 「대명사 '누, 누구(誰)'의 변천과정과 방언분화」, 춘강유재영박사화갑
　　　　　기념논총.

이태영(2016), 「국어사전과 방언의 정보화」, 『국어문학』 61, 51-75.

이태영(2021), 『완판본 인쇄·출판의 문화사적 연구』, 역락.

전광현(1983), 「전라북도의 말」, 『전라북도편』, 뿌리깊은나무.

전라북도(2019), 『전라북도 방언사전』.

최전승(1986), 『19세기 후기 전라방언의 음운현상과 그 역사성』, 한신문화사.

최전승(1990), 「판소리 사설에 반영된 19세기 후기 전라방언의 특질」, 한글 210호.

한국정신문화연구원(1981), 『한국구비문학대계 전주시·완주군편』, 5-2.

한국정신문화연구원(1987), 『한국방언자료집』 5(전북편).

한국정신문화연구원(1991), 『한국민족문화대백과사전』 26권.

한국정신문화연구원(1991), 『한국방언자료집』 4(전남편).

한글학회(1999), 『땅이름 전자사전』.

홍윤표(1985), 「歷代千字文과 西部 東南方言」, 『선오당김형기선생팔질기념 국어학
　　　　　논총』.

5부

『열여춘향수절가』의 어휘와 문화

5부에서는 『열여춘향수절가』에 나타난 전라 방언의 어휘를 역사적으로 살펴보고, 이 소설에 나타난 등장인물인 '상단이'가 보여주는 여러 기능을 문화사적으로 살펴보았다. 끝으로 정보화시대에 완판본 한글고전소설을 정보화하여 다양하게 활용하는 방안을 제시하였다.

제10장 『열여춘향수절가』의 전라 방언 어휘와 역사성

1. 완판본 한글고전소설 『열여춘향슈졀가라』

우리나라에서 조선시대와 일제강점기에 발행한 한글고전소설은 세 지역에서 간행되었다. 서울에서 만든 '경판본'(京板本), 경기도에서 만든 '안성판본'(安城板本), 전라북도 전주에서 만든 '완판본'(完板本)이 있다. 이 중에서 완판본 한글고전소설은 소설의 분량이 많을 뿐만 아니라, 지역의 언어인 방언이 많이 들어가 있는 특징을 보인다. 또한 서울에서 발행한 경판본과는 다르게 구어체이자 낭송체의 소설 문체를 가지고 있다. 이러한 특징은 전라도 지역에서 유행하던 판소리가 그대로 소설로 정착되었기 때문에 이러한 독특한 특징을 지니게된 것이다.

『열여춘향수절가』는 일반적으로 『춘향전』이라 불

리는 책으로, 전주에서 발행된 완판본은 『열여춘향수절가』란 제목으로 발간되었다. 이는 크게 세 종류의 책이 전한다. 첫째는 1800년대에 발간된 『별춘향전』이라는 소설이 있는데 『별츈향전이라』(完山新刊), 『별츈향전이라』(戊申季秋完西新刊), 『별츈향전이랴극상』, 『불별춘향전이라』 등 네 종류가 있으며 『춘향전』이 아주 짧게 요약된 소설이다. 둘째는 '丙午(1906) 孟夏完山新刊'의 간기가 있는 책으로 이는 『심청가』, 『퇴별가』와 비슷한 시기에 간행되었다. 이 『열녀춘향슈절가라』는 33장본으로 1906년에 발행되어 '병오판 열녀춘향슈절가'로 일컬어진다. 이후 발행된 책으로는 '완흥사서포본'(1912년), '무신 구동 신간본'(1908년) 등이 있다. 셋째는 가장 널리 읽힌 책으로는 1916년 다가서포에서 발행한 『열여춘향슈절가라』로 84장본이다.

동리 신재효(1812-1884)는 '춘향가, 심청가, 토별가, 박타령, 적벽가, 변강쇠가' 등 판소리 여섯 마당을 새롭게 정리하였다. 신재효가 정리한 '춘향가, 심청가, 토별가, 적벽가' 등이 사설로 존재하면서 이를 바탕으로 완판본 한글고전소설인 '열여춘향슈절가, 심청가, 심청전, 퇴별가, 화룡도(적벽가)'가 탄생하게 되었다. '노래(歌)'가 나중에 '소설(傳)'이 된 것이다.

판소리 '춘향가'는 완판의 『열여춘향수절가』와 문체상의 차이가 없다. 4-4조를 기본으로 하는 운문으로 되어 있고, 삽입가요가 있고, 어미가 현재 진행 종지형으로 되어 그 문체상의 특징으로 되어 있다. 제목에서 보는 바와 같이 『열여춘향슈절가라』로 되어 있고 모든 문장이 이야기를 낭송하는 낭송체로 되어 있다.

경판본 『춘향전』은 이야기 서술 방식이 한문을 번역한 문어체이지만, 완판본은 우리 말투의 구어체 이야기 방식으로 서술되어 있다. 완판본 『열여춘향수절가』의 특징은 일상 언어인 구어체가 주로 사용되고 있고, 방언이 많이 사용되어 있다. 완판본 『열여춘향수절가』는 낭송이 중심이 되었다. 고전소설이 낭송되었다고 하는 사실은 고전소설의 제목에서 찾을 수 있다. 완판본 고전소설의 대부분은 그 제목이 '열여춘향슈절가라, 별춘향전이라, 심청가라' 등으로 되어 있다. '열여춘향슈절가, 별춘향젼, 심청가'라고 하면 되는데 '-이라'를 붙인 것은 이 소설이 낭송되었다는 사실을 알려주는 것이다. 판소리가 없었던 서울에서 간행된 경판본 한글고전소설의 제목에는 '-이라'가 사용되지 않는다.

　판소리 창자들이 주로 다루는 판소리의 대목을 보면 '사랑가, 방자 재촉, 오리정 탄식, 이별, 신표 교환, 군뢰사령, 십장가, 쑥대머리, 춘향모 어사 상봉, 어사 출두' 등인데 완판본 『열여춘향수절가』에도 그대로 나와 있어 판소리의 사설이 소설로 정착된 것을 알 수 있다. 오리정에서 이별하는 애틋한 장면에서 끝까지 기다리겠다는 언약이 감동을 준다. 군뢰사령들에게 붙들려 가면서 죄 없음을 애절하게 이야기하고, 매를 맞으면서도 열녀는 두 지아비를 섬길 수 없다며 아녀자로서 당당하게 맞서는 자세에서, 춘향이의 절개와 정절은 더욱 돋보인다. 감옥에서 풀어헤친 모습으로 님을 그리워하는 모습은 애절함을 넘어 처연함을 느끼게 해준다.

　완판본 한글고전소설 『열여춘향수절가』의 언어적 특징을 살펴보면 접촉 방언의 특징을 보여주는 남원 말씨가 자주 등장한다. 전주에서 발간한 한글고전소설에 왜 남원 말씨가 등장하느냐고 의아스럽게 생각할지 모른다. 그러나 소설의 원고가 남원에서 불리던 동편제 판소리 '춘향가'를 원본으로 하여 만들었기 때문일 것이다. 그래서 『열여춘향수절가』에는 아주 많은 전라도 방언이 포함되어 있다.

완판본 한글고전소설에는 전북을 대표하는 어떤 어휘들이 사용되고 있을까? 가장 대표적인 한글고전소설인 '열여춘향수절가'에 나타나는 방언 어휘를 통하여 그 역사적인 변화과정을 살펴보고자 한다.

2. 『열여춘향수절가』에 나타난 전북 방언 어휘의 역사성

완판본 한글고전소설에 나타나는 전북 방언의 어휘에서 역사적인 특징을 살펴보는 일은 몇 가지로 정리할 수 있다. 첫째는 중세국어보다 더 오래된 어휘가 이 소설에서도 쓰이고 있다. 둘째는 중세국어와 관련되어 변화된 어휘를 제시할 수 있다. 이러한 오래된 역사적 잔존형은 방언의 구어적 특성을 여실히 보여준다.[1] 셋째는 근대국어에서 변화가 시작된 어휘

---

1   완판본 한글고전소설에서는 구어체 일상어가 많이 사용되고 있기 때문에 대체로 잘 알려진 속담을 사용하여 비유적인 표현을 시도하고 있다. 춘향전에 나타나는 속담의 양상과 효과를 밝히고 있는 최석환(2004)를 이용하여 속담의 예를 제시하면 다음과 같다.
  맛파람의 게 눈 감추덧 하난구나 〈열여춘향수절가下, 32ㄱ〉
  줄방울을 염불법사 염주 메덧 나구 등듸ㅎ엿소 〈열여춘향수절가上, 5ㄱ〉
  광한누 건너갈 졔 디명젼 디들보의 명미기 거름으로 양지마당의 씨암닥 거름으로 빅모리 밧탕 금자리 거름으로 〈열여춘향수절가上, 11ㄴ〉
  어사 속으로 온야 도젹질은 늬가 하마 오리는 네가 겨라 〈열여춘향수절가下, 36ㄱ〉
  쏘아논 사리 되고 업찌러진 물이 되야 수원수구를 할가마는 〈열여춘향수절가下, 31ㄱ〉
  공든 탑이 무어지며 심근 남긔 ㅺㅣㄱ길손가 〈열여춘향수절가上, 2ㄱ〉
  봉이 나미 황이 나고 장군 나미 용마나고 〈열여춘향수절가上, 24ㄱ〉
  눈구셕 쌍 가리톳 셜 일 만이 보네 하고 〈열여춘향수절가上, 39ㄱ〉
  틱빅산 갈가무긔 게발 무러다 던지다시 〈열여춘향수절가上, 41ㄱ〉

를 제시할 수 있다. 이처럼 짧은 시기 안에서의 변화는 방언이 공시적으로도 변하고 있음을 보여준다. 이처럼 방언은 아주 다양한 시대에 존재해 왔고 또 지금까지 이어져 오는 강한 역사성을 소유한 언어이며 동시대에서도 변화를 하고 있는 살아있는 언어임을 보여준다. 우리는 한글고전소설에 나타나는 어휘의 역사에 대해 이야기하려고 한다.

2.1. 중세국어 이전과 관련된 역사성

1) 독미

'돌매'는 맷돌로 곡식을 가는 데 쓰는 기구이다. '돌'의 전북 방언은 '독'이다. '돌매'의 전북 방언의 '독매'이다. '독매'는 '독미〉독매'의 변천 과정을 거친다. 표준어로 '돌확'을 전북에서는 '학독'이라고 하는데 '돌확'이 음운도치 되어 '확돌〉학독'의 변화를 거친 것이다.

> 너는 죽어 {독미} 웃짝이 되고 나는 죽어 밋짝 되야 〈열여춘향 수절가上, 29ㄴ〉
> 너는 죽어 {방아확}이 되고 나는 죽어 {방아고}가 되야 〈열여춘 향수절가上, 29ㄴ〉

현대 전라 방언에서도 '독매'가 음운도치된 '맷독'으로 쓰고 있다.

하나리 무어져도 소사날 궁기가 잇난이라 〈열여춘향수절가下, 35ㄱ〉
이 자식 네가 니 마를 종지리시 열씨 까듯 하여나부다 〈열여춘향수절가上, 10ㄱ〉

"큰놈은 {맷독}을 짊어지고 나가, 둣쨋놈은 에에 소구를 들고
나가고 싯째놈은 좁빡허고 지팽이 막대기 대지팽이막대기를 짚고
나가거라."⟨한국구비문학대계6-2, 전남함평군편, 231⟩

전북 사람들은 돌처럼 단단한 물건을 '독덩이 같다. 독댕이 같다.'고
표현한다. 표준어로 하면 '돌덩이, 돌덩어리'라고 해야 한다. '단단한 사
탕'을 '독사탕'이라고 한다. 전북 사람들은 '자갈'을 '독자갈'(돌자갈), '바
위'를 '독바우, 독바위', '돌확'을 '학독', '방돌'을 '방독'이라고 불렀다.
그렇다면 왜 전라북도 사람들은 표준어인 '돌'(石)을 쓰지 않고 방언형인
'독'이라고 쓸까? 이런 사실을 이해하려면 아주 오래된 국어의 역사를 살
펴보아야 한다.

'돌'은 15세기 중세국어의 문헌에서 '돓'로 나타난다.

石은 {돌히오} (石은 돌이오) ⟨1447석보상절, 9:24b⟩
녜 업던 {돌홀} 帝釋이 옮겨오니 (전에 없던 돌을 제석이 옮겨오니)
⟨1447월인천강지곡, 상, 38b⟩
이런 젼ᄎ로 ᄂᆞ는 {돌콰} 더디는 {돌콰} (이런 이유로 나는 돌과 던
지는 돌과)⟨1461능엄경언해8, 88b⟩
플와 {돌와를} 몰라셔 (풀과 돌을 몰라서)⟨1466구급방언해, 하,
53a⟩

중세국어형인 '돓'은 모음 앞에서는 어말에 'ㅎ'이 나타난다.(돌히오, 돌
홀) 자음 중 평음 앞에서는 'ㅎ'이 평음과 결합하여 유기음이 된다.(돌콰)
다른 환경에서는 'ㅎ'이 탈락하여 '돌'로 실현된다.(돌와를) 대체로 18세기

완판본 한글고전소설의 서지書誌와 언어

부터는 '돓'의 'ㅎ'이 탈락한다. 여기까지는 중세국어에서부터 근대국어까지의 '돓'의 일반적인 변화현상이다.

그런데 우리가 주의 깊게 살펴볼 문헌이 있다. 『삼국사기지리지』에 '石山縣本百濟珍惡山縣景德王改名今石城縣'(석산현은 원래 백제의 진악산현이었던 것을 경덕왕이 개칭한 것이다. 지금의 석성현이다.)이라는 충남 공주에 있는 지명을 해설한 구절이 있다. 이 내용은 『신증동국여지승람』(新增東國輿地勝覽), 『연려실기술』(燃藜室記述), 『조선왕조실록』 세종 지리지에도 나온다.

위의 원문에서 '石山縣'의 '石'과 '珍惡山縣'의 '珍惡'이 대응되는데 '珍'은 그 뜻이 '돌'이었다는 견해가 일반적이다. 따라서 백제 때에 '돌악'이 이미 쓰이고 있음을 알 수 있다. 이때 'ㄱ'음이 'ㅎ'음으로 약화되어 중세국어형 '돓'이 된 것으로 보고 있다.(『어휘역사검색프로그램』참조) 그렇다면 백제의 '돌악'이 현재까지 이어져서 전북에서는 '독'으로 줄어든 것임을 알 수 있다.

전주에서 간행한 무술(戊戌)본 『천자문』(1898)과 을사(乙巳)본 『천자문』(1905)에서는 '石 독 셕'으로 표기하고 있다. 조선 후기 전주에서 간행된 완판본 『열여춘향수절가』에서도 '독다리, 독미(돌매)'가 나온다.

石 독 셕 〈무술본 천자문〉, 〈을사본 천자문〉

이거슨 {독다리}요 이거슨 기쳔이요 (이것은 돌다리요 이것은 개천이요) 〈열여춘향수절가下, 20〉

너는 죽어 {독미} 웃짝이 되고 나는 죽어 밋짝 되야 (너는 죽어 돌매(맷돌) 위짝이 되고 나는 죽어 아래짝이 되어) 〈열여춘향수절가上, 29〉

『천자문』은 아이들을 가르치는 한자 교과서인데, 이 지역의 아이들에게 '石'이란 음을 가진 한자를 가르치기 위해서는 전북 방언 '독'이라는 뜻으로 가르쳤던 것이다. 당시 전라도 모든 사람들이 '독'이라고 했던 것을 알 수 있다. 다른 단어도 마찬가지 방법으로 가르쳤다.

(양동본)　(행곡본)　(을사본)　(필사본)　(무술본)　(서계서포본)　(을묘본)

石돌셕　石돌셕　石독셕　石돌셕　石독셕　石돌셕　　石돌셕

완판본 한글고전소설에는 수많은 전북 방언이 나오는데, 이도 역시 전라도 사람들을 위해서 소설을 만들었기 때문에 방언을 많이 넣은 것이다. 위에 인용한 대목은 춘향이의 어머니인 월매가 봉사를 춘향이에게 인도할 때 길을 가면서 하는 말이다. 같은 책에 나오는 '돌민'는 표준어로 '돌매'인데 '맷돌'을 말한다. 이몽룡이 춘향이에게 하는 말에 나온다.

백제의 언어인 '독'의 예에서 보는 것처럼, 지역의 방언은 아주 오래된 우리말이다. 그래서 매우 소중한 우리의 언어인 것이다. 전북 방언의 대다수는 삼국시대, 중세국어와 관련되어 있고, 이 언어가 시대의 변화에 따라 분화되어 발달한 어휘가 대부분이다. 또한 비교적 근대 이후에 자연스럽게 변화를 일으킨 언어가 아주 많다. 따라서 지역의 방언이 없이는 국어의 역사를 이야기할 수 없는 것이다.

2) 궁글다

전라 방언에서 많이 사용되는 '궁글다'는 실제로 전국적인 분포를 가지고 있다. 전국적인 분포를 가진다는 것은 아주 오래된 방언임을 말해준다. 이미 이태영(2016:68-9)에서 해석한 바와 같이 중세국어에서 '그울다, 구울다, 구을다'가 쓰였다면 이전의 형태는 '*궁을다〉구을다'로 재구할 수 있다. 다시 이 변화과정은 '*궁글다〉*궁을다〉구을다'로 재구할 수 있을 것이다. 전국적으로 쓰이고 있는 방언 '궁글다'는 '*궁글다〉*궁을다〉구을다〉굴다'의 변천과정을 겪었을 것으로 보인다.

조선 후기의 완판본 자료에 '궁글다'가 왕성하게 사용되고 있음을 볼 수 있다. 따라서 전북 방언에서 사용되는 '궁글다'는 중세국어 '구을다'보다 훨씬 이전부터 사용되어 온 역사적인 어휘임을 알 수 있다. 현재 전북의 구비문학과 소설에서도 많이 사용되고 있다.

빅셩 소시 엄숙하게 보이랴고 눈을 벼량 {궁글궁글} 직사의 연명하고 〈열여춘향수절가下, 4ㄱ〉

轉 {궁글} 젼 〈츙谷本千字文15ㄴ〉

{궁글며} 〈완판조웅전, 50ㄴ〉〈완판장풍운전, 10ㄱ〉〈완판장풍운전, 29ㄱ〉〈완판조웅전이, 17ㄴ〉〈완판유충열전, 83ㄱ〉

{궁그논지라} 〈조웅전, 62ㄱ〉〈적성의전下, 30ㄱ〉〈조웅전이, 29ㄱ〉

약그릇을 번뜻 들어 방바닥에 부딪치고, 섰다 꺼꾸러져 떼그르르르르 {궁글러} 보고, 가슴을 쾅쾅 치고, 〈박동실 바디 심청가〉

토끼는 대그르 {궁굴며}, "아이고, 장군님. 어디 갔다 오시오?" 〈유성준 바디 수궁가〉

데글데글 {궁글어} 가네. 〈한국구비문학대계5-2, 전북전주시완주군편, 517〉

기양 다 디글디글 {궁굴고} 야단이여. 〈한국구비문학대계6-2, 전남함평군편, 464〉

나의적은손에는 이쌍덩이가/몟번이나 뇌엿스며/그얼마나 (궁
글여지는지}/몰으겟노니-〈신석정, 손과가슴〉
　　일반 양인(良人)의 붙이라 할지라도 어쩌다 가족을 잃고 저 혼자
떨어져 (궁글어) 다니다가,〈최명희, 혼불, 1996, 4, 22〉

2.2. 중세국어와 관련된 역사성

　　전북 방언은 중세국어와 관련된 어휘가 아주 많다. 예를 들면, '만들
다'의 뜻을 가진 전북 방언 '맹글다'는 아주 일반적으로 쓰이는 방언인데
이는 중세국어의 '밍글다'에서 온 말이다. 따라서 대부분의 방언이 그런
것처럼 전북 방언은 강한 역사성을 가진 방언임을 알 수 있다.

1) 궁기

　　17세기에 '구멍'이 출현하는데, 이 단어는 '구무'에 접사 '-엉'이 결합
한 말이다. 15세기에는 모음 앞에서는 '굵', 자음으로 시작되는 조사와 휴
지 앞에서는 '구무'가 사용되었다. 16세기에는 '구무, 구모'가 함께 쓰였
다. 17세기에는 '구무~굵', 18세기에는 '구무~구모~굵', 19세기에는 '굼기
~굼긔~구무~굵'이 '구멍'과 함께 사용되었다.(어휘역사검색프로그램 참조)
　　완판본 한글고전소설에서는 '굼기'에서 발음된 '궁기'가 주로 사용되
고 있다. 중세국어 '굵'에 접미사 '-이'가 연결된 '굼기'가 '굼기〉궁기'로
변한 것으로 보인다. 전북 방언에서는 '굵기다'가 '궁기다, 귕기다'로 발
음된다.

하나리 무어져도 소사날 {궁기가} 잇난이라 〈열여춘향수절가 下, 35ㄱ〉

양 볼티기가 옴옥옴옥 {코궁기가} 발심발심 연기가 홀홀 나게 푸여 물고 나셔니 어사쏘 반말 흐기난 공셩이 낫제 〈열여춘향수 절가下, 27ㄱ〉

허리가 너버슨이 오즈셔의 십위옵고 {코궁기가} 좁수으노 의스 논 넉넉흐고 〈퇴별가, 5b〉

하늘이 무너져도 솟아날 {굼기}(구명이) 있다는디 〈한국구비문 학대계6-3, 전남고흥군편, 519〉

2) 자빠지다

전라북도 사람들은 표준어 '넘어지다' 보다는 '자빠지다'를 많이 사용 한다. 문학작품에서도 많은 용례가 보인다.

그런 것을 글세 절하고 보입던 못할 망정 버얼떡 {자빠저서는} (*넘어져서는) 한다는 소리가 무얼 핥어 먹느라고 주둥이를 끌고 다녔냐는 게 첫인사니 놈이 후레자식이 아닙니까 〈채만식, 천하태 평춘, 1938, 8, 241〉

그 어디 보리밭에 {자빠졌다가} 눈도 코도 相思夢도 다 없어진 후 燒酒와 같이 燒酒와 같이 나도 또한 나라나서 공중에 푸를리라. 〈서정주, 멈둘레꽃〉

시꺼면 털이 숭얼숭얼한 정강이를 통째로 드러내놓고 {자빠져} (*넘어져) 자는 꼬락서니가 보기 싫어서, 초봉이는 커튼으로 몸을 가렸다. 〈채만식, 탁류, 1987, 267〉

"밀지 말어, {자빠지겄네잉}." 〈최명희, 혼불, 1996, 1, 26〉

왜 전북 사람들은 주로 '자빠지다'를 사용할까? 그 해답은 바로 역사적으로 오래된 말이었기 때문이다. 15세기에는 '졋바디다'가 쓰이고, 16세기에는 '졋바디다, 졋짜디다'의 형태가 쓰이고 있었다. 그리하여 중세국어에서 '졋바디다〉졋바지다〉*졋바지다〉잣바지다〉자빠지다'로 변화를 한 것이었다.

표준어 '넘어지다'는 주로 몸이 앞으로 쓰러지는 것을 의미하는 반면에 '자빠지다'는 몸이 모로 또는 뒤로 쓰러지는 것을 의미한다. 따라서 『열여춘향수절가』에서는 '업더지며 자빠지며'와 같이 대구가 주로 쓰이고 있다.

> 업써지며 {잡바질} 제 셔운찬케 가량이면 몃날 몃칠 될 줄 모를네라〈열여춘향수절가上, 45ㄴ〉
> 초미쓴 졸나믜고 초미폭 거듬거듬 안고 훗트러진 머리털은 두 귀 밋틔 느리오고 비갓치 흐르난 눈물은 옷시 사못촌다 업더지며 {잡바지며} 붓들어 나갈 제〈심청전上, 29ㄱ〉

2.3. 근대국어와 관련된 역사성

전북 방언의 어휘 가운데는 근대국어에서부터 시작된 어휘도 많다. 시대마다 어휘가 새롭게 들어오거나 발전하기 때문이다. 이처럼 근대국어에서 변화를 시작한 어휘들이 이 작품에서도 많이 나타난다.

1) 담부

현대국어 '담배'의 고어인 '담비'는 18세기에 나타난다. 포르투갈어 'tabaco'가 일본에 들어가 'tabako'가 되었는데, 이것이 수용되어 변화되면서 '담비'로 나타난 것이다. 외래어가 방언으로 수용되는 일은 아주 자연스러운 언어현상이다.

煙 담비 煙俗 담비ㅅ대 吃煙 담비 먹다 〈1768, 몽유상, 47b〉
吃煙 담비 먹다 〈1790, 몽유상, 47b〉

전북 방언에서는 '담부'로 쓰였는데, 이 어휘는 '담비〉담븨〉담뷔〉담부'와 같은 과정을 거쳐 변화한 것이다. 현대 전라방언에서도 '담부'가 쓰이고 있다.

잇찌 니아으셔 잡술 상이 ㄴ오거늘 일비주 먹은 후의 통인 방자 물여주고 취흥이 도도ᄒ야 {담부} 푸여 입으다 물고 일이 져리 거닐 졔 〈열여춘향수절가上, 7ㄱ〉

춘향이 북그러워 디답지 못허고 묵묵키 셔 잇거날 춘향이 모가 몬져 당의 올나 도련임을 자리로 모신 후의 차을 드려 권하고 {담부} 부쳐 올이온이 도련임이 바다물고 안자실 졔 〈열여춘향수절가上, 21ㄱ〉

한참 이리 할 졔 한 농부 썩 나셔며 {담부} 먹시 담부 먹시 갈명덕 숙예 쓰고 두던의 나오더니 곱돌조되 넌짓 드러 쏭뭉이 더듬써니 가죽 쌈지 쎄여 〈열여춘향수절가下, 26ㄴ〉

그랑께 {담부}가 기양 {담붓대}가 기양 목구녁으로 푹 들어가게

이케 쑤셔농께〈한국구비문학대계6-1, 전남진도편, 079'〉

2) 벼람박

17세기에 '벽(壁)'의 의미를 가진 고유어 'ᄇᆞ롬'이 한자어 '벽(壁)'과 복합되어 'ᄇᆞ롬벽'으로 쓰였다. 18세기에는 'ᄇᆞ롬벽, ᄇᆞ람벽, ᄇᆞ람ㅅ벽, 바람ㅅ벽, 바람벽' 등으로 나온다.

전라 방언에서는 '바람벽'에서 시작된 어휘가 '벼람박〉베람박〉베람박〉베랑박〉베랑빡'의 변화를 보인다.

壁은 {ᄇᆞ루미니} ᄇᆞ롬 ᄀᆞ티 션 바회롤 石壁이라 ᄒᆞᄂᆞ니라〈1459 월인석, 9, 43b〉

몬져 {ᄇᆞ롬앳} 흙 혼 홂을 브ᄉᆞ텨 짜해 싈오〈1489구급간, 1, 69a〉

돈 업는 놈 술집 {벼람박의} 술갑 긋듯 긋여 노니 한일 쓰가 되야쑤나〈열여춘향수절가下, 12ㄱ〉

전에 시어머니가 가난하디 가난한 집으로 시집을 와서 {벼람박}은 다 떨어지고 천장도 훤히 보이닌께,〈한국구비문학대계6-11, 전남화순군편3, 532〉

그눔으로 {베람박} 헐 데는 고루 고만치 냉겨 두구, 야중에 흙으로 {베람박}을 헌 것 같이 해야 합니다.〈5-2, 전북전주시·완주군편, 323〉

그것을 시(세) 권을 박어다가 {베랑박}(벽)으다 걸어놓고〈한국구비문학대계5-4, 전북군산시·옥구군편, 909〉

3. 『열여춘향수절가』에 나타나는 공시적 변화와 지역성

전북 방언 어휘의 공시적 변화는 아주 다양하다. 여기서는 『열여춘향수절가』에 나타나는 공시적인 언어변화를 통하여 당시의 지역적 방언 특징을 이해해 보고자 한다.

1) 근듸(그네)

이 어휘는 완판본 『열여춘향수절가』에서만 나타난다. 최전승(2009)에서는 전라 방언에 나타나는 '근듸(鞦韆)'의 공시적인 언어변화를 추적하면서 '근두(跟陡) + -이>근뒤>근듸'의 변화과정으로 보았다.[2]

> 이이 상단아 {근듸} 뱌람이 독ㅎ기로 정신이 어질훈다 {근듸} 줄 붓들러라 〈열여춘향수절가上, 9ㄱ〉
>
> 셕양은 지셔하고 숙조는 투림할 졔 져 건네 양우목은 우리 춘향 {근듸} 믹고 오락가락 노던 양을 어졔 본듯 반갑쏘다 〈열여춘향수절가下, 29ㄴ〉

---

2   『우리말샘』에 나오는 '그네'의 방언형을 일부 제시하면 다음과 같다.
   곤디(경남), 군데(경남), 근대(경남), 근데(경남, 전라), 꼰디(경남), 군들(경북), 군뒤(경상, 전라, 충북, 중국 흑룡강성), 군디(경상, 전라, 충북, 중국 길림성, 중국 흑룡강성), 건두(전남), 군두(전남, 충북), 근두(전남), 긴데(전남), 군지(전라), 건디(전북, 충남), 권디(전북, 충남), 꿩디(전북), 근뒤(전북, 충남), 근디(전북, 충남) 〈우리말샘 '그네'의 방언형〉

2) 지지기

현재로서는 용언 어간에 명사화 접미사 '-개'나 '-애'가 통합되어 이루어진 것으로 추정해 볼 수 있다. '기지기'가 구개음화되어 '지지기'가 된 전북 방언이다. 음운변화로 어간이 굳어진 예들을 많이 볼 수 있다.

> 낫나치 두려이 이러 모 것거 돌며 구브며 울월며 하 외욤ᄒ며 {기지게} ᄒ며 기춤호몰 다ᄅ니 히믈 비디 아니ᄒᄂ니라 〈1482 금삼 2:11ㄴ〉
>
> 실난즁 옷ᄭᆫ 쓸너 발가락으 딱 걸고셔 ᄭᅥ여 안고 진드시 눌으며 {지지기} 쓰니 발길 아릐 쩌러진다 〈열여춘향수절가上, 27ㄱ〉
>
> 춘향의 가는 허리를 후리쳐다 담슉 안고 {지지기} 아드득 ᄶᅥᆯ며 귀ᄲᅣᆷ도 쪽쪽 ᄲᅡᆯ며 입셔리도 쪽쪽 ᄲᅡᆯ면셔 〈열여춘향수절가上, 32ㄴ〉
>
> 각시가 싫건 잠을 자고는 잠을 깨서 {지지개}(기지개)을 풀끈 치고서 잠을 깨가 놓고는, 〈5-1, 전북남원편, 483'〉

3) 홀여먹다

'홀이다'는 '조금 그럴듯한 말로 속여 넘기다'는 의미로 표준어로는 '호리다'에 해당한다. 여기에 '먹다'와 복합되어 복합동사로서 쓰이고 있다. '먹다'가 연결되어 복합동사가 되면 다소 부정적인 의미를 갖는다. 예를 들면 전북 방언에서 '꼬아먹다, 뜯어먹다, 돌라먹다, 속여먹다, 벳겨먹다' 등이 있다.

> 날 {홀여먹난} 불여수냐 〈열여춘향수절가上, 33ㄴ〉

너 어만이 너을 나셔 곰도 곱게 질너 니여 날만 {홀여먹그랴고}

싱겨는야 〈열여춘향수절가上, 33ㄴ〉

4) 불여수

표준어로 '불여우'에 해당하며, '몹시 변덕스럽고 못된, 꾀가 많은 여
자를 비유적으로 이르는 말.'이다. '여우'에 '몹시 심한'이란 뜻을 가진 접
두사 '불-'이 연결되어 '불여우'가 된다. '불여우'의 전북 방언은 '불여수,
불여시' 등이다. 중세국어형이 '여〤'이므로 '여〤〉여스〉여시〉여싁〉여
쉬〉여수'의 변화로 보인다.

날 홀여먹난 {불여수냐} 〈열여춘향수절가上, 33ㄴ〉

{불여수}가 가는 길에 사람을 홀리는 거여. 〈한국구비문학대계
5-4, 전북군산시·옥구군편, 44〉

아니 그렇게 니 머이 모지래서 어쩌다가 저런 홀에미 더런 년
{불여시}한테 쨉헤 갖꼬 옴짝달싹을 못혐서, 〈최명희, 혼불, 1996,
8, 34〉

5) 아굴지

'아굴지'는 표준어로는 '아가리'로 '입'을 속되게 이르는 말이다. '아가
리'는 정확한 어원은 알 수 없으나, '아갈 + -이'로 분석된다. 방언형에는
'아굴, 아구리'가 있는 것으로 보아 '아갈, 아굴'이 어원인 것으로 보인다.
전북 방언 '아굴지'는 '아굴'에 접미사 '-지'가 연결된 것이다. 방언형 '아

구지'는 '아굴지>아구지'의 변화를 겪은 것으로 보인다.[3]

> 춘향이 홰를 니여 여보 도련임 {아굴지} 보기 실소 그만 울고 니
> 력 말리나 흐오 〈열여춘향수절가上, 37ㄱ〉
> "뭣이야? 네 {아굴찌}루다 누구더러 더럽단 말이 나와?"〈채만
> 식, 이런 男妹, 1987, 467〉
> 순진한 청년 어리석은 백성을 모아놓군 구린내 나는 {아굴찌}루
> 다 지껄인닷 소리가 〈1948민족의죄인(채만식), 446〉

6) 고닥기

전북 방언 '고닥'은 '별안간'이란 뜻을 가진 명사이다. 여기에 부사파
생접미사 '-이(기)'가 연결되어 '고닥기'가 된 것이다. 한편 전북 방언의
'고닥새'는 표준어로는 '금세'이며 '갑작스럽고 아주 짧은 동안에'라는
뜻을 갖는다. 전북 방언에서는 '고닥, 고닥새, 고닥시, 고다기' 등으로 사
용된다.

> 춘향이 이 말 듯더니 {고닥기} 발연변식이 되며 요두졀목으 불
> 그락 푸르락 눈을 간잔조롬하게 쓰고 〈열여춘향수절가上, 37ㄴ〉
> 아 그런디 인자 아 이놈의 것이 받아는 날자가 걍 {고다기(빨리)}
> 닥쳐 부렀단 말여. 〈한국구비문학대계5-6, 전북정주시·정읍군
> 편, 67〉

---

3   〈우리말샘〉에서 '아굴지'와 관련된 이형태를 제시하면 다음과 같다.
   아감지(경상), 아구지(경상, 전남), 아가지(전남, 충남), 아고지(전남), 아굴-채기(전남), 아굴-
   채이(전남), 아굴태기(전남) 〈우리말샘 '아가리'의 방언형〉

뭐 집부팀 장만히갖고 뭐 대문 짓네 뭐 사랑채를 짓네 뭣을 짓
네 그냥 {고닥시} 부자가 됐다 그말여.〈한국구비문학대계5-7, 전
북정주시·정읍군편, 314〉

까짓대를 푹 쐶어서 그 물에다가 한참썩 수족을 정구고 나면
{고닥} 풀리느니라.〈한국소설문학대계, 윤흥길, 장마, 60〉

누가 쳐들어와서 나무칼로 낱낱이 귀때지 끊어가도 몰르게 {고
닥새} 잠이 들고 말 거여.〈윤흥길, 빛가운데로걸어가면, 1997, 2,
268〉

7) 선아선아

표준어로는 '서서히, 천천히, 시나브로'에 해당한다. 전북 방언에서는
'셔나셔나〉서나서나'의 변화를 보이면서 쓰이고 있다. 전남방언에서 '서
나서나, 순아순아'가 보인다.[4]

구추 단풍 입 진 다시 {선아선아} 덜어지고 싀벽 하날 별 진 다
시 삼오삼오 시러진니〈열여춘향수절가下, 26ㄴ〉

"사람을 죽이고 돈을 받어야요. 살려 놓고 {서나서나} 받어야 허
겄소."〈한국구비문학대계5-5, 전북정주시·정읍군편, 171〉

자, 앉어갖고 {서나서나} 이야기헙시다.〈이병천, 모래내모래톱〉

---

4   〈우리말샘〉에서 '시나브로'와 관련된 이형태를 제시하면 다음과 같다.
    시나메(강원), 시나미(강원), 시남-없이(경남), 서나-서나(전남), 순아-순아(전남), 시나부로
    (전남), 시적-부적(충남), 시이므로(함남)〈우리말샘 '시나브로'의 방언형〉

8) 헌틀어지다

표준어 '훑다'의 전북방언형은 '헌틀다'이다. 따라서 '헌틀다'에 조동사 '지다'가 연결되어 '헌틀어지다'가 만들어진다. 표준어로는 '흐트러지다'에 해당된다. 예문에서 보는 것처럼 '헌틀어져 버리다'처럼 다시 조동사 '버리다'가 연결되는 것을 보면 '헌틀어지다'는 굳어진 어휘로 보인다. 국어사에서 '헛틀다'가 쓰이는 것으로 보아 '헛틀어지다'로도 쓰임을 알 수 있다.[5]

만수우환 {헌트러진} 머리 이렁겨렁 거더언쏘 이리 빗틀 져리
빗틀 드러가셔 장피하여 죽거들난 삭군인 체 달여드러 둘너 업고
〈열여춘향수절가下, 34ㄱ〉
밋친 마음 이렁겨렁 {헛터러진} 근심 후리쳐 다 바리고 자나 누
나 먹고 씨나 임못보와 가삼 답 어린 양기 고은 소리 귀에 징 보고
지거 임의 얼골 보고지거 듯고지거 임의 소리 듯고지거 〈열여춘
향수절가下, 1ㄱ〉
그래서 술을 안먹고 앞다지를 와서 보니까 실지로 그냥 문서끼

---

5 '헌틀다'와 관련하여 전북의 민족생활어에는 아주 재미있는 어휘가 존재한다. 김치의 한 종류인 '헌틀지'이다. 조숙정(2007:102-106)에 따르면, '헌틀지'는 '포기가 아니라 배추나 무의 머리를 잘라서 가닥을 흐트러지게 담근 김치', '김장하고 남은 지스러기 재료들을 모아 대강 흐트러지게 담근 김치'를 말한다. 이 자료에는 '헌틀헌틀'이라는 부사도 나타 난다.

  '헌틀지'는 '헌틀다'(훑다)에 김치를 나타내는 '지'가 연결된 복합어이다. 배추 가닥을 양념으로 마구 '헌틀헌틀' 버무려 담기 때문에 '헌틀지'라고 한다. '건틀지'는 '무청이 달린 잔 무로 담근 물김치.'를 말하는데 의태어 '건틀'과 '지'가 연결된 복합어이다.(조숙 정, 2007:102, 108 참조) 여기서 알게 된 부사의 어근 '건틀'의 의미를 파악할 필요가 있을 것이다. '헌틀다'는 있지만 '건틀다'는 사용하지 않고 있다.

  {건틀건틀} 막 잎삭 차 막 담어서 먹은게. 그건 {건틀지여}. 〈2007 민족생활어 조사6〉

리 다 {헝틀어저} 버리고 〈한국구비문학대계, 고창군편, 성내면, 1132〉

4. 『열여춘향수절가』에 나타난 전북 방언의 의성·의태어

4.1. 의성·의태어

'의성어'는 '사람이나 사물의 소리를 흉내 낸 말.'이다. 개가 짖는 소리, 바람 소리, 물소리 등 사람과 짐승, 자연이 주는 모든 소리를 말로써 흉내를 낸다. '의태어'는 '사람이나 사물의 모양이나 움직임을 흉내 낸 말.'이다. 그러므로 의성어와 의태어는 가장 원시적, 생태적인 인간의 말이다. 따라서 의성어와 의태어는 사전에 올라 있는 경우가 그리 많지 않다. 그 이유는 표준어화하기가 어렵기 때문이다. 시인과 소설가들은 분위기를 묘사하는 데 있어서 사실성을 강조하려는 의도로 방언에서 많이 쓰는 의성어와 의태어를 사용하고 있다.[6]

『열여춘향수절가』에서 의성·의태어가 많이 쓰이는 것은 이 소설이 매

---

6   현대 문학작품에 나타나는 전북 방언의 의성어와 의태어를 몇 개 예를 들면 다음과 같다.
싸드락싸드락(시위적시위적), 솔레솔레(야금야금), 썬득썬득(*써늘써늘), 느시렁느시렁(느릿느릿)
{싸드락 싸드락} 이얘기도 해 감서 갑시다이아. 〈최명희, 혼불〉
{솔레솔레} 꽂감 꼭지 빼먹는 것도 복이라면 복인디, 〈최명희, 혼불〉
진땀은 배짓이 돋으면서 그대로 얼어, 이마가 {썬득썬득} 시리다. 〈최명희, 혼불〉

우 사실적이고 구체적인 묘사가 이루어지고 있음을 보이고 또한 구어체
소설임을 나타낸다.[7]

1) 옴옥옴옥

표준어 '오목'은 '가운데가 동그스름하게 폭 패거나 들어가 있는 모
양.'을 나타내는 부사이다. 전북 방언인 '옴옥옴옥'은 '옴옥'이 반복된 부
사이다. 현대소설 작품에서 의태어가 형용사로도 쓰이고 있다.

> 양 볼티기가 {옴옥옴옥} 코궁기가 발심발심 연기가 홀홀 나게
> 푸여 물고 나셔니〈열여춘향수졀가下, 27ㄱ〉
> 미숙이가 와서 {오목오목} 웃으며 저의 집으로 갈 생각을 않는
> 날이면 영권은 아예 샛강 노인당을 침대로 정한다.〈1977샛강(이
> 정환), 118〉

---

7 문홍구(2002:64-65)에서는 완판 33장본『열녀춘향수절가』에 나타나는 여러 어휘적 특징
을 밝히고 있다. 그 중에서 의성어와 의태어를 예로 들면 다음과 같다.
　　(목소리 의성어) 쏘쏘요, 셀셀, 흐르렁흐르렁, 어긔야어긔양, 어이어이, 이고, 허허, 가옥
가옥, 어허, 꽝꽝, 셀늑뚜루룩, 횟쉐
　　(움직임의 의성어) 쏙쏙, 꼴꼴, 포드득포드득, 시르륵
　　(기물 소리의 의성어) 달낭달낭, 찡찡, 뎅뎅, 떨구덩, 쭈덕쭈덕, 얼그렁덜그렁, 퉁텡, 좌르
륵, 싹, 쩌그럭, 두리둥둥, 쨍미쨍쨍, 쨩쨩, 샐걱
　　(동작을 표현한 의태어) 살살, 덥벅, 질쓴, 셜셜, 넌짓, 섭적, 쩍, 홈속, 훨훨, 친친, 덥석, 주
루룩, 통통, 셕셕, 훨적, 경충, 펄녕펄녕, 벌렁벌렁, 앙금살작, 풀풀, 생긋생긋, 아장아장,
홰홰, 와락, 왈칵, 뚝, 어리렁츙정, 와당퉁탕, 와드득와드득, 썩, 싹, 능청능청, 빙빙, 동동,
툭툭, 펄펄, 히번데이며, 탁 뜻적뜻적, 쑥, 쑥쑥, 불끈, 불쑥, 징검징검, 우르륵, 칙칙, 비틀
비틀, 꽉, 벌벌, 수군수군, 씀적, 휘닥싹, 씁벅, 둘둘, 둥글둥글, 흔늘흔늘
　　(상태를 그린 의태어) 너울너울, 힛득힛득, 벙긋벙긋, 곱장곱장, 알는알는, 엇식빗식, 둥
덩실, 톰방톰방, 구비구비, 휘휘친친, 다물다물, 활신, 만둥만둥, 송실송실, 둥글둥글, 아
롱아롱, 옴옥옴옥, 홀홀, 쑥쑥, 홱, 우둔우둑, 홀염홀염, 우군우군, 헐넝헐넝

얼굴은 이름처럼 {오목오목하니} 애티가 나고 귀염성스럽다.
〈채만식, 얼어죽은모나리자, 1987, 193〉

2) 호르룽 호르룽

호랑이가 내는 소리를 표현한 의성어이다.

만첩청산 늘근 범이 살진 암키를 무러다 노코 이는 업셔 먹든
못하고 {호르룽 호르룽} 아웅 어르난 듯 북히 흑용이 여의쥬를 입
으다 물고 치운간의 늠노난 듯〈열여춘향수절가上, 32ㄱ〉

3) 쌰옥쌰옥

까마귀가 내는 소리를 표현한 의성어이다.

한참 이리 수작할 계 뜻박기 가막구가 옥담의 와 안쩐이 {쌰옥
쌰옥} 울거늘〈열여춘향수절가下, 22ㄴ〉
{까옥까옥} 우는 까마귀 {까옥까옥} 울음울고 동쪽으로 넘어간
다〈한국구비문학대계6-10, 전남화순군편, 133〉

4) (쎌눅) 쑤루룩

백로가 우는 소리를 표현한 의성어이다.

단장 밋틔 빅누름은 함부로 단이다가 기한틔 물여난지 짓도 쌔
지고 달리을 징금 쎌눅 {쑤루룩} 우름 울고〈열여춘향수절가下,
29ㄴ〉

5) 와드득 좌우룩

치마를 찢는 모습과 소리를 표현한 의성어이다.

> 왈칵 쮜여 달여 들며 초미 자락도 {와드득 좌루욱} 찌져 바리며
> 머리도 와드득 쥐어 쓰더 싹싹 비벼 도련임 압푸다 던지면서 〈열
> 여춘향수절가上, 38a〉

6) 어슥비슥

칼로 써는 모습을 표현한 의태어이다. 표준어는 '어슷비슷'이다.

> 장도 드난 칼노 밍산군의 눈셥 쳬로 {어슥비슥} 오려 노코 〈열
> 여춘향수절가上, 24b〉
> 겹옷즈락을 겹어다가 {어슥비슥} 쏘즌 후의 〈1864남원고사,
> 27a〉

7) 출넝 툼벙 굼실

물결이 움직이는 모습을 표현한 의성어와 의태어이다.

> 되졉갓턴 금부어 어변셩용 하랴하고 찌찌마닥 물결쳐셔 {출넝
> 툼벙 굼실} 놀 찌마닥 조롱하고 〈열여춘향수절가上, 20b〉

8) 송실송실

얼굴에 땀이 맺히는 모습을 표현한 의태어이다.

도련임 답답하여 가만이 살펴보니 얼골이 복짐ᄒᆞ야 구실ᄯᆞᆷ이 {송실송실} 안자ᄭᅮ나 〈열여춘향수졀가上, 32ㄴ〉

9) 쎨ᄭᅮ덩 쎨ᄭᅮ덩

방아를 찧는 소리를 표현한 의성어이다.

너는 죽어 방이확이 되고 나는 죽어 방이고가 되야 경신연 경신월 경신일 경신시의 강틱공 조작방이 그져 {쎨ᄭᅮ덩 쎨ᄭᅮ덩} 찍커들난 날린줄 알여무나 〈열여춘향수졀가上, 29ㄴ〉
방이여 올나 셔셔 {쎨구덩} 찌으면셔 심봉사 자어니여 ᄒᆞ는 말리 〈심청전下, 29ㄱ〉

10) 월넝월넝

한글고전소설에 나오는 '월넝월넝'은 표준어로는 '울렁울렁'으로, '너무 놀라거나 두려워서 가슴이 자꾸 두근거리는 모양.'을 말한다. 실제로 소설 〈혼불〉에서는 '월렁월렁'이 쓰이고 있다. 이 단어는 '월넝'이 기본 어근으로 반복복합 부사임을 보여준다.

춘향이가 이 말을 듯고 가삼이 {월넝월넝} 속이 답답ᄒᆞ야 북그럼을 못 이기여 문을 열고 나오더니 〈열여춘향수졀가上, 19ㄱ〉
잇찌 상단이 옥의 갓다 나오더니 져의 아씨 야단 소리의 가삼이 우둔우둔 정신이 {월넝월넝} 졍쳐업시 드러가셔 가만이 살펴보니 젼의 셔방임이 와겨ᄭᅮ나 〈열여춘향수졀가上, 31ㄴ〉
어사쏘 밥상 밧고 싱각하니 분기 팅쳔ᄒᆞ야 마음이 울젹 오장이

{월넝월넝} 셕반이 맛시 업셔 상단아 상 물여라 〈열여춘향수절가 下, 32ㄴ〉

분허고 속이 상해서 열이 받쳐, {월렁월렁} 생병이 생길라 허고, 그놈 보고 사우라고 허기도 싫고 〈최명희, 혼불〉

"쌀 싯즐 때보롬 니꼐잇 것을 {월렁쭝이} 나서 건드렁건드렁 궁뎅이가 공중에 떠 갖고 못히여, "〈최명희, 혼불, 1996, 7, 79〉

11) 발심발심

전북 방언의 '발심, 벌심'은 표준어로 '발름, 벌름'에 해당하며 '탄력 있는 물체가 부드럽고 넓게 벌어졌다 우므러졌다 하는 모양.'을 나타낸다. '발심발심, 벌심벌심'은 '발씸발씸, 벌씸벌씸'으로 발음된다. 표준어로는 '발름발름'이 해당되는데 의태부사이다. 전북방언에서는 '발심발심ᄒ다(발심발심하다)', '벌심하다', '벌씸거리다'가 사용된다. 한글고전소설에서는 '발심발심, 발심발심하다'가 사용되고 있다.

춘심이는 입이 떡 벌어지고 윤장의영감은 윤장의 영감대루 또 속이 있어서 입이 {벌심} 벌어집니다. 〈채만식, 천하태평춘〉

홍주사는 도리어 다잡듯 그러면서 옆에 섰는 용순을 돌려다보고 {벌씸} 웃는다. 〈채만식, 아름다운새벽〉

양 볼퇴기가 옴옥옴옥 코궁기가 {발심발심} 연기가 홀홀 나게 푸여 물고 나셔니 〈열여춘향수절가下, 27ㄱ〉

시방 두볼이 아무튼 상말로 오뉴월 무엇처럼 추욱 처저가지고는, 숨길이 시익새액, 코가 {벌심벌심, } 입이 삐죽삐죽, 깍지손으로 무르팍을 안었다 놓았다, 〈채만식, 천하태평춘〉

눈을 간잔조롬하게 쓰고 둔섭이 꼭꼿하여지면셔 코가 {발심발

심ᄒᆞ며} 이를 쏘도독 쏘도독 갈며 〈열여춘향수절가上, 37ㄴ〉

M이 그렇잖애도 벌심한 코를 한번 더 {벌심하고} 사이 버러진 압니를 내어 보이며 싱끗 웃는다. 〈채만식, 레디메이드인생〉

바라보노라니까 그 널찍한 이마며 {벌씸한} 코, 입은 꼭 다물고 〈채만식, 인형의집〉

형보는 물향내와 살냄새가 한데 섞여 취한 듯 이상스럽게 몰큰한 규방의 냄새에 코를 사냥개처럼 {벌씸거리면서} 너푼 들어앉는다. 〈채만식, 탁류〉

12) 곰슬, 곰실

전북 방언 '곰슬, 곰실'은 표준어로는 '굼실'에 해당하며, '신체 일부를 느리게 자꾸 움직이는 모습.'을 말한다. 전북 방언에서는 '곰실곰실'과 같이 복합부사로도 많이 쓰인다.

북그러워 고기을 슈겨 몸을 틀 졔 이리 {곰슬} 져리 {곰실} 녹슈에 홍연화 미풍 맛나 굼이 난 듯 〈열여춘향수절가上, 26ㄴ〉

{곰실곰실} 기어나오는 그것들을 마음대로 농락하면서 나는 마치 하느님이라도 된 듯 우쭐한 기분을 맛보았다. 〈윤흥길, 황혼의 집, 24〉

다만, 내가 밤이나 낮이나 근심하는 것을 일점 혈육이 무릎 아래 {곰실거리면서} 노니는 모습을 못 보는 것이구나. 〈최명희, 혼불, 1996, 1, 273〉

쌀벌레 가튼 그들의 발가락은 가장 조심성 만케 소리 나는 곳을 향해서 {곰실곰실} 기어간다. 〈1925 B사감과러브레타(현진건), 553〉

13) 담숙

전북 방언 '담숙'은 '손으로 탐스럽게 쥐거나 팔로 탐스럽게 안는 모양.'이나 '마음 속에 있는 것이 많은 모양.'을 나타내는 부사이다. 국어사전에 '담쑥'은 북한어로 되어 있다. 전북 방언 '담숙'은 발음이 '담쑥'으로 난다.

춘향 가은 허리을 {담숙} 안고 나상을 버셔라 〈열여춘향수절가上, 26ㄴ〉

춘향의 가는 허리를 후리쳐다 {담숙} 안고 지지기 아드득 썰며 귀쌉도 쪽쪽 빨며 입셔리도 쪽쪽 빨면셔 〈열여춘향수절가上, 32ㄴ〉

춘향이 도련임 목을 {담숙} 안고 초민자락을 거더 잡고 옥안의 흐로난 눈물 이리 쏫고 겨리 쓰시면서 우지마오 〈열여춘향수절가上, 36ㄴ〉

춘향을 동틀의 올여민고 사졍이 거동 바라 형장이며 틱장이며 곤장이며 한아람 {담숙} 안어다가 형틀 아릭 좌르륵 부듯치난 소리 춘향의 정신이 혼미한다 〈열여춘향수절가下, 11ㄴ〉

낭청이 드러오난듸 이 양반이 엇지 고리계 싱기던지 만지거름 속한지 근심이 {담숙} 드러던 거시엿다 〈열여춘향수절가上, 17ㄴ〉

익 얼는 나셔 일변 밥을 깁피 지여 집취갓치 명셕으다 수복 {담숙} 쓰어녹코 가장 즈식 불너들어 어셔오쇼 먹어보시 〈1916박흥보젼(임형택소장본), 17a〉

할머니는 {담쑥} 두 팔로 손자를 그러안고는, 뚝뚜욱 볼기짝을 두드린다. 〈채만식, 젊은날의한구절, 1987, 74〉

"아무개 양반이 막손이네 뒤안에서 우례 허리를 {담쑥} 감어 보

듣고, 그 집에 아랫간으로." 〈최명희, 혼불, 1996, 4, 95〉

5. 결론

『춘향전』으로 알려진 완판본 『열여춘향수절가』는 판소리계 소설로 한국의 문학사에서 가장 훌륭한 작품으로 알려져 있다. 이 소설을 통하여 재미, 교훈, 언어, 시대적 배경 등 다양한 영역을 이해할 수 있다. 곁들여 판소리 사설 〈열여춘향수절가〉를 같이 읽는다면 판소리 문학이 주는 풍자의 묘미를 충분히 감상할 수 있을 것이다. 이 소설은 우리나라의 영원한 고전이며, 전라북도를 대표하는 문화자원이다.

1823년부터 발간된 완판본 한글고전소설은 1932년까지 약 110년간 전라북도 전주에서 발간되었다. 이 완판본 한글고전소설은 18세기 판소리의 발달에 연유하는 것이기 때문에 그 당시 약 200년 동안의 전라 방언이 담겨 있는 보물 같은 존재이다.

이 글에서는 『열여춘향수절가』에 나타나는 역사성, 지역성, 의성어와 의태어를 어휘를 중심으로 해설하고, 더불어 문법적 현상을 제시하였다.

음운현상으로 '구개음화, 이모음역행동화, 전설고모음화, 원순모음화' 등의 음운 규칙을 제시하였다. '담부, 궁기, 독미, 벼람박, 궁글다, 자빠지다, 근듸' 등의 어휘를 통하여 전라 방언의 역사적 변천과정을 제시하였다. '지지기, 홀여먹다, 불여수, 아굴지, 고닥기, 션아션아, 헌틀어지다' 등의 어휘를 통해 지역의 방언적 특성을 제시하였다. '옴옥옴옥, 흐르릉 흐르릉, 쨔옥쨔옥, (낄늑) 쭈루룩, 와드득 좌우룩, 어슥비슥, 출넝 툼벙 굼실,

송실송실, 떨쑤덩 떨쑤덩, 월넝월넝, 발심발심, 곰슬, 담슥' 등과 같은 다양한 의성어와 의태어를 통하여 이 작품이 가지는 언어적 특징을 제시하였다.

중세국어 이전이나 또는 중세국어에서부터 그 기원을 두고 어휘의 변화과정을 추적하고 있지만, 이러한 방언사의 자료를 통해서 거꾸로 지역방언 어휘의 역사를 추적해 가는 방식도 매우 필요한 일이라 생각한다.

판소리 사설과 여러 완판본 한글고전소설을 읽으면서 오랜 세월 이어져 온 우리 전라 방언의 특징을 깊이 있게 이해할 필요가 있을 것이다.

국립국어원(2007), 『국어 어휘의 역사 검색 프로그램』.

문홍구(2002), 「춘향전의 언어 양상 연구 – 완판 33장본 〈열녀춘향수절가〉를 중심으로 –」, 『새국어교육』 63, 57-80.

이태영(2011), 『전라북도 방언 연구』, 역락.

이태영(2016), 「국어사전과 방언의 정보화」, 『국어문학』 61, 51-75.

이태영(2019), 「지역 방언 어원 연구의 방향과 과제」, 『국어사연구』 28, 93-115.

이태영(2019ㄴ), 「한국어 방언의 기능에 대하여」, 『제주어』 2, 14-45.

이태영(2021), 『완판본 인쇄·출판의 문화사적 연구』, 역락.

전라북도(2019), 『전라북도 방언사전』.

조숙정(2007), 『2007년도 민족생활어 조사 6』, 국립국어원.

최석환(2004), 「춘향전에 나타난 속담의 구사양상과 효과 –완판본 춘향전을 중심으로 –」, 영남대 교육대학원 석사논문.

최전승(1986), 『19세기 후기 전라방언의 음운현상과 그 역사성』, 한신문화사.

최전승(2009), 「19세기 후기 전라방언에서 '그네'(추천)의 방언형 '근듸' 계열의 형성과 발달에 대한 일 고찰」, 『어문연구』 61, 103-141.

제11장 『열여춘향수절가』의 등장인물 '상단이'에 나타난 문화사

1. 향단이와 상단이

조선시대 후기, 전라북도 전주에서 발행한 완판본 한글고전소설 『열여춘향수절가』에 등장하는 등장인물 중에는 '상단이'가 있다. 일반적으로 '향단이'로 잘 알려져 있는 인물인데 완판본에서는 '상단이'로 표기되어 있다. 같은 시대에 서울에서 발행한 경판본 한글고전소설 『춘향전』에는 '향단이'가 등장하지 않는 책이 많다. 이는 완판본과 경판본 소설의 등장인물이 다르다는 것을 보여준다.

'상단이'가 '향단이(香丹이)'의 방언이라면 '향단이〉상단이'와 같은 변화를 상정할 수 있는데, 이를 구개음화라고 한다. 이러한 현상은 전라방언에서 '힘〉심, 흉〉숭. 혀〉서, 형〉성' 등과 같이 아주 일반적인 음운현상이다. 또한 '香'이란 한자어의 중국 발음이 '샹'이니, 중국 발음의 영향이라고 말할 수도 있을 것이다. 한편으로는 우리의 구개음화 현상과는 관련이 없고, 중국 발음의 영향이라면 원래 '샹단〉상단'의 변화를 거친 것이고, '샹단〉향단'으로 변화한 것은 후대의 일이라고 볼 수도 있을 것이다. 어떻게 보던지 간에 완판본 한글고전소설에 나오는 '상단이'를 전북 방언으로 처리하는 데는 큰 문제가 없을 것으로 보인다.

'상단이'를 음운현상의 결과라고 처리해 버리면 더 이상 논의는 무의미하다. 그러나 방언의 어휘가 갖는 언어적 특징은 음운 현상으로만 처리하기에는 너무나 큰 문화적 특징을 보여준다. 방언의 어휘는 그 어휘가 어디에서 쓰이고 있는가에 따라서 다양한 기능을 보여주기 때문이다. 완판본 한글고전소설과 판소리에 나타나는 '상단이'는 조선시대 후기에 주로 사용되던 전북 방언의 어휘였고, 개화기가 지나면서부터는 표준적인 '향단이'로 일원화되었다. 그러니까 '상단이'는 이 지역사람들의 고유한 어휘였다.

그렇다면 조선후기 약 200여 년 동안 판소리와 완판본 한글고전소설에서 사용되던 '상단이'는 지역문화사적으로 어떤 의미와 기능을 가진 어휘였을까? 본고는 이 의문에서부터 시작하여 '상단이'가 보여주는 지역의 문화적 배경, 거기에서 탄생하는 '상단이'가 가지는 조선 후기 방언의 시대적, 문화적 의미를 탐색해 보고자 한다.

2. 완판본의 시대적 배경

전라도에서는 완판본 한글고전소설 출판 이전에 이미 한문 소설을 출판하고 있었다. 1725년(영조 1년) 전라도 나주(錦城)에서 우리나라 사람이 쓴 소설 작품 가운데 최초로 간행된, 한문본 『九雲夢』(구운몽)이 발행되었다. 이 소설은 '崇禎再度己巳錦城午門新刊'의 간기를 가지고 있다. 이 책의 독자는 당시 전라도에 살고 있으면서 한자를 알고 있는 양반 계층이었다. 전라도 전주에서도 『剪燈新話句解』(전등신화구해), 『九雲夢』, 『三國誌』(삼국지) 등 한문소설이 발간되었다. 완판본 한문고전소설 가운데 간기가 가장 확실한 판본은 1803년에 간행된 한문본 고전소설인 『九雲夢』인데, 이것은 전주에서 간행되었다.[1] 이 무렵에 주로 한문 소설이 간행된 것으로 보인다. 그러나 이러한 한문소설은 한문을 아는 소수 계층만 읽을 수 있었다. 자연히 독자는 한정되고, 판매는 아주 제한적일 수밖에 없었다.

왜 지역에서는 유일하게 전주에서만 한글고전소설이 나왔을까? 그 문화적 배경을 살펴보면, 18세기에 이 지역에서 판소리가 크게 유행하였다. 전북 고창의 동리 신재효는 판소리 여섯 마당을 구축하였고, 판소리 명창 등을 많이 배출하였다. 바로 신재효의 원고본에 힘입어 『열여춘향수절가』, 『심청가』, 『화룡도』(적벽가), 『토별가』 등 초기 판소리계열 한글고전소설이 출판된 것이다. 그리하여 조선시대 후기, 전라도 전주에서는 1823년부터 1932년까지 『열여춘향수절가』, 『심청전』, 『홍길동전』 등과 같은 한글고전소설이 24 종이 발행되었다. 같은 시기에 한양과 안성에서도 경판본 한글고전소설이 다량으로 발행되었다.

특이하게도, 완판본 한글고전소설에는 전라 방언이 많이 포함되어 있

---

1   『剪燈新話』(전등신화)도 1750년경에 쓰인 「諸道冊板錄」(제도책판록)에서는 '南門外私板'으로 분류되어 있다. 전주 七書房(칠서방)에서 출판된 것으로 추정된다.

다. 경판본 한글고전소설과, 안성판본 한글고전소설에 방언이 전혀 쓰이지 않은 반면에 왜 완판본 한글고전소설에만 방언이 쓰였을까? 그 이유는 몇 가지로 이야기할 수 있다. 첫째는 판소리 사설이 판소리로 불릴 때, 이미 방언이 많이 들어 있던 관계로 이 사설을 중심으로 소설이 발달한 것이다. 둘째로, 완판본은 원래 전라도의 서민 독자를 위해서 발행하였기 때문이다. 따라서 보다 많은 서민들이 책을 읽기 위해서는 그들이 사용하는 언어인 방언을 넣을 수밖에 없었다. 셋째, 글꼴도 정자체인 해서체를 사용한 것도 일반 서민들이 많이 보도록 하기 위해서였다. 반면에 한양과 안성에서 나온 한글고전소설은 배운 사람을 위해 책을 발행하였다. 따라서 글자꼴도 행서체나 반초서체를 선택한 것이다.

이처럼 서민을 위한 완판방각본 한글고전소설의 발행을 통해, 우리는 지역 방언의 시대적 효용성을 깊이 생각할 수 있다. 이러한 방언의 효용성을 찾아보기 위해서 당시에 전주 지역에서 발간된 한글본 문헌을 함께 살펴봐야 할 필요성을 갖는다. 조선시대 전주에서 발행한 완판본 옛 책에 나타난 언어적 특징을 간략히 살펴보기로 한다.

첫째, 전라감영(完營)에서 한글로 발행한 『警民編諺解』(경민편언해), 『增修無冤錄諺解』(증수무원록언해) 등에는 전라방언이 전혀 나타나지 않는다. 이는 중앙정부에서 책을 내려 보내어 복각하여 사대부들에게 나누어주라고 명령한 책들이기 때문에 중앙어를 그대로 복각하여 찍은 책이다.

둘째, 완판방각본 중 '四書三經'에는 전라방언이 없다. 이는 양반들이 유학의 기초 교양으로, 또는 과거시험용으로 사보는 책이고, 이미 중앙에서 찍은 책을 이용하여 복각한 책이므로 방언이 들어갈 수 없었다. 또한 전국적으로 판매된 책이어서 방언을 사용할 수 없었다.

셋째, 절에서 찍은 사찰본의 경우에도 『佛說大父母恩重經諺解』(불설대부모은중경언해)와 같이 일반신자들이 많이 보는 불경을 찍은 경우가 많은데 이런 경우에도 대체로 복각본이 많고, 또 다른 지역 신자들도 보기 때문에 전라방언이 거의 없다고 볼 수 있다.

넷째, 완판방각본 중에서 『童蒙初學』(동몽초학), 『啓蒙編諺解』(계몽편언해)와 같이 비록 어린이용 초학서라 하더라도 유학과 관련 책들은 서울에서 가져온 책을 참고하여 만들기 때문에 방언이 들어가지 않는다.

다섯째, 『언간독』의 경우, 한글로 되어 있지만 편지의 문어체 격식투 언어이기 때문에 방언이 들어가지 않는다. 물론 이 책도 서울에서 나온 책과 내용이 동일하다.

여섯째, 『千字文』은 가정에서 또는 동네 서당에서 한자를 가르치는 기초서적이기 때문에 지역 방언이 많이 사용되었다. 그렇다면 천자문도 역시 서민과 대중지향의 책이 분명하다. 『천자문』은 이 지역의 서민들이 한자를 이해하기 위하여 배우던 책이다. 따라서 방언으로 뜻풀이를 해야 쉽게 알아들을 수 있었던 것이다.

다음은 전주에서 발행한 『養洞本 천자문』(1858년), 『杏谷本 천자문』(1862년), 『乙巳本 천자문』(1905년), 『필사본 천자문』(미상)' 등에서 예를 제시한 것이다.

(양동본)	(행곡본)	(을사본)	(필사본)
行 당길 힝	行 당글 힝(어휘)	行 딩길 힝	行 딩길 힝
沛 굿보질 픠	沛 굿보질 픠	沛 굿보질 픠	沛 잡보질 픠
力 힘 역	力 심 력(구개)	力 심 역	力 심 역

따라서 전라 방언은 표준어에 대응하여 존재하는 전라 방언이 아니다. 전라도 주민들이 사용하는 말이어서 전라 방언인 것이다. '완판본 한글고전소설'이나 '완판본 천자문' 등 전주에서 판매를 위해 발간된 한글방각본들은 전라도 주민을 위해서 발간한 책이다. 따라서 자연스럽게 전라도 주민들이 늘 쓰면서 알고 있는, 전라도 언어인 방언을 사용한 것이다.

책을 제작하는 인쇄업자는 이미 책을 보는 대상을 정해 놓고 책을 찍는다. 수지타산을 맞추기 위한 노력이다. 독자가 서민층임을 이미 알고 발행한다. 제작자들은 양반들이 문어체를 선호하는 걸 알고 있고, 서민들은 구어체인 방언을 사용하는 것이 책을 판매할 때 훨씬 유리하다는 것을 알고 있다. 결국 전라 방언이 들어간 책은 완판본 한글고전소설[2]과 완판방각본 천자문이며, 서민들을 위한 책임을 알 수 있다.

3. 완판본 한글고전소설의 지역성과 시대성

완판본 한글고전소설을 살펴보면, 대부분의 소설에 전라 방언이 많이 나온다. 이러한 모습은 전라도라는 지역성을 나타내는 모습이며, 또한 조선 후기라는 시대성을 강하게 띠고 있다.

현재는 전라북도와 전라남도로 나뉘어 있지만, 조선시대에는 전라북도, 전라남도와 제주도를 포함하여 전라도 또는 호남이라는 명칭을 사용

---

2 물론 완판본 한글고전소설은 이 내용을 손으로 베껴 쓴 필사본에는 또 많은 전라 방언이 들어 있다.

하였다. 따라서 한글고전소설이 유행하던 조선 후기에는 전라도 전 지역에서 전라도 방언을 함께 사용하고 있었던 것이다.

음운현상으로도 '짚다(깊다), 질다(길다), 심(힘), 성님(형님)' 등과 같이 변하는 '구개음화'와, '깩끼다(깍기다), 맥히다(막히다)' 등과 같은 '이모음역행동화'와, '실푼(슬픈), 질거움(즐거움)' 등과 같은 '전설고모음화'와, '나부(나비), 싸부(따비)' 등과 같은 '원순모음화' 현상이 아주 일반적으로 일어났다.

문법형태소에서도 전북과 전남과의 접촉지역에서 주로 쓰이는 존대소 '-시-'에 대응하는 '-아 겨-'구성이 주로 『열여춘향수절가』와 『심청전』에서 쓰이고 있다. 예를 들면 '입어겨소'는 '입- + -어 # 겨- + -소'의 구성으로 이때 '겨다'는 존대를 나타내는 동사(보조동사)인 것이다. 현대국어로 말하면 '-시-'의 기능을 하고 있다.

주제를 나타내는 특수조사로는 '-난/넌, -언'으로 나타나고, 출발점을 나타내는 특수조사로는 '-부텀, -붓텀, -붓텀, -붓톰, -보톰, -부틈, -보틈' 등으로 나타난다. 특수조사 '-마다'와 함께 '-마닥'의 예가 많이 보인다. 완판본 『홍길동전』에서는 '-붓텀'이 많이 쓰이고 『소대성전·용문전』에서는 '-보톰'이 많이 쓰인다.

어휘에서도 중세국어 이전부터 존재했던 어휘와 중세국어 이후에 존재한 어휘들이 현재까지 사용되고 있으며, 전라도에서만 사용되는 특별한 어휘가 존재하였고, 공시적으로 변화를 일으킨 많은 어휘들이 사용되었다. 이러한 모습들에는 전라도 지역의 특성과 시대적 특성이 아울러 담겨 있다고 말할 수 있다.

『심청전』에는 '이러쳐로, 이러쳐롬, 픽각질, 벅금' 등과 같은 어휘가 보인다. 『열여춘향수절가』에는 '간잔조롬하게, 고닥기, 션아션아(서나서나), 인자막(인자막새, 아까막새), 한끗나계, 활신' 등과 같은 어휘가 보인다.

1) 『심청전』의 '픽각질'(패깍질)

완판본 『심청전』에 나타나는 매우 특이한 어휘인 '패깍질'은 표준어로는 '딸꾹질'이다. 전주를 중심으로 전북에서는 '딸꾹질'을 '태깍질'이라고 써왔다. 이 '패깍질'은 전라 방언의 접촉방언적 특징, 곧 특정 지역성을 그대로 드러낸다.[3]

> '{픽각질} 두세 번의 숨이 덜걱 지니 심봉사 그제야 죽은 줄 알
> 고 이고 이고 마누릐 그딕 살고 늬가 죽으면 저 ᄌᆞ식을 키울 거슬
> 늬가 살고 그딕 죽어 져 자식 엇지 키잔 말고'〈심청전上, 8ㄱ〉

『한국방언자료집』의 '딸꾹질' 항목을 보면, 전남방언에서는 대체로 '포깍질'이 일반적이고, 전북방언에서는 '포깍질, 퍼깍질, 태깍질'이 일반적이다. '패깍질'은 전북 남원 운봉에서 주로 쓰이는데, 남원 운봉은 경남 함양과 인접한 지역으로 경남 방언이 많이 사용되는 지역이다. 따라서 '픽각질'형은 전남과 경남에서 사용하는 '포깍질'과 전북에서 사용하는 방언 '태깍질'이 접촉지역에서 서로 섞이면서 '패깍질'을 만든 것이다.[4]

---

3 접촉 방언에서 일어나는 혼태 현상은 친교적 기능이다. 이웃하는 마을 사람들끼리 잘 지내다 보니 동일한 의미를 가진 어휘가 서로 섞이는 현상이 발생한 것이다.

4 표준어 '딸꾹질'을 말하는 '픽각질(패깍질)'이 완판본 『심청전』에 나타나는 사실은 남원의 동편제 판소리의 원고가 전주에서 목판 소설로 발간된 것임을 말해주는 것이다. 동편제는 판소리 유파의 하나로 전라북도 운봉, 구례, 순창, 흥덕 등지에서 많이 부른다. 반면에

2) 『용문전』의 '괴벗다'

완판본 한글고전소설 『용문전』[5]에서는 '괴벗다'가 나온다. 이 예는 국어의 역사를 보여주는 문헌에서는 처음 나오는 예이다.

> 쳔지 요란ᄒᆞ니 {괴버슨} 아희들은 상ᄒᆞᆫ 궁시로 범을 쏘는ᄯᅩ다
> 〈용문전, 11ㄱ〉

'괴벗다'의 '괴'는 바지를 뜻하는 '고의'에서 유래한 말이다. 즉 '고의〉괴'의 변화를 겪은 말이다. 이 '괴'는 된소리화를 거쳐서 '꾀'로 발음한다.

> 입어 ᄡᅥᆫ {고의} 혼삼을 버셔 글 두 귀를 뼈듀며 타일의 보사이다
> 〈유충, 다가27〉
> 시 집신의 {한삼고의} 산뜻 입고 육모 방치 녹피 ᄯᅳᆫ을 손목의 거러쥐고 〈열여춘향수절가下, 37〉

조선시대에 쓰이는 '괴 벗다' 또는 '꾀 벗다'는 '바지를 벗다'의 의미를 갖는다. 판소리 『흥보가』에서는 '꾀를 훨씬 벗다'는 표현이 나오는데 이 표현이 바로 표준어 '발가벗다'의 의미를 갖는다. 전라 방언이 갖는 아주 특징적인 표현이다.

> 아, 이놈들이 그냥 어떻게 세게 갔던지, 밥 속에 가서 폭 박혀가

서편제는 광주, 나주, 보성 등지에서 많이 불렸다.

5   완판본 한글고전소설 『소대성전』의 하편으로 『용문전』이 있다.

지고, 속에서 벌거지 나무 좀 먹듯 먹고 나오는데, "참, 자식놈들 밥 먹는 것 기가 막히게 먹는구나. 여보시오, 마누라. 내 평생에 원이니, {꾀를 훨씬 벗고}, 나도 밥 속에 가서 폭 파묻혀서 먹어볼라요." "아이고, 영감, 그러면 나도 그럴라요." 〈교주본 흥보가 김정문 바디〉

이처럼 완판본 한글고전소설에서는 음운현상은 물론, 문법 형태소와 어휘에서 아주 다양한 전라 방언의 특징을 엿볼 수 있다. 따라서 완판본 한글고전소설이 전라 방언을 중심으로 쓰여져 있다는 사실은 분명하고 그런 바탕 위에서 '상단이'도 오래된 전라 방언으로 쓰이고 있는 것이다.

4. 전라 방언 '상단이'의 문화적 기능

완판본 한글고전소설 『열여춘향수절가』에는 등장인물에 '향단이'는 나오지 않는다. 이름이 '상단이'로 나온다. 전라 지역에서 『열여춘향수절가』 계열의 소설에 나오는 등장인물이 처음부터 '상단이'인가? 아니면 '향단이'를 '상단이'로 발음한 것인가? 이 문제는 결코 쉬운 문제가 아니다. 현재까지의 논의로 보면, '향단이〉상단이'로 변했다는 증거는 없다고 말할 수 있다. 따라서 『열여춘향수절가』에 나오는 '상단이'는 '향단이'와는 다른 매우 다양한 문화적 특징을 갖고 있다.

경판본 계열에서 『춘향전』의 원전이라고 알려진 필사본 『남원고사』에서도 예외없이 '상단이'로 나온다. 또한 『한국구비문학대계』에서도 '상

단이'가 나오고 있다.[6]

    츈향이 {상단이} 불너 마노라님게 나가보라 〈1864남원고사,
06b〉
    이럿트시 슈작ᄒ며 져른 밤을 길게 실 졔 {상단이} 어ᄉ 보고 목
이 메여 말을 못ᄒ며 식은밥을 더여 노코 〈1864남원고사, 39a〉
    츈향어미 불너 다리고 {상단이} 등불 들녀 압셰우고 옥듕으로
향ᄒ니라 〈1864남원고사, 39b〉
    {상단이} 통곡ᄒ며 그 말 마오 듯기 슬소 〈1864남원고사, 29b〉
    {상단이} 틱와 부촉ᄒ여 경셩으로 보닌 후의 〈1864남원고
사, 38a〉

    자든님방/들어셜 때 // {상단이게다}/붓들리고 // 이리비끌/져
리비끌 // 정신없이/들어셜 때 // 한손을/부어를 잡드니 〈한국구
비문학대계6-5, 전남해남군편, 89〉
    자던침방/들어갈제 // {상단이(香丹이)} 홀목을/부여잡구 // 이
리비틀/져리비틀 // 대성통곡/하는모양 // 대장부/사내로서는 //
못보리라 〈한국구비문학대계5-2, 전북전주시·완주군편, 683〉

『고전소설어사전』에도 '상단'으로 표제어를 삼고 있고 '향단'은 표제
어로 올라있지 않다.

---

6   실제로 필자가 대전에서 활동하시던 인간문화재 강독사에게 들은 『열여춘향수절가』 강
     독에서도 '상단이'로 발음하였다. 그러니까 이 강독사는 예전에 배운 대로, 또는 책에서
     본 대로 발음하였던 것이다.

상단 향단(香丹).「춘향전」에 등장하는 춘향이의 몸종 이름. / 추
천을 ᄒ랴 ᄒ고 {상단이} 압셰우고 나려올 졔「춘향전완판」〈고전
소설어사전〉

　김현주·김진선(2014:114)의 각주 7번에서는 69종의「춘향전」이본을
비교하면서, '향단'이 '향단, 香丹, 향丹, 상단, 上丹, 샹단, 힝단' 등으로 표
기되고 있음을 밝히고 있다. 이 논문에서는 경판 30장본, 23장본, 17장본,
16장본과, 안성판 20장본에는 '향단이'가 아예 등장하지 않음을 밝히고
있다. 경판 35장본에는 나타난다.(2014:116) 완판 목판본『별춘향전』에는
향단이가 등장하지 않는다.(2014:118)

　최전승(1986:309)에 따르면, 완판본 한글고전소설과 판소리 사설에 나
타나는 전라 방언에서 '香氣, 香臭, 香風, 香내, 鄕校, 鄕谷' 등의 한자어는
대체로 'ya〉ɛ'(향〉힝)의 변화를 수행하고 있지만, '샹단, 상단이'는 h-구개
음화를 보이고 있다고 보고 있다. '상가자믹 츈셩늬(香街姿陌春城內, 수절가
상, 6), 달뇌상화(壇爐香火, 수절가하, 21)'과 같이 한자성어나 인명에만 h-구
개음화 현상이 나타나고 있다고 보고 있다.(최전승, 1986:177) 이처럼 '상단
이'와 같은 인명에 'ya〉ɛ'의 변화에 대한 예외가 존재하는 이유를 언어학
적으로 설명하기가 쉽지 않은 실정이다.

4.1. 등장인물 '상단이'의 역할

　'상단이'는 완판본 한글고전소설『열여춘향수절가』에서 방언으로 된
유일한 인물이다. 당시 서민들에게 본보기가 될 수 있는 등장인물이다. 이

인물의 특징을 몇 가지로 요약하면 다음과 같다.

> 서민 관련 인물이다. 몸종으로 역할한다. 방자와 짝을 이루는 등
> 장인물이다. 순종하는 인물이다. 주인의 어려움에 적극적으로 대
> 처하는 인물이다. 함께 서울로 가는 출세하는 인물이다.

경판본 『춘향전』에 등장인물 '향단이'가 나오지 않는 이유는 이미 알
려진 바와 같이 등장인물 '춘향'의 신분이 기생이었기 때문에 몸종을 두
는 것이 어울리지 않는다. 그러나 완판본 『열여춘향수절가』에서는 춘향
이 양반의 서녀(庶女)로 설정되어 있으므로 몸종인 '상단이'가 등장하는
것은 자연스러운 인물 설정으로 보인다.(구가영, 2006:20)

완판본에서 '상단이'는 춘향이를 위해 순종하고, 마음이 착한 인물이
다. '상단이'는 춘향과 춘향모인 월매와 식구처럼 매우 친밀한 관계를 보
여주고 있다. 몸종으로서 자기 역할에 충실하고 순종하는 인물이다. 춘향
이가 곤경에 빠졌을 때, 그 위기를 해결하며 여러 등장인물들이 벌이는 인
간적인 갈등을 적극적으로 해소하는 인물이다.(구가영, 2006:38-39) 구가영
(2006:40)에서는 '상단이'가 신분상승을 꿈꾸면서 대리만족을 느끼고 있다
고 보고 있다.[7]

---

7   완판본 『심청전』의 특징을 『한국민족문화대백과사전』에서 주요 내용을 발췌하여 인용
    하면 다음과 같다.
        "완판본 『심청전』은 경판본보다 훨씬 더 많은 등장인물과 사건을 담고 있다. 완판본
    에는 무릉촌 장승상 부인, 뺑덕어미, 귀덕어미, 무릉촌 태수, 방아찧는 아낙네들, 황봉
    사, 안씨 맹인 등의 인물들이 더 등장한다. (중략)
        경판본과 완판본의 구성 양식을 비교해 보면, 전자는 내용에 따라 단순, 소박하고 차
    분하게 짜여진 양식을 지니고 있다. 그러나 후자는 풍성한 내용에 따라 복잡, 장황하고

이처럼 '언어의 기능'적인 면에서 볼 때, 전라 방언으로 된 등장인물 '상단이'는 전라도 지역민들이 소설을 읽으면서 '상단이'라는 이름을 통해 가지는 아주 구체적인 이미지를 확보하고 있는 인물이다. 예문을 통해서 구체적으로 살펴보기로 한다.

첫째, '상단이'는 춘향의 몸종으로서 늘 함께 모시고 다니면서 심부름을 하는 역할을 수행한다. 독자들은 '향단이'가 아니라, 분명히 '상단이'라는 이름에서 이러한 등장인물의 성격을 파악하고 있는 것이다.

> 춘향이도 또한 시셔 음율이 능통하니 천중졀을 몰을소냐? 츄쳔을 ㅎ랴ㅎ고 {상단이} 압셰우고 나리올 제 〈열여춘향수절가上, 7ㄴ〉
>
> {상단아} 미러라 한번 굴너 심을 쥬며 두번 굴너 심을 쥬니 〈열여춘향수절가上, 8ㄱ〉
>
> 이이 {상단아} 근듸 바람이 독ㅎ기로 정신이 어질ㅎ다 근듸 줄 붓들러라 〈열여춘향수절가上, 9ㄱ〉
>
> {상단아} 찬합 술병 니오너라 춘향이 일비주 가득 부어 눈물 셕거 드리면셔 하난 마리 〈열여춘향수절가上, 44ㄴ〉
>
> 춘향이 하릴 업셔 자든 침방으로 드러가셔 {상단아} 주렴 것고 안셕 밋티 벼기 놋코 〈열여춘향수절가下, 1ㄱ〉
>
> 손을 잡고 졔 방의 안친 후에 {상단이} 불너 주반상 드려라 취토

들떠 있는 양식이다. 문체에 있어서는, 경판본의 것이 과거의 전아한 멋을 지닌 간결, 소박한 산문체인 데 비하여, 완판본의 것은 풍부한 형용사나 감탄사는 물론, 삽입가요, 잔사설, 고사성어, 한시 등을 끌어들여 부연하고 윤색된 율문체이다."(한국민족문화대백과사전 『심청전』 참조)

록 메긴 후의 〈열여춘향수절가下, 8ㄱ〉

둘째, '상단이'는 춘향모인 월매의 말을 잘 듣고 온갖 심부름과 시중을
적극적으로 하는 역할을 보이고 있다.

춘향어모 그 말 듯고 {상단아} 네 뒤 초당의 좌셕 등촉 신칙하여
보젼하라 당부하고 츈향모가 나오난듸 〈열여춘향수절가上, 19ㄴ〉
{상단아} 주반 등듸 하엿난냐 예 디답하고 주효를 차일 젹기
〈열여춘향수절가上, 24ㄱ〉
춘향 어모 {상단이} 불너 자리 보젼 시길 졔 원낭 금침 잣볘기
와 시별 갓탄 요강 듸양자리 보젼을 졍이하고 〈열여춘향수절가
上, 26ㄴ〉
{상단아} 나오니라 나하고 함기 자자 〈열여춘향수절가上, 26ㄴ〉
춘향모 달여드러 {상단아} 참물 어셔 쩌오너라 〈열여춘향수절
가上, 43ㄴ〉
이져 소식조차 돈절하네 이고 이고 셜운지거 {상단아} 이리 와
너 불어라 ᄒ고 나오더니 〈열여춘향수절가下, 30ㄱ〉
춘향 살여지다 빌기을 다한 후의 {상단아} 담부 한듸 부쳐 다구
〈열여춘향수절가下, 30ㄴ〉
이고 이고 늬 신셰야 하며 {상단아} 삼문 박그 가셔 삭군 둘만
사오너라 〈열여춘향수절가下, 15ㄴ〉
사정이 등의 업펴 옥으로 드러갈 졔 {상단이는} 칼머리 들고 춘
향 모는 뒤을 짜라 〈열여춘향수절가下, 16ㄱ〉

셋째, '상단이'는 월매와 춘향과의 갈등 속에서 이몽룡의 말을 잘 듣고

심부름을 잘 하는 역할을 하고 있다. 소설의 독자인 전라도민들은 월매와 춘향과 이몽룡의 갈등 속에서 '상단이'가 하는 역할을 보고 크게 만족하고 흥미를 느꼈을 것이다.

술잔 들어 잡순 후의 {상단아} 술 부어 너의 마루릐계 드려라 장모 경사 술인이 한잔 먹소〈열여춘향수절가上, 26ㄱ〉

잇씨 {상단이} 옥의 갓다 나오더니 져의 아씨 야단 소릐의 가삼이 우둔우둔 정신이 월넝월넝 졍쳐업시 드러가셔 가만이 살펴보니 젼의 서방임이 와겨꾸나 엇지 반갑던지 우루룩 드러가셔 {상단이} 문안이요〈열여춘향수절가下, 31ㄴ〉

실셩으로 우난 양을 어사쏘 보시더니 기가 막켜 여바라 {상단아} 우지 마라 우지 마라 너의 아씨가 셜마 살지 죽을소냐 힝실이 지극하면 사는 날리 잇난이라〈열여춘향수절가下, 32ㄱ〉

춘향 모 듯던이 이고 양반이라고 오기는 잇셔셔 듸체 자네가 웨져 모양인가 {상단이} 하는 말이 우리 큰아씨 하는 말을 조금도 과렴 마옵소셔〈열여춘향수절가下, 32ㄱ〉

어사쏘 밥상 밧고 싱각하니 분기 팅쳔하냐 마음이 울젹 오장이 월넝월넝 셕반이 맛시 업셔 {상단아} 상 물여라 담부씨 툭툭 털며 여소 장모 춘향이나 좀 보와야계 글허지요 서방임이 춘향을 아니 보와셔야 인졍이라 흐오릿가 {상단이} 엿자오되 지금은 문을 닷더쓰니 바릐치거든 가사이다〈열여춘향수절가下, 32ㄴ〉

넷째, '상단이'는 거지 차림을 한 이몽룡의 편에 서서 춘향의 마음을 시중드는 역할을 하고 있다. 소설의 독자들은 이처럼 어려운 처지에 있는 상전의 편에 서서 문제를 해결하려는 '상단이'의 역할에 크게 공감을 하였을 것이다.

> 잇찌 {상단이는} 져의 이기씨 신셰를 싱각하여 크게 우든 못하
> 고 쳬읍하여 우는 말리 엇지 할쓴아 엇지 할쓴아 도덕 놉푼 우리
> 이기씨를 엇지하여 살이시랴오〈열여춘향수절가下, 32ㄱ〉
> 잇찌 맛참 바리를 뎅뎅 치난구ㄴ {상단이는} 미음상 이고 등농
> 들고 어사쏘는 뒤를〈열여춘향수절가下, 32ㄴ〉
> 분부 마옵시고 어셔 밥비 쥐여주오 ᄒ며 {상단아} 셔방임 어듸
> 계신가 보와라 어졔 밤에〈열여춘향수절가下, 38ㄴ〉

다섯째, 결국 몸종인 '상단이'도 선을 닦아서 서울로 함께 가는 출세의 길을 걷는다. 이러한 '상단이'의 노력이 한 몫을 하여 결국 모두 다 잘 되어서 서울로 함께 올라가는 모습에 소설의 독자들은 쾌재를 불렀을 것이다.

> 어사쏘 남원 공사 닥근 후의 춘향모여와 {상단이를} 셔울노 치
> 힝할 졔 위의 찰난ᄒ니 셰상 사람덜리 뉘가 아니 칭찬하랴〈열여
> 춘향수절가下, 39ㄱ〉

이처럼 등장인물인 '상단이'의 성격과 인물을 고려해 볼 때, 당시 서민들의 입장에서 '상단이'라는 인물은 매우 착하고 성실하고 모범적인 등장인물이어서 나름대로 인기를 얻었을 것으로 생각할 수 있다. 그러므로 전라도의 독자들은 '향단이'는 전혀 모르고, 전라방언인 '상단이'라는 이름이 주는 소설 속의 역할과 이미지를 통하여 오랫동안 '상단이'를 사랑해 왔던 것이다.

4.2. '상단이'의 문화적 기능과 특징

서울에서 발행된 활자본 고전소설에 주로 등장하는 '향단이'는 한자어 '香丹이'이기 때문에 식자층이 사용하는 '계급성'을 띤다. 다음으로 전국 어디에서나 식자층들은 알 수 있기 때문에 일반성, 또는 전국성의 개념을 갖는다. 그러나 완판본 『열여춘향수절가』에 등장하는 '상단이'는 한글이면서 지역의 방언으로 표기된 인물이다. '香丹이'는 양반층의 언어이고, '상단이'는 서민층의 언어이다. 전라 방언 '상단이'가 갖는 문화적 특징을 다양하게 살펴보면 다음과 같다.

『열여춘향수절가』의
'상단이'

첫째, '상단이'는 주로 완판본 한글고전소설 『열여춘향수절가』에만 나타나는 등장인물이고 경판본 『춘향전』에는 일부 책에서만 나타나는 인물이다. 조선시대 전라도 사람들에게 소설 속의 '향단이'라는 이름을 가진 등장인물은 존재하지 않는 인물이다. 전라도 사람들은 소설 속의 방언인 '상단이'가 갖게 된 이미지 또는 개념에서 자유로울 수 없었다. 따라서 활자본 소설에서 나타난 '향단이'가 갖는 개념과 목판본 한글고전소설에서 이미 나타난 '상단이'가 갖는 문화적 개념은 다른 것이었다. 한자어 '향단이'가 갖는 개념은 한문을 아는 사람들이 『열여춘향수절가』에 나오는 춘향이의 몸종'이라는 아주 일반적인 서민 주인공의 개념을 갖는다.

방언 화자들이 사용하는 하나의 어휘에 대한 다양한 느낌의 표현을 획

일화된 하나의 표준어로 대치할 수는 없는 일이다. 우리가 갖는 다양한 느낌을 정확하게 나타낼 수 있는 말은 지역의 방언이다. 사람마다 체험이 다르고, 느끼는 감각이 다르기 때문이다. 이 체험이나 감각을 표현하게 되는 일차적인 느낌은 사람이 갖는 정서이기 때문에 매우 섬세한 특징을 갖는다. 느낌은 일반성도 있지만, 사람마다 매우 다르게 느끼는 독특한 개별적 특징을 갖는다.

둘째, 전라 방언 '상단이'는 전라도 또는 호남이라는 '지역성'과 조선 후기라는 '시대성'을 강하게 갖고 있다. 『열여춘향수절가』는 판소리 사설을 원고로 이루어진 소설이다. 따라서 판소리를 개작한 신재효는 전라도를 염두에 두고 원고를 정리하였다. 또한 출판인들이 전라도 지역민을 독자와 구매자로 생각하고 출판한 소설이다.

완판 29장본 『별춘향전』이 33장본으로 확대되어 『열녀춘향슈절가』가 되는데 이 책을 흔히 '丙午판 춘향전'이라 부른다. 이 대본이 독자의 호응을 받게 되자, '구동본'과 '완흥사서포본'을 거쳐 다시 84장본으로 재확대하면서도 『열여춘향슈절가』라는 표제는 그대로 유지하였다. 그래서 일반적으로는 상권 45장, 하권 39장으로 된 84장본을 『열여춘향슈절가』로 부르고 있다.

셋째, '상단이'는 『열여춘향수절가』가 구어체 소설이며, 구비적 성격의 소설임을 보여주고 있다. 『열여춘향수절가』는 이야기체 소설이다. 지문과 대화문에서 모두 '상단이'를 사용하고 있다. 이미 판소리로 불릴 때도 '상단이'로 발음되었다. 그러니까 경판본 『춘향전』은 문어체이고, 완판본 『열여춘향수절가』는 '구어체'이며 '낭송체'임을 보여주고 있다. 완판본은 우리말투의 구어체 이야기 방식에 음악적인 낭송으로 되어 있다.

낭송은 낭독이 아니라 음율을 가미하여 노래하듯 읽는 것을 말한다. 완판본은 판소리에서 출발했기 때문에 기본적으로 글자 수 등에서 운율이 존재하며, 풍부한 수식어, 삽입가요, 고사성어, 한시 등이 많이 삽입되어 있다.

완판본 한글고전소설의 제목은 거의 대부분 '열여춘향수절가라', '심청가라' 와 같이 낭송체의 문체를 보여주고 있다. '-이라' 가 붙지 않은 경우도 있지만, 거의 대부분 '-이라' 가 연결된다.

> 별춘향전이라, 열여춘향슈절가라, 심쳥가라, 심쳥젼권지상이라, 삼국지라, 언삼국지목녹이라, 공명션싱실긔권지하라, 소디셩젼권지상이라, 용문젼이라, 니디봉젼상이라, 쟝경젼이라, 됴웅젼상이라, 초한젼권지상이라, 셔한연의권지하라, 퇴별가라, 화룡도권지상이라, 임진녹권지삼이라

넷째, '상단이' 는 '대중 예술성' 을 나타내는 어휘이다. 완판본 『열여춘향수절가』와 경판본 『춘향전』은 작품의 내용이 상당히 다르다. 완판본 소설은 낭송체 소설이다. 낭송체라는 사실은 판소리계열 소설임을 보여준다.

당시 전라도에서 유행한 판소리 공연에서는 '상단이' 로 말해야 알아들었기 때문에 판소리 사설이 '상단이' 로 되어 실제 공연에서도 그렇게 불렸다. 현재 춘향가의 사설은 대부분 '향단이' 로 표기되고 있다. 이미 판소리가 전국적으로 불려지기 시작하였기 때문에 '상단이' 로 표기해서는 대중들이 알아듣기 어렵기 때문이다.

다섯째, '상단이' 는 '서민성' 을 갖는다. 완판본 한글고전소설이 서민을 위한 소설 발간임을 알 수 있게 한다. 출판업자들은 이익을 남기기 위해

서 독자로 양반들보다는 일반 대중을 택하였다. 그리하여 소설 속에 많은 방언이 들어가도록 배려를 한 것이다. 이러한 연유로 자연스럽게 '상단이' 는 서민의 언어가 된 것이다.[8] 그리하여 친숙한 언어, 서민들이 편리한 언어를 선택한 것이다.

여섯째, '상단이'는 '지역적 독자성'을 갖는다. '상단이'는 전라도 지역에서 사용되는 방언이고, 호남을 상징하는 단어이다. 따라서 '향단이'를 쓰는 지역과는 차별성 또는 독자성을 갖는다. 바로 이점이 완판본 한글고전소설이 갖는 독자적인 위치이다.

일곱째, '상단이'는 '민주성'과 '주체성'을 갖는 어휘이다. 한자 사용이 아니라 주체적인 한글 사용으로 언문일치가 실현된 어휘이다. 사실 '상단이'는 '上丹이, 香丹이'의 중국 한자음 발음으로 보인다.[9] 그러나 이러한 발음이 굳어져서 우리 발음이 되었고, 당시의 서민들은 우리말로 발음하였던 것이다. 실제로 한글고전소설은 일제강점기 우리말과 글을 배우는 교과서 역할을 하였다.

채만식, 윤흥길, 최명희 등은 대표적인 전북 출신 작가들이다. 이들은 작품에서 전북 방언을 많이 사용한다. 왜 그럴까? 과거의 이야기를 쓸 때, 등장인물이 전라 방언을 사용해야만 작가의 과거가 생생하게 떠오르고, 또 이를 구체적으로 서사화할 수 있기 때문이다.

---

8 완판본 『천자문』도 마찬가지로 음과 훈을 제시할 때, 전라도 사람들이 이해하도록 많은 부분에서 전라 방언을 사용하고 있다.

9 전라감영에서 간행된 韻書로 『三韻聲彙』(삼운성휘), 『正音通釋』(정음통석), 『全韻玉篇』(전운옥편), 『增補三韻通考』(증보삼운통고) 등이 있는데, 이 운서들을 보면 당시 사대부들은 한국 한자음과 중국 한자음을 함께 익히고 있었음을 알 수 있다.

따라서 방언은 지역 소설과 비지역 소설을 구별하는 하나의 표징이다. 조정래 선생의 『태백산맥』에서 전라도 방언이 없다면 과연 이 소설이 소설의 역할을 다할 수 있을까? 등장인물의 방언 사용은 이 소설의 정체성을 분명하게 만들어주고 있다.

그러므로 같은 완판본 한글고전소설일지라도 『별월봉기』, 『현수문전』 등과 같이 서울에서 원고를 가져다가 출판한 책에는 방언이 없다. 홍미를 중심으로 하여 판매를 목적으로 발행한 소설이기 때문이다.

현재 소설 전체를 확인하기 어렵지만, 완판본 『현슈문젼』의 1쪽과 31쪽의 복사본을 검토해 보면 방언이 없고 격식투의 언어로 되어 있다. 간기는 '丁巳(1857)九月完西改板'으로 되어 있다. 이 소설은 서울에서 발간된 책을 참고하여 발간한 것으로 보이는데, 경판본 『현수문전』 하권 22장본은 '油洞新刊'의 간기를 가진다. '油洞'은 1840년대에 책을 찍어낸 출판소이다. 이 책으로 완판본을 다시 찍은 것으로 보인다.(이태영, 2007:34)

5. 결론

완판본 『열여춘향수절가』에 나오는 등장인물인 '상단이'는 국어학적으로는 '향단이>상단이'의 구개음화 현상을 겪은 어휘에 불과할지 모른다. 그러나 우리는 이렇게 단정하기에는 많은 문제점을 안고 있다.

첫째, '香'의 중국 발음이 '샹'이니까 '샹>상'이 된 것으로 볼 수 있다. 그렇다면 전라도에서는 '춘향'과 관련된 이야기가 존재하던 시기부터 '상단이'로 불렸을 가능성이 매우 높다.

완판본 한글고전소설의 서지書誌와 언어

둘째, '향단이(香丹)〉상단이'의 변화가 구개음화 현상이라고 단정할 수 있는 근거가 과연 있을까 하는 점이다. 이 지역에서 나온 춘향전 계열 소설에 '향단이'가 전혀 나오지 않고, 심지어 판소리에서도 '향단이'가 나오지 않는데, 어떻게 '향단이'가 '상단이'로 구개음화되었다고 말할 수 있을까 하는 점이다.

셋째, 정확한 근거를 찾기는 어렵지만, 처음부터 '샹단이〉상단이'로 불린 것은 아닐까 추정할 수 있을 것이다. 나중에 서울에서 활자본으로 출판되면서 '향단이'로 바뀐 것으로 보인다.

전라 방언으로 이해할 수 있는 소설 속의 '상단이'가 갖는 개념은 상당히 일반성을 가졌을 것이다. 소설의 내용이 추억이나 체험이나 경험으로 독자에게 개인화되어 정서적 개념을 갖게 되는데, 판소리로 듣거나 소설이 낭송되어 들을 때, 또는 소설을 직접 읽을 때, 희로애락을 함께 하는 아주 가깝게 느끼는 주인공의 하나이자 친근한 인물로 받아들이고 호감을 느꼈을 것이다. 결국 춘향이의 몸종으로서 상전을 정성껏 모시면서 여러 갈등을 해소해 주는 상단이의 역할에 소설을 읽는 독자들은 크게 공감하였을 것이다.

아무튼, '상단이'는 전라도에서 사용된 소설 속의 등장인물이었다. 분명 발음상으로 전라도를 대변하는 방언이라고 할 수 있다. 이 '상단이'는 비록 소설 속의 등장인물이긴 하지만 여러 가지 문화적 특징(cultural feature)을 보유한 어휘라고 말할 수 있다.

첫째, 전라도에서 쓰이거나 발행한 춘향전 계열의 소설에 나타나는 주인공이다. 둘째, 전라 방언 '상단이'는 전라도 또는 호남이라는 '지역성'을 강하게 갖고 있다. 셋째, '상단이'가 나오는 완판본 『열여춘향수절가』는

'구어체'이며 '낭송체'임을 보여주고 있다. 넷째, '상단이'는 '시대성'(조선 후기)을 강하게 나타낸다. 다섯째, '상단이'는 '대중 예술성'을 나타내는 어휘이다. 여섯째, '상단이'는 '서민성'을 갖는다. 일곱째, '상단이'는 '지역적 독자성'을 갖는다. 여덟째, '상단이'는 '민주성'과 '주체성'을 갖는 어휘이다.

이제 우리는 방언을 지역문화와 관련하여 전체적으로 이해하려고 노력해야 한다. 지나치게 국어학적인 입장에서만 방언을 다루게 되면 더 이상 논의의 여지를 상실하게 된다. 따라서 방언을 바르게 이해하려면 지역의 다양한 문화와 역사, 시대적인 상황을 이해해야 할 것이다. 그래야만 한 시대를 대표하는 지역의 방언에 대한 기능과 역할을 제대로 제시할 수 있을 것이다.

김현주·김진선(2014), 「향단의 성격과 기능의 변이 양상」, 『우리文學硏究』 44, 111-143.

서대석 외(1999), 『한국고전소설 독해사전』, 태학사.

이태영(2007), 「새로 소개하는 완판본 한글고전소설과 책판」, 『국어문학』 43, 29-54.

이태영(2016), 「국어사전과 방언의 정보화」, 『국어문학』 61, 51-75.

이태영(2018), 「완판방각본의 유통 연구」, 『열상고전연구』 61, 143-171.

이태영(2021), 『완판본 인쇄·출판의 문화사적 연구』, 역락.

전라북도(2019), 『전라북도 방언사전』.

최전승(1986), 『19세기 후기 전라방언의 음운현상과 그 역사성』, 한신문화사.

제12장 완판본 한글고전소설의 정보화와 활용

1. 정보화의 필요성

21세기는 정보화 시대, 문화의 시대, 이동 통신의 시대이다. 이용자들은 SNS를 통하여 자료를 주고받는다. 온라인으로 지인들과의 관계망을 구축해 주고 이들의 정보 관리를 도와주는 서비스가 이루어지고 있다. 사용자가 단말기를 통해 음성이나 영상, 데이터 등을 장소에 구애받지 않고 통신할 수 있도록 이동성이 부여된 이동통신이 날로 발전하고 있다. 이들로 대표되는 시대에 지역의 다양한 문화와 역사를 국내외에 알리기 위해서는 일차적으로 자료의 정보화가 이루어져야 한다.

완판본이란 전북 전주의 옛 책이 아무리 훌륭하고 타 지역에 비해 월등한 인쇄문화라 하더라도, 이를 올바르게 연구하고 선양하기 위해서는 일차적으로 문헌에 대한 기초적인 정보화가 이루어져야 한다.

정보화 작업이란 일차적으로 문헌의 전산화(디지털화)를 의미한다. 완판본 문헌을 모두 입력하는 작업이 우선되어야 할 것이다. 문헌의 텍스트와 문헌의 이미지가 전산화되어야만 많은 사람들이 동시에 이를 이용할 수 있다. 이차적으로는 전산화되어 있는 자료에서 필요한 정보를 추출하여 체계화하는 작업이 필요하다.

예를 들면 『열여춘향슈졀가』에서 모든 한글 글자를 하나씩 추출하여 정리한 다음 '가나다라' 순으로 잘 정리를 해야만 이를 가지고 새로운 글꼴을 만드는 데 응용할 수 있다. 그 다음 이렇게 추출한 정보를 가지고 다양한 검색 프로그램을 만드는 일이다. 검색 프로그램이 있어야만 수많은 정보를 쉽게 추출하고, 사람에 따라 필요한 정보를 검색하여 추출할 수 있다. 마지막으로 정보 검색을 통하여 자료를 검색하면서 활용에 대한 작업이 시도되어야 한다. 완판본 한글고전소설의 종류와 내용을 이해하지 못하고 글꼴을 활용하거나, 이미지를 활용하는 일을 막연하게 생각하게 되면 복합적인 작업을 수행하기 어렵다.

완판본 한글고전소설에 대해서는 비교적 많은 연구가 이루어졌지만, 실제로 기초적인 정보화 작업이 거의 이루어지지 않아서 한 단계 발전된 연구와 다양한 분야에서 활용하는 데에 큰 장애가 되고 있다.

이 글에서는 완판본 한글고전소설의 정보화의 의미와 필요성에 대하여 논의하고, 이를 활용하는 방안을 제시하고자 한다.[1]

---

1   필자는 문화체육관광부에서 주관한 '21세기 세종계획'(국어 정보화 중장기 발전 계획)에서 한민족언어정보화 분과를 맡아 '방언검색프로그램, 어휘역사검색프로그램, 남북한언어 검색프로그램, 국어어문규정검색프로그램' 등을 만드는 데 참여하였다.

2. 정보화의 단계

2.1. 제1단계 - 말뭉치 구축

말뭉치(corpus)는 사용된 언어 자료를 대량의 전자 형태로 모은 것으로, 연구 분야의 언어 현실을 전반적으로 보여줄 수 있는 자료의 집합체를 말한다. 어떤 자료가 말뭉치로 인정받기 위해서는 일정한 규모 이상의 크기이어야 하고, 내용에서 다양성과 균형성을 가져야 하며, 전자 형태로 되어 있어야 한다. 말뭉치는 이미지 말뭉치, 텍스트 말뭉치, 음성 말뭉치로 나눌 수 있다.

1) 이미지 말뭉치 구축

정보화를 추진하기 위하여 가장 먼저 해야 하는 일은 문헌의 이미지를 전자파일로 구축하는 일이다. 이미지는 문헌을 사진으로 촬영하거나 스캔한 파일을 말하며 동영상으로 촬영한 자료를 말한다. 완판본 한글고전소설의 모든 책을 이처럼 이미지로 전산화하여 한꺼번에 모으는 일이 바로 1단계의 작업이다. 완판본 문헌을 체계적으로 전산화한 이미지를 이미지 말뭉치라 한다.

한 번 이미지를 구축하게 되면 수많은 사람들이 다양한 분야에서 활용할 수 있다. 예를 들면 서지학 연구자, 고전소설 연구자, 국어학 연구자, 글꼴 연구자, 한지공예가, 미술가, 서예가, 목판 판각자 등 다양하게 활용할 수 있을 것이다. 다양한 고전소설의 예를 들어보기로 한다.

(1) 완판본 한글고전소설

고 김동욱 교수가 영인한 '한국고전소설판각본자료집(全5卷)'에 완판본 한글고전소설이 영인되어 책으로 나와 있다. 이 영인본 책은 마이크로 필름을 이용하여 축소 인쇄를 하였다. 이 영인본은 고전소설 연구자를 위한 책으로 발간되었기 때문에 원본의 이미지를 갖고 있지 못하다.[2] 따라서 활용에 큰 제약을 받고 있다. 이 책에 영인된 완판본 한글고전소설 목록을 제시하면 다음과 같다.

> (완판본) : 구운몽(상, 하), 삼국지(삼, 사 합본), 소대성전, 심청전, 심청전(이본), 용문전, 유충열전, 이대봉전, 이대봉전(이본), 장경전, 장풍운전, 적성의전, 조웅전, 초한전, 춘향전, 토별가, 홍길동전, 화룡도, 화룡도(이본), 별춘향전

'디지털 한글박물관'에서 완판본 한글고전소설 이미지가 일부 구축되어 있다. 깨끗한 선본을 입력하는 일이 필요하지만 다양한 이본(異本)들까지 모두 구축해야 비교하는 연구와 활용이 가능하다.[3]

> (완판본) : 열여춘향수절가,[4] 구운몽하권, 삼국지(3·4권), 소대성전

2 　문헌을 이미지로 구축할 때는 반드시 원본을 촬영해야 한다. 그래야만 원본이 주는 고풍스러움, 질감을 그대로 살려서 활용할 수 있다.

3 　가능하다면, 이 지역에서 구축하여 모든 연구자가 활용하도록 해야 한다. 그래야 완판본 문화를 적극적이고 다양하게 선양할 수 있다.

4 　국어사전에서는 '열녀춘향수절가'로 표기되어 있지만, 완판본의 전통을 좇아서 '열여춘향수절가'로 표기하기로 한다.

　　　　　　　　　　　완판본 한글고전소설의 서지書誌와 언어

(1936년), 소대성전(1916년), 소대성전(이본), 심청가, 심청전, 이대
봉전, 임진록, 장풍운전, 조웅전, 초한전, 초한전(이본), 별춘향전,
토별가, 화룡도(하)

'국립중앙도서관'에서는 한글고전소설을 비롯한 문헌의 이미지 정보
화가 가장 잘 되어 있다. 이 도서관의 특징은 국가기관이기 때문에 활용이
매우 용이하다. 그러나 완판본과 경판본 일부만 정보화가 이루어져 있다.

(2) 경판본 한글고전소설

'디지털 한글박물관'에서 경판본 한글고전소설 이미지를 일부 구축한
바 있다. 경판본 이미지의 경우, 대부분 마이크로 필름을 출력하거나 원본
을 복사한 자료를 스캔한 이미지가 대부분이어서 문제가 있다. 완판본과
제목이 같은 것만 제시하면 다음과 같다. 이들은 완판본과 경판본을 비교
연구하기 위하여 매우 필요한 자료들이다.

　(경판본) : 구운몽, 삼국지, 소대성전, 심청전, 용문전, 월봉기, 임
　진록, 장경전, 장풍운전, 적성의전, 조웅전, 춘향전, 현수문전, 홍
　길동전

(3) 필사본 한글고전소설

필사본 한글고전소설의 경우, 종류와 양이 상당히 많다. 완판본과 제
목이 같은 경우는 극히 일부만 이미지가 구축되어 있다. 현재 완판본 문화
관에 보관된 자료를 활용하여 이미지를 전산화할 수 있을 것이다. 손으로

쓴 필사본 한글고전소설은 여러 사람들이 썼기 때문에 다양한 내용과 언어, 글꼴이 포함되어 큰 가치가 있다.

국립한글박물관은 필사본 한글고전소설을 많이 보유하고 있다.

(필사본) : 심청전, 용문전 등

(4) 딱지본 고전소설

실제 판매를 목적으로 납활자로 만든 6전소설(딱지본)이 이미지로 구축되어 있다. 완판본과 제목이 같은 것만 일부 제시하면 다음과 같다.

(딱지본) : 구운몽, 대성용문전, 유충열전, 임진록, 이대봉전, 장
풍운전, 적벽대전, 초한전, 춘향전, 화용도실기, 홍길동전, 심청전

완판본 한글고전소설 이미지의 전산화 작업은 표지부터 마지막까지 전체를 이미지화하는 작업이다. 이 작업을 통해서 표지, 제목, 판권지, 간기, 소유자 등 각종 서지사항을 파악할 수 있으며, 이본과의 비교가 가능하다.

2) 텍스트 말뭉치 구축

정하영(1994)에 따르면, 우리나라 옛소설의 문체는 순한문만을 사용한 한문 소설, 한글과 한자를 섞어 쓴 혼용문 소설, 국문만을 사용한 국문 소설로 나뉜다. 『구운몽』, 『사씨남정기』와 같은 초기 국문 소설의 문체는 한문 번역체를 따르면서도 우리말에 접근해 나가려는 모습을 보인다. 이와

완판본 한글고전소설의 서지書誌와 언어

같은 한문 번역체의 흐름은 가문 소설이나, 낙선재본 소설을 거쳐 개화기 소설에까지 이어진다.

한문으로 된 어휘는 한자로 표기하고 토씨만을 국문으로 쓰는 현토본은 국문 문체 형성에 중요한 역할을 하게 된다. 이어서 영·정조 시대에 『춘향전』, 『심청전』과 같은 우리말을 그대로 사용한 소설이 등장한다.

'텍스트 말뭉치'는 완판본 한글고전소설에 쓰여진 글자를 그대로 컴퓨터에 입력하는 자료를 말한다. 원문 그대로 입력한 자료는 일차적으로는 연구에서 주로 사용되지만 실제로 각종 프로그램을 만드는 일에 활용할 수 있다.

(1) 완판 목판본 고전소설

현존하는 완판본 한글고전소설의 종류는 24 가지이다. 이 가운데 판소리계 소설이 『열여춘향슈절가』, 『심청가』, 『심청전』, 『화룡도』, 『퇴별가』 등 5종이고, 나머지 대부분은 영웅소설이다. 판본이 다른 종류를 합치면 약 90여 종류가 된다. 1823년에 『별월봉긔』가 발간된 것을 시작으로 1932년까지 발간되었다. 주로 1911년, 1916년에 대량으로 발간되었다.

화룡도, 됴웅젼, 유츙열젼, 심쳥젼, 심쳥가, 죠한젼, 쇼디셩젼, 용문젼(쇼디셩젼과 합본), 장풍운젼, 열여춘향슈졀가, 니디봉젼, 구운몽, 쟝경젼, 퇴별가, 홍길동젼, 삼국지(3권), 삼국지(3·4권합본), 언삼국지, 공명션싱실긔(언삼국지와 합본), 임진녹, 젹셩의젼, 별춘향젼, 별월봉긔, 졍수경젼, 현수문젼, 셰민황졔젼

가. 원본 고어 말뭉치

완판 목판본 고전소설의 말뭉치는 세종계획에서 일부 구축하였고, 주로 개인이 구축한 원시 말뭉치가 사용되고 있다. 완판 고전소설의 특징은 일상언어인 구어체가 주로 사용되고 있고, 방언이 많이 사용되어 있어서 방언 연구에 큰 도움을 주고 있다. 세종계획과 KRpia에서 구축한 원시말 뭉치를 제시하면 다음과 같다. 텍스트를 입력하는 예를 제시한다.[5]

세종계획 입력 : 쇼디셩젼(상·하 43장본), 심쳥젼(71장본), 열여춘 향슈졀가(84장본), 유츙열젼(86장본), 쵸한젼(88장본), 퇴별가(21장 본), 홍길동젼(36장본)

KRpia 입력 : 소대성전(완판), 심청전(완판 71장본), 열녀춘향수졀 가, 홍길동전(완판 36장본), 용문전(완판 38장본), 유충열전(86장본), 이대봉전(85장본), 초한전(88장본), 화용도(86장본)

〈열여춘향슈졀가라, 1〉
숙종디왕 직위 초의 셩덕이 너부시사 셩자셩손은 계계승승ᄒ 사 금고옥족은 요순시졀이요 으관문물은 우탕의 버금이라 좌우보 필은 쥬셕지신이요 용양호위난 간셩지장이라 조졍의 흐르난 덕화 힝곡의 폐엿시니 사히 구든 기운이 원근의 어려잇다 츙신은 만조 ᄒ고 회자 열여 가가지라 미지미지라 우슌풍조ᄒ니 함포고복 빅 셩덜은 쳐쳐의 격량가라

---

5   완판본과 경판본 한글고전소설을 대상으로, 서대석(1999)의 『한국고전소설 독해사전』과 같은 어휘사전이 간행되었다.

나. 번역본 현대국어 말뭉치

원본 한글고전소설이 옛글자로 쓰여 있기 때문에 이 소설들을 이해하려면 현대어로 번역해야 한다. 내용을 이해하기 위해서는 필수적으로 번역하여 입력해야 하는 말뭉치이다. 번역본은 후세 교육을 위해서 다양하게 활용될 수 있다. 이들 현대어 번역본은 일반인들이 사용하려면 쉽게 번역해야 한다. 최근에 이윤석(2016), 정명기·이윤석(2018), 신해진(2018)과 같이 완판본 한글고전소설을 현대어로 번역한 번역서들이 나오고 있다.

> KRpia 입력 : 소대성전(완판), 심청전(완판 71장본), 열녀춘향수절가, 홍길동전(완판 36장본), 용문전(완판 38장본), 유충열전(86장본), 이대봉전(85장본), 초한전(88장본), 화용도(86장본)

> 〈열녀춘향수절가〉
> 숙종대왕 즉위 초에 성덕이 넓으시사 성자성손은 계계승승(繼繼承承)하사 금고옥적은 요순시절이요 의관문물은 우탕의 버금이라. 좌우보필은 주석지신이요 용양호위는 간성지장이라. 조정에 흐르는 덕화 향곡에 퍼졌으니 사해 굳은 기운이 원근에 어려 있다. 충신은 만조하고 효자열녀 가가재(家家在)라. 미재미재(美哉美哉)라 우순풍조(雨順風調)하니 함포고복 백성들은 처처에 격양가라.

다. 한자 복원 말뭉치

완판본 한글고전소설은 한글 옛글자 표기로 되어 있다. 따라서 한자를 복원해야 그 뜻을 정확하게 이해할 수 있다. 대체로 역주, 교주를 할 때 한자를 복원하는 경우가 많다. 현재 이러한 작업은 거의 이루어지지 않고 있다. 한자를 복원한 역주집은 다음과 같다. 이가원(1995)의 『열여춘향수절가』의 예를 제시하면 다음과 같다. 주석이 달려 어려운 한자어, 고사성어 등이 자세히 설명되어 있다.

> 이가원 역주(1995), 춘향전, 태학사.
> 이윤석(2016), 완판본 춘향전 연구, 보고사.
> 정명기·이윤석(2018), 교주 소대성전, 보고사.
> 신해진(2018), 완판방각본 이대봉전, 보고사.

> 잇씨 결나도(全羅道) 남원부(南原府)의 월미(月梅)라 하난 기성(妓生)이 잇스되 삼남(三南)의 명기(名妓)로셔 일직 퇴기(退妓)ᄒ야 성가(成哥)라 ᄒ는 양반(兩班)을 다리고 셰월을 보ᄂᆡ되 연장사순(年將四旬)의 당하야 일졈혀륙(一點血肉)이 업셔 일노 한(恨)이 되야 장탄슈심(長嘆愁心)의 병이 되것구나. 일일(一日)은 크게 씨쳐 예 사람을 싱각ᄒ고 가군(家君)을 쳥입(請入)ᄒ야 엿자오되 공순(恭順)이 ᄒ난 마리,

라. 판소리 사설 말뭉치

판소리 사설은 완판본 한글고전소설과 직접적으로 관련이 있는 자료이다. 방언은 물론 국어사 자료로도 활용할 수 있는 자료들이다. 출판사에서 많은 책들이 출판된 일이 많아 이미 상당한 양의 말뭉치가 구축된 셈이다. 그 예를 제시하면 다음과 같다. 이미 상당히 연구하고 있지만, 이들 판소리 사설 말뭉치와 완판본 한글고전소설을 비교하는 작업은 판소리

연구와 고전소설 연구에 큰 도움을 줄 것이다.[6]

① '국립국어연구원' 입력 자료
② 21세기 세종계획 입력 자료
③ '박이정' 출판사 출판 자료. : 경희대학교 김진영 교수가 입력한 자료다. 이중 일부가 세종계획 말뭉치로 다시 구축되었다.
④ '국학자료원' 출판 자료(춘향 예술사 자료총서)
⑤ 전북대 전라문화연구소 출판 자료 : 2002년도, 2003년도 판소리 사설의 주석과 번역 작업을 수행한 바 있다.
'춘향가(정정렬 바디, 김연수 바디, 김세종 바디, 김소연 바디), 심청가(박동실 바디, 정응민 바디, 김연수 바디), 홍보가(김정문 바디, 김연수 바디, 박록주 바디, 박초월 바디), 수궁가(유성준 바디, 김연수 바디, 박초월 바디), 적벽가(조학진 바디, 정응민 바디, 김연수 바디, 박봉술 바디)'가 교주본, 현대화사설본, 현대어역본, 영역본으로 구축되었다.

(2) 경판 목판본 고전소설

경판본은 경기도 안성판이 1780년에 임경업전을 출판하였고, 서울에서는 1792년 장경전을 찍었다. 이로부터 약 70여 종류의 소설이 서울과 경기에서 출판되었다.(이창헌, 1995) 목록을 제시하면 다음과 같다.

강태공전(상20장본, 하19장본), 구운몽(단29장본)(단32장본), 금방울전(단20장본), 금향정기(일36장본, 이32장본), 남훈태평가(1책26장),

---

6   전주소리문화관에 소장되어 있는 판소리 사설도 전산화할 필요가 있다.

당태종전(단26장본), 도원결의록(하17장본), 백학선전(단20장본), 별 삼국지, 사씨남정기(하23장본)(하34장본), 삼국지, 삼국지(3권1책)(삼 20장본)(삼30장본)(일35장본)(하30장본), 삼설기(삼27장본), 서유기(상 31장본, 하28장본), 수호지, 숙영낭자전(1책18장)(단28장본), 숙향전(상 29장본, 중21장본, 하23장본)(상34장본)(하30장본), 신미록(단32장본), 심 청전(단20장본), 쌍주기연(33장본)(단22장본), 옥주호연(29장본), 용문 전(단25장본), 울지경덕전(26장본), 월봉기(이33장본)(일24장본)(일34 장본)(하23장본), 월왕전(하19장본), 임장군전(단20장본)(단21장본)(단 27장본), 임진록(삼23장본), 장경전(35장본)(38장본), 장자방전(상21장 본, 중18장본, 하20장본), 장풍운전(단27장본)(단29장본), 장한절효기 (단29장본), 장화홍련전(단18장본), 전운치전(단37장본), 정주정전(단 16장본), 제마무전(단32장본), 조웅전(1책20장)(단30장본), 진대방전(1 책18장)(단36장본), 토생전(단16장본), 한양가(1책25장), 현수문전(하 22장본), 홍길동전(단21장본)(단23장본)(단30장본), 흥부전(단20장본)

경판 목판본 고전소설의 말뭉치는 21세기 세종계획과 KRpia 등에서 구축된 바 있다. 경판 한글고전소설의 특징은 한문 번역체의 문체적 특징 을 보이고 있다.

　KRpia에서는 '한국방각본소설전집 1편, 한국방각본소설전집 2편, 한 국신소설대계 1편, 한국신소설대계 2편'에서 원문과 현대어역문을 제공 하고 있다.[7] 주로 경판본 자료를 제공하고 있다.

7　한국신소설대계 1편 : 경세종, 구마검, 귀의성, 금수회의록, 금의쟁성, 명월정, 목단화, 비
　　행선, 빈상설, 산천초목, 설중매, 원앙도, 은세계, 자유종, 재봉춘, 추월색, 혈의루, 화세계,
　　화의혈, 화중화. 한국신소설대계 2편 : 구의산(九疑山), 금강문(金剛門), 신소설(新小說) 금국
　　화(金菊花), 애원소설 두견성(杜鵑聲), 신소설 모란병, 新小說, 牧丹屛, 洗劍亭, 안의 성(雁의

　　　　　　　　　　　　　　　　완판본 한글고전소설의 서지書誌와 언어

한국방각본소설전집 1편 : 금방울전 권지단, 김원전 권지단, 숙영낭자전 단, 숙향전, 심청전 단, 쌍주기연 권지단, 양풍전 단, 옥주호연 단, 임장군전 권지단, 장풍운전 단, 장화홍련전 단, 적성의전 권지단, 춘향전 권지단, 토생전 권지단, 홍길동전 권지단, 홍부전

한국방각본소설전집 2편 : 강태공전(姜太公傳), 도원결의록 권지하(桃園結義錄卷之下), 백학선전 단(白鶴扇傳單), 사씨남정기(謝氏南征記), 사씨남정기 상(謝氏南征記上), 사씨남정기 중(謝氏南征記中), 사씨남정기 하(謝氏南征記下), 삼설기, 설인귀전 단, 신미록(辛未錄) 권지단(卷之單), 울지경덕전(蔚遲敬德傳), 월봉기(月峰記), 이대봉전(李大鳳傳) 상(上)이라, 이대봉전(李大鳳傳) 권지하(卷之下)라, 장경전(張景傳) 단(單), 장백전 권지단, 장한절효기(張韓節孝記) 단(單), 조웅전(趙雄傳) 단(單), 진대방전 권지단, 징세비태록(懲世丕泰錄) 단(單).

(3) 안성 목판본 고전소설

경기도 안성에서 출판된 목판 고전소설이다.

(京畿) 임경업전 단47장본 歲庚子孟冬京畿開板 1780년

(안성 동문이) 홍길동전 단23장본* 안성동문이신판. 심청전 단21장본 안성, 삼국지 삼20장본* 안성동문이신판 삼20장본B, 양풍(운)전 단20장본* 안성동문이신판 단20장본A, 제마무전 단20장본* 안성동문이신판 (16+4) (회심곡포함), 조웅전 단20장본* 안성동문이신판 단20장본B, 춘향전 단20장본* 안성동문이신판, 소대성전 단20장본 안성, 적성의전 단19장본* 안성동문이신판, 홍길동

聲), 추천명월, 치악산(雉岳山) 상권, 치악산(雉岳山) 하권, 홍도화(紅桃花).

전 단19장본 박성칠서점, 진대방전 단16장본* 박성칠서점, 수호
지 일20장본 안성, 수호지 이20장본 안성, 수호지 삼21장본 안성

(4) 중국소설 번역본

박재연 교수팀이 입력한 중국소설 번역본이 있다. 이 자료는 18세기
와 19세기 자료가 대부분이다. 이 자료들은 중국 소설의 한문 원문이 있
기 때문에 우리말과 한문의 관계를 밝힐 수 있는 좋은 자료이다.[8] (괄호 안
의 것은 창작소설이다.)

> 슈호지, (십이봉뎐환긔), 삼국지통쇽연의2, 삼국지통쇽연의3, 삼
> 국지통쇽연의4, 홍미긔, 염라왕젼, 주션뎐, 西廂記, 악의젼단젼, 쌍
> 미긔봉, 당진연의, 왕시봉뎐, 슈亽유문隋史遺文, 녹목단綠牧丹, 튱
> 의슈호뎐忠義水滸傳, 슈허지水滸誌, (님화뎡연긔봉林花鄭延奇逢), (옥
> 기린玉麒麟), 옥지긔玉支璣, 셔유긔, 포공연의包公演義, 대명영렬뎐
> 大明英烈傳, 수상신쥬광복지연의繡像神州光復志演義, 평뇨긔平妖
> 記·평요뎐平妖傳

낙선재 필사본인 '븍송연의(北宋演義), 빙빙뎐(聘聘傳), 형셰언(型世言),
후슈호뎐(後水滸傳), 진쥬탑, 무목왕졍튱녹(武穆王貞忠錄)' 등의 자료는 21세
기 세종계획에서 입력하였다.

8 　중국고전소설을 중심으로 박재연 교수의 『고어사전』, 『중조대사전』, 『필사본고어대사
　　전』, 『고어대사전』 등이 출판되었다.

(5) 활자본 고전소설

활자본 고전소설의 말뭉치 구축 현황을 제시하면 다음과 같다.

가. 21세기 세종계획 특수자료 구축 역사자료 말뭉치 개발 분과에서 구축한 자료 목록(총35편 약60만 어절)

　　고딕 초한젼징실기(楚漢傳爭實記, 1917), 곽히룡젼(郭海龍傳, 1917), 권용션젼(權龍仙傳, 1918), 김씨렬힝록(金 氏烈(行錄 1920), 김진옥젼(金振玉傳, 1916), 김학공젼(金鶴公傳, 1923), 김희경젼(金喜慶傳, 1922), 녀장군젼(연도 미상), 녀즁호걸(연도미상), 리봉빈젼(李鳳彬傳, 1925), 림화졍연권지일(林花鄭延 卷之一, 1923), 박씨부인젼(朴氏夫人傳, 1925), 반씨젼(潘氏傳, 1918), 사각젼(謝角傳, 1927), 삼생긔연(三生奇綠, 1922), 삼션긔(三仙記, 1918), 셜뎡산실긔(薛丁山實記, 1930), 소상강(연도미상), 소셩젼(연도미상), 소운젼(蘇雲傳, 1918), 소학사젼(蘇學士傳, 1917), 숙영낭자젼(淑英娘子傳, 1915), 신계후젼(申桂厚傳, 1920), 신류복젼(申遺腹傳, 1917), 신숙주부인젼(萬古烈女申叔舟夫人傳, 연도미상), 십생구사((十生九死, 1923), 쌍쥬긔연(연도미상), 약산동뒤(藥山東臺, 1913), 어시박문슈(朴文秀傳, 1926), 이봉빈전(연도미상), 일뒤용녀남강월(一代勇女 南江月, 1915), 졍을션젼((鄭乙善傳, 1917), 졍진ᄉ젼(鄭進士傳, 1918), 충의소셜십생구사(연도미상), 현씨양웅쌍린기(玄氏兩雄雙麟記, 연도미상)

나. 김건희(2009) 교수팀이 작성한 활자본 고전소설 말뭉치의 목록

이 팀에서는 활자본 고전소설에 대해 형태소분석 말뭉치를 구축하였

다.(김건희 외, 2009)[9] 수정 태깅 형태소 분석말뭉치 1, 720, 011 어절(109작품)와 자동 태깅 형태소 분석 말뭉치 338, 678 어절(24작품)을 입력하였다.

셔졍기, 쌍두장군젼, 봉황대, 어룡젼, 형산빅옥, 금방울젼, 진쟝군젼, 죠싱원젼, 장국진젼, 금강취류, 강틱공젼, 심부인젼, 강샹련, 삼국리대장젼, 보심록, 디셩용문젼, 곽분양젼, 리진ᄉ젼, 박틱보실기, 류문셩젼, 셜홍젼, 신번 구운몽(상권), 쌍미긔봉, 셔유기, 왕장군젼, 왕소군새소군젼(상권), 부셜거사, 별삼셜긔, 고독각시, 홍장군젼상, 김덕령젼, 무릉도원, 옥년몽(5편), 옥년몽(4편), 타호무송, 운영젼, 부용의 샹ᄉ곡, 치봉감별곡, 쵸한젼, 강남홍젼, 현수문젼, 졍비젼, 김유신실기, 콩쥐팟쥐젼, 리순신젼, 옥난빙, 옥쇼긔연, 서화담젼, 셤동지젼(둑겁젼), 창션감의록, 초피왕젼, 한수디젼, 옥단춘젼, 류황후젼, 신번 구운몽(하권), 월봉산기상, 남이장군실기, 음양옥지환, 임오군란기, 당태종젼, 항우젼, 금송아치젼, 리틱빅, 림경업젼, 옥낭ᄌ젼, 셔유기, 셜인귀젼, 슉녀지긔, 류충렬젼, 왕소군새소군젼(하권), 강시즁젼, 월봉산긔하, 리대봉젼, 룡문젼, 쟝ᄌ방실기, 옥년몽(3편), 옥린몽하, 쳥년회심곡, 강능츄월, 륙효ᄌ젼, 옥년몽(1편), 구운몽(상, 하), 림화졍연1, 홍장군젼하, 별삼셜긔(상, 하), 별쥬부젼, 언문춘향젼, 졀디가인츈향젼, 흥부젼, 특별무쌍춘향젼, 별쥬부가, 연의각, 오작교, 삼국대젼, 고본 츈향젼, 신역 별춘향가, 옥즁가인, 교졍 심쳥젼, 젹벽가젼, 원본 심쳥젼, 증상연뎡 심쳥젼, 옥즁화, 젹벽대젼, 불로초, 화용도실긔, 흥부젼, 월봉긔, 디월셔샹

9 김건희·차재은·김진해·이의철(2009), 1910~1930년대 활자본 고전소설 자료 전산화 및 용례기반 형태소 분석기 개발을 통한 형태분석 말뭉치 구축과 어휘 용례집 발간 결과보고서, 한국연구재단 연구성과물.

기, 샤씨남졍긔(상), 샤씨남졍긔(하), 열영낭자젼, 김틱즈젼, 오션
긔봉, 양쥬봉젼, 류화긔몽, 옥년몽(2편), 수양뎨힝락기, 음양삼틱
셩, 강유실기, 쳥루지렬여, 쳔졍연분, 진딕방젼, 진시황실긔, 죠
자룡젼, 쟝즈방실기, 고금긔관, 젹강칠션(림호은젼)(상), 젹강칠션
(림호은젼)(하), 강능츄월옥소젼, 항쟝무젼, 셜인귀젼, 목단화, 우
리덜젼.

(6) 구활자본 고전소설

소위 '딱지본'이라 일컬어지는 구활자본 고전소설은 세종계획에서 입
력한 자료가 있다.

녀장군젼, 녀즁호걸, 박문수젼, 산양젼, 삼생록, 생륙신젼, 셜뎡
산실긔, 소상강, 소셩젼, 소운면, 쇼학젼, 숙영낭자뎐, 신계후젼,
신숙주부인젼, 십생구사, 쌍쥬긔연, 약산동, 양산백젼, 초한젼

(7) 서울대본, 낙선재본 필사본 고전소설

낙선재본에는 소설을 제외한 기타 산문류의 자료가 있으나 여기서는
소설만 제시한다. 세종계획의 국어사말뭉치에는 낙선재본의 기행문, 역사
자료와 같은 산문자료가 일부 포함되어 있다. 아래의 예에서 서울대소장
본은 각주 형식으로 일부 한자를 복원하고 뜻풀이를 한 말뭉치이며, 낙선
재본은 한자를 복원한 말뭉치이다.[10]

---

10   KRpia에서는 '소현성록, 유씨삼대록, 임씨삼대록, 조씨삼대록, 현몽쌍룡기' 등의 원시말
      뭉치와 현대어역 자료를 제공하고 있다.

성현공숙녈긔(聖賢公淑烈記), 소현셩녹(蘇賢聖錄), 옥누몽(玉樓夢), 양현문직절기(楊賢門直節記), 옥원지합긔연(玉鴛再合奇緣), 유호공선 행록(이상 서울대소장본)

완월회맹연(玩月會盟宴), 명주보월빙(明珠寶月聘), 엄씨효문청행록 (嚴氏孝門淸行錄), 낙성비룡, 현몽쌍룡기(現夢雙龍記), 한조삼셩기봉 (漢朝三姓奇逢), 명행정의록 (明行正義錄), 벽허담관제언록(碧虛談關 帝言錄), 유씨삼대록(劉氏三代錄), 화씨충효록(花氏忠孝錄)(이상 낙선 재본)

(8) 필사본 고전소설

한글고전소설 필사본은 각 대학 도서관이나 박물관, 개인이 소장한 자 료들이 많을 것이다. 조희웅(1999, 2006)을 참고하면 필사본 소장처와 해제 를 알 수 있다. 세종계획에서 구축한 원시 말뭉치의 목록은 다음과 같다.[11]

게우사(한글필사본고소설자료총서), 구운몽(서울대학교소장필사본), 김학공전(필사본46장), 낙천등운(필사본 3권), 신유복전(필사본 174 장), 심청전(가람본 46장본 심청전), 심청전(국립도서관소장 23장본 심청 전), 심청전(김광순소장 30장본 심청전), 심청전(김광순소장 41장본 심청 전), 심청전(김동욱소장 90장본 심청전), 심청전(박순호소장 43장본 심청 전), 심청전(박순호소장 46장본 효기실기심청), 심청전(신재효본 심청가), 심청전(정명기소장 51장본 심청전), 심청전(정명기소장 심청전), 심청전 (하버드대소장 심청전), 적벽가(국립도서관소장 화용도), 적벽가(박순호 소장 42장본 화용도), 정수경전(하바드대학소장 필사본), 추풍감별곡(필

---

11 필사본 한글고전소설의 경우, 박순호 교수 소장본 중 상당수가 국립한글박물관으로 이 관되었다.

완판본 한글고전소설의 서지書誌와 언어

사본 96장), 춘향전(경판 35장본 춘향전), 춘향전(남원고사), 춘향전(도남문고본춘향전), 춘향전(백성환창본 춘향가), 춘향전(사재동87장본 춘향전), 춘향전(장자백창본 춘향가), 춘향전(충주박물관소장본 춘향전), 춘향전(홍윤표소장 154장본 춘향전), 토끼전(가람본 토긔젼), 토끼전(가람본 퇴별가), 토끼전(국립도서관소장 별주부전), 토끼전(권영철소장 별쥬부젼), 토끼전(김동욱소장 토별산수록), 토끼전(박순호소장 수궁별주부산중토처사전), 토끼전(하버드대소장 중산망월전), 홍보전(신재효본 박홍보가), 흥부전(오영순소장 장흥보전), 흥부전(임형택소장 박흥보전)

3) 음성 말뭉치 구축

완판본 한글고전소설을 현대어로 녹음하여 만든 자료를 음성 말뭉치라 할 수 있을 것이다. 성우를 동원하여 제작해야 한다. 현대소설의 경우는 방송용으로 녹음이 되어 활용되고 있다. 특히 한글고전소설이 성행하던 시대 한글고전소설을 읽으면서 업으로 삼았던 전기수, 강독사의 강독을 녹음해야 한다.[12]

현대는 이동통신의 기능이 날로 발전하고 있고, 또한 유튜브가 활성화하고 있는 관계로 완판본 한글고전소설을 음성으로 말뭉치를 구축해서 서비스하는 방안이 강구되어야 할 것이다.

---

12 필자는 2012년 경기도 파주에서 개최된 '한글 나들이 569' 전시회에서 충남 무형문화재로 지정된 정규헌 옹이 '춘향전'을 강독하는 것을 들을 수 있었다. 매우 중요한 무형문화유산이라 할 수 있다.

4) 완판본, 경판본 비교 말뭉치 구축

완판본과 경판본을 비교하는 말뭉치를 구축해야 한다. 이렇게 해야 완판본의 소설적 특징을 정확하게 파악할 수가 있을 것이다. 또한 판소리사설과 판소리계 소설을 비교하는 말뭉치를 구축해야 한다. 완판본 『열여춘향수절가』와 경판본 『춘향전』을 비교한 말뭉치 일부를 제시하면 다음과 같다.[13] 경판본에 비해 완판본이 내용이 훨씬 다양함을 보여준다.

〈심청전 완판본〉

송나라 말년의 황주 도화동의 혼 사룸이 잇스되 셩은 심이요 명은 학규라 누세잠영지족으로 문명이 자〃 터니 가운이 영체ᄒ야 이십 안 〃 밍ᄒ니 낙슈쳥운의 벼살이 끈어지고 금장자슈의 공명이 무어스니 향곡의 곤혼 신셰 원근 친쳑 업고 겸ᄒ여 안밍ᄒ니 뉘라셔 졉듸ᄒ랴마는 양반으 후예 힝실이 쳥염ᄒ고 지조가 강기ᄒ니 사룸마당 군자라 층ᄒ더라

〈심청전 경판본〉

화셜 듸명 셩화년간의 남군쓰히 일위명시 이스되 셩은 심이오 명은 현이니 본듸 명문거족으로 공의게 이르러는 공명의 유의치 아니ᄒ여 일듸명위 되엿고

---

13 이병원(1989)은 그의 박사학위 논문 '한국 고전소설의 문체론적 연구'에서 완판본 『열여춘향수절가』와 경판본 『춘향전』을 대상으로 정보학적인 방법으로 이용하여, 문장의 길이, 구문구조, 품사적 경향, 사상적 경향, 수사법, 종결어미, 시제 등을 아주 자세하게 비교하고 있다. 텍스트의 전산화가 이루어졌기 때문에 가능한 작업이다.

〈심청전 완판본〉

그 쳐 곽씨부인 현철ᄒᆞ야 임사의 덕힝이며 장강의 고음과 목난의 졀기와 예기 가례 늬칙편이며 주남 소남 관져시를 몰을 거시 업스니 일이의 화목ᄒᆞ고 노복의 은이ᄒᆞ며 가산 범졀ᄒᆞ미 빅집사가관이라 이졔의 청염이며 안연의 간난이라 쳥젼구업 바이 업셔 ᄒᆞᆫ 간 집 단포자의 조불여셕ᄒᆞ난구나 야외의 젼토 업고 낭셔의 노복 업셔 가련ᄒᆞᆫ 어진 곽씨부인 몸을 바려 품을 팔러 싹반어질 관딕 도포 힝의 창의 징념이며 졉슈 쾌자 중추막과 남녀 의복 잔누비질 상침질 외올쓰기 쇄땀 고두 누비 속올이기 셰답 빨니 푸시 마젼 하졀 의복 한삼 고의 망건 ᄭᅮ미기 갓끈 졉기 ᄇᆡ자 단초 토슈 보션 힝젼 줌치 쌈지 단임 허릿기 양낭 볼지 휘양 복건 풍치 쳔의 가진 금침 베기모의 쌍원앙 슈놋키며 오사 모사 각ᄃᆞᆨ 흉ᄇᆡ의 학놋키와 죠상난 집 원삼 졔복 질삼 션주 궁초 공단 수주 남능 갑사 운문 토주 분주 명주 싱초 퉁경이며 북포 황져포 춘포 문포 졔추리며 삼베 빅겨 극상 셰목 ᄶᅡ기와 혼장딕사 음식 숙졍 가진 즁게ᄒᆞ기 빅산 과졀 신셜노며 수팔연 봉오림과 비상흔듸 고임질과 쳥홍 황빅 침힝 염식ᄒᆞ기를 일연 삼빅육십 일을 하로 반ᄶᅵ 노지 안코 손톱 발톱 자〃지게 품을 파라 모일 젹의 푼을 모야 돈을 짓고 돈을 모야 양을 만드러 일수쳬게 장이변으로 이웃집 착실ᄒᆞᆫ 듸 빗슬 주어 실슈 업시 바다들려 춘추시힝 봉졔사와 압못보난 가장 공경 사졀 의복 조셕 찬슈 입의 마진 가진 별미 비우 맛쳐 지셩 공경 시종이 여일ᄒᆞ니 상ᄒᆞ촌 사롬더리 곽씨부인 음젼타고 층찬ᄒᆞ더라 ᄒᆞ로난 심봉사가 여보 마누리 옛사롬이 세상의 삼겨날 졔 부〃야 뉘 업스랴마는 젼싱의 무삼 은혜로 이상의 부〃 되야 압못보난 가장 나를 일시 반ᄶᅵ도 노지 안코 주야로 버려셔 어린아히 밧든다시 힝여 ᄇᆡ곱풀가 힝여치워홀가 의복 음식 ᄶᆡ맛추워 극진이 공양

호니 나는 편타 호련마는 마누리 고상호난 일리 도로여 불평호니
일후붓텀 날 공경 그만호고 사난 디로 사르가되 우리 년당 사십의
실하의 일졈혈육 업셔 조종힝화를 일노좃차 끈케 되니 죽어 지호
의 간들 무삼 면목으로 조상을 디면호며 우리 양주 신세 싱각호면
초상장사 소디기며 년〃이 오난 기일의 밥 혼 그릇 물 혼 모금 게
뉘라셔 밧들잇가 명산디찰의 신공이나 드려 보와 다힝이 눈먼 자
식이라도 남녀간의 나어 보면 평싱 혼을 풀 거스니 지셩으로 빌러
보오 곽씨 디답호되 옛글의 이르기를 '불효삼쳔의 무후위디라 호
여쓰니 우리 무자홈은 다 쳡의 죄악이라 응당 니침직호되 군자의
너부신 덕틱으로 지금가지 보존호니 자식 두고 시푼 마음이야 주
야 간절호와 몸을 팔고 쎼를 간들 못호오릿가만은 형세는 간구호
고 가군의 졍디호신 션졍을 몰나 발설 못 호엿더니 몬저 말삼호옵
시니 지셩 신공호오리다 호고 품파라 모든 지물 왼갓 공 다 들인
다 명산디찰 영신당과 고뫼 츙사 셩황사며 졔불보살 미역임과 칠
셩불공 나혼불공 제셕불공 신즁마지 노구마지 탁의시주 인등시주
창오시주 갓〃지로 다 지니고 집의 드러 잇난 날은 죠왕 셩주 지
신제를 극진이 공드리니 공든 탑이 무너지며 심든 남기 색거질가

〈심청전 경판본〉
　부인 졍시는 셩문지녀로 품질이 유한호고 용뫼 작약혼지라 공
으로 더부러 동듀 십여 년의 일즉 미흡호미 업스되 다만 슬하의
일졈혈육이 업스므로 부뷔 미양 상디호여 슬허호더니

　　　　　　　완판본 한글고전소설의 서지書誌와 언어

2.2. 2단계 – 논저목록의 작성

1) 완판본 한글고전소설 책의 목록

조희웅 교수가 지은 『고전소설 이본목록』에는 '경판본, 완판본, 안성판본, 한문판각본, 한문필사본, 국문판각본, 국문필사본, 활자본' 등 다양한 이본들의 목록과 서지사항, 소장처가 제시되어 있어 매우 중요하게 참고가 된다.

> 조희웅(1999), 『古典小說 異本目錄』, 집문당.
> 조희웅(2006), 『고전소설 연구보정(상, 하)』, 박이정.

2) 연구 저서 및 논문

완판본 한글고전소설의 역주, 교주, 주해서가 나와 있다. 또한 완판본 한글고전소설에 대한 연구 또는 경판본과 비교하는 연구 등 박사학위와 석사학위 그리고 일반논문이 많이 생산되었다. 이들 연구가 체계적으로 확인되어 정확한 분류가 이루어져야 한다. 그래야 이를 보는 많은 연구자들, 또는 시민들에게 정확한 정보를 제공할 수 있다.

3) 각종 서지사항의 정보화

완판본 한글고전소설의 제목, 판권지, 간기, 책의 주인과 같은 서지사항을 정보화하게 되면 완판본 연구는 물론 경판본, 다른 필사본과 비교하여 연구할 때 매우 중요한 정보를 얻을 수 있을 것이다. 제목, 판권지, 간기에 대한 정보를 제공하면 다음과 같다.

(1) 고전소설의 해제 서지표

서지사항을 적는 서지표는 간략하게 적는 것과 자세하게 적는 서지표로 나눌 수 있다. 여기서는 간략하게 적는 서지표를 제시한다.

冊 名	內題	열여춘향슈절가라
	表紙題(題簽)	춘향전
	版心題	춘향
所藏處	개인	
板本	목판본	
刊行年度	1916년. 大正 五年 十月 八日 發行	
刊記		
刊行處	全州郡 多佳町 一百二七二番地 多佳書舗	
卷冊數	상하 2권 1책, 상권 45장, 하권 39장임	
圖板有無	없음	
冊匡	18.6×26.7cm	
板匡	16.5×19.6cm	
四周邊	四周單邊	
界線有無	없음	
版心魚尾	黑魚尾	
行字數	13行×21字(字數不定 19字 - 21字)	
參照事項	매우 양호함	
關係文獻		
參考文獻		

(2) 한글고전소설의 제목

소설의 제목이 경판본과 다르다. 또한 이야기 구술 방식의 소설이어서 '-이라'와 같은 양식의 제목으로 되어 있다. 이 제목의 이미지를 함께 정보화해야 한다. 제목의 경우 상권과 하권, 또는 1권, 2권, 3권의 제목을 함께 정보화해야 한다.[14]

> 별츈향젼이라 극상, 쟝경젼이라, 됴웅젼상이라, 심쳥가라, 소디
> 셩젼권지상이라, 열여츈향슈졀가라, 화룡도권지상이라, 용문젼이
> 라, 초한젼권지상이라, 셔한연의권지하라, 별츈향젼이라, 삼국지
> 삼권이라, 임진녹권지삼이라, 삼국지라, 언삼국지라(언삼국지목녹
> 이라), 공명션싱실기라(언삼국지의 하편), 쇼디셩젼이라, 심쳥젼권지
> 상이라, 졍슈경젼, 구운몽상, 구운몽하, 현슈문젼권지단, 젹셩의젼
> 하, 유충열젼권지상, 장풍운젼, 홍길동젼, 별월봉긔하, 셰민황졔젼
> 이라

(3) 판권지

판권지는 일제가 1909년부터 검열을 하면서 붙이게 된 것이다. 이 판권지에는 인쇄 일자, 발행일자, 발행자, 서점 이름 등이 자세하게 나와 있다.

＊ 다가서포 판권지

朝鮮總督府 警務總監部 認可

---

14   완판본 한글고전소설의 제목에 대해서는 제5장 '2.3. 소설 제목의 차이'를 참고하기 바란다.

版權 所有

昭和 三年 十一月 二十五日 發行 定價 金 拾七錢(1928년)

著作 兼 發行所 全州郡 多佳町 一二三番 五統 八戶

梁珍泰

印刷者 金寬先

發行所 多佳書鋪

(4) 간기(刊記)

한글고전소설이 언제 판각되었는지를 보여주는 간기는 완판본의 소중한 기록이다. 따라서 이를 잘 정리하여 체계를 세워야 한다. 간기에는 판각연도, 판각지역이 자세히 기록되어 있다. 간기의 이미지를 잘 정보화하여 책으로 내는 일도 검토해야 한다.[15]

별월봉긔하 48장 道光三年(1823)四月日石龜谷開板

구운몽상 53장 壬戌(1862)孟秋 完山開板

구운몽하 50장 丁未(1907)仲花 完南開刊

삼국지라 47장, 38장 戊申(1908)冬完山梁冊房新刊

삼국지삼권이라 29장 님진완산신판니라

쇼디셩젼이라 43장 己酉(1909)孟春完山新刊 용문젼이라 38장 己酉(1909)孟春完山新刊

소디셩젼이라 35장, 용문젼이라 38장 戊申(1908)仲春完龜洞新刊

---

15   완판본의 간기에 대해서는 이태영(2021:355)에서 자세히 언급하고 있다.

2.3. 3단계 - 소장처 및 목록 확인

'한국역사정보통합시스템', '한국고전적종합목록시스템', '국가지식포털' 등에서 검색하여 도서관이나 박물관 등에서 소장처 및 소장된 책 목록을 일일이 확인하여 전산화해야 한다.

2.4. 4단계 - 프로그램 구축을 위한 기초적인 정보 처리

1) 해제

해제(解題)란 '책의 저자·내용·체재·출판 연월일 따위에 대해 대략적으로 설명함. 또는 그런 설명.'을 말한다. 문헌에 대한 해제는 연구자를 위한 해제와 일반인을 위한 간략한 해제로 나눌 수 있다. 일차적으로는 연구용으로 심도 있는 해제가 필요하다. 『한국민족문화대백과사전』이나 국어사전 또는 각종 도서해제집을 참고하여 해제할 수 있다. 예를 들면 다음과 같다.

(1) 『열여춘향슈절가』(烈女春香守節歌)의 학술적 해제

19세기 후반에 완판으로 출판된 고전 『춘향전』의 대표적 異本이다. 완판 30장본 『別春香傳』이 33장본으로 확대되면서 『열녀춘향슈절가』라는 새 표제가 붙게 되었다. 이 대본이 독자의 호응을 받게 되자, 다시 84장본으로 재확대하면서도 『열여춘향슈절가』라는 표제는 그대로 유지하였다. 그래서 일반적으로는 상권 45장, 하권 39장으로 된 完西溪書舖본을 『열여춘향슈절가』로 부르고 있다. 선행한 『별춘향전』 계통에 비하여 춘향 중심으로 줄거리가 전개되기 때문에, 춘향과 월매, 향단의 기능과 인간상이 특징있게 부각되고 있다. 특히, 춘향의 출생 대목이 확대되면서, 춘향의 신분이나 사회적 계층도 변모가 심하게 일어났다.

(2) 『열여춘향슈졀가』(烈女春香守節歌)의 간략 해제

판소리 '춘향가'가 소설로 만들어진 한글고전소설이다. 이 책은 1916년 전주 서계서포(西溪書鋪)에서 목판으로 간행되었다.

2) 주석 및 번역

완판본 한글고전소설에 대한 주석 작업과 번역 작업이 수행되어야 한다. 예를 들면 『열여춘향수절가』의 경우 주석본, 현대어역본, 영역본 등 다양화가 필요하다.

주석본은 전문적인 연구자들에게 필요하다. 현대어역본은 일반인들에게 필요한 책인데, 현대어역본 중 학생이나 어린 아동들을 위해 아주 쉽고 재미있게 번역할 필요가 있다. 외국인들을 위해 영어역본, 중국어역본, 일본어역본 등이 발행되어야 한다.

3) 어휘 사전 개발

완판본 한글고전소설을 이용하여 독창적이며 다양한 사전을 개발할 수 있다. 예를 들면, 〈방언 사전〉, 〈글꼴 사전〉, 〈한자어 사전〉, 〈어휘 사전〉, 〈표현 사전〉 등을 개발하여 널리 활용해야 한다.

2.5. 5단계 - 검색 프로그램 개발

위에서 만든 이미지 말뭉치, 텍스트 말뭉치, 음성 말뭉치를 한꺼번에 검색하여 확인하도록 만든다. 또한 주석본, 현대어역본, 외국어역본 등을 활용할 수 있도록 한다. 이미 작성된 한글고전소설의 각종 서지사항을 찾아볼 수 있도록 하고 하이퍼링크를 걸어서 독자나 관람객이 쉽게 이미지 등을 검색할 수 있도록 한다.

3. 말뭉치의 활용

3.1. 여러 고전소설 말뭉치의 활용

현재 고전소설 말뭉치는 다음과 같이 구축되어 있다.

21세기 세종계획에서 작성한 원시말뭉치가 배포되어 있다. 주로 경판본과 완판본 그리고 낙선재본, 서울대본 등이 대부분이다. 김진해(경희대) 교수팀이 작성한 형태소분석 말뭉치가 구축되어 있고, '형태소 분석 프로그램' 안에 샘플 말뭉치가 들어 있다. 이미지 말뭉치가 일부 구축되어 있다. '디지털 한글박물관'에서 완판과 경판이 일부 구축되어 있고, 개인들이 많이 구축하고 있다.

KRpia에서는 '소현성록, 유씨삼대록, 임씨삼대록, 조씨삼대록, 현몽쌍룡기' 등의 원시말뭉치와 현대어역 자료를 제공하고 있다. '한자를 복원한 말뭉치'가 있다. 이 소설들은 장편소설인 것이 특징이다. 각주 형식으로

일부 한자를 복원하고 뜻풀이를 한 말뭉치가 있다.[16] 역주와 교주를 한 말
뭉치가 있다.[17] 『한국고전소설 독해사전』과 같은 어휘사전이 간행되었다.
중국고전소설을 중심으로 박재연 교수의 『고어사전』, 『중조대사전』, 『필
사본고어대사전』, 『고어대사전』 등이 출판되었다.

1) 세종계획에서 구축한 소설 말뭉치의 종류

이미 위에서 본 바와 같이 세종계획에서 구축한 말뭉치는 모두 원시말
뭉치이다. 그리고 '경판본, 활자본, 낙선재본' 등이 대부분이다. 원시 말뭉
치로는 연구에 한계가 많다. 고전소설 원시말뭉치에서 필요한 자료만 뽑
아서 사용하는 현재의 연구 태도로는 종합적이고 체계적인 연구를 수행
하기 어렵다.

---

16   이화여대 한국문화연구원이 한국학술진흥재단 지원 아래 2년에 걸쳐 진행한 '기초학문
     토대연구 프로젝트'의 결과물로 '소현성록'(15권15책), '유씨삼대록'(20권20책), '현몽쌍룡
     기'(18권18책), '조씨삼대록'(40권40책), '임씨삼대록'(40권40책)을 현대어로 번역하였다.

17   주로 출판사에서 '역주, 교주, 주석'이라 이름하여 나온 책이 대부분이다. 그 예를 들어보
     면 다음과 같다.
       윤주필(1999), (남호거사)성춘향가(주해), 태학사.
       이가원 역주(1995), 춘향전, 태학사.
       이경선(1962), 朴氏傳(주석), 정음사.
       李金善(2007), 열여춘향슈절가(역주), 푸른사상사.
       이석래 역주(2009), 경판 '춘향전', 완판 '열녀춘향수절가', 범우사.
       이윤석 외(2006), 남정팔난기(교주), 이회문화사.
       임인선(2008), (역주)구운몽, 다운샘.
       정출헌 주해(2002), 임진록, 뉴턴코리아.
       박재연 校註 : 『븍송연의』, 무목왕경튱녹, 븍송연의 北宋演義, 빙빙뎐 聘聘傳, 진쥬탑
     珍珠塔(13권 5책), 후슈호뎐 後水滸傳(12권 12책), 형셰언 型世言(6권4책권12결) 등.

2) 역주, 교주 말뭉치의 필요성

고전소설의 일부 작품의 경우 역주가 되어 있다. 한자가 복원되고 뜻풀이가 되어 있기 때문에 내용을 이해할 수 있다. 내용을 이해하지 못하고 다양한 연구를 수행하기는 어렵다. 중국계 소설의 경우 이 작업이 잘 진행되고 있다.

3) 기존의 소설 사전에 역주의 내용을 첨가하여 어휘사전을 확보해야 한다.

서대석(1999), 『한국고전소설 독해사전』, 태학사.

한국역사정보통합시스템(2012), 『고소설한자어용례사전』, 왕실
도서관 장서각 디지털 아카이브.

황충기(2005), 『古典註解事典』, 푸른사상.

하영휘(2011), 『옛편지 낱말사전』, 돌베개.

민찬(2011), 『한국개화기시가 독해주석사전』, 보고사.

박용식 외(1994), 『고시조 주석사전』, 국학자료원.

김동길(2011), 『사자성어사전』, 교학사.

4) 어휘사전이나 국어사전을 편찬하는 데까지 가야만 한다.[18]

현재 『고어ㅅ전』, 『중조대사전』, 『필사본고어대사전』, 『고어대사전』이 발간되었다. 궁극적으로 고어사전에 어휘와 문법형태소를 포함하여

18 　박재연(2011)에서는 특수사전으로 '삼국지 어휘 용례 사전', '서유기 어휘 용례 사전', '부
　　사 사전', '형용사 사전'을 제시하고 있다.

해설해야 한다. 국어사전을 편찬하려면 뜻풀이와 용례가 들어가야 하는데 이는 원전을 해석을 하지 않고는 제시하기 어려울 것이다.

5) 국어사 연구에 활용해야 한다.

각종 고전소설 자료는 부족한 국어사 자료를 보완한다. 특히 18세기에서 20세기 초까지의 자료를 보완하고 있다. 국어학의 입장에서 고전소설 자료의 중요성을 들면 다음과 같다.

(1) 고전소설을 다루는 시각에 차이가 있다.

국어학 전공자들은 표기, 음운, 문법 형태소에 주로 초점을 맞추고 있다. 그러므로 기존에 연구하던 언해본 문헌과 고전소설이 크게 차이를 보이지 않는다고 지적하고 있다. 그러나 고전소설은 문학 자료이기 때문에 문학적 성격에 맞는 국어 연구를 해야 크게 도움을 받을 수 있을 것이다.

고전소설 전공자들은 어휘(한자어, 고유어), 속담, 표현, 문체의 변화에 초점을 맞추고 있다. 국어학 전공자의 입장에서 한자어 연구는 '한자 복원 말뭉치'가 많지 않기 때문에 현실적으로 어렵다. 문체의 변화와 이야기 방식과 서술 방식의 변화, 구어체의 특징을 다룬다면 중요한 문헌으로 인식될 것이다.[19]

---

19   다음은 고전문학 전공자들이 소설을 언어적 관점으로 다룬 논문들이다.
　　　박일용(1994), [유충열전]의 문체적 특징, 한글 제226호.
　　　설성경(1990), [춘향가]에 나타난 우리말의 아름다움, 한글 210집.
　　　설성경(1994), [춘향전]에서 캐 본 우리말의 아름다운 꾸밈새, 한글 제226호.
　　　최운식(1990), 〈심청가〉에 나타난 우리말의 아름다움, 한글 210.
　　　최철(1994), [홍길동전]과 우리말의 아름다움, 한글 제226호.

(2) 문체의 변화도 중요하다.[20]

예를 들면 이본을 비교하면서 종결어미 등의 변화를 통하여 문체의 변화를 다룬다는 점이다. 따라서 국어사 전공자들도 관심을 가져야 할 분야이다.

(3) 고전소설은 지문과 대화문 자료를 제공한다.

이 자료에서는 '직접화법과 간접화법의 유형, 종결어미와 경어법, 이본 비교를 통한 문체의 특징, 등장인물의 언어적 특징(양반과 평민, 악인, 여성, 풍자, 상하관계, 존비관계, 비속어, 성관련 어휘 등등), 이야기체의 변화' 등을 살펴 볼 수 있다. 언어가 쓰이는 구체적인 장면을 얻을 수 있기 때문에 생생한 언어 자료를 찾을 수 있을 것이다.

장효현(1994), [박씨전]의 문체의 특성과 작품 형성 배경, 한글 제226호.
정병헌(1990), 「신재효본 〈토별가〉의 구조와 언어적 성격」, 한글 210 pp.51-70.
정하영(1994), 〈숙향전〉에 나타난 우리말의 쓰임새, 한글 226.

20   국어학 연구와 관련된 논문을 제시하면 다음과 같다.
김상욱(1995), 신재효본 『토별가』의 문체 특성과 문학사적 관련 양상, 한국어교육학회 논문집 56.
김성탁(1973), 김인향전고 : 한국고대소설의 특성에서 변모된 표현양상을 중심으로, 춘천교육대학논문집. 12.
朴泰根(1992), 『淑香傳』의 文體論的 分析, 도솔어문 8.
송재욱(1973), 춘향전 세 이본의 비교연구 : 문체론적 분석에 의하여, 선청어문 4.
이병원(1988), 洪吉童傳의 文體論的 硏究, 국어국문학 99.
이병원(1989), 「韓國古典小說의 文體論的 硏究」, 박사학위논문, 단국대학교.
이병원(1986), 구운몽의 문체론적 연구
장석규(1998), 「심청전」 문체의 다양성과 변모의 의미, 문학과 언어 20.
조성환(1985), 「홍길동전의 문체분석」, 군산대학교 논문집 11.
허순우(2002), 「〈소대성전〉의 문체론적 연구」, 석사학위논문, 이화여자대학교.

그러한 예로 다음과 같은 언어사실을 들 수 있다.

가. 한자 어휘는 주로 양반 계층이나 남성의 언어로 쓰이고, 우리말 어
　휘는 서민 계층이나 여성들의 언어로 쓰이는 경향이 있었다.(정하
　영, 1994:74)

나. '왈(曰)'과 '골오되'가 매우 많이 쓰인다. 대화체 문헌임을 의미한다.

다. 인용동사 'ᄒᆞ다'류(ᄒᆞ여, ᄒᆞ고, ᄒᆞ니, ᄒᆞ믈, ᄒᆞ미, ᄒᆞᄂᆞ, ᄒᆞ나, 홀, ᄒᆞ더니 등)
　가 소설에서 매우 많이 쓰인다. 대화의 장면이 많기 때문이다.

라. 자기를 낮추어 이르는 일인칭 대명사 '쇼졔'의 빈도가 매우 높다.
　이는 대화의 상대가 상하 관계에 있음을 보여주고 있다.

마. 이야기체 또는 구어체 문장이 갖는 문법 현상과 문법 형태소를 많
　이 확보할 수 있을 것이다.

　① 어미 '-ㄹ와'는 '-도다'의 의미를 갖는다. 이 어미가 고전소설에
　　주로 쓰이고 있다.

　② '코져, 코자'와 같이 축약된 음절이 많이 쓰인다.

바. 이지영(2007)에서는 고전소설에 나타나는 종결어미 '-더라, -니라,
　-다'의 의미차이를 통하여 서술자의 위치를 밝히는 작업을 하고
　있다.[21]

(4) 지문에 한자어가 많이 나오기 때문에 한자 어휘, 사자성어, 중국의 고
　사 관련 자료를 얻을 수 있다.

21　이지영(2007), 지문의 종결형태를 통해 본 고전소설의 서술방식, 정신문화연구 30-2.

현재 국어사 연구에서 한자어 또는 한자를 이용한 고유어 연구는 많지 않은 실정이다. 실제로 21세기 세종계획에서 구축한 '국어 어휘 역사 검색 프로그램'에서 제시한 한자어는 아주 미미한 실정이다. 따라서 고전소설의 한자가 복원되는 작업이 이루어지면 한자어 연구나 한자를 이용한 고유어 연구에 새로운 장을 열 수 있을 것이다.

  (5) 완판본 한글고전소설과 판소리 사설[22]의 경우에는 전라도 방언이 많이 나오므로 다음과 같은 작업을 수행할 수 있을 것이다.

    가. 전라도 지역의 19세기 방언의 '표기, 음운, 어휘, 문법적 특징' 등을 확인할 수 있다. 시대적으로 현대 전라방언과 밀접하게 관련되어 있다.[23]

---

22   전라방언이나 문화적 배경을 연구하기 위하여 '판소리 사설 말뭉치'를 구축하는 일이 매우 필요한 시점이다.

23   이 작업은 최전승 교수의 다음과 같은 업적에서 확인할 수 있다.
    최전승(1986), 19세기 후기 전라방언의 음운현상과 그 역사성, 한신문화사.
    최전승(1996), 아주낮춤의 종결어미 '-르다'와 예사낮춤의 '-르세/-르시/-시'의 형성과 방언적 발달, 선청어문 24.
    최전승(1977), 〈춘향전〉 이본들의 지역성과 방언적 특질, 오당 조항근선생화갑기념논총.
    최전승(2000), 19세기 후기 전라방언의 처소격 조사 주류의 특질과 변화의 방향, 우리말글 20.
    최전승(2002), 19세기 후기 전라방언의 특질 몇 가지에 대한 대조적 고찰, 한민족어문학 41.
    최전승(2005), 음성변화와 내적 재구, 그리고 지역 방언에서의 개별 어휘적 특질 - 중세국어의 비자동적 교체 유형과 그 방언 반사체들의 발달을 중심으로, 이병근선생퇴임기념국어학논총, 태학사.

나. 국어사, 방언과 전라문화를 연결할 수 있다.

(6) 한자어 연구[24]

사전 편찬에서 예문을 제시할 때, 한문 원문이나 중국어 원문을 함께 실어 표제항의 대역어에 대한 정보를 보여주어 정확한 어휘의 쓰임을 알 수 있게 하고 있다.(박재연·이현희, 2016:577) 박재연(2016)에서 우리말과 한자어 대역어의 관계를 보여주는 어휘 몇 예를 제시하면 다음과 같다.

'손실분'이라는 뜻의 '질오리/질올'의 대역어 '折耗(절모)'는 『後漢書』·『東堂老』·『聖武記』 등에 그 용례가 보인다.

최전승(2006), 국어 지역 방언에서 일어난 의미 변화의 일반적 발달 경향과 환유와의 상관성 -전라방언에서 '도르다/두르다'형의 의미 전이의 경우를 중심으로, 배달말 39.

최전승(2007), 19세기 후기 국어에서 의존명사로의 문법화 과정과 역사적 연속성, 국어문학 43.

최전승(2008), 방언 자료 텍스트의 유형에 따른 방언 의식 실현상의 상이와 진행 중인 언어변화의 양상 -19세기 후기 전라방언의 경우를 중심으로, 제2회 이재 황윤석 연구 학술발표논문집.

최전승(2009), 19세기 후기 국어방언에서 진행 중인 음성변화와 과도교정의 개입에 대한 일 고찰, 국어문학 46.

최전승(2009), 19세기 후기 전라방언에서 '그네'(鞦韆)의 방언형 '근듸'계열의 형성과 발달에 관한 일 고찰, 어문연구 61.

24 국어사 문헌의 한문 원문이 입력되고 있고, 역사서의 한문 원문, 실록 등이 입력되어 있어서 상호 관련성을 가지고 이들 말뭉치를 활용할 필요가 있을 것이다. 특히 어휘 연구에 크게 도움이 될 것이다. (이태영, 2003)

① 서울대 연구팀의 중세국어 문헌 원문 입력 ② 중국 서적 원문 입력 ③ 왕조 실록 입력 ④ 역사정보시스템 구축에서 역사 자료 원문 입력

【씰오리】圄 손실분. ¶折耗 ‖ 쥬인 왈 여긔 쪼 씰오리룰 뎔라 슉뵈 글오디 쇠 우희 근은 혜디 말려니와 므슴 씰올이 이시리오 (叔寶道: "銅上金子也不算, 有甚麼折耗?" 主人道: "這不過是金子的光兒, 那裏作得帳?") 〈隋史遺文 2:21〉⇒ 씰올

【씰올】圄 손실분. ¶折耗 ‖ 슉뵈 글오디 쇠 우희 근은 혜디 말려니와 므슴 씰올이 이시리오 (叔寶道: "銅上金子也不算, 有甚麼折耗?" 主人道: "這不過是金子的光兒, 那裏作得帳?") 〈隋史遺文 2:21〉⇒ 씰오리

'어리쇠/어르쇠'라는 단어는 각각 번역고전소설 『녹목단』(19c초)에서 처음 나타나는 것을 확인할 수 있다. '어리쇠 /어르쇠'의 '火閔子(화민자)' 를 '셩냥'이라 번역한 것이다. '뫼몰ㅎ-/뫼물ㅎ-/뫼믈ㅎ-'는 번역고전소 설에서 각각 '貌拙(모졸)/猥瑣(외쇄)'의 대역어로 쓰였는데 '못생기다, 오 종종하다, 형편 없다'의 의미로 사용된 단어이다. '배뜨- /배싸- /배뻐-' 는 '打破(타파)'의 대역어로 '훼방놓다, 깨다'의 의미로 사용된 단어이다.

21세기 세종계획 한민족언어정보화 분과에서 만든 '국어 어휘 검색 프로그램'은 국어사 문헌에 나오는 어휘를 자세히 해설하고 있다. 해설 항목에 '관련 한자어' 정보가 있는데 이 칸이 빈칸으로 제시되는 경우가 아주 많다. 아주 일부만 제시해 보면 다음과 같다.

　　가 : 傍邊, 邊
　　가게 :
　　가까스로 :
　　가깝다 : 근(近), 방(傍), 압(狎), 이(邇), 일(昵), 핍(逼)

가꾸다 :

가꾸로 :

가끔 :

가난뱅이 : 궁자(窮者), 빈자(貧者)

가난하다 : 간난(艱難), 구(窶), 궁(窮), 빈(貧)

가납사니 :

가냘프다 : 細, 弱

가녀리다 :

가녘 : 邊

가느다랗다 : 세(細)

가느스름하다 : 細

가는베 : 絺

가늘다 : 纖, 細

가늠 :

가다듬다 : 厲

가닥 : 루(縷), 지(支), 파(派)

가당찮다 : 不可當

어휘의 이형태를 찾아 제시하는 경우에, 주로 음운론적 이형태, 형태론적 이형태를 찾아 제시하는 경우가 대부분이다. 그러나 어휘론적 이형태를 제시하는 경우는 매우 드물다. 어휘론적 이형태를 제시하기 위해서는 각 어휘가 가지는 뜻이 정확하게 사전에 제시되어야 하는데 현재로서는 어려운 입장에 있다. 이를 보완할 수 있는 방법은 같은 한자어나 같은 한자 음절을 사용하는 어휘를 찾아서 살펴보는 일이다.

마을 : ᄆᆞ숧, ᄆᆞ술, ᄆᆞ욿, ᄆᆞ올, ᄆᆞ욹, ᄆᆞ을, 마을, 마올

원숭이 : 원숭이, 납, 진납, 진납이, 짓나비, 진납비, 준나비, 원
싱이

올벼 : 올벼, 오려볘, 오려베

현재 우리가 사용하는 '국어사 말뭉치'로는 '어휘론적 이형태'를 쉽게
제시하기 어렵게 되어 있다. 이를 해결하기 위한 하나의 방법이 한자어나
한자 음절을 찾아서 그 뜻의 유사성과 차이를 찾아보는 일이다. 만일 고전
소설의 '한자 복원 말뭉치'가 구축된다면 국어사의 연구에 큰 기여를 하
게 될 것이다. 이 방법은 한자어나 한자 음절을 이용하여 우리 고유어의
유의어를 확인하는 방법이 될 수 있을 것이다.

'가늘다'의 의미를 갖는 '纖'자를 예로 들어 보기로 한다. 국어사 자료
에서는 'ᄀᆞᄂᆞᆯ다'로 나오고 있다.

　　纖은 ᄀᆞᄂᆞᆯ 씨라〈1459월인석, 13, 14a〉
　　纖은 ᄀᆞᄂᆞᆯ 씨오〈1461능엄언3, 73a〉
　　纖 ᄀᆞᄂᆞᆯ 셤 細 ᄀᆞᄂᆞᆯ 셰〈1576신유합, 下, 48a〉

국어사말뭉치에서 고전소설과 산문을 제외하면, 다음과 같은 '纖'자가
들어간 한자어를 추출할 수 있다.

　　剔齒纖, 洪纖巨細, 纖微, 纖美, 纖纖弱骨, 纖纖弱質, 纖纖玉手, 纖
　　纖柳腰, 纖細, 洪巨纖細, 纖細, 纖疏, 纖手, 纖身, 纖悉, 纖弱, 纖纖弱

骨, 纖纖柳腰, 纖塵, 纖毫, 片甲纖鱗

    이처럼 국어사말뭉치에서 한자어를 추출할 수 없는 이유는 한문 원문을 입력하지 않고 언해문만 입력한 원시말뭉치를 사용하고 있기 때문이다. 고전문학 분야에서는 한자를 입력하여 소위 '한자를 복원한 고전소설 말뭉치'를 사용하고 있는데 국어학 분야에서는 한자를 뺀 원시말뭉치를 사용하고 있다.

    그러나 '한자를 복원한 고전소설'을 검색하면 다음과 같은 '纖'자가 들어간 다양한 한자어를 검색할 수 있다. 이 한자어를 통하여 국어의 어휘에 대한 다양한 이형태를 산출할 수 있을 것이다.

    嬌玉纖手, 濃纖, 穠纖, 嫋嫋纖纖, 綾纖, 纖歌妙舞, 纖芥, 纖芥之士, 纖女, 纖濃, 纖滅, 纖貌, 纖妙, 纖密, 纖粉, 纖索, 纖塞, 纖纖, 纖纖羅腰, 纖纖嫋懦, 纖纖裊腰, 纖纖細細, 纖纖細腰, 纖纖素手, 纖纖秀麗, 纖纖弱質, 纖纖玉膚, 纖纖玉臂, 纖纖玉手, 纖纖幼女, 纖纖柳腰, 纖細, 纖手, 纖身, 纖弱, 纖弱清秀, 纖語, 纖婉, 纖腰, 纖腰鳳翼, 纖腰玉佩, 纖縟, 纖月, 纖位能寸, 纖指, 纖塵, 纖蔥, 纖擇, 纖毫, 纖恤, 纖譎, 淑嫋纖弱, 十指纖手, 玉臂纖手, 楚玉纖手

    위의 어휘로 그 뜻을 찾아보면, '마르다, 가냘프다, 곱다, 가느다랗다, 날씬하다, 잘다, 여리다' 등의 어휘와 유의어를 이루어 번역되고 있음을 알 수 있다.

(7) 방언 연구에 활용

가. 고의벗다, 쬐벗다, 괴벗다

전라방언 '쬐벗다/깨벗다'는 '고의 벗다〉괴벗다〉쬐벗다'의 변화에서 말미암은 것이다. '괴벗다'는 다른 문헌에서는 보이지 않는다. 완판본 한글고전소설 『소대성전』과 합본으로 발간된 『용문전』에는 '괴벗다'의 예가 나온다.(이태영, 2011)

> 쳔지 요란ᄒᆞ니 {괴버슨} 아희들은 상ᄒᆞ 궁시로 범을 쏘느쏘다
> 〈완판용문전, 11〉
> 입어 썬 {고의 혼삼을 버셔} 글 두 귀를 뼈듀며 타일의 보사이다
> 〈완판유충열전, 27〉
> 시 집신의 {한삼고의} 산뜻 입고 육모 방치 녹피 쓴을 손목의 거러쥐고 〈완판춘향下, 37〉
> 춘향 문전 당도하니 힝낭은 문어지고 몸치는 {쇠를 버셔난듸}
> 〈완판춘향下, 29b〉

완판본 한글고전소설처럼 19세기 초부터 20세기 초까지의 특정지역 방언 현상을 집중적으로 보여 주는 자료는 매우 드물다. 여기에 추가하여 그간 손으로 쓴 필사본 한글고전소설을 포함하면 그 양은 매우 방대한 양이 될 것이다.

나. 방언 어휘 '궁글다'

국어사전에서 '궁굴리다'는 올림말로 올리고, '궁글다(뒹굴다의 의미)'

는 올림말에서 제외하고 있다. '궁굴리다'는 '궁굴다'의 사동형이라면 당연히 '궁굴다'가 올림말로 올라가야 할 것이다. 현재 『표준국어대사전』의 경우, '뒹굴다'의 사동형으로 '궁굴리다'를 잡고 있다.

19세기 한글고전소설, 판소리사설과 1910년대부터 1950년대의 근대소설을 검토하여 '궁굴다'를 검토하면 다음과 같다.[25]

轉 궁글 전〈杏谷本 千字文15ㄴ〉

궁글며〈완판조웅전, 50ㄴ〉〈완판장풍운전, 10ㄱ〉〈완판장풍운전, 29ㄱ〉〈완판조웅전이, 17ㄴ〉〈완판유충열전, 83ㄱ〉

톡기란 놈 거동 보소 찌굴찌굴 {궁글더니} 精神찰여 흐난 말이〈1887별토가(가람본), 23b〉

졍신니 송구ㅎ고 알역이 희미흔 즁의 이리 {궁글} 져리 {궁글} 견젼반측 몽불셩의 이고 이거시 원 일이야〈1909춘향전(사재동87장본), 69b〉

이리 더듬 져리 더듬 젼신을 다 만지며 데굴데굴 {궁굴면셔} 두

<hr>

25 현대문학 작품에서는 '궁글다'가 여러 지역에서 사용되고 있다.

마을 한복판에는 거츠른 바람이 오락가락 쓸쓸이 {궁글고} 잇다금 코를 찌름은, 후련한 산사 내음새.〈1934만무방(김유정), 094〉

송편 반죽을 떼여다가 손바닥에 놓고 두 손으로 똥그랗게 {궁글린다}. 그것은 새알심이같이 되어간다.〈1939봄봄(이기영), 174〉

여해는 이리 {궁글} 저리 {궁글} 목침을 가로 세로 모로 바로 여러 번 고쳐 베어 보았다.〈1939적도(현진건), 149〉

그 서슬에 쥐들도 놀랐는지 기애의 다리를 스칠 듯이 {궁굴러와} 이부자리 가녁을 미끄러지며 다라났다.〈1957해방촌가는길(강신재), 45〉

아직도 입울 속에서 몸을 {궁그리며}〈현진건, 荒原行, 1929, 81〉

아, 행여나, 누가 볼는지-가슴이쮜누나, 나의아씨여, 너를부른다/ 마돈나밤이주는사꿈, 우리가엷는꿈, 사람이 안고 {궁그는} 목숨의꿈이 다르지안흐니/〈이기철 편, 이상화전집, 나의 침실로, 1982, 84〉

완판본 한글고전소설의 서지書誌와 언어

초상이 느계쑤느〈1909춘향전(사재동87장본), 49b〉

　일이져리 넘놀다ㅏ 무른 박씨 듸구룩 {궁글이니} 흥보 안이 반
가ㅎ야 박씨을 집어들고〈1916박흥보전(임형택소장본), 14b〉

　약그릇을 번뜻 들어 방바닥에 부딪치고, 섰다 꺼꾸러져 떼그르
르르르 {궁글러} 보고, 가슴을 쾅쾅 치고,〈박동실 바디 심청가〉

　토끼는 대그르 {궁굴며}, "아이고, 장군님. 어디 갔다 오시오?"
〈유성준 바디 수궁가〉

　토끼 대그르르르 {궁굴어졌는디},〈김연수 바디 수궁가〉

　그래 내가 뛰고, {궁굴고}, 울고 야단을 했지.〈정응민 바디 심청
가〉

　부친은 뛰고 {궁굴고} 야단이 났는디〈김연수 바디 심청가〉

　땍때그르르 {궁굴다} 아뿔사 낙상하여〈박봉술 바디 적벽가〉

4. 완판본 한글고전소설의 활용

　완판본의 정보화를 바탕으로 다양한 분야에서 완판본을 활용할 수 있
도록 정책적으로 배려해야 한다.

4.1. '디지털 완판본문화관'

　'디지털 한글박물관'(http://www.hangeulmuseum.org/)처럼 완판본 문헌의
이미지 자료를 제공하고, 프로그램 검색이 가능하도록 해야 한다. 이렇게
되면 완판본 문헌을 활용하는 사람들이 훨씬 많이 늘어날 것이다.

4.2. '완판본 연구회'

완판본 문헌을 연구하는 연구자들의 모임을 만들어서, 이들이 실제적으로 활용하는 방안을 마련하도록 논의한다.

판소리 연구자, 고전문학 연구자, 현대문학 연구자, 한글고전소설 연구자, 서지학 연구자, 글꼴, 폰트 연구자, 전라 방언 연구자, 철학(성리학, 유학 등) 연구자, 역사 연구자, 디자인 연구자, 한지공예가 등.

4.3. '도록, 해제집'

완판본의 정보화를 바탕으로 완판본 한글고전소설에 관한 책을 다양하게 출판해야 한다.

1) 완판본 한글고전소설 도록

현재 '전주의 책, 완판본 백선'이 도록으로 나와 있다. 향후 전라북도로 범위를 넓혀서 '전북의 책, 완판본 이백선'이 나오도록 해야 할 것이다. '고전소설'로만 한정하여서도 '완판본 고전소설 백선'이란 도록이 나와야 한다. 여기에는 각종 이본들을 함께 모아서 낸다면 가능한 양이 될 것이다.

2) 완판본 한글고전소설 영인본

현재 영인본이 일부 나와 있다. 그러나 원본을 영인할 때는 최소한 전문적인 해제가 작성되어야 하고, 주석이 달려 있어야 하며, 현대어역본이 함께 있는 것이 가장 이상적인 영인본이라 할 수 있을 것이다. 형편에 맞게 출판이 가능하다고 생각한다.

3) 완판본 한글고전소설 해제집

그간의 연구와, 해제집을 참고하면 전문적인 해제를 충분히 쓸 수 있다고 생각한다. 이러한 책이 나와야만 완판본 한글고전소설을 학계에서 많이 다룰 수 있을 것이다.

4) 완판본 한글고전소설과 스토리텔링

최근 스토리텔링 분야가 각광을 받고 있다. 한글고전소설에 나타난 주제(충성, 열여, 효도)와, 인물(춘향, 심청, 토끼, 영웅들), 내용과 각종 서지사항을 스토리를 만들게 되면 어렵게 생각하는 일반인들에게 아주 좋은 내용을 제공하게 될 것이다. '재미 있게 쓴 한글고전소설'은 일반인들에게 완판본 고전소설에 대한 새로운 인식을 제공할 것이다. 그간 필자가 쓴 몇 편의 글을 제시하면 다음과 같다.

> 완판본 『유충열전』과 일본인이 만든 분합
> 서계서포(西溪書鋪)와 다가서포(多佳書鋪)
> 완판본 한글고전소설의 책 주인
> 완판본 한글고전소설 책판과 윤규섭(尹圭燮)
> 완판본 한글고전소설과 각수(刻手) '박이력'과 '서봉운'

4.4. 고전소설 한글 글꼴의 활용

완판본의 정보화를 바탕으로 하여 이미 전주에서 활용하고 있는 몇 가지 예를 제시하면 다음과 같다.

1) 전주시에서 개발한 '완판마당각체, 완판마당순체'와 같은 완판본체 6종류의 글꼴이 '흔글'에서 쓸 수 있도록 만들어졌다.
2) 표지석에 활용되고 있다. - '전라북도의회' 표지석, '도립박물관' 표지판, '오거리문화광장' 표지석 등등.
3) 책의 제목에서 활용되고 있다. - '완판본백선' 표지 제목, '한글디자인전' 표지 제목, '완판본 인쇄·출판의 문화사적 연구'의 표지와 장의 제목, '한국 최초의 순교자 복자 윤지충 바오로와 권상연 야고보, 신유박해 순교자 복자 윤지헌 프란치스코 유해의 진정성에 관한 기록'의 표지와 장의 제목 등등.
4) 각종 프랑카드와 표지판에 많이 활용되고 있다.

이러한 작업을 위해서는 완판본 한글고전소설에 나오는 모든 글자를 '가나다라' 순으로 일일이 작업을 해야 한다. 또한 자음과 모음을 따로 추출할 수도 있다. 이를 포토샵과 같은 프로그램으로 변화를 주어 새롭게 글자를 완성할 수 있다.

4.5. 완판본 고전소설 유적지 답사

완판본 한글고전소설과 관련된 책판, 간기, 한지, 서점 관련 유적지를 답사하는 과정을 제시하면 다음과 같다.

(아중리 양책방) – 전주완판본문화관 – 전주향교 – 완흥사서포 – 남문밖시장 – 전주교 부근 구석리 – 칠서방 – 창남서관 – 서계서포 – 문명서관 – 다가서포 – 희현당(현 신흥고) – 서문밖시장 – 전주 객사 – (구) 도청 청사(전라 감영) – 서학동 흑석골(30분) – 구이 원석구 마을(20분) – 구이 평촌, 봉성 마을(30분)

4.6. 문화산업에 응용

완판본의 정보화를 바탕으로 완판본 글꼴, 디자인 등을 서예, 한지 산업, 한지공예, 글꼴 연구, 미술 작품, 각종 판매 물건 제작에 활용할 수 있다. 해당 전문가들과 계속적으로 논의한다면 좋은 결과를 얻을 것이다.

5. 결론

완판본은 조선시대에 발간된, 전라감영본, 전주부본, 방각본, 사서삼경, 교육용 책, 실용백과, 고전소설 등 아주 다양하다. 이들 책은 전라도의 여러 문화와 밀접히 관련되어 있다.

전라감영본(완영본)의 경우는 임금의 통치방향에 따라서 출판된 책이 많다. 따라서 조선시대 사대부들의 의식을 확인할 수 있는 근거가 된다. 전주부본은 단일 도시로서 전국에서 가장 많이 책을 출판한 전주에서 발간된 책이다. 따라서 이처럼 전국 최고의 출판 도시로서의 위상을 확인할 필요가 있을 것이다.

한편 조선시대 후기에 완판본은 판매용책인 방각본으로 발전하여 서울에서 발간한 경판본과 쌍벽을 이루게 된다. 그러므로 방각본의 역사와 그 유통 과정에 대한 면밀한 문화적 탐색이 이루어져야 할 것이다.

방각본 중에서 사서삼경의 경우는 유교적 문화와 과거 시험을 위한 문화를 이해하는 데 매우 중요한 책이다. 특히 완판본 한글고전소설은 전라도 지역의 판소리에서 유래한 소설로서 경판본 한글고전소설과 비교할 수 있다. 그러므로 이 지역의 특징을 드러내는 아주 중요한 책이라 할 수 있다.

다른 지역에서 나온 한글고전소설이 다양하게 활용되고 있다. 완판본 한글고전소설도 정보화를 바탕으로 경판본, 활자본, 딱지본, 필사본 등과의 연계해야 그 가치를 제대로 선양할 수 있을 것이다.

이처럼 많은 완판본을 제대로 활용하기 위해서는 정보화 작업이 필수적으로 진행되어야 한다. 정보화는 디지털 기기를 사용하는 이 시대에 반드시 거쳐야 하는 기초적인 디지털 작업이 되는 것이다. 따라서 인내심을 가지고 많은 문헌을 디지털화하는 작업이 시작되어야 한다.

완판본을 활용하기 위하여 정보화가 이루어진 것은 거의 없다. 이제부터 하나씩 정보화를 시작하여 이를 여러 분야에서 최대한 활용하는 방안을 마련해야 할 것이다.

완판본 한글고전소설의 서지書誌와 언어

국립국어원(2007), 한민족언어정보화 통합 검색 프로그램.

김동욱(1974), 『한국고전소설판각본자료집』, 全5卷, 국학자료원.

박재연·이현희 주편(2016), 『고어대사전』, 선문대학교 중한번역문헌연구소.

서대석(1999), 『한국고전소설 독해사전』, 태학사.

신해진(2018), 『완판방각본 이대봉전』, 보고사.

이가원 역주(1995), 『춘향전』, 태학사.

이병원(1989), 「한국 고전소설의 문체론적 연구」, 단국대 박사학위논문.

이윤석(2016), 『완판본 춘향전 연구』, 보고사.

이태영 편(2012), 『전주의 책, 완판본 백선』, 전주문화재단.

이태영(2003), 「국어 연구와 말뭉치의 활용」, 텍스트언어학 15호.

이태영(2005), 『현대어역본 수궁가, 적벽가』(공저), 민속원.

이태영(2005), 『현대어역본 심청가, 흥보가』(공저), 민속원.

이태영(2005), 『현대어역본 춘향가』(공저), 민속원.

이태영(2005), 『현대화사설본 수궁가, 적벽가』(공저), 민속원.

이태영(2005), 『현대화사설본 심청가, 흥보가』(공저), 민속원.

이태영(2005), 『현대화사설본 춘향가』(공저), 민속원.

이태영(2012), 「국어사 연구와 고전소설 자료의 활용」, 국어사학회 2012년도 전국학
  술대회 발표초록

이태영(2021), 『완판본 인쇄·출판의 문화사적 연구』, 역락.

전라북도(2019), 『전라북도 방언사전』.

정명기·이윤석(2018), 『교주 소대성전』, 보고사.

조희웅(1999), 『古典小說 異本目錄』, 집문당.

조희웅(2006), 『고전소설 연구보정(상, 하)』, 박이정.

완판본 한글고전소설의 서지書誌와 언어

완판본 한글고전소설의 서지書誌와 언어